铁路通信维护案例集

北京中智润邦科技有限公司　编

中国铁道出版社有限公司

2021年·北　京

内 容 简 介

本书为铁路通信维护案例教材。全书共6篇，主要内容包括传输网、交换接入网、数据通信网、GSM-R系统、电源、产品应用等。

本书适用于铁路通信设备维护人员培训，也可供相关专业技术人员参考学习。

图书在版编目(CIP)数据

铁路通信维护案例集/北京中智润邦科技有限公司编. —北京：中国铁道出版社，2017.11(2021.1重印)

ISBN 978-7-113-22236-9

Ⅰ.①铁… Ⅱ.①北… Ⅲ.①铁路通信-案例 Ⅳ.①U285

中国版本图书馆CIP数据核字(2016)第195939号

书　　名:铁路通信维护案例集

作　　者:北京中智润邦科技有限公司

责任编辑:亢嘉豪　　**编辑部电话**:(路)021-73146　(市)010-51873146　　**电子信箱**:dianwu@vip.sina.com

封面设计:崔　欣

责任校对:焦桂荣

责任印制:高春晓

出版发行:中国铁道出版社有限公司(100054,北京市西城区右安门西街8号)

网　　址:http://www.tdpress.com

印　　刷:国铁印务有限公司

版　　次:2017年11月第1版　2021年1月第2次印刷

开　　本:787 mm×1 092 mm　1/16　印张:23.25　字数:559千

书　　号:ISBN 978-7-113-22236-9

定　　价:68.00元

序

——汇智载讯 天勤成册

2008年，中国第一条350公里/小时的高速铁路——京津城际铁路开通运营。紧随中国高速铁路步伐，致力国内轨道交通行业的智讯天成技术服务体系成立。

2009年，武广高速铁路正式开通运营，智讯天成(北京中智润邦科技有限公司)负责其中华为通信设备建设施工项目。同年，智讯天成获得首单某线路通信设备维保服务。

2011年，万众瞩目的京沪高速铁路顺利开通运营，智讯天成负责其中华为通信设备建设施工项目，中国高速铁路进入快速发展新阶段。

哈大、杭甬、京石武、厦深、沪昆、杭长、郑徐、宝兰、广深港……

戊子伊始，丁酉果盈。到2016年底，全国铁路营业里程达12.4万公里，其中高速铁路2.2万公里以上，中国铁路通信网络愈大愈复杂。智讯天成技术有限公司陪伴中国铁路走过了9个年头，人员壮大到300余人，作为众多铁路通信网络建设的参与者和维护者，处理过大量疑难问题，积累了丰富经验。

汇智载讯。9载坦途坑洼归纳总结，近千篇案例浓缩萃取。多业务类型深入剖析，涉及华为传输、交换接入、数据、GSM-R、电源等。双重学习价值体现，便于通信维护部门及时准确处理故障；便于通信维护人员提高快速维护能力。

天勤成册。天道酬勤，9载推敲重构。智讯天成技术服务体系专门抽调技术专家，成立编写组，对案例进行系统化的提炼、筛选、分类。磨砺成册，数年硕果盈怀。这是一本聚焦铁路特有通信网络的案例集，这也是一本智讯天成工程师用青春和智慧写就的案例集。

感谢时代，带我们驶入中国铁路大发展的快车道。

感谢铁路用户，对我们一如既往的信任与支持。

涛头挺立怎惧浪，放歌前行志更坚。智讯梦与中国梦同在，智讯人与铁路人同行。愿中国铁路从辉煌走向更加辉煌。

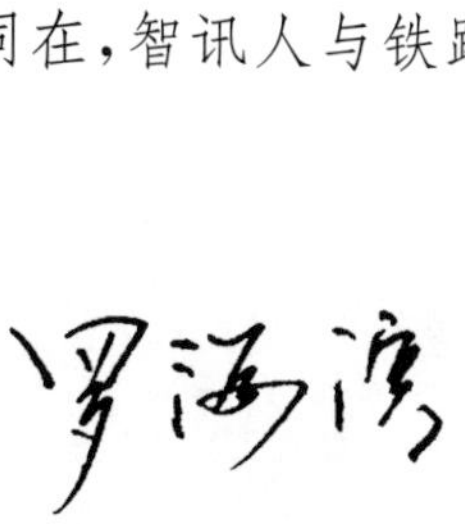

前　言

自2008年8月1日京津城际铁路开通运营以来，高速铁路在中国迅猛发展，其安全、快速、舒适等特点得到了亿万出行者的青睐和认可。

高速铁路是一个集高新技术于一身、复杂的超大规模集成系统，安全是其永恒的主题，通信网络故障是影响铁路运输安全的一大因素。大规模的铁路通信网络建设、运营，给相关维护工作带来了不小的压力与挑战，要求必须保证通信设施、通信网络的可靠运行，及时排除故障或隐患。为了借鉴故障处理等维护经验，有效提高维护人员的维护水平，编写了《铁路通信维护案例集》。

本书由周锐主编，贾志虎副主编，郭鸿涛、曹志华、罗检来、高新利、李晓伟分别负责传输网、交换接入网、数据通信网、GSM-R网、电源及产品应用的审核工作。参与本书编写、修改的人有陈才、丁强、段子华、高宝、高彬、韩朝勇、郝学超、胡伟、蒯霆钧、李波、陆壳、苗晓东、明星、王冬初、王国强、王海东、王海辉、王鹏飞、韦彬、吴钰豪、夏围伟、徐海斌、张京、赵晓威、赵志明、郑军等。

本书重实践、便操作，可读性强。从故障现象入手，分析可能原因，回溯故障处理步骤，得出总结和建议。循序渐进，体现故障处理的一般方法和规律，比较适合具有一定产品及原理知识的维护人员。

在本书的编写过程中，得到集团公司(中国智能交通系统有限公司)领导的悉心指导和殷切关怀，同时华为技术有限公司、艾默生公司提出了宝贵的优化建议，在此一并表示衷心的感谢。

编者

2017年6月

目　录

第一篇 传 输 网

案例 1 Metro 1000 设备母板倒针导致光板部分 VC4 产生误码

故障现象

1. 某铁路局采用 Optix 155/622 和 Optix 155/622H 混合组网，组网方式为 622 M 无保护链；

2. 从 I 站到 A 站有 1 条 2 M 业务，时隙占用 VC4-3:27，业务开通后 I 站支路板性能事件里有低阶通道背景块误码，A 站支路板性能事件里有低阶通道远端背景块误码，业务无法正常使用。

组网情况

组网如图 1-1 所示。

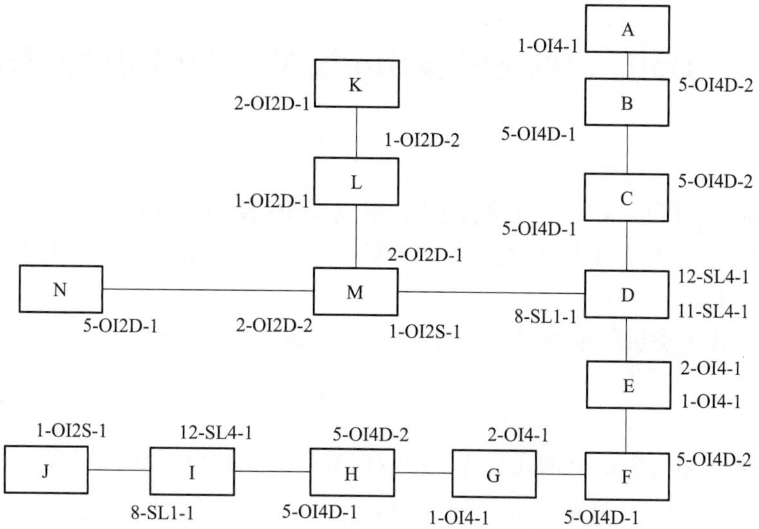

图 1-1

原因分析

1. I 站至 A 站之间的某段光路衰耗过大，由高阶通道误码引起的低阶通道误码；

2. I 站至 A 站之间的某站点光板故障，引起的低阶通道误码。

故障定位及处理过程

1. 检查从 I 站至 A 站之间所涉及的光板 SDH 性能事件，均未发现有高阶误码；

2. 用业务环回法在中间站点 D 站两个方向的光板上配置单向业务往两个方向进行环回，发现到 A 方向没有误码，到 I 方向有误码，问题出在 D 站到 I 站之间；

3. 将 D 站的业务恢复后，在 G 站两个方向的光板上配置单向业务往两个方向进行环回，发现到 A 方向有误码，到 I 方向没有误码，问题出在 G 站到 D 站之间；

4. 将G站的业务恢复后，在E站两个方向的光板上配置单向业务往两个方向进行环回，发现到I方向有误码，到A方向无误码，问题出在G站至E站之间；

5. 恢复E站业务，在F站点两个方向的光板上配置单向环回业务，发现到I方向没有误码，到A方向有误码，问题出在F站到E站之间；

6. 恢复F站业务，在E站1-OI4-1光口和F站5-OI4D-2光口的第3个VC4分别做内环，I方向误码消失，A方向误码仍然存在，问题定位在E站1-OI4光板；

7. 更换E站1-OI4光板，问题依旧。仔细检查E网元发现其1槽位母板倒针，更换E站设备母板后，误码消失，故障解决。

总结和建议

1. 在采用环回法定位故障时，应采用先低级别环回后高级别环回的办法，尽量避免影响正常业务运行；

2. 开局时应按规范进行设备单站测试。

案例2　Optix 2500＋设备S16板VC4故障导致业务不通

故障现象

1. 某铁路局采用Optix 2500＋设备组网，组成2.5G复用段保护环。从A网元经B网元穿通至C网元配置一条2 M业务(用第8个VC4)，业务配置后不通，通过性能浏览发现该通道有大量误码产生。

2. Optix 2500＋主机版本为：4.5.6.41。

组网情况

A网元、B网元、C网元、D网元组成二纤双向复用段保护环，如图1-2所示。

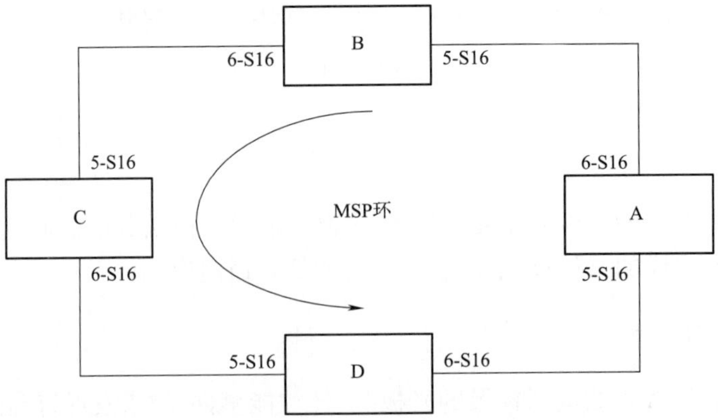

图　1-2

原因分析

1. 业务配置后设备未上报TU_AIS告警，基本可以排除业务配置错误的可能；

2. 现场通过业务配置查询发现原有 A 网元经 B 网元穿通至 C 网元的 2 M 业务正常(用的是其他 VC4),分析可能是第 8 个 VC4 有问题。

故障定位及处理过程

1. 在 A 站做 6-S16 板(第 8 个 VC4)至 1-PQ1 板双向业务,并对第 8 个 VC4 进行内环回(第 8 个 VC4 无其他业务),挂表测试业务正常,排除 A 站 6-S16 板的问题;

2. 在 B 站分别做 5-S16 板(第 8 个 VC4)和 6-S16 板(第 8 个 VC4)至 1-PQ1 板双向业务,并对第 8 个 VC4 进行内环回(第 8 个 VC4 无其他业务),挂表测试业务正常,排除 B 站 5-S16 和 6-S16 板的问题;

3. 在 C 站做 5-S16 板(第 8 个 VC4)至 1-PQ1 板双向业务,并对第 8 个 VC4 进行内环回(第 8 个 VC4 无其他业务),挂表测试业务不正常,有大量误码产生,判断是 5-S16 板的第 8 个 VC4 有问题,对该板进行更换后重新配置业务,问题解决。

总结和建议

1. 此故障处理适用于 VC4 通道未被其他业务占用的情况,否则将会导致既有业务中断;

2. 处理类似故障时一定要逐段定位分析,以达到对故障的准确定位。

案例 3 线性复用段网管未自动生成保护业务

故障现象

某铁路局,车站 B 和 C(OSN 7500)之间的 10G 主用通道在 C 点发生非恢复倒换,A-E 间的第 16 个 VC4 承载的 155 M 业务中断,中间穿通站点此 VC4 伴随有 HP_RDI、AU_AIS 告警。

组网情况

1+1 线性复用段单端非恢复,如图 1-3 所示。

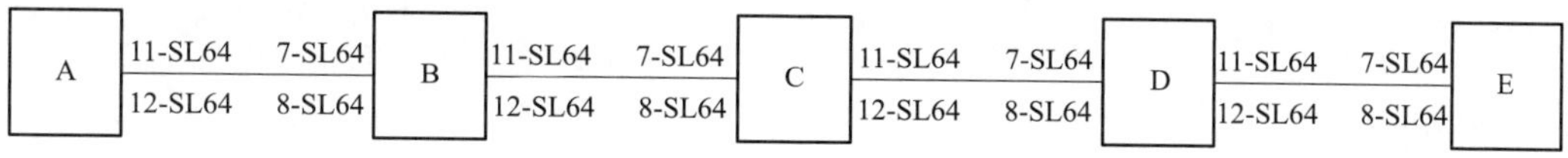

图 1-3

原因分析

1. 设备配置类错误;

2. 某站点设备光板故障或落地光口未连通;

3. 线路误码问题;

4. 板件故障。

故障定位及处理过程

1. 检查保护组、业务配置及软件配套情况均正常；
2. 检查两端落地的155 M光口也正常；
3. 采用二分法环回定位故障站点：

(1)选择中间C站11-SL64光板第16个VC4，向A站方向环回，AU_AIS告警不消失；向E站方向环回，D站、E站的AU_ AIS告警消失，定位故障在A站与C站之间；

(2)选择B站的7-SL64光板第16个VC4，向A站环回，A站告警消失，向C站环回，C站至E站的告警一直存在；定位故障在B站或C站；

(3)选择C站的8-SL64光板第16个VC4(C站倒换，8-SL64为主用)，向E站方向环回，C站至E站的告警均消失，向A站环回，全线告警均不消失；定位故障在B站。

4. 对B站点进行交叉板主备倒换及主控板主备倒换，故障依旧；
5. 更换B站点12槽位光板，故障依旧；
6. 再次进行B站点的业务配置核对，发现在自动生成的保护业务里缺少此VC4业务；通过命令行将丢失的穿通业务配置后，恢复正常。

总结和建议

1. 在业务配置时，先配置业务、后创建保护组，会造成部分业务无法自动复制；
2. 建议在配置业务时，严格按照规范操作，配置完成后注意检查保护业务是否自动生成。

案例4　OSN设备业务单板不开工

故障现象

某铁路局新建一套OSN 1500设备，加电后发现IU12的EFS0和IU7的PD1单板均不开工，单板上无指示灯闪亮。在T2000网管上查询不到上述单板，无法添加。

组网情况

无。

原因分析

1. 业务单板故障；
2. 主控板故障；
3. 系统辅助接口板(AUX)故障。

故障定位及处理过程

1. 拔插IU12的EFS0单板和IU7的PD1单板，故障依旧；
2. 硬复位主控板，故障依旧；
3. 检查设备运行状态，为运行态；

4. 由于 OSN 1500 设备 AUX 单板负责提供通信管理接口,这种故障属于业务板与主控板通信故障,可能是 AUX 板问题,硬复位 AUX 单板,业务单板正常开工,故障解决。

总结和建议

OSN 1500 设备 AUX 单板负责提供通信管理接口,当单板板间通信故障时,排除业务单板、主控板故障后,建议硬复位 AUX 单板。

案例 5　SBS-155A 设备支路板上报异常告警业务中断

故障现象

某铁路局,采用二纤单向通道保护环组网,客户要在环内网元 A 和 C 网元之间新增 2 条 2 M业务:A 站 3-SP1:3,4 到 C 站 3-SP1:1,2。业务配置完成后业务不通,C 站 3-SP1:1,2 通道上报 TU_AIS 且频繁上报 T_ALOS。其中 C 网元的 3-SP1 板为新扩容板件。

组网情况

C 和 A 网元处于一个二纤单向通道环中,如图 1-4 所示。

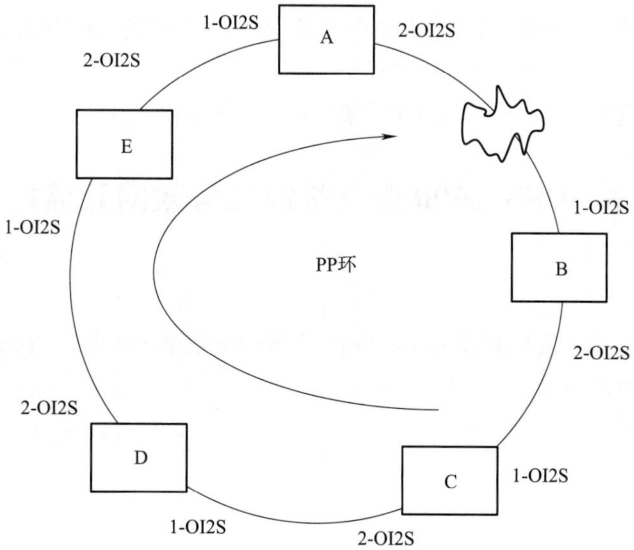

图 1-4

原因分析

依据故障告警情况(C 站点 3-SP1:1,2 通道上报 TU_AIS 且频繁上报 T_ALOS)。
可能的原因:
1. 网元配置问题(业务、单板配置等);
2. 2 M 接头问题(松动、虚焊等);
3. 设备单板故障。

故障定位及处理过程

1. 由于存在 TU_AIS 告警，首先怀疑网元业务配置可能存在问题，现场在网管上检查，发现业务配置规范、正确，上载网元最新数据再次核对，结果一致。

2. 分析现网状况：A 与 B 之间光路未真实连通，导致 C 网元西收方向（主环收方向）为断，产生 TU_AIS，但依据 PP 环保护原理，此时上报 TU_AIS 的 2 M 支路应该进行倒换并上报 PS，不应该影响业务，但现实情况是对应 2 M 支路未进行倒换，业务不通，造成的原因可能是对应支路通道（C 站 3-SP1：1，2）的保护属性未设置成“有保护”；现网传输网管为 NES，NES 网管的一个特点就是支路板所属逻辑系统及其通道保护属性须单独设置，不像 T2000 网管在创建单板及逻辑系统时会自动映射。

3. 查询 C 网元支路通道保护属性，均为“无保护”，证实了前面的分析，将其修改为“有保护”，此时 C 站 3-SP1：1，2 分别上报 PS 倒换告警，2 min 后，对应的 T_ALOS 告警消失。与客户确认所做业务已通，备份网元数据库。

4. 原先 C 网元支路板频繁上报 T_ALOS，其原因是对应接入设备检测不到 2 M 信号，其单板频繁复位所致。

总结和建议

1. 4.0 平台传输设备的逻辑系统为单向通道保护环的时候，支路板配置必须为有保护状态，新增加的支路板也必须配置为有保护状态；

2. 遇到此类情况后，先查询告警，再根据告警及环网保护原理定位。

案例 6　OSN 3500 交叉板故障导致网元监控中断

故障现象

某铁路局维护人员对该局新建 OSN 3500 设备的交叉板（单配）进行硬复位，复位后网管失去对该网元的监控。

组网情况

无。

原因分析

1. 线路故障，导致 ECC 路由中断；

2. 网元此时可能有大量数据上报，导致主机处理不过来，进而导致 ECC 通道阻塞；

3. 交叉板故障导致主控无法提取时钟，影响 ECC 通信。

故障定位及处理过程

1. 检查相邻网元的线路板，没有影响 ECC 通信的告警，本网元也没有光板复位现象，排除由于线路原因引起的 ECC 中断；

2. 现场检查主控板,状态无异常;

3. 联系现场操作人员检查设备状态,发现设备交叉板运行不正常,进行硬复位后问题依旧,更换交叉板后问题解决。

总结和建议

无。

案例 7 OSN 3500 上报 BUS_ERROR 告警参数的含义

故障现象

OSN 3500 上报 BUS_ERROR 告警参数的含义。

组网情况

无。

原因分析

BUS_ERROR 表示总线错误告警,EXCS、GXCS、UXCS、XCE 都会上报此告警。具体原因:

1. 交叉芯片损坏;

2. 线路板到交叉板的母板总线坏。

OSN3500 上报 BUSERROR 告警参数的含义:

Para[0]:表示逻辑板位,此时 Para[3]=0×3,表示内部总线所在的高阶交叉芯片号(逻辑板位 18,表示扩展子架送过来的总线)。

Para[1]:表示该板位中的总线序号,此时 Para[3]=0×3,那么表示内部总线在芯片中的物理序号。

Para[2]:不同的位表示不同的告警存在状态:

BIT[4]:0×1 存在 BUS_LOS;

BIT[3]:0×1 存在 FIFO 溢出;

BIT[2]:0×1 存在 B1 误码;

BIT[1]:0×1 存在 BUS_OOF;

BIT[0]:0×1 存在 BUS_OOA。

如果是 SD573 的入口总线,则参数意义如下:

BIT[3]:0×01 存在 LOS 告警;

BIT[2]:0×01 存在 OOF 告警;

BIT[1]:0×01 存在 LOF 告警;

BIT[0]:0×01 存在 LOC 告警。

Para[3]:0×1 是单块交叉板检测到的,0×2 是两块交叉板握手检测到的,0×3 是交叉板内部总线检测到的。

故障定位及处理过程

无。

总结和建议

无。

案例 8　时钟互跟导致 2500＋设备备用交叉板上报 HARD_BAD 告警

故障现象

某铁路局，两套 2500＋设备 XCS 备用单板上报 HARD_BAD 告警，业务正常。

组网情况

两个网元处于二纤双向复用段保护环中，环路某一方向光缆中断。

原因分析

光路中断时，无业务中断现象，说明倒换正常。怀疑是时钟跟踪错误导致的告警。

故障定位及处理过程

1. 查询网元主机版本为 4.5.4.16P03，交叉板软件版本为 3.45，FPGA 版本为 500；

2. 查询 HARD_BAD 告警上报时间为早上 5：00，告警参数为 0×06，参数 0×06 表示 XCS 单板的 38 M 数字锁相环路坏；

3. 查询网元历史告警，发现 2 个网元最近几天都上报 SYNC_LOS 告警，初步定位是线路时钟引起备板上报 HARD_BAD 告警；

4. 现场检查时钟跟踪发现上述 2 个网元的时钟跟踪配置错误，当光路断纤后，时钟互跟；修改时钟跟踪后，故障解决。

总结和建议

1. 当时钟互锁导致交叉板时钟不断劣化，上告 HARD_BAD 告警，当告警参数与时钟有关时，注意检查时钟跟踪是否正常；

2. 在日常操作中，一定要注意时钟跟踪设置，时钟跟踪不正确会引起指针调整，时间久了会影响业务使用；

3. 如果环路设置了时钟保护，核对时钟设置无误后，需要进行时钟倒换测试。

案例 9　基站环业务切换后，传输上报 DOWN_E1_AIS 告警

故障现象

某铁路局基站环业务从环首切换到环尾时，基站环首对应的传输通道上报 DOWN_E1_

AIS 告警。

组网情况

基站设备采用环形组网，环首、环尾通过 2 M 传输通道传至中心局 BSC，中间站点通过 2 M传输通道手拉手连接。环首 2 M 业务在中心局 OSN 1500(版本为 5.36.13.47P01)设备落地，环尾 2 M 业务在中心局 OSN 3500(版本为 5.21.18.50)落地。

原因分析

1. 传输通道异常；
2. 基站设备与传输设备 2 M 对接有问题；
3. 基站设备未传送信号。

故障定位及处理过程

1. 对基站环，环首回中心局的传输通道挂表进行测试，无误码，同时中心站点 OSN 1500 设备 DOWN_E1_AIS 告警消失，排除传输通道异常的可能；

2. 将基站设备与传输设备对接的 2 M 线更换，故障依旧，排除硬件对接异常的可能；

3. 与无线人员沟通，基站侧信号流为：基站业务走环首时，环尾不发信号至 BSC，基站业务走环尾时，环首不发信号至 BSC；

4. 经过分析，业务切换到环尾时，环首不发信号至 BSC，在传输通道上 SDH 净负荷为全 1，故上报 DOWN_E1_AIS 告警为正常现象；

5. 将基站环业务重新切换到环首后，中心局对应的 OSN 1500 对应的传输通道上 DOWN_E1_AIS 告警消失。

总结和建议

在处理传输故障时，需要将其他相关专业一起配合定位，才能更准确地找到问题。

案例 10 Metro 1000 设备上报 PS 告警不消失

故障现象

某铁路局 Z 线，A 网元(Metro 1000 V2 设备)的 3-SP2D-1 上报 PS 告警不消失。

组网情况

A、B、C、D 四套 Metro 1000 V2 设备按逆时针方向组成 622 M 通道保护环，落地点业务为 A、B 两个站点，A 站点的 3-SP2D-1 与 B 站点的 3-SP2D-1 开一条 2 M 业务，环路时隙为 1 号 VC4 的 1 号 VC12。如图 1-5 所示。

原因分析

A 站点发生 PS 倒换告警，说明业务发生了倒换，业务没有中断，可能由以下原因引起：

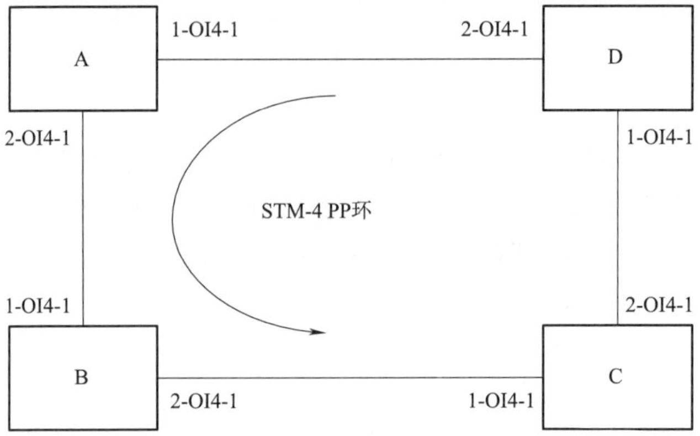

图 1-5

1. 环路有光路中断的故障,引起的 PS 倒换告警;
2. 业务配置错误,引起的 PS 倒换告警;
3. A 站点西向线路板故障,引起的 PS 倒换告警;
4. B、C、D 站点线路板或者交叉板存在故障,引起的 PS 倒换告警。

故障定位及处理过程

1. 依次查看 A、B、C、D 四个站点的告警信息,均没有 R_LOS 告警,只有 A 站点上报 PS 告警,可以判断不是光路中断引起的故障;
2. 查看 A 站点的 3-SP2D-1 与 B 站点的 3-SP2D-1 所开 2 M 业务的路径信息,路径正常,依次查看 A、B、C、D 四个站点的单站配置,均没有问题;
3. 对路径进行去激活、激活操作,PS 告警依然存在,A 站点的 SNCP 倒换状态依然为倒换态;
4. 删除 D 站点的穿通业务,更改为 2-OI4-1 到 2-OI4-1 的单向穿通业务,查询 A 站点的倒换状态为等待恢复态,恢复 D 站点之前的业务配置;
5. 删除 C 站点的穿通业务,更改为 2-OI4-1 到 2-OI4-1 的单向穿通业务,查询 A 站点的倒换状态为等待恢复态,恢复 C 站点之前的业务配置;
6. 删除 B 站点西向到支路、支路到东向的落地业务,重新配置这两条业务,查询 A 站点的倒换状态为等待恢复态;
7. 10 min 后,PS 告警消失,说明是 B 站点之前的落地业务配置有问题。

总结和建议

1. 对华为 4.0 平台 SDH 设备配置业务时,要注意逻辑系统的选择,单站业务配置完成后要检查复制业务有没有问题;
2. 判断 PS 及 TU_AIS 之类的告警,建议使用时隙环回的方法。

案例 11 Metro 1000 V3R5 设备备用通道上报 HP_UNEQ 告警

故障现象

某铁路局调度集中网管复用段环中 A 网元掉电之后,该复用段环上四个网元在备用通道

VC4-3/VC4-4 均上报 B3_SD、HP_RDI、HP_REI、HP_UNEQ 告警，无业务中断。

组网情况

调整前组网(物理连纤)如图 1-6 所示。

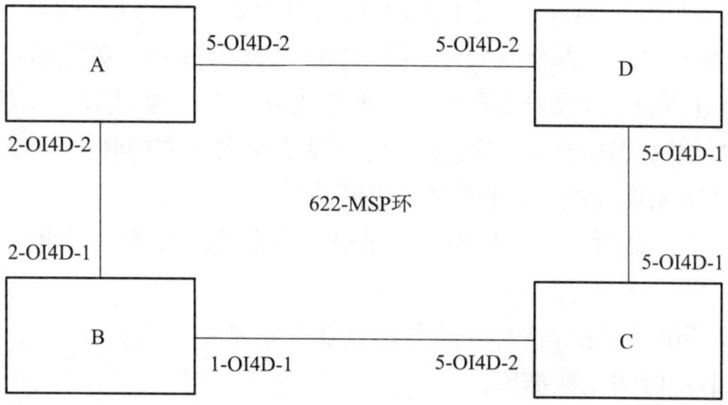

图 1-6

调整后组网(网管侧连纤)如图 1-7 所示。

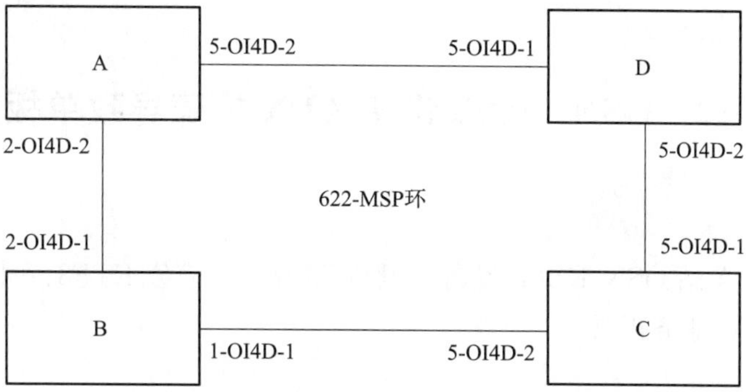

图 1-7

原因分析

1. 环路上某段光路衰耗过大引起 B3_SD 误码，对端站接收到 B3 误码引起 HP_REI、HP_RDI 告警；

2. A 网元掉电重启后，复用段环协议不正常导致备用通道上报 B3_SD 等异常告警。

故障定位及处理过程

1. 查询网元的历史告警、性能，发现 A 网元掉电之前没有异常告警，查询站与站之间的线路光功率值，光板收光均在正常范围内；

2. 在 A 网元至 D 网元、D 网元至 C 网元之间分别做一条 2 M 测试业务，支路均上报 TU_AIS 告警；

3. 检查复用段保护子网属性发现网元倒换状态均为穿通态，备用通道已使能，怀疑与复用段环协议有关；

4. 通过网管 ECC 链路管理发现 D 网元物理连纤与网管连纤相反，保护子网中网管侧复用段东西向映射与实际光纤连接相反，分析是 A 网元掉电后复用段环协议混乱所致；

5. D 网元光纤接反为何以前做的业务正常，分析现网业务发现环路上各网元只承载了一条 CTC 业务，并且各网元 CTC 业务东西向使用的都是第一个 VC4 的第一个 VC12 时隙，而 CTC 业务，没有业务方向之分即使接反也不影响使用，所以最初业务能通；

6. 为保障业务正常运行及出现断纤情况业务能够正常倒换，需将 D 站 5 号板位，1、2 号光板物理光纤对调，使物理连纤与网管连纤、复用段协议东西方向映射一致；

7. 现场调整 D 网元物理连纤（见调整后组网）；

8. 在网管保护子网属性中停启四个网元复用段协议，查看四个网元的所有异常告警消除；

9. 进行复用段环倒换测试，查看环路各站点业务正常；

10. 网管侧手工备份网元数据库。

总结和建议

设备开局及维护中，注意检查网元的物理连纤与网管侧连纤是否一致，避免断纤时造成业务中断。

案例 12　OSN 1500B 设备 AUX 故障导致单板脱管

故障现象

某铁路局反映 A 站 OSN 1500B 设备 2 槽位 EFS0、14 槽位 ETF8、7 槽位 PD1 和 9 槽位 EOW 在网管上脱管，业务正常。

组网情况

该网元处于一两纤单向通道环中。

A 站单板配置如下：

2：EFS0

4：Q1SL4

5：Q1SL4

7：PD1

9：EOW

10：AUX

14：ETF8

80：ECXL

81：ECXL

82：GSCC

83：GSCC

原因分析

1. 该网元和环内其他网元的业务和监控正常，故该故障为单站故障；

2. 查看网管告警，不在位单板均上报 HARD_BAD 告警和 COMMUN_FAIL 告警，且告警时间相同；

3. HARD_BAD 为硬件故障告警，产生该告警后，若单板为备板，则无法进行主备倒换，并可能会造成业务中断；

4. COMMUN_FAIL 为主控板与各其他单板之间通信故障所产生的告警；

5. 该站业务正常，可能是主控板、AUX、背板故障。

故障定位及处理过程

1. 查看网管无其他告警，主控板主备状态及各板状态；

2. 由于可能故障的三块板中，AUX 板硬复位对业务无影响，所以操作顺序为硬复位 AUX→主控板主备倒换→更换背板；

3. 对 AUX 板硬复位后故障单板监控恢复正常，且 HARD_BAD 告警和 COMMUN_FAIL 告警消失，故障解除。

总结和建议

1. 网元某单板故障报 HARD_BAD 告警和 COMMUN_FAIL 告警时，不要急于对该单板进行硬复位、拔插甚至更换操作，应先观察是否有其他单板同时上报，该告警不一定是由于该板故障产生的；

2. 不要急于对主控板进行操作，问题有可能出在 AUX 上，对主控交叉合一板进行操作有可能造成业务中断。

案例 13　OSN 1500 AUX 单板松动导致支路板不在位

故障现象

某铁路局一套 OSN 1500 设备 7 槽位 PD1 板上报 BD_STATUS 告警，设备面板中显示 PD1 为灰色，单板不在位，但业务正常。

组网情况

相关网元为一无保护链型组网。

原因分析

设备发生单板不在位告警，主要原因如下：

1. 本身单板松动或硬件故障，造成与母板总线通信故障引发单板不在位告警；

2. 母板故障或母板倒针等原因，导致与单板通信失败引起；

3. 主机软件和单板软件版本不匹配引起；

4. 系统辅助接口板（AUX）松动或硬件故障导致部分单板通信异常引起。

故障定位及处理过程

因为本次故障在网设备在运行期间发生，基本可以判定与主机版本及母板倒针等故障无关，重点排查单板本身故障还是通信控制单板故障。

1. 首先检查单板是否松动，到现场检查后发现设备单板稳固，重新拔插单板故障依旧。

2. 怀疑单板故障引起告警，申请备件后到现场进行更换，等待一段时间后故障依旧，排除单板故障原因。

3. 检查系统辅助接口板(AUX)，OSN1500 设备的 AUX 板为系统提供各种管理接口和辅助接口，由通道模块、接口模块和电源模块构成。AUX 共提供 17 路 10/100M FE 口的 LANSWITCH，其中包括 13 路 10/100M FE 口(系统其他单板 12 路、本板 1 路)，实现板间数据通信。

4. 对 AUX 单板进行硬复位拔插操作。待 AUX 单板上线及运行正常后，观察设备告警，发现 PD1 板不在位告警消失，设备面板图显示单板为绿色，PD1 单板运行正常，故障消除。

总结和建议

在处理设备故障时，首先要了解各单板功能特性，清楚单板通信、控制原理后才能迅速找到故障点。

案例 14　Metro 1000 设备 OI2S 板故障引起环网倒换

故障现象

某铁路局 D 站 Metro 1000 设备 2 板位光板瞬间上报 R_LOS、R_LOF 告警，发生 PP 环倒换，业务未中断。核对网管告警，发现 C 站 Metro 1000 设备 1 板位上报 MS_RDI、B2_SD 告警，D 站 2 板位上报 R_LOS、R_LOF 告警、两个站查询性能事件都发现有高阶通道远端误码秒、高阶通道背景误码块、高阶不可用秒、复用段远端背景误码块、复用段远端误码秒、复用段远端严重误码秒、复用段不可用秒，而且性能值都很大。

组网情况

D 网元处于一个二纤单向通道环中，如图 1-8 所示。

原因分析

D 站 2-OI2S 至 C 站 1-OI2S 之间单板或线路故障引起。

故障定位及处理过程

1. 到 D 站现场后，断开 2-OI2S 单板光纤，测试发现光路正常，环回光板(2-OI2S)发现光板一直闪断，断定是光板的问题；

2. 更换故障光板(D 站 2-OI2S)，D 及 C 站收光异常告警消失，并且性能正常，10 min 后 PP 环倒换结束，问题解决。

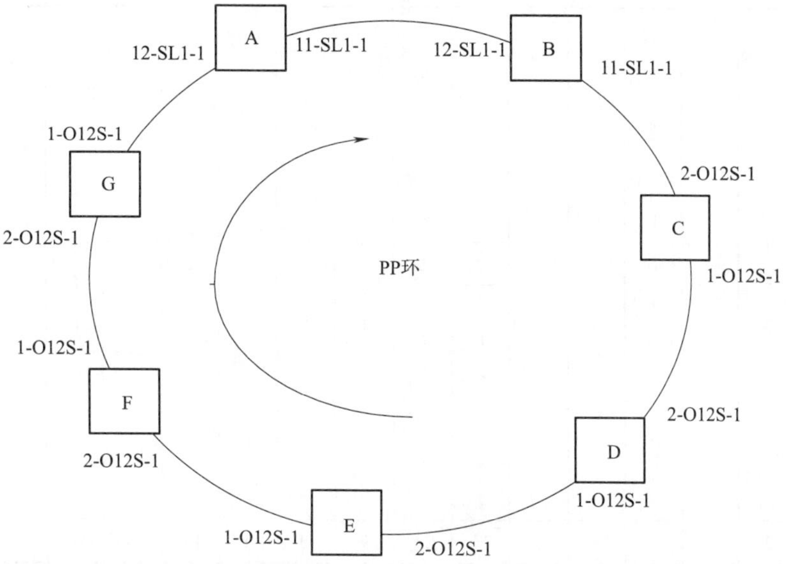

图 1-8

总结和建议

无。

案例 15 OSN 2000 背板故障造成部分单板无法加载

故障现象

在某铁路局设备调试过程中，一套 OSN 2000 设备加电后，在加载数据时，发现 5-PL1 和 9-EMS1 两块单板无法加载，单板处于未加载状态。

组网情况

OSN 2000 具体单板配置如图 1-9 所示，在设备开工后 5-PL1 和 9-EMS1 无法正常开工。

原因分析

1. 无法加载的单板本身故障：单板软件或者单板硬件、通信总线等故障；
2. 主用 SCC 故障：主用 SCC 单板配置数据丢失、主控板与单板通信的总线故障，造成需要加载的单板无法从主控板读取配置数据；
3. 背板通信总线故障：造成这两块单板与 12 槽位主用 SCC 单板总线通信故障，单板无法从主控板读取配置数据。

故障定位及处理过程

根据前面的分析，进行具体的故障定位测试：
1. 在通过命令行查询物理单板后，均能发现这两块单板，但单板无法加载；

L75S	L75S		PL1	PL1		XCS	XCS	EMS1	EMS1		SCC		ETF8	ETF8	AUX
						7	8				12	14			
						OSB4	OSB4				SCC				STI
1	2	3	4	5	6	27	28	9	10	11	13	15	16	17	19

图 1-9

2. 怀疑 12-SCC 故障，两块主控板数据同步备份后，将 12 槽位单板拔出，设备重新加电，发现这两块故障单板能正常加载，故障定位于 12 槽位 SCC 单板故障或背板故障；

3. 将设备下电，将原来 12 槽 SCC 单板插入 13 槽位，重新进行设备加电，发现设备所有单板仍然可以加载，定位于 12 槽位背板故障；

4. 为进一步确认故障，将原先 13-SCC 单板插入 12 槽位，对设备掉电加载，发现这两块单板无法加载，确认为背板故障；

5. 重新更换设备背板，插入所有单板，加电后正常，故障解决。

总结和建议

设备安装或者插拔单板时，避免用力过度造成背板倒针、槽位故障、单板故障、设备短路，所以在设备加电前一定要仔细核查设备，并测试设备电阻，确保设备正常。

案例 16　OSN 3500 备用主控板故障，引起线路板误报 HARD_BAD 告警

故障现象

某铁路局，A 网元 OSN 3500 设备 8 槽位上报 HARD_BAD 告警，查询单板状态正常，不影响业务。

组网情况

A 网元为 1+1 线性复用段保护，8 槽位和 11 槽位光板对 B 方向，7 槽位和 12 槽位光板对 C 方向，互为 1+1 保护。

原因分析

A 网元 8 槽位线路板上报 HARD_BAD 告警表示硬件故障，需要更换故障单板。

故障定位及处理过程

1. 查询相邻网元没有异常告警，业务运行状态正常，没有因本次故障造成中断，将 8 槽位单板硬复位后告警继续上报；

2. 更换 8 槽位单板，故障依旧；

3. 进行交叉板主备倒换，倒换成功，问题依旧，主控板主备倒换时提示单板未准备好，主备倒换不成功，错误码：39594；

4. 由于业务在 18 槽位主控为主用时工作正常，要点申请拔掉 17 槽位备用主控板进行测试，告警恢复一切正常，确认 17 槽位主控板故障；

5. 更换 17 槽位主控板后，故障消除。

总结和建议

1. HARD_BAD 告警出现后，首先确认是否影响业务，及时保证业务的正常运行；

2. 根据现场信息依故障可能原因分步排查、定位故障原因，避免造成同一故障多次处理。

案例 17 复用段环定时上报 APS_INDI 告警

故障现象

某铁路局，一复用段环无故倒换，环网上所有 155/622H 设备定时上报 APS_INDI 告警，几秒后告警消失，用户不解，请求定位无故倒换原因，是否存在设备安全隐患。

组网情况

9 套 155/622H 设备处于一个两纤双向复用段环中。

原因分析

1. 经查询网管历史告警，发现环网上所有 155/622H 设备上报 APS_INDI 告警时间均为凌晨 3:47，时间较固定，且期间无断纤或 SD 性能劣化等事件发生，推断可能是设备自动开启了练习倒换功能(默认不开启)；

2. 155/622H 设备的主机版本是 4.02.06.06P03。

故障定位及处理过程

1. 查询复用段倒换状态记录，发现全部为练习倒换，倒换周期为 2 天；

2. 与用户沟通了解到该环网之前 155/622H 设备全环进行过软件升级，4.02.06.06P03 为升级后版本；

3. 复用段在进行练习倒换时,上报 APS_INDI 告警(复用段倒换指示)且倒换和穿通网元都会上报,复用段 ECC 校验功能练习倒换间隔是每 2 天进行一次;

4. 由以上现象最终定位为 155/622H 设备开启了练习倒换功能,用户要求关闭该功能,问题解决。

总结和建议

在维护中,遇到复用段环网无断纤或 SD 性能劣化等原因发生复用段异常倒换情况出现时,应仔细核对复用段环的倒换状态。

案例 18　支路端口上报 E1_LOC、TU_AIS 无法开通业务故障

故障现象

某铁路局测试应急通道(2 M 带宽),由 622 M 二纤双向复用段环承载业务,SDH 2 M 电路配置如图 1-11 所示,同一设备上两块支路板相应端口用 2 M 线直接跳通。平台搭建好之后,测试不通,发现基站-3 设备 4-PL1-3、5-PL1-3 端口上报 E1_LOC 告警,同时基站-1 设备 5-PL1-3 和基站-5 设备 4-PL1-3 上报 TU_AIS 告警。

组网情况

组网如图 1-10 所示。

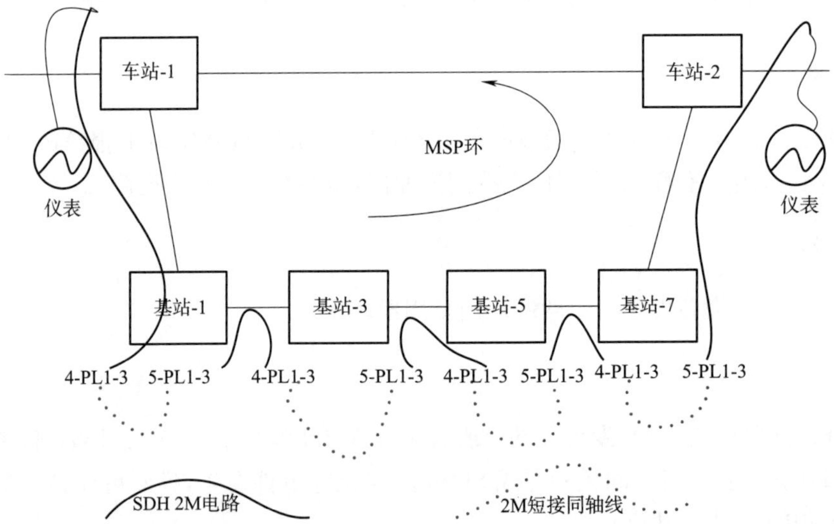

图　1-10

原因分析

1. 从告警时间来看,TU_AIS 和 E1_LOC 告警可能存在关联关系;

2. 根据 E1_LOC 告警产生机理,支路板无法从输入 E1 信号中提取时钟时上报此告警,结

合测试平台组网情况:在基站-3 没有外接信号输入设备,4-PL1-3、5-PL1-3 直接跳线短接,怀疑此站输入 E1 信号波形异常所致;

3. 基站-3 设备上某块支路板或支路接口坏;

4. 基站-3 设备 DDF 架没有接地或有强烈干扰源所致。

故障定位及处理过程

1. 首先去激活删除基站-3 设备 4-PL-3、5-PL-3 落地业务,在基站-3 上分别配置基站-1、基站-5 方向时隙环回业务,发现 TU_AIS 消失,修改回原先配置故障依旧;

2. 把基站-3 上 4-PL-3、5-PL-3 落地业务,修改为其他端口,例如:4-PL-4、5-PL-4;此时 E1_LOC、TU_AIS 告警消失,T_ALOS 告警上报;使用环回塞环回的话,所有告警消失;

3. 现场拆掉 4-PL-3、5-PL-3 跳接线,连接到 4-PL-4、5-PL-4 端口上,故障依旧;

4. 把基站-3 上落地业务修改回 4-PL-3、5-PL-3;此时 E1_LOC、TU_AIS 告警消失,T_ALOS 告警上报;使用环回塞环回的话,所有告警消失;

5. 现场恢复 4-PL-3、5-PL-3 跳接线,故障依旧;

6. 结合上述步骤,检查硬件接地工艺和电气环境,排除了单板和接口故障,以及 DDF 接地不好的原因,定位故障点为 2 M 跳接线;

7. 重新制作 2 M 跳接线,更换之后故障消失,问题解决,测试顺利进行。

总结和建议

1. 设备安装过程中,2 M 接线使用范围很广,不仅做好的 2 M 头子需进行 100%导通测试,对于使用的跳接线也需要严格测试;

2. 本次故障虽然不是由于 DDF 架接地不良引起,但工程现场要关注此项,接地不良也会引发类似及一些不可预知的问题。

案例 19　光模块接触不良导致收光功率显示异常

故障现象

一台 OSN 3500 设备扩容两块 N2SLQ1 光板,均与 2500+设备的 SQ1 光板对接,发现两块光板有两个光口网元性能查询显示收光功率为 220 dBm 和 222 dBm,其他光口收光均显示正常,两个异常光口上报 IN_PWR_ABN 告警。

组网情况

二纤单向通道保护环。

原因分析

1. 收光功率过高;

2. 光模块自身坏;

3. 设备收光检测电路坏;

4. 网管接收数据异常。

故障定位及处理过程

1. 用光功率计测量光功率正常，拔下收端光纤时，光口正常上报 R_LOS，网管性能查询收光功率显示－60 dBm；

2. 将光模块拔下插到其他光口，显示正常，将其他正常光模块插到其位置，也正常，再将问题光模块插回原位置，显示正常；

3. 基本排除设备及光模块问题，怀疑光模块与设备连接问题。观察另一个问题光口，发现光模块没有插紧，拔下后再重新插好，网管显示正常，确定为光模块接触不良造成。

总结和建议

一般光模块没有插好多表现为上报 LSR_NO_FITED（激光器未安装）告警，此问题为光模块负责传输光功率检测数据的针脚接触不好，造成上报数据错误。现场应多观察元器件的安装情况，这也为此类问题提供了新的处理思路。

案例 20　OSN 1500B 电源板温度过高上报 POWER_ABNORMAL 告警

故障现象

某铁路局，A 站点 OSN 1500B 设备两块电源板上报 POWER_ABNORMAL 告警，设备运行正常，联系现场人员到机房查看电源板两路供电正常，该设备无其他异常告警。

组网情况

A 站点处于一个二纤单向通道环中。

原因分析

OSN V1R3 及其以后版本的 POWER_ABNORMAL 告警参数统一定义如下：
para[0] 通道号（表示电压类型或者告警类型）
1. 48 V 电压
2. 5 V 电压
3. 3.6 V 电压
4. 3.3 V 电压
5. 3.3 V 备份电压
6. 3 V 电压
7. 2.5 V 电压
8. 1.8 V 电压
9. 1.6 V 电压
10. 1.5 V 电压

11. 1.2 V 电压
12. −5 V 电压
13. 防雷电告警
14. 3.3 V Bakin 电压
15. 扩展子架电源告警

para[1] 0(固定值)

para[2] 1(固定值)

para[3] 过压欠压指示

一般情况下 0 表示欠压,1 表示过压;当 para[0]=13 或者 15 时,para[3]无意义,只由 para[0]表示电源异常的类型。

para[4] 0×ff(保留值,无意义)

A 站点 OSN1500B 网元主控板软件版本为:5.36.18.50,POWER_ABNORMAL 告警参数为:0×00,0×01,0×00,0×01,0×ff,告警参数指示为−48 V 电源欠压,怀疑为电源电压输入过低引起的故障。

故障定位及处理过程

1. 前面分析怀疑为 A 网元电源电压输入故障,通知现场人员用万用表测试电压,电压值为−53.6 V,在正常范围内;

2. 怀疑为 AUX 板故障,引起电源板异常上报电源告警,现场物理复位 AUX,待单板正常运行后,告警不消失;

3. 在排查故障中,现场反馈机房温度比较高,OSN 1500B 设备比较烫手,怀疑是否由温度过高引起,询问得知机房的空调制冷能力不行,机房已经长期处在高温状态;

4. 现场清理防尘网,将设备机柜的前后门打开,等设备温度下降后,POWER_ABNORMAL 告警消失,关闭机柜门离开现场,在第二天早上网管重新上报 POWER_ABNORMAL 告警,设备降温后,故障再次消除。

总结和建议

1. 应避免设备长期处于高温环境,保持机房环境温度在 20℃~30℃、相对湿度在 30%~70%之间,可以有效地延长设备使用寿命、降低器件自然失效的几率;

2. 定期对防尘网进行清理,建议每月清理一次。

案例 21 OSN 1500 设备网管添加单板类型和实际单板光模块速率不同导致 DCC 不通

故障现象

某铁路局新建工程中 OSN 3500 设备下挂 OSN 1500 设备,光路打通后网管上搜索不到下挂设备,在 OSN 3500 网元 ECC 链路管理里也查看不到相关链接,但线路光板收发光功率正常,两台设备互连光口均上报 R_LOF 告警。

组网情况

网元处于一个 622 M 两纤双向复用段保护环中。

原因分析

1. 网元 ECC 不通，一般情况下是光路不通导致，由于现场人员用仪表测试光路正常，线路侧光板收发光功率都正常，排除这种情况；

2. 上下游两个站点设备的主控板故障；

3. R_LOF 告警意味着两端光口接入速率不匹配；

4. 网管上 DCC 设置错误所致。

故障定位及处理过程

1. 查询线路侧光板的收发光功率，都在正常范围内；

2. 检查中心点 OSN 3500 设备网管分配 DCC 通道号及 D1-D3 字节设置，没有错误，将光口 DCC 禁止后再重新使能，故障依然无法解决；

3. 到现场处理故障发现 OSN 1500 设备主控交叉线路合一板为速率可调的 CXLN，查询 OSN 1500 设备单板发现线路板类型为 SSQ1SL1 单板，但实际该工程设计规划是 622 M 速率环网，拔出线路板光模块确认是 S-4. 1 的光模块，在网管上将单板删除后，重新添加为 STM-4 速率的 SL4 单板后，问题解决。

总结和建议

对于速率可调单板，调测时添加单板端口速率和单板实际光模块速率应该保持一致，保证网管上添加的逻辑单板和物理单板的一致性。

案例 22　OSN 2000 设备 TU_AIS_VC12 告警处理

故障现象

1. 某铁路局高速铁路线路接入层使用 OSN2000 设备组 SNCP 环，天窗修进行光缆割接，网管上报较多 TU_AIS_VC12 告警，业务正常使用；

2. 核对业务路由，发现告警上报在线路板 OSB4A 上，支路板未上报 PS 告警，设备主控版本：5. 50. 02. 22、5. 50. 03. 12P03。

组网情况

无。

原因分析

1. 告警未自动上报、告警进行了屏蔽设置；

2. 业务配置异常，SNCP 设置问题；

3. 主控板故障、交叉板故障；

4. 版本特性。

故障定位及处理过程

1. 检查全环业务配置，都正常；

2. 查看设备告警属性设置，PS 告警未设置不上报或者屏蔽，查询网管侧历史告警，未发现异常，命令查询设备当前/历史告警，均正常；

3. 分析产生的 TU_AIS_VC12 告警，发现该告警均为线路板上报，并且为当前备用通道上报的告警，与用户确认倒换后业务正常，说明倒换是正常的；

4. 软复位主控和交叉单板，告警不能消除；

5. 经过查询相关资料，怀疑此问题为版本特性，类比了 Metro5000 设备特性解释：较新的主机版本中，PS 告警上报处理分为两种模式：once 与 cont（上报一次或连续上报）。默认为 once 模式，可通过：cfg-set-ps-rptmode：cont；或：cfg-set-ps-rptmode：once；（需要 cfg-verify 校验才能生效）来修改，没有 T2000 接口。版本新增功能，SNCP 时可以在线路板上检测并且上报 VC12 级别的 TU_AIS、TU_LOP 告警；

6. 经实际验证，OSN2000 设备同此描述特性相符。

总结和建议

1. OSN2000 设备 OSB4A 光板上报此类告警属于版本特性，检查当前交叉备用总线状态，业务使用不受影响；

2. 数据类单板上报此类告警，必然影响系统使用，需要进行处理，核对业务配置和网管告警；

3. 传输故障处理过程中，可根据实际情况类比相关特性进行处理。

案例 23 OSN 3500 PIU 单板上报 POWER_ABNORMAL 告警处理

故障现象

1. 某车间做电源测试计表，机房内一台 OSN3500 切换到蓄电池供电后，27 槽位上报 POWER_ABNORMAL 告警，用万用表测试各接线端子电压，未发现异常，倒换回正常供电系统，网管做告警清除后，告警仍继续上报；

2. 用户彻底检查电池组性能，未发现问题，其他用电设备也未发现异常告警，更换 PIU 单板，告警消失；几天后用户告知，此告警又上报，并自行消失，一天反复 10 多次，告警时段覆盖天窗时段和白天上班时段，18：00 至 24：00 基本没有上报；

3. POWER_ABNORMAL 告警参数（16 进制），0×01 0×00 0×01 0×00 0×ff，参数含义：

参数 1：0×01 表示-48 V A 路（默认为低槽位的 PIU 单板）电压；

参数 2～3：对于 PIU 单板和 GSCC 单板，固定为 0×00 0×01，无意义；

参数 4～5：对于 PIU 单板和 GSCC 单板，参数 4 表示电源的工作状态，0×00 表示欠压，

0×01 表示过压；参数 5 默认值为 0×FF，无意义；

4. 此故障告警参数表示－48V A 路欠压。

组网情况

无。

原因分析

1. 由于是在网设备(无故障 4 年左右)，排除板内跳线设置错误；

2. 配电柜至设备电源线内部或外皮有破损，施工要点和上班时段，线受外力震动等引起电压不稳(告警上报规律)；

3. 机柜电源配电盒 PDU 故障；

4. PDU 至单板 3 V 3 端子内部电源线损坏；

5. 设备其他单板故障，如 AUX；

6. PIU 单板备件存放时间过长，本身可能存在故障。

故障定位及处理过程

1. 携带 PIU、AUX、3V3 端子内部电源线、仪表到现场要点处理；

2. 现场分两组，一组检查下走线电源线外观是否破损，考虑到处理效率，另一组更换板件处理；

3. 仪表测试 27 槽位 3V3 端子内部金属触点电压，未见异常，遂决定更换板件处理；

4. 现场再次更换 PIU 单板，未能解决，更换 AUX 单板，未能解决；

5. 更换 3V3 端子内部电源线，故障依旧；

6. 另一组此时完成下走线电源柜至传输机柜电源线缆检查，未发现异常；

7. 怀疑 PDU 存在问题，利用拆下来的 3V3 端子内部电源线旁接到同排另一传输机柜 PDU 上，告警依旧存在；

8. 与技术人员讨论其他的可能性，注意到 17 槽位 PWA 指示灯亮红灯，18 槽位 PWA 指示灯正常，怀疑有问题；

9. 利用 PDU 开关做测试，电源关断 A 路，18 槽位主控也亮红灯，怀疑 17 槽位主控有问题，网管做主备主控倒换，之后把 17 槽位 GSCC 拔出，告警消除。

总结和建议

1. 在处理较为复杂故障时，尽可能形成完整的处理思路，逐步排除，特别要注意一些细节(例如：指示灯不一致)；

2. 将此问题咨询研发，原来 OSN3500 的 PIU 单板电源检测是在 GSCC 上实现的，在排除外部电压、PIU 单板和跳线设置等原因后可以考虑主控电压检测芯片故障；

3. 告警上报在 PIU 单板，检测芯片在 GSCC 上(PIU 本身也有检测电路)，如果某块主控检测芯片坏，就会出现故障主控 PWA/B 指示灯亮红灯的不正常现象，而不是通常两块主控都亮红灯的特征，处理时注意分辨。

案例 24 设备温度过高导致风扇上报 FAN_FAIL 告警

故障现象

某铁路局用 OSN1500 设备上报 FAN_FAIL 告警，现场查看风扇正常转动，指示灯正常。

组网情况

无。

原因分析

1. 环境因素；
2. 风扇故障；
3. 告警误报。

故障定位及处理过程

1. 查看网管，网管除了上报重要告警 FAN_FAIL 告警外，还上报次要告警 TEMP_OVER；
2. 查看各单板性能，温度均在 50℃～60℃左右；
3. 去机房查看，风扇正常转动，且指示灯正常，但由于此设备所属项目为新开项目，机房空调暂不具备加电条件，屋内温度较高，湿度过大；
4. 检查设备防尘网，发现防尘网上有大量泥土，严重影响设备内空气流通，进行防尘网清洁处理；
5. 检查设备风扇，发现风扇扇叶上也有大量泥土，进行风扇清洁处理；
6. 完成上述操作后，设备单板温度恢复正常，FAN_FAIL 和 TEMP_OVER 告警消失；
7. 将机房进行临时通风和降温处理，并告知客户尽快恢复空调使用。

总结和建议

新建设备在加电调试前一定要确认机房环境是否满足设备加电及运行条件。

案例 25 OSN 3500 设备扩展子架单板上报不在位

故障现象

某铁路局在网运行有一套 Optix OSN 3500 设备，带有一个扩展子架，网管上报多条 BD_STATUS 告警，都源于该 OSN3500 扩展子架单板上，但是对在用业务未造成影响。

组网情况

无。

原因分析

1. 设备主子架和扩展子架间 AUX 单板连接线缆故障；
2. 扩展子架 AUX 单板故障；
3. 设备扩展子架运行状态异常(电压不稳定等)；
4. 其他故障。

故障定位及处理过程

1. 由于扩展子架所有单板均上报单板不在位告警且运行业务未受影响，怀疑主子架和扩展子架间通信异常导致；

2. 网管查看设备主子架主控、交叉、辅助接口板等单板状态、历史性能数据有无明显变化，同时安排维护人员去现场查看设备运行状态以及单板指示灯；

3. 现场检查主子架和扩展子架间 AUX 连接线缆正常，但是 AUX 单板 EXT 口指示灯异常，怀疑是网线问题导致，更换一条测试正常的网线，BD_STATUS 告警清除，故障解决。

总结和建议

当同一台设备出现多块单板不在位的情况时，重点怀疑与板件通信有关的单板、模块、线缆等，以便及时定位问题所在，快速有效地解决故障。

案例 26　交叉板上报 HSC_UNAVAIL 告警

故障现象

某铁路局汇聚层改造，OSN7500 设备升级至 V100R010C03SPC208 版本后，交叉板上报 HSC_UNAVAIL 告警。

组网情况

无。

原因分析

1. 备用交叉板硬复位不到 5 min；
2. 主备交叉板版本不一致；
3. 单板主机软件版本和硬件版本不一致；
4. 交叉板坏；
5. 业务板坏；
6. 子架背板坏。

故障定位及处理过程

1. 该告警用于提醒用户此时最好不要对主板进行硬复位或拔板操作，以免影响业务，因为备板刚上电运行时需要从主板同步部分数据，若无异常，等待单板复位成功(约 5～8 min)；

2. 等待一段时间后网管查询告警未消除，怀疑主备交叉单板的软件版本不配套，主备板的软件版本不一致会导致 HSC_UNAVAIL 告警上报，使用命令行：sftm-get-nesoftver：9 和 sftm-get-nesoftver：10；确认主备交叉板版本是一致的；

3. 因此怀疑为 HSC_UNAVAIL 告警误报或者交叉板故障，网管侧对网元告警进行同步告警操作后，发现该网元 27 槽位 SL64 单板上报 TR-LOC 告警；

4. 目前只有单块业务板上报 TR-LOC 告警，其他业务板全部运行正常，网管确认 27 槽位单板为新增板卡，未开通任何业务，则通知现场人员将 27-SL64 单板拔除，网管上交叉板 HSC_UNAVAIL 告警消失，定位为 27 槽位单板故障引起交叉板告警上报；

5. 更换 27-SL64 单板后，交叉板 HSC_UNAVAIL 告警消失，故障排除。

总结和建议

1. HSC_UNAVAIL 告警出现的时候不一定会影响交叉主备倒换，只是用来提醒用户此时最好不要对主板进行硬复位操作，以免影响业务(备板刚起来的时候要从主板同步数据)；

2. 出现 HSC_UNAVAIL 告警的时候一定要根据告警参数确定产生该告警的原因；

3. 告警参数 PARA1＝0×80：表示备用交叉板刚硬复位起来不到 5 min(在 5～8 min 的范围内都属于正常，因为这个计时是从告警模块的任务开始运行之后开始计数的)，如果此时没有其他异常，5 min 后这个告警会自动消失；

4. 告警参数 PARA1＝0×01：表示备板检测到本板状态坏，出现此告警一般情况下会伴随着 HARD_BAD 告警，如果当前告警中无 HARD_BAD 告警，就要注意查询一下历史告警中有无 HARD_BAD，同时备份黑匣子的记录，定位到具体是哪一方面的硬件故障引起的；

5. 告警参数 PARA1＝0×02：表示业务板检测到备板坏，出现此告警的时候，一般业务板会同时上报 TR_LOC 或者 T_LOSEX 告警，如果所有业务板都上报 TR_LOC 或者 T_LOSEX 告警，可基本确认为交叉板故障，更换故障交叉板即可，若更换交叉板后告警未消除，则需检查子架背板是否有倒针现象。如果只有某几块业务板上报 TR_LOC 或者 T_LOSEX 告警，则可基本确认为业务板故障，更换上报 TR_LOC 告警或者 T_LOSEX 告警的业务板即可。

案例 27 Metro 1000 设备主控板故障导致网元脱管

故障现象

1. 某铁路局 E 网元脱管，E 网元为 Metro 1000 设备；
2. 从 D 和 F 查看 ECC 链路，均能看到 E。

组网情况

组网如图 1-11 所示。

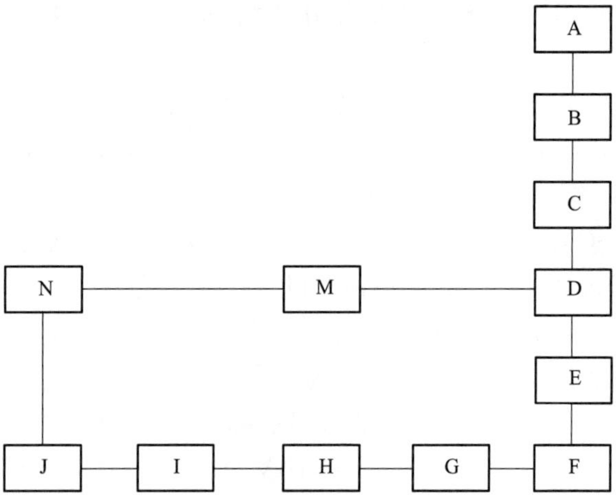

图 1-11

原因分析

1. 网关网元跟踪错误；
2. E设备主机软件丢失；
3. E设备主控板硬件故障。

故障定位及处理过程

1. 由于本网管只有一个网关网元，测试也是正常的，排除网关网元的问题；
2. 用命令行软件登录E网元，可以登录，但提示设备工作在BIOS，要求加载主机软件；
3. 用Optix Navigator加载主机软件，加载顺利完成，设备自动复位，复位完重新登录，故障依旧；
4. 用DC工具进行板级加载，加载顺利完成，激活时提示激活超时，后经研发确认为主控板故障；
5. 更换主控，重新下载数据，故障排除。

总结和建议

在处理网元通信故障的问题时，先分析排除软件故障，再进行硬件更换。

案例28　支路板闪报TU_AIS

故障现象

1. 某铁路局采用Optix Metro 1000v3设备组网，组网方式为SNCP环带链，业务为集中型业务，A站至F站、A站至D站、A站至B站均有业务；

2. A站3-SP2D-1端口频繁闪报TU_AIS告警(该业务宿端为F站3-SP2D-4)，询问用户得知业务未受影响。

组网情况

组网如图 1-12 所示。

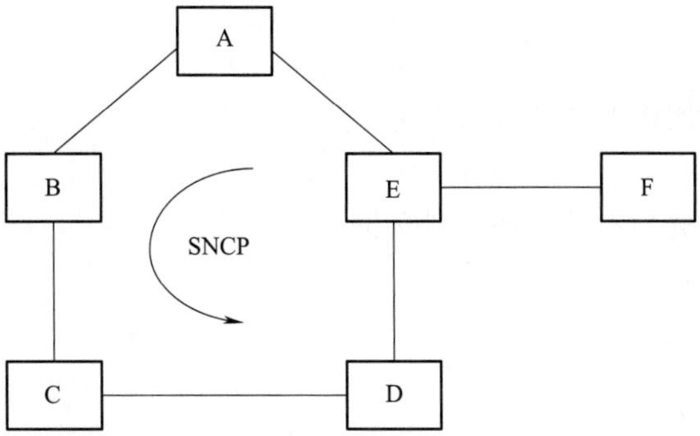

图 1-12

原因分析

1. F 站支路板故障,该端口发送信号故障,导致 A 站频繁上报 TU_AIS 告警;
2. A 站支路板故障,导致 A 站频繁上报 TU_AIS 告警;
3. 外部引入信号故障,导致 A 站频繁上报 TU_AIS 告警。

故障定位及处理过程

1. 网管修改 F 站业务配置,将业务落地端口由 3-SP2D-4 更改为 4-PD2D-1,用户协转2 M 跳线位置跟随改变,经观察 A 站仍然上报 TU_AIS 告警,F 站 4-PD2D-1 端口上报 E1_LOC 告警,E1_LOC 与 TU_AIS 告警成对出现,检查网管设置发现 F 站 3-SP2D-4 端口的 E1_LOC 告警为屏蔽状态;

2. 在 F 站将 4-PD2D-1 端口连接的协转甩开,将 4-PD2D-1 进行硬件环回,A 站在 3-SP2D-1 端口进行挂表测试,测试通道正常,排除传输通道原因;

3. 更换 F 站协转后,F 站 E1_LOC 告警和 A 站 TU_AIS 告警均不再上报,恢复正常。

总结和建议

1. 处理告警时根据告警检查是否有伴随告警,是否有告警被屏蔽;
2. 多种处理方法结合使用,准确判断故障原因。

案例 29 OSN 3500 设备不上报 TU_AIS 告警

故障现象

A 站点 OSN3500 设备单站配置线路板 7-SL16-1 端口至支路板 2-PQ1-1 业务,支路板只上报 T_ALOS 告警,不上报 TU_AIS 告警。

组网情况

无。

原因分析

1. 配置业务使用的时隙配置成完整业务；
2. 设备单板故障；
3. 配置业务使用的光口有硬件或软件环回；
4. 设置了告警屏蔽；
5. 设备启用了告警抑制规则。

故障定位及处理过程

1. 检查业务配置，发现只在单站进行了业务配置，7-SL16-1 端的收光功率为－60 dB，修改业务配置到 8-SL16-1 端口（收光功率为－15 dB），此时支路板正常上报 TU_AIS 和 T_ALOS 告警，排除设备硬件故障；

2. 检查 7-SL16-1 端口配置，无软件环回，收光功率为－60 dB，排除硬件环回；

3. 检查支路板告警屏蔽设置，未进行 TU_AIS 告警的屏蔽；

4. 检查设备是否启用了高级别告警抑制低级别告警的规则，使用命令行登录设备，输入 alm-get-inhistate，返回结果显示启用了该规则，输入 alm-set-inhistate：inhibit 命令解除该规则后，TU_AIS 可正常上报告警。

总结和建议

针对造成该故障的原因进行逐点排除，结合多种方法进行故障排除。

案例 30 光板收光正常但上报 R_LOS 告警且不消除

故障现象

A 网元 8-SLQ4 光板接收光功率正常，但 R_LOS 告警不消除。

组网情况

组网如图 1-13 所示。

原因分析

1. 网元 A 单板故障引起网元 A 上报 R_LOS 告警；
2. 网元 D 单板故障引起网元 A 上报 R_LOS 告警。

故障定位及处理过程

1. 网管查看站点网元 A（OSN 3500）8-SLQ4-2 上报 R_LOS 告警，查询 8-SLQ4-2 光功率

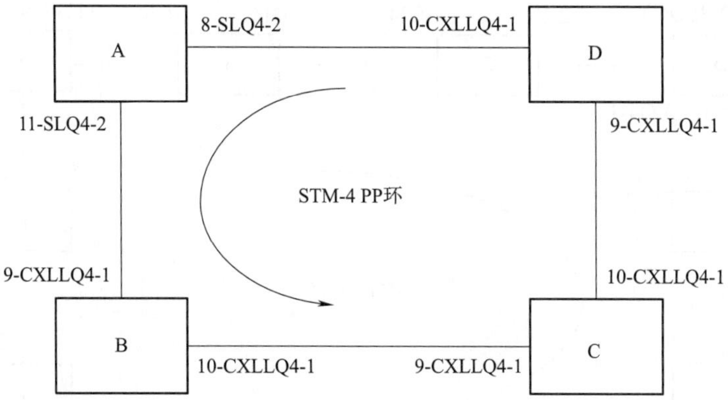

图 1-13

为－13.2 dB,接收光功率正常,性能查询为再生段不可用秒;

2. 网管查看网元 D(OSN 2500)无异常告警;

3. 网元 A 8-SLQ4-2 光口收发自环,R_LOS 告警消除,确认该光板工作正常;

4. 在网元 A 站向网元 D 方向打环,网元 D 10-CXLLQ4-1 上报 R_LOS 告警,查询 10-CXLLQ4-1 接收光功率正常,性能查询为再生段不可用秒;

5. 网元 D 10-CXLLQ4-1 光口收发自环,上报 R_LOS 告警,查询 10-CXLLQ4-1 接收光功率正常,性能查询为再生段不可用秒,定位网元 D 10 槽位主控交叉线路合一板故障;

6. 更换故障单板后告警消除,全网无异常告警,性能查询正常。

总结和建议

光口自环定位光板故障。

案例 31　OI4 单板故障导致部分 VC4 产生误码

故障现象

1. 某铁路局采用 Optix 155/622 、Optix 155/622H 、OSN1500B、OSN2500 混合组网,组网方式为 622 M 通道保护环;

2. TDCS、FAS 等部分业务闪报 TU_LOP、BIP_EXC 告警,业务无法正常使用。

组网情况

组网如图 1-14 所示。

原因分析

1. 环网某段光路衰耗过大,由高阶通道误码引起的低阶通道误码;

2. 环网某站点光板故障,引起的低阶通道误码。

故障定位及处理过程

1. 检查环上站点的光板 SDH 性能事件,均未发现有高阶误码;

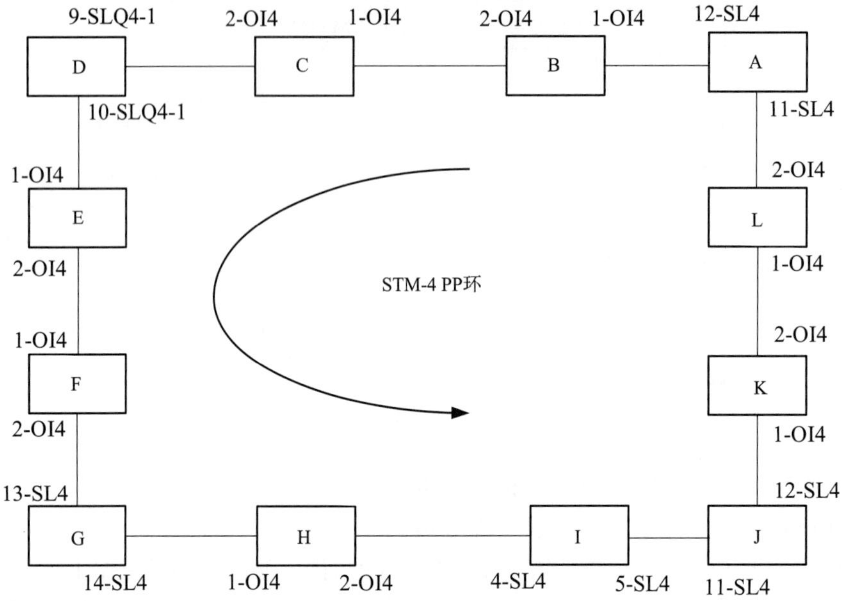

图 1-14

2. 查看并分析闪报 TU_LOP、BIP_EXC 告警对应的业务，为 B 站到 C 站配置的无保护链业务，且所用时隙均为第 2 个 VC4，初步定位故障点在 B 站的 2-OI4-1 与 C 站的 1-OI4-1 之间；

3. 对 C 站 1-OI4-1 的第 2 个 VC4 进行内环回，大部分 TU_LOP、BIP_EXC 告警消失；

4. 对 C 站 1-OI4-1 的第 2 个 VC4 进行外环回，TU_LOP、BIP_EXC 告警均不消失；

5. 对 B 站 2-OI4-1 的第 2 个 VC4 进行内环回，TU_LOP、BIP_EXC 告警均不消失；

6. 对 B 站 2-OI4-1 的第 2 个 VC4 进行外环回，大部分 TU_LOP、BIP_EXC 告警消失；

7. 通过环回操作，定位为 B 站 2 槽位 OI4 光板第 2 个 VC4 故障；

8. 现场更换 B 站 2 槽位 OI4 单板后，故障排除。

总结和建议

通过告警分析，首先找到故障发生的共性，例如本站首先定位到第 2 个 VC4，然后通过环回操作，最终定位出故障单板。

案例 32　Metro 5000 设备更换主控注意事项

故障现象

1. Metro 5000 设备已到使用年限，主控板频发电池告警，需要更换主控处理，下发数据处理，更换主控过程需要详细参考《Optix 10G(Metro 5000)产品更换主控功能专题》。

2. 常见故障现象：

(1)更换上的主控，已经加载过数据，上线后仍处于安装态；

(2)更换上的新主控超过 24 h,仍旧存在 POWER_FAIL;
(3)支持设置 ID 的主控板,掉电后设备 ID 改变;
(4)主控板更换后,一段时间内设备自动脱管,现场软复位后恢复。

组网情况

无。

原因分析

1. 设备硬件故障;
2. 设备软件问题或版本特性;
3. 设置错误或不可靠操作方式。

故障定位及处理过程

1. 检查版本,建议更换的主控板单板版本为 5.10.05.30 或以上。如果是 5.10.05.30 之前的主机,一定要确认更换前的主控或者要更换上去的主控曾经下发过校验操作,确保更换主控功能生效。10 G 设备更换主控 ASCC 时,由于存在更换主控功能,设备会一直处于安装态,需要下发数据才能使业务生效。

2. 对于备件主控板,要求把 ID 拨码开关的 SW1.1 拨在“OFF”的位置,防止锂电失效,在更换单板时,记得一定要把开关打在“ON”,否则起不到掉电保护的作用,且设备仍会上报 POWER_FAIL。10 G 设备主控电池可以在“ON”状态下使用两年左右时间,电池是否有电,还需要通过单板告警来判断。当主控板上报 power_fail 告警,并且告警参数是 0×05 的时候,表示主控板上的电池没有电,需更换主控板电池或者整体更换主控板。

3. 5.10.04.37P01、5.10.05.30 及后续版本支持设置软 ID,命令:cm-set/get-neid;通过软件设置的 ID,查询时,NE ID MODE 为 soft;硬件拨码 ID,查询 NE ID MODE 为 hard;考虑清库升级和电池无电等特殊情况,建议使用硬件拨码形式。

4. 网关网元 Metro 5000 设备频繁脱管,在脱管时复位主控,网管上又监控正常。属于版本的一个特性。

5. 5.10.04.30P03 以前的主机默认的是关闭 COA 模式,后续版本开始,主机修改为默认情况下使能 COA;T2000 网管无设置 COA 模式的接口,只能使用命令行设置;对于网上必须要使用 COA 时,不要关闭 COA 模式。5.10.04.30P03 之前的主机升级到 5.10.04.30P03 以及后续版本时,应检查 COA 模式是否关闭;建议 5.10.04.30P03 以及以后的主机,在没有使用 COA 的情况下,关闭 COA 模式。

6. 处理方式:登录网元,navigator 下发“:cm-set-coamode:disable;”命令关闭 COA 模式,并复位主控板。

总结和建议

1. Metro 5000 设备主控板拨码较多,需要在更换过程中详细阅读指导书;
2. Metro 5000 设备版本特性较为复杂,在遇到问题时,多查询相关案例,进行处理。

案例 33　OSN 2000 设备主控板吊死导致网元脱管

故障现象

1. 某铁路局采用 Optix OSN3500 及 Optix OSN2000 混合组网，骨干层为 2.5 G 线性 1+1 复用段，接入层为 622 M 通道保护环；

2. 基站 52 在上下游站点未上报 R_LOS 告警的情况下脱管。

组网情况

组网如图 1-15 所示。

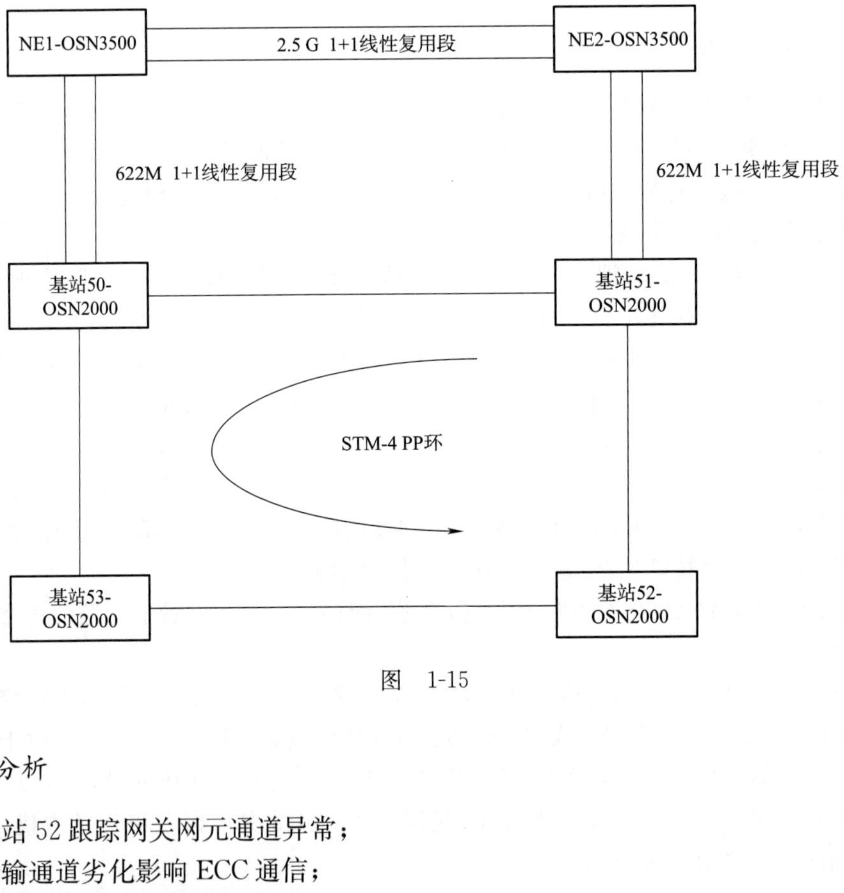

图　1-15

原因分析

1. 基站 52 跟踪网关网元通道异常；
2. 传输通道劣化影响 ECC 通信；
3. 上下游站点故障导致基站 52 的 ECC 链路不通；
4. 基站 52 的单板或者设备故障；
5. 其他问题。

故障定位及处理过程

1. 网管上通过 ECC 链路管理查看，在基站 51 和基站 53 都无法监控到基站 52，但与基站 52 相连的基站 51、基站 53 的线路板都有收光功率，且在正常范围，由此判断基站 52 设备未掉电且线路侧正常；

2. 网管上查询网元性能正常，无误码，排除传输通道劣化导致 ECC 通信闪断或完全中断的情况；

3. 维护人员到达现场后，发现 SCC 单板指示灯均不亮，判断主控板吊死导致 ECC 通信故障，指导现场维护人员按下 SCC 单板上的 RST 复位按钮，单板复位重启后故障解决，网管上能正常监控基站 52 设备。

总结和建议

无。

案例 34　Metro 1000 内置 220 V 机箱 ALM 指示灯亮故障处理

故障现象

1. 用户使用 Metro1000 设备为直放站提供业务通道，机房巡视，发现 A、B 两个站点内置 220 V 机箱的电源模块都有一块面板 ALM 指示灯亮，另一电源模块 ALM 指示灯不亮；

2. 网管查询告警和性能，未发现异常告警和性能事件，设备正常使用；

3. 设备主机版本：5.37.05.12P03。

组网情况

电源模块外观如图 1-16 所示。

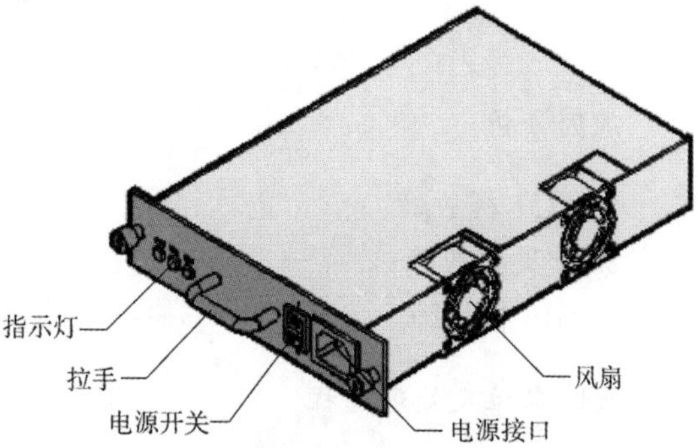

图　1-16

原因分析

1. 电源模块输出故障；

2. 电源模块风扇故障。

故障定位及处理过程

1. 电源模块有三个指示灯 PWR、FAN 和 ALM，含义为：

PWR 绿色 5V 和－48V 输出正常，则灯亮；5V 和－48V 任意一路有告警，灯熄灭；

FAN 绿色 两个风扇正常，则灯亮；任意一个损坏或停转，灯熄灭；

ALM 红色 PWR 或 FAN 的任意一个灯熄灭，则 ALM 灯亮。

2. 现场指示灯状态：A 网元 PWR、FAN 灭，ALM 亮；B 网元 PWR 亮、FAN 灭，ALM 亮；

3. 通过指示灯状态，判断 A、B 两点都为电源模块硬件出现故障，ALM 亮属于正常告警指示，故障模块需要进行更换维修。

总结和建议

1. 产品手册描述电源模块集成监控模块，监控模块能实现实时监测和整流模块以及风扇状态的监控，输出告警信号；

2. 网管实际情况：模块坏和更换过程中，网管没有告警指示，只能通过现场检查 ALM 指示灯状态来获取模块的状态，存在安全隐患；

3. 传统小盒子设备提供 2 路电源接入，内置 220V 电源模块设备两块电源板是热备方式给设备供电，任意一块提供电流输出，设备都能正常工作，不会上报电源告警，存在安全隐患，需合理安排设备巡视，及时发现故障，并准备相应备件做好应急预案。

案例 35　线路板故障导致支路 2 M 业务中断

故障现象

A 站 1-PQ1 的 31-38 通道上报 TU_AIS 告警，到 C 站的 8×2 M 业务中断，A 站线路没有任何异常告警，A 站 1-PQ1 上还有到其他方向的业务，其他时隙业务运行正常没有受到影响。

组网情况

组网如图 1-17 所示。

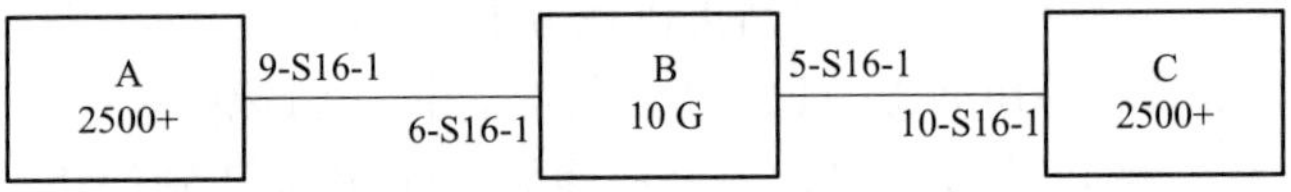

图　1-17

原因分析

1. PQ1 板故障；
2. 交叉板故障；
3. S16 板故障。

故障定位及处理过程

1. 查询告警，A 站 1-PQ1 的 31-38 通道上报 TU_AIS 告警，而全网没有其他任何异常告警，排除由于光板等高级别告警引发业务中断的可能；

2. 对 C 站 8×2 M 的中断业务进行内环回，A 站 1-PQ1 的 31-38 通道上的 TU_AIS 告警不消失；

3. 经查询，中断业务的 8×2 M 的通道业务全程承载在第 11 号 VC4 上，无其他业务占用，怀疑由某站 VC4 通道故障引起，因此对 C 站 2500＋网元的 10-S16 的第 11 号 VC4 做外环回，TU_AIS 不能消失；

4. A 站配置交叉环回，从 1-PQ1-31-38 配置到 1-PQ1-31-38，不产生 TU_AIS 告警；

5. 对 A 站 9 槽位的第 11 个 VC4 做内环回，TU_AIS 不消失，排除 B 站和 C 站的问题，定位为 A 站交叉板或者光板故障；

6. 倒换交叉板，故障依旧，更改业务配置，将原来的第 11 个 VC4 配置到第 16 个 VC4 后，业务恢复，定位为 A 站 S16 板故障；

7. 更换 S16 板，业务仍用第 11 号 VC4 进行配置，业务正常，问题解决。

总结和建议

2 M 业务发生故障时，先确定业务通道路由后，将业务的路由画出来，标注出源宿站点及业务所经过的站点、该业务所占用的 VC4 通道和时隙，逐段进行业务环回测试，根据环回测试结果，将故障初步定位到单板，然后使用替换法排除故障单板。

案例 36 工作地与保护地之间压差过大导致设备停止运行

故障现象

某铁路局一台 Metro1000V2 设备突然出现频繁重启，然后停止运行，网管上显示为灰色，与该 Metro1000V2 对接的 3 个 2 M 业务中断，到现场发现设备面板上所有的指示灯都不亮。对端设备上报 R_LOS、TU_AIS。

组网情况

无。

原因分析

1. 电源线连接有问题；
2. 机房－48 V 电源输入问题，如电源输入不稳定或是电源输入范围越限；
3. 设备电源模块故障；
4. 设备接地问题。

故障定位及处理过程

1. 到现场检查电源线连接情况，并没有发现连接异常，排除电源接线问题；
2. 现场测量输入电压，电压值为－53.4 V，满足设备要求，且电源输入稳定，排除电源输入问题；
3. 更换设备的电源输入模块后打开电源开关，设备依然不能上电成功；
4. 更换一台 Metro1000V2 设备后上电依然不成功，排除设备本身问题，怀疑设备运行环境问题，很有可能是接地问题；
5. 测量设备工作地与保护地之间的压差有 2.5 V，经查 Merto1000V2 设备在工作地与保护地之间的电压小于 1 V 可以正常上电，如果大于 1 V 设备不能正常上电；
6. 检查发现在保护地排上接有一个环监设备的地线，环监设备有一条信号线，与自己保护地因连接问题，有时出现短接打火(在现场检查时出现两次)，将环境监控设备的地线拆除后测量 Metro1000V2 设备的工作地与保护地之间的压差为 0.3 V；
7. 再次启动 Metro1000V2 设备，设备启动正常，业务恢复。

总结和建议

通信机房里所有设备接地要符合规范及相应要求。

案例 37　光纤错连导致 SNCP 业务中断

故障现象

某铁路局有两个相切的 SNCP 环，环上 a 缆和 b 缆需要进行光缆割接；割接完成后 A 到 C 和 E 到 C 的业务中断。

组网情况

组网如图 1-18 所示。

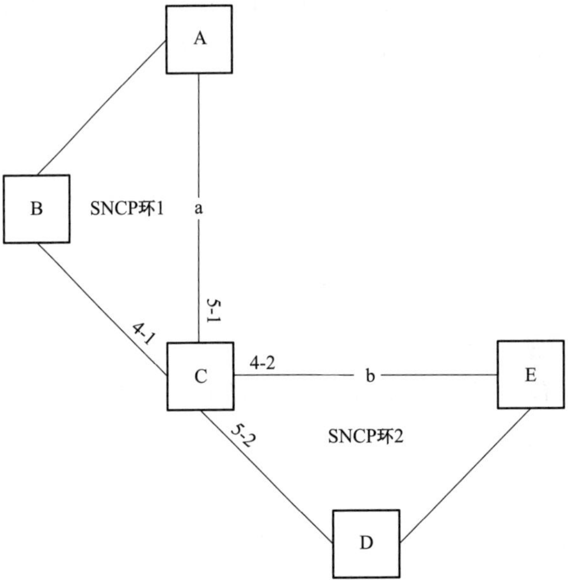

图　1-18

原因分析

1. 业务配置错误；
2. 光纤错连。

故障定位及处理过程

1. 检查业务配置，确认没有问题，且割接前确认过业务，割接过程不涉及修改业务；
2. 查看 C 网元的 ECC 链路管理，发现 C 网元距离为“0”的网元 ECC 号与割接前不一致；
3. 通过修改 J0 字节分别测试 C 到 A 的连纤、C 到 E 的连纤，发现在 C 网元 5-1 和 4-2 连反，更换过来后，业务正常，故障排除。

总结和建议

1. 割接完成后设备没有异常告警，但并不表示传输网络正常；
2. 割接完成后一定要进行连纤确认，确保与割接前一致。

案例 38 协转不匹配导致业务中断

故障现象

某铁路线使用 Optix 155/622 设备，采用通道保护环组网，各站点之间均有 2 M 业务，系统运行正常。为配合站前施工，将网元 A 站从旧址搬迁至新通信机房，网元 A 与网元 D 间 TDCS 业务中断，网元 A 与网元 B 间 TDCS 业务、网元 A 与其他站点间 2 M 业务均正常。

组网情况

组网如图 1-19 所示。

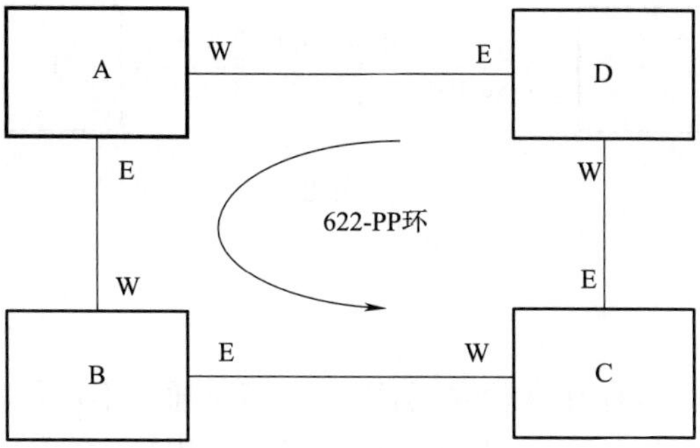

图 1-19

原因分析

1. 由于传输设备网管没有上报异常告警，性能浏览正常，无异常事件，可以排除光路、光板、交叉板问题；

2. 故障原因可能出现在支路板及 2 M 线路。

故障定位及处理过程

1. 在网元 D 站对应网元 A 站 TDCS 业务 2 M 端口做软环回，网元 A 站 TDCS 端口用 2 M 表测试无误码，通道正常，可以排除网元 A、网元 D 支路板问题，排除网元 A 站 2 M 跳线问题；

2. 在网元 D 站 TDCS 端口用带 2 M 跳线做硬环回，网元 A 站 TDCS 端口用 2 M 表测试无误码，通道正常，可以排除网元 D 站 2 跳线问题；

3. 检查发现网元 A 站与网元 D 站 TDCS 使用的协议转换器型号虽然一致，但是外观不一致，而网元 A 站与网元 B 站使用的协议转换器型号、外观均一致，怀疑网元 A 站与网元 D 站使用协议转换器硬件不匹配造成无法正常工作，建议更换；

4. TDCS 厂家将网元 A 站协议转换器更换与网元 D 站一致后，业务恢复正常。

总结和建议

利用环回法先排除传输侧问题，再逐一排查业务侧问题。

案例 39　OSN 2500 设备 N1SLQ1 单板上报性能事件 HPUAS

故障现象

1. 某铁路局采用 OSN2500 及 OSN500 设备组网，组网方式为 155 M 无保护链；

2. 网元 A 站 7-N1SLQ1-1 及网元 B 站 8-SL1D-1 性能事件里有高阶通道不可用秒，且在持续少量增长，业务未受到影响。

组网情况

组网如图 1-20 所示。

图　1-20

原因分析

1. A 站至 B 站之间光板存在高阶误码，引起的高阶通道不可用秒；

2. A 站至 B 站之间光板故障，引起的高阶通道不可用秒；

3. 外部环境干扰引起的高阶通道不可用秒；

4. 通道追踪字节设置不匹配，导致高阶通道不可用秒。

故障定位及处理过程

1. 检查从 A 站至 B 站之间所涉及的光板 SDH 性能事件，均未发现有高阶误码；

2. 检查 A 站至 B 站之间对应光板运行状态和收发光功率值均正常；

3. 查看 A 站至 B 站之间对应光板均上报 HP-TIM 告警，检查 J1 字节后发现 J1 字节设置不匹配，修改 J1 字节后 HP-TIM 告警消失；

4. 再次查看 A 站至 B 站之间所涉及的光板 SDH 性能事件，高阶通道不可用秒性能消失，故障解决。

总结和建议

UAS 性能并不代表业务一定中断，需要分析 UAS 产生原因，若 HP_TIM/LP_TIM 告警引起，其不会影响业务，但是会产生 HPUAS 性能计数。

案例 40　OSN 2500 设备光口告警信息残留导致产生高阶通道不可用秒

故障现象

某铁路局一套 OSN 2500 设备 9-SLQ4-1 光口对应的光缆割接后，一直存在高阶通道不可用秒性能，但未引起该光口承载业务出现中断或倒换异常。

组网情况

无。

原因分析

1. 本端和对端光口 J1 字节设置不当；
2. 其他复用段误码引起；
3. 对端光口发送模块或者本端光口接收模块故障；
4. 其他问题。

故障定位及处理过程

1. 查询到上报高阶通道不可用秒性能的为 9-SLQ4-1 光口第一个 VC4，而第一个 VC4 中配置的业务均为 VC12 级别的业务，所以排除由其他设备 VC4 级别业务透传过来引起此异常性能的情况；

2. 查询对端和本端端口上的 SDH 性能均未发现有再生段、复用段误码等异常性能，仅 9-SLQ4-1 光口第一个 VC4 上报高阶通道不可用秒性能，怀疑该 J1 字节设置不当引起；

3. 查询发现，9-SLQ4-1 光口第一个 VC4 的 J1 字节设置为禁止，可见不是 J1 字节设置问题引起，为了再次确认，更改两端的 J1 字节，并设置对端应发和本端应收一致后，高阶通道不可用秒性能依然存在；

4. 采集设备黑匣子性能数据分析得知，9-SLQ4-1 在光缆割接时产生过 AU_LOP 告警，而此告警虽然已经清除，但是有告警信息残留，引起高阶通道不可用秒性能一直存在，软复位此单板后，异常性能消失，处理结束。

总结和建议

在发现有异于常理的告警、性能事件后，应仔细分析网元设置、数据配置，充分考虑细节，一步一步定位问题所在，找出原因并解决处理。

案例 41 OSN 3500 设备配置业务下发不成功故障处理

故障现象

某铁路局 OSN3500 设备在配置 SLQ4 单板 VC12 级别穿通业务时，提示"通道已被占用，错误码 38778"，如图 1-21 所示。

组网情况

无。

原因分析

1. SLQ4 单板 VC4 时隙已被占用，没有空余时隙，导致无法下发业务配置；

图　1-21

2. 设备网元侧与网管侧数据不同步；

3. U2000 网管问题导致业务无法下发；

4. SLQ4 单板 VC4 通道未装载监管被设置为使能。

故障定位及处理过程

1. 上载网元数据，再次配置数据，仍然提示错误；

2. 核对业务时隙，并使用命令行检查交叉：cfg-add-xc：0，0 确定该时隙未被占用；

3. 使用命令行：cfg-add-xc 增加需要添加的业务，提示 failed！ cmd：0×8600 error：0×977a NSERR_CFG_PATH_USED；错误码 0×977a；

4. 检查 SLQ4 单板 SDH 端口配置，第一个端口的第 1、2 个 VC4 通道使能未装载监管（未装载监管作用：设置是否监控未装载通道的开销），设置使能未装载监管后默认通道被占用，导致无法配置业务。将未装载监管设置为禁止后，可正常配置业务，问题解决。

如图 1-22 所示。

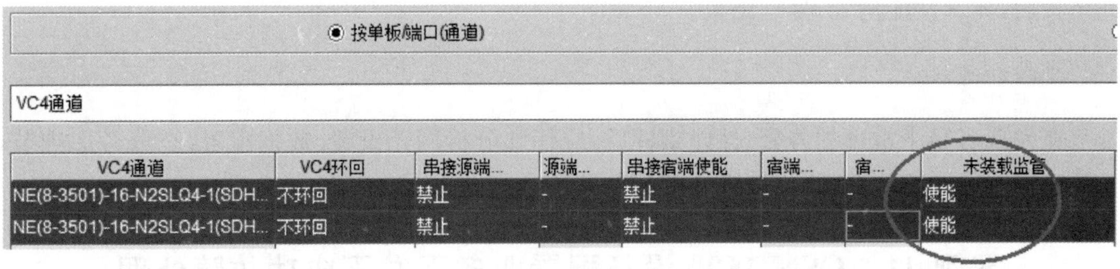

图　1-22

总结和建议

使用网管配置业务提示通道被占用时，首先要考虑时隙是否冲突，然后检查网管侧与网元侧数据是否一致，同时还需检查端口未装载监管是否使能。

案例 42　OSN 3500 设备风扇持续高速运转

故障现象

1. 某站点新建两套 OptiX OSN3500 设备，做主从子架进行管理；

2. 主子架、扩展子架设备加电启动稳定后，主子架设备噪声较低，扩展子架风扇一直持续高速运行，噪声较大。

组网情况

无。

原因分析

1. 机房环境较高等外部环境问题导致扩展子架自动调整风扇为高速运转；
2. 扩展子架风扇板或 XCE 单板故障造成风扇不能智能调速。

故障定位及处理过程

1. 机房内温度湿度均在正常范围内，并且扩展子架单板温度均在 50℃以下，设备没有高温现象；通过降低室内温度，扩展子架风扇仍一直保持高速运转；
2. 更换扩展子架 AUX 及风扇板后故障依旧；
3. 通过命令行查询设备信息如下：
:cfg-get-faninfo;//返回信息如下，38/39/40 槽位为主子架风扇，88、89、90 槽位为扩展子架风扇。

```
BID ALM-STAT SPEED-TYPE
38   normal   auto
39   normal   auto
40   normal   auto
88   normal   high
89   normal   high
90   normal   high
```

经研发确认 NGSDH 扩展子架上使用的 XCE 单板，开发初期不支持温度查询，当主子架风扇运行模式设置为 auto 时，主子架可根据温度变化调节风扇转速，但扩展子架风扇将默认持续以“高速”进行设置；相反若主子架设置风扇模式为 LOW，扩展子架风扇模式也将改变为 LOW 运行。因此可以通过修改主子架风扇运行模式为 MID 或者 LOW，将扩展子架风扇转速调低，以降低扩展子架风扇噪声。

总结和建议

扩展子架风扇没有自动调速功能，建议机房环境温度保持在正常温度内，再将主子架风扇运行模式改为中等，以减轻扩展子架风扇噪声。需要注意的是，当环境温度改变后，主子架、扩展子架风扇不能自动调速，需要人为干预。

案例 43　传输网元 ID 重复问题处理

故障现象

1. 某铁路局 4 套 OSN2500 采用环形组网，组网方式为 622 MSP 保护环，NE1 网元下挂一台 Metro 1000V3 设备 NE5，NE1 和 NE5 之间的保护方式为 155 M 1+1 线性复用段；

2. 由于 NE5 网元主控板故障导致设备脱管，维护人员用备件更换 NE5 网元故障的主控板后，在 NE1 处查看至 NE5 的 ECC 始终不通，NE1 的光板光功率正常且无其他异常。

组网情况

组网如图 1-23 所示。

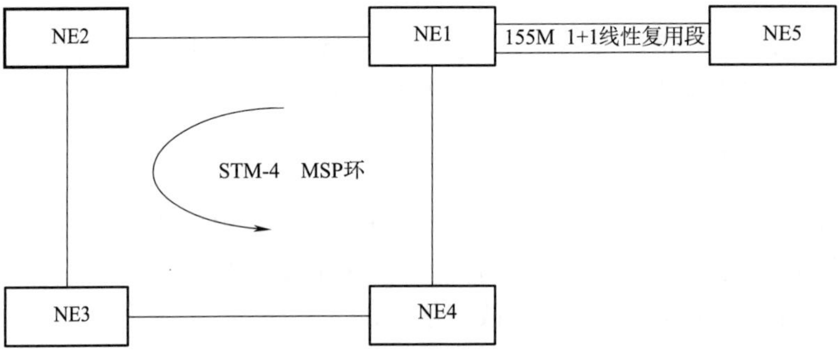

图 1-23

原因分析

1. NE5 网元至 NE1 之间的两个光口光纤连接错误，如鸳鸯线，导致 ECC 不通；

2. 更换的备件主控板故障；

3. NE5 网元更换的备件主控板 ID 与 NE1、NE2、NE4 某个重复，导致在 NE1 处查看至 NE5 的 ECC 始终不通。

故障定位及处理过程

1. 在 NE5 设备的现场维护人员检查光纤连接情况，发现光纤连接正确，没有鸳鸯线的情况，且用光功率计测量 NE5 处的两个光口光功率都在正常范围内；

2. 由于更换的备件是华为备件库提供的新件，现场也没有其他备件可以使用，备件故障的因素暂不替换处理；

3. 有可能 NE5 网元更换的备件主控板 ID 与 NE1、NE2、NE4 网元其中的一个 ID 重复，在网管依次把 NE1、NE2、NE4 网元的扩展 ID 更改，后在 NE1 处查看 NE5 的 ECC 连接情况，当把 NE4 的扩展 ID 更改后，发现 NE5 的 ECC 通了，可以判断是 NE5 网元更换的备件主控板 ID 与 NE4 重复，命令行登录到 NE5，修改其 ID 为原 ID 并下载配置数据，将 NE1、NE2、NE4 的扩展 ID 改回，问题解决。

总结和建议

1. 在网管进行网元主控板更换操作时，需考虑 ID 与网管上既有设备重复的情况；

2. 当发现 ID 可能重复的时候，勿盲目在网管进行业务删除和网元数据下载等操作，防止因为 ID 重复数据删除错误，导致电路中断；

3. 网络规模较小时可以考虑通过上述修改网管既有网元扩展 ID 的方法，判断 ID 重复的网元。

案例 44 Optix 2500＋设备交叉板内跳线设置不当

故障现象

某铁路局一套 Optix 2500＋设备 8 槽位 SS63XCS 交叉板故障，用软硬件版本均一致的单板进行更换后，待主备交叉板同步完成，网管进行交叉板的主备倒换测试，发现倒换至 8 槽位工作后业务运行正常，但上报 Sync_LOS 和 LTI 告警，且长时间（超过 30 min）不消失。

组网情况：

无。

原因分析

1. XCS 跳线帽设置不当；
2. XCS 单板故障；
3. Optix 2500＋子架背板故障；
4. 其他问题。

故障定位及处理过程

1. 再次确认新更换的 8 槽位 XCS 单板软硬件版本和 7 槽位一致，排除软硬件版本问题；

2. 查询网管配置，该 Optix 2500＋设备配置有一路 2 Mbit/s 外时钟源，怀疑 XCS 板内跳线设置不当引起 Sync_LOS 和 LTI 告警；

3. 拔出 8 槽位 XCS 单板，检查跳线设置，JU4、JU5 设置为跳 2 和 3，其含义为外时钟输入为 2 MHz，与实际不符；

4. 更改 JU4、JU5 设置为跳 1 和 2，重新插入 8 槽位 XCS 单板，待单板运行正常后，进行交叉板主备倒换测试，无告警上报，无异常性能影响，倒换测试正常。

总结和建议

针对 Optix 2500＋设备，接入外时钟源时，需要特别注意所接入外时钟的类型是 2 Mbit/s 还是 2 MHz，根据所接入外时钟的类型正确设置板内跳线。XCS 板内拨码开关、跳线设置见表 1-1。

表 1-1 Optix 2500＋设备 XCS 板内拨码开关、跳线设置

跳 线	说 明
第一路输入	
JU1	跳 1、2 则匹配 75 Ω（针对 2 MHz）
JU2、JU3	跳 1、2 则匹配 75 Ω（针对 2 Mbit/s）
JU4、JU5	跳 1、2 对应输入 2 Mbit/s，跳 2、3 对应输入 2 MHz
第一路输出	
JU6、JU7	跳 1、2 对应输出 2 Mbit/s，跳 2、3 对应输出 2 MHz

续上表

跳　　线	说　　明
第二路输入	
JU12、JU13	跳 1、2 则匹配 75 Ω(针对 2 Mbit/s)
JU11	跳 1、2 则匹配 75 Ω(针对 2 MHz)
JU14、JU15	跳 1、2 对应输入 2 Mbit/s,跳 2、3 对应输入 2 MHz
第二路输出	
JU16、JU17	跳 1、2 对应输出 2 Mbit/s,跳 2、3 对应输出 2 MHz

案例 45　网关网元通信故障处理

故障现象

1. 某铁路局 J 站点为网关网元,上报网关网元通信故障,部分站点脱管;
2. J 站点出 2 M 连接到 DCN 网路由器。

组网情况

组网如图 1-24 所示。

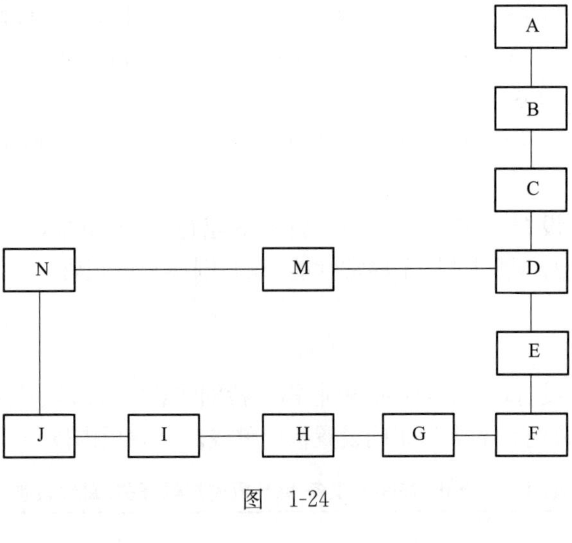

图　1-24

原因分析

1. DCN 网所用 2 M 通道不通;
2. 连接网线故障;
3. 设备主控板故障;
4. DCN 网路由器交换机硬件故障。

故障定位及处理过程

1. 网管检查告警未发现 DCN 网所用 2 M 通道不通的告警，业务端口均正常，排除 DCN 网所用 2 M 通道不通的问题；

2. 现场工程师检查现场连接情况，没有松动；

3. 现场工程师检查设备主控板运行灯正常；

4. 现场工程师检查 DCN 所用路由器和交换机运行状态，发现路由器只有电源灯亮，其他灯都不亮，重启多次故障依旧，定位为路由器故障；

5. 更换路由器并做上相应配置，网元监控恢复，故障排除。

总结和建议

无。

案例 46　站点脱管故障处理

故障现象

某铁路局某线 J 站到 F 站之间 3 个设备脱管，检查 J 站 F 站没有关闭 DCC 通道。

组网情况

组网如图 1-25 所示。

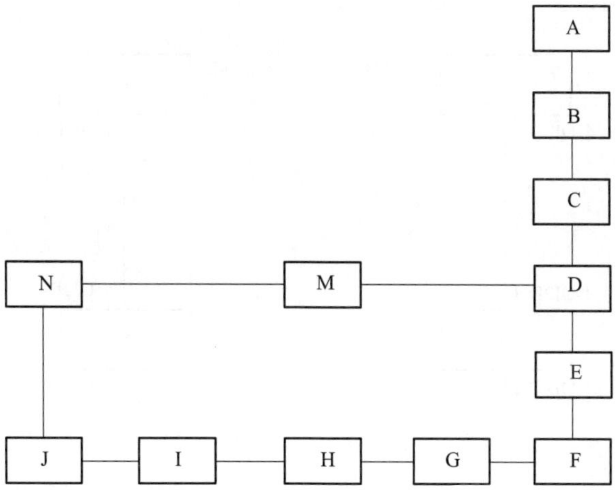

图 1-25

原因分析

1. 所跟踪网关网元故障；

2. 光路中断或单通引起；

3. 设备主控板故障。

故障定位及处理过程

1. 网管检查主备网关网元连接均正常，排除网关网元的问题；

2. 网管检查没有发现光路中断，也没有单通告警，排除光路问题；

3. 检查J站对I站方向光板接口的DCC状态，显示正常；关闭再次使能该端口时报错，无法使能，对设备主控板进行软复位后，DCC通道正常，网元恢复监控；

4. 检查F站对G站方向光板接口的DCC状态，显示正常；关闭再次使能该端口时报错，无法使能，对设备主控板进行软复位后，DCC通道正常，网元恢复监控，故障排除。

总结和建议

ECC吊死可以尝试软复位主控板解决。

案例47 Metro 1000V3 线路侧误码导致网元频繁脱管

故障现象

1. 某铁路局接入层采用Metro 1000V3设备组网，主控板均为SS46SCB，组网方式为155 M无保护链；

2. A站为网关网元，D站点频繁发生脱管，其他网元通信正常。

组网情况

组网如图1-26所示。

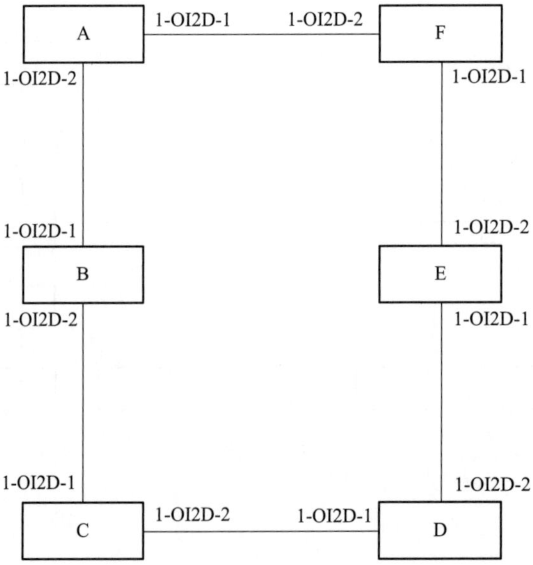

图 1-26

原因分析

1. 网络中新加网元时可能存在 ID 号冲突；
2. 同一网元用户在不同地点同时间登录；
3. 网关网元下挂非网关网元数量超过 64 个，造成 DCN 子网过大；
4. D 站主控板或者线路板故障；
5. DCC 通道有问题，例如光线路衰耗较大，存在误码。

故障定位及处理过程

1. 经与用户确认，故障当天没有新加网元操作，也没有修改现网网元 ID 操作，排除 ID 号冲突造成的网元脱管；

2. 经查询，没有同一网元用户在其他地方同时登录的情况，网关网元可达网元数量也不足 64 个；

3. 查询 D 站性能发现 1-OI2D-1 光口 C 站方向存在背景误码，1-OI2D-2 光口 E 站方向没有误码，因此可初步判断定是误码引起的网元脱管；

4. 将 C 站 1-OI2D-2 光口 DCC 字节关闭后，D 站即恢复正常，不再脱管；

5. ECC 路由选择遵循路径最短原则的，CD 间若光缆中断，ECC 将自动倒换至 DE 段，但是 CD 间存在少量背景误码，不足以促发 ECC 倒换，因此才导致了 D 站点频繁脱管；

6. 现场人员到达 D 站点后，经现场测量，D 站 1-OI2D-1 光口收光功率较低，达到 −30 dBm，处理光路质量后，打开 CD 间的 DCC 字节，D 站登录正常，故障解决。

总结和建议

1. 导致网元脱管的故障因素较多，通过观察脱管网元的数量、频率，运用排除法将故障因素一一排除；

2. ECC 路由选择遵循路径最短原则，出现 ECC 故障时，应该针对 ECC 路由分析线路性能数据辅助定位故障。

案例 48　OSN 3500 设备单板板间通信失效故障处理

故障现象

1. 某铁路局 OSN3500 设备在用 U2000 网管配置业务时，业务下发不成功，网管提示错误：单板命令超时；

2. 同时设备 2、3 槽位 PQ1 板，19 至 22 槽位 D75S 板，6 槽位 SLQ1 板，8、11 槽位 SL16 板，9、10 槽位 GXCS 板全部上报 COMMUN_FAIL 告警。

组网情况

无。

原因分析

1. 设备交叉板和业务板同时上报 COMMUN_FAIL 告警(告警参数 0×01 0×00 0×03),COMMUN_FAIL 为单板间通信失效告警,告警参数中第三个参数 0×03 为板间以太网通信失效;

2. OSN3500 是通过 AUX 板 LANSWITCH 进行板件通信的,AUX 单板故障会造成所有单板通信失效;

3. 单板频繁复位可以造成 COMMUN_FAIL 告警上报。

故障定位及处理过程

1. 现场硬复位 AUX 单板,故障依旧;

2. 更换 AUX 板,COMMUN_FAIL 告警消除;

3. 再使用 U2000 网管配置业务,成功下发,故障排除。

总结和建议

1. 设备存在 COMMUN_FAIL 告警上报时,网管将不能正常对设备单板进行业务配置;

2. 在处理 COMMUN_FAIL 告警时,首先要区分上报告警单板是共性还是个性的问题,并需要根据告警参数来快速定位板件通信失效的原因类型。

案例 49　光口错连导致 ECC 路由不通

故障现象

1. 某铁路局新建网络,接入层采用 OSN 2500 设备组网,组网方式为 622 M 环形复用段环;

2. 承载的业务主要有动环、视频、办公信息网等;

3. ECC 路由测试中,发现 AB 站点间 ECC 路由不通,网管没有任何告警。

组网情况

1. 组网方式为 622 M 环形复用段环(组网图略);

2. A/B 站之间光口对应关系如图 1-27 所示。

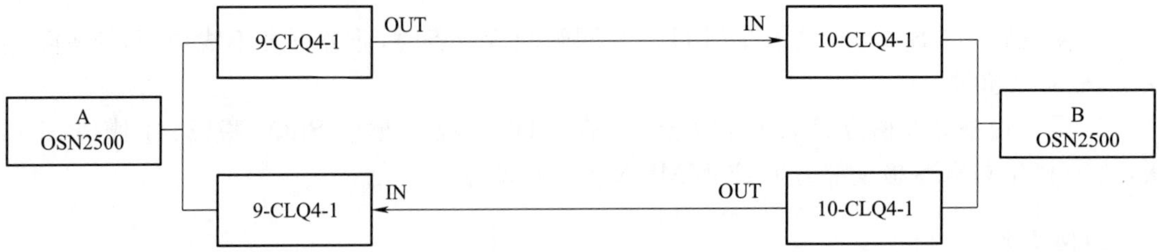

图　1-27

原因分析

1. A、B 站主控板故障；
2. A、B 站光板故障；
3. A、B 对应光口 ECC 关闭；
4. 物理连纤错误。

故障定位及处理过程

1. 首先检查 A 站点 9-CXLQ4-1 光口收光功率，收光功率正常；
2. 检查 B 站点 10-CXLQ4-1 光口收光功率，收光功率正常；
3. 在网元管理器中，查询 A 站点 9-CXLQ4-1 和 B 站点 10-CXLQ4-1 口 ECC 是否关闭，核实 A 站点 9-CXLQ4-1 和 B 站点 10-CXLQ4-1 口 ECC 均为使能状态；
4. 在网管上，使用光缆链路搜索功能，搜索 AB 站点间的连纤，发现 AB 站点间的光纤连接错误，如图 1-28 所示；

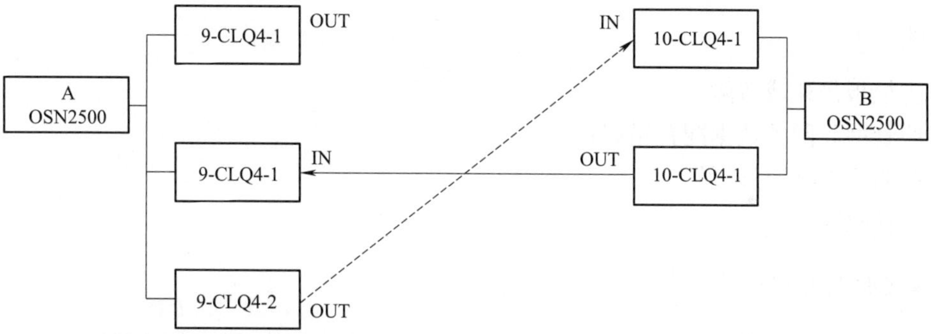

图　1-28

5. 安排现场施工单位调整 AB 站点间的光纤连接；
6. 调整后 AB 站点间 ECC 正常。

总结和建议

现场环网光路调整，尤其是环形组网光缆割接时，操作完成后，除核对站点间的光功率外，还需关注站点间的 ECC 情况。

案例 50　光板故障导致网元脱管

故障现象

1. 某铁路局 5 套 OSN2000 采用 SNCP 环组网，NE1 为环网相切站点，环中承载动环、接入、数字调度、办公网等业务；
2. 维护人员在网管上发现 NE4 网元脱管，业务正常使用。

组网情况

组网如图 1-29 所示。

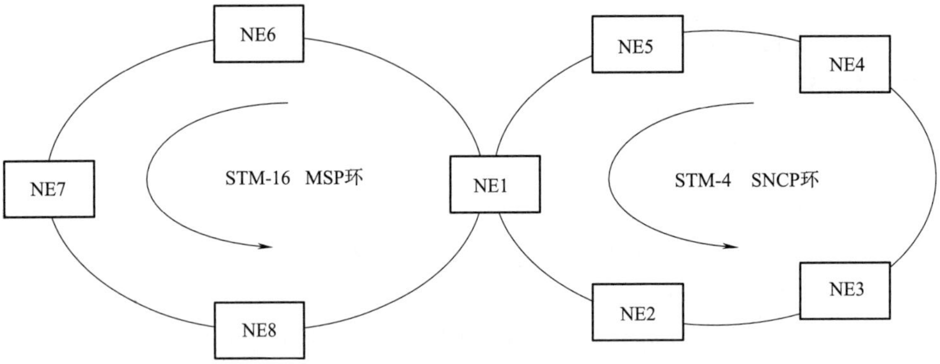

图　1-29

原因分析

1. 主控板吊死或故障；
2. 脱管网元网关数据配置错误；
3. 线路侧 ECC 有误码；
4. 光板故障。

故障定位及处理过程

1. 维护人员到达故障设备现场后，人工进行主控板主备切换，网元依然脱管；
2. 检查网管数据配置情况，询问有无更改过配置，确认没有问题；
3. 检查网元线路侧性能，无误码；
4. 在网管上禁用 NE5 网元至 NE4 方向光口的 DCC，NE4 通信正常，故障消失，由此判断可能是 NE5 网元的西向光板或 NE4 的东向光板故障，现场更换 NE4 网元东向光板后故障排除。

总结和建议

华为传输设备之间的通信是通过 D 字节来实现的，ECC 是双向且优先走短路由。

案例 51　复用段倒换后不能恢复故障处理

故障现象

1. 车站 2 套 OSN3500、站间 6 套 OSN2500 组成 8 点环形复用段，3225-3226 网元之间发生复用段倒换，业务正常倒换；
2. 网管查询告警和性能：OSN2500 交叉板上报 APS_INDI、MS_APS_INDI_EX 告警；网

元未检测到 SF、SD 事件，网元间 ECC 正常，倒换不能恢复；

3. 设备主机版本：5.36.18.50P01。

组网情况

组网如图 1-30 所示。

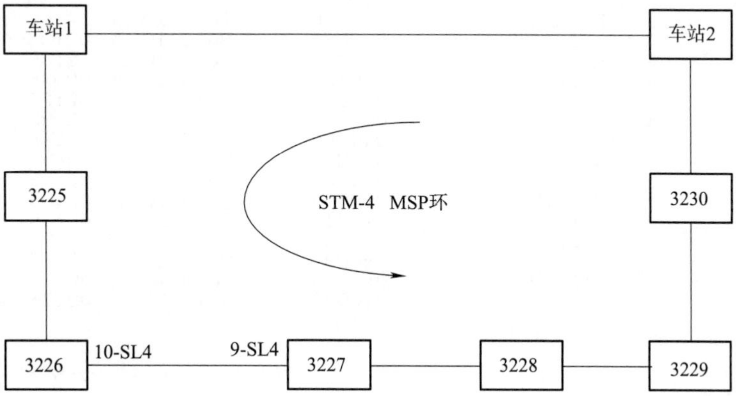

图 1-30

原因分析

1. 自愈保护参数不正确；
2. 光路故障；
3. 复用段协议异常；
4. 单板故障。

故障定位及处理过程

1. 检查全环业务、协议、节点参数等配置，正常；

2. 检查 3225、3226 之间无异常告警，检查告警屏蔽状态，所有能触发 MSP 倒换的告警均没有屏蔽，相应光板的收光光功率均在正常接收范围内，设备性能也未发现异常，网管 ECC 正常可达；

3. 命令查询 K 字节事件"：cfg-get-rmsevent：1"，如图 1-31 所示；

4. 通过 K 字节事件，发现 3226 网元检测到 BD_OFFLINE 事件后，西向短径/东向长径发送"信号失效环倒换(SF_R)"请求"0×b120/0×b128"；3225 东向收到 3226 西向短径发来的"0×b120"倒换请求后，西向长径/东向短径发送"信号失效环倒换(SF_R)"请求"0×b218/0×1210"；后续网元正常切换交叉页面，K 字节发送接收都正常；

5. K 字节事件里面未发现"SF_CLEARS、T2_START"事件，且 3226 网元倒换后，又上报一次"BD_OFFLINE"事件，两网元的 K 字节事件未变化，协议认为该方向没有收到 K 字节，倒换不恢复，无法进入 WTR 状态；

6. 关闭打开 3225 发 3226 网元的激光器后，查询发现 3226 网元正常启动 T2 定时器，查询复用段进入 WTR，10 min 后倒换恢复；

```
#9-3225:szhw [                                          ][][2015-10-26 22:46:40+08:00]>
:cfg-get-rmsevent:1
                                        MSSPR-EVENT-LOG
  PG-ID   EVENT-NO   EVENT-VALUE             EVENT-PARA   DATE-TIME              TIME-STAMP

  1       3008       K_RECEIVED              0xb120       2015-10-26 02:35:48    0x007116c0
  1       3009       K_DIR                   0x0002       2015-10-26 02:35:48    0x007116c4
  1       3010       K_SENDS                 0x1210       2015-10-26 02:35:48    0x007117d7
  1       3011       K_DIR                   0x0002       2015-10-26 02:35:48    0x007117dd
  1       3012       K_SENDS                 0xb218       2015-10-26 02:35:48    0x0071180d
  1       3013       K_DIR                   0x0000       2015-10-26 02:35:48    0x0071180e
  1       3014       STATE_TRANS             0x041b       2015-10-26 02:35:48    0x00711897
  1       3015       K_RECEIVED              0x0070       2015-10-26 02:35:48    0x0071241f
  1       3016       K_DIR                   0x0000       2015-10-26 02:35:48    0x00712424
  1       3017       K_RECEIVED              0xb128       2015-10-26 02:35:48    0x00712a6f
  1       3018       K_DIR                   0x0000       2015-10-26 02:35:48    0x00712a73
  1       3019       K_SENDS                 0x1212       2015-10-26 02:35:48    0x00712b25
  1       3020       K_DIR                   0x0002       2015-10-26 02:35:48    0x00712b29
  1       3021       K_SENDS                 0xb21a       2015-10-26 02:35:48    0x00712b56
  1       3022       K_DIR                   0x0000       2015-10-26 02:35:48    0x00712b58
  1       3023       XC_EXECUTE              0x0003       2015-10-26 02:35:48    0x00712d84
  1       3024       STATE_TRANS             0x241b       2015-10-26 02:35:48    0x00712edc
  1       3025       K_RECEIVED              0xb122       2015-10-26 02:35:48    0x007136d3
  1       3026       K_DIR                   0x0002       2015-10-26 02:35:48    0x007136d7
  1       3027       K_RECEIVED              0xb12a       2015-10-26 02:35:48    0x007138ae
  1       3028       K_DIR                   0x0000       2015-10-26 02:35:48    0x007138b2


#9-3226:szhw [                                          ][][2015-10-26 22:58:19+08:00]>
:cfg-get-rmsevent:1
                                        MSSPR-EVENT-LOG
  PG-ID   EVENT-NO   EVENT-VALUE             EVENT-PARA   DATE-TIME              TIME-STAMP
  1       2237       BD_OFFLINE              0x0000       2015-10-26 02:35:48    0x004e27c5
  1       2238       K_SENDS                 0xb120       2015-10-26 02:35:48    0x004e28ff
  1       2239       K_DIR                   0x0000       2015-10-26 02:35:48    0x004e2906
  1       2240       K_SENDS                 0xb128       2015-10-26 02:35:48    0x004e293a
  1       2241       K_DIR                   0x0002       2015-10-26 02:35:48    0x004e293e
  1       2242       STATE_TRANS             0x040b       2015-10-26 02:35:48    0x004e29ca
  1       2243       K_RECEIVED              0x0340       2015-10-26 02:35:48    0x004e304b
  1       2244       K_DIR                   0x0002       2015-10-26 02:35:48    0x004e304f
  1       2245       K_RECEIVED              0x0450       2015-10-26 02:35:48    0x004e32e3
  1       2246       K_DIR                   0x0002       2015-10-26 02:35:48    0x004e32e7
  1       2247       K_RECEIVED              0x0560       2015-10-26 02:35:48    0x004e35cb
  1       2248       K_DIR                   0x0002       2015-10-26 02:35:48    0x004e35cf
  1       2249       K_RECEIVED              0x0670       2015-10-26 02:35:48    0x004e39ca
  1       2250       K_DIR                   0x0002       2015-10-26 02:35:48    0x004e39ce
  1       2251       K_RECEIVED              0xb218       2015-10-26 02:35:48    0x004e4448
  1       2252       K_DIR                   0x0002       2015-10-26 02:35:48    0x004e444b
  1       2253       K_SENDS                 0xb122       2015-10-26 02:35:48    0x004e4515
  1       2254       K_DIR                   0x0000       2015-10-26 02:35:48    0x004e4519
  1       2255       K_SENDS                 0xb12a       2015-10-26 02:35:48    0x004e4537
  1       2256       K_DIR                   0x0002       2015-10-26 02:35:48    0x004e4538
  1       2257       XC_EXECUTE              0x0002       2015-10-26 02:35:48    0x004e4717
  1       2258       STATE_TRANS             0x240b       2015-10-26 02:35:48    0x004e48ca
  1       2259       K_RECEIVED              0xb21a       2015-10-26 02:35:48    0x004e491b
  1       2260       K_DIR                   0x0002       2015-10-26 02:35:48    0x004e491e
  1       2261       BD_OFFLINE              0x0000       2015-10-26 02:35:48    0x0052f281
```

图　1-31

7. 倒换恢复 2 天后，3226 网元 9 槽位主控交叉光口合一板上报 HARD_BAD，后更换该单板，业务正常。

总结和建议

1. 一般引起复用段倒换的告警有 R_LOS、R_LOF、B2_EXC、MS_AIS 等，如果复用段倒换时并没有这些告警，则很可能是交叉板检测到线路板不在位，这种情况下可能是线路板故障，也可能是交叉板故障，需具体问题具体分析；

2. 出现复用段不恢复的情况，要学会利用命令查询 K 字节事件来分析，可以利用关闭激光器来重新触发一次故障区段的 K 字节事件，来帮助处理故障。

案例 52 复用段环倒换失败

故障现象

网元 A 与网元 B 之间断纤后经过网元 B 的业务发生中断。

组网情况

组网如图 1-32 所示。

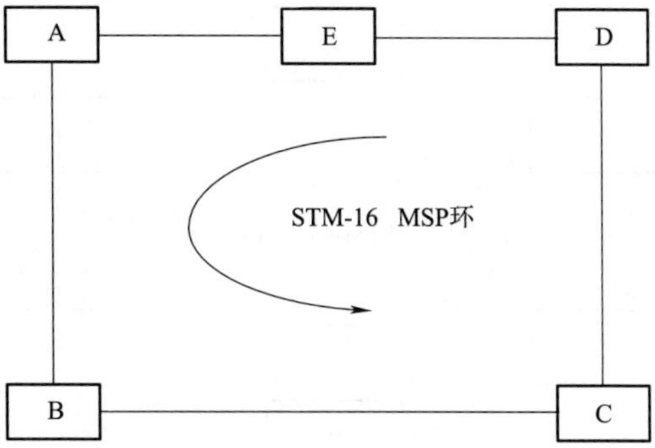

图 1-32

原因分析

1. 网元 B、C 站设备故障造成复用段倒换失败；
2. 网元 B、C 站复用段配置错误造成复用段没有发生倒换。

故障定位及处理过程

1. 经查询，网元 A、B 站有复用段倒换告警，网元 C、D、E 为复用段穿通态；
2. 单站查询 C 站复用段状态时上报复用段查询失败，再次查询复用段配置发现复用段配置丢失；
3. 重新增加完成网元 C 的复用段配置后故障消失；
4. 查看操作日志发现网元 C 站进行过主控板更换操作，进行全量数据下载时上报有数据下载不完全成功的提示；
5. 最后确认为 C 站网元下载时复用段配置下载失败，以致发生断纤时没有发生倒换，造成业务中断。

总结和建议

在进行网元配置下载时要确认业务下载全部成功，确认核对相关保护环的配置是否下载成功并做环网倒换测试。

案例 53　网元上报复用段练习倒换失败

故障现象

某铁路局反馈某 6 个站组成的 622 M 复用段，多个站上报练习倒换失败告警。

组网情况

组网如图 1-33 所示。

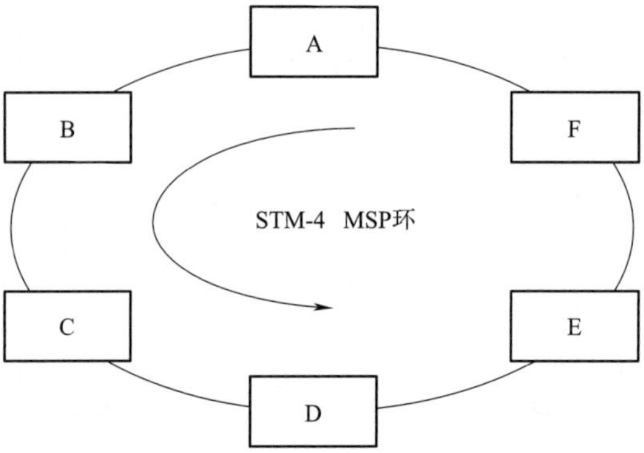

图 1-33

1. A、D、E 设备为 Metro 1000；
2. B、C 设备为 Metro 2050；
3. F 设备为 OSN2500。

原因分析

1. 复用段配置错误；
2. 复用段协议问题造成无法进行倒换。

故障定位及处理过程

1. 通过网管查询确认各个网元的复用段配置，确认复用段配置没有错误；
2. 查看复用段协议类型与启动状态，使用老协议，状态都为启动状态；
3. 查看历史告警并与用户确认 E 网元(METRO 1000)设备进行了主控板 SCB 单板的更换操作，在进行主控更换操作完成后只对本网元进行协议重启操作，并没有完成整个复用段环的协议重启；
4. 对全网协议进行重启后告警消失，并进行倒换测试正常，故障排除。

总结和建议

针对复用段环上网元主控更换后要进行复用段环协议的全部重启，确保复用段配置与协议的正常工作。

案例 54 OSN 1500 设备 K 字节穿通失败导致业务中断

故障现象

1. 某铁路局 4 套 OSN1500 组成的二线双向复用段环。其中 A 网元的主控交叉线路板硬件版本为 Q5,其他网元的单板版本为 R2;

2. 客户反应,在进行 B 到 C 进行光缆割接时,部分业务中断。

组网情况

组网如图 1-34 所示。

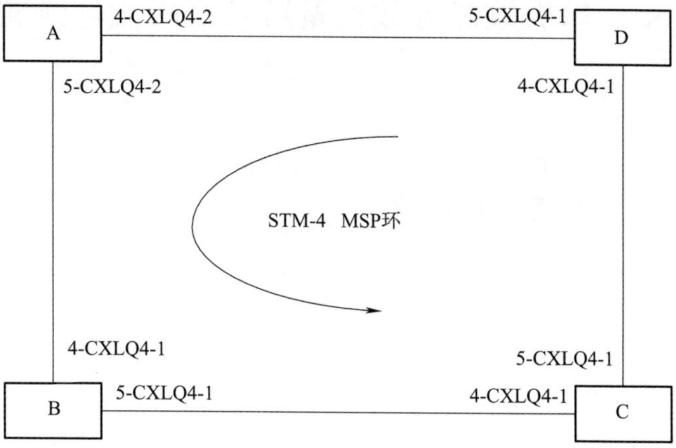

图 1-34

原因分析

1. 割接光缆的保护方向存在误码;
2. 割接过程中存在误操作,导致 B 或 C 两个方向的光缆中断;
3. 复用段环参数设置有误;
4. A 的 CXLQ4 单板异常。

故障定位及处理过程

1. 检查全环设备的告警和性能,无异常;

2. 检查全环复用段参数设置,无异常;

3. 多次断开 B 到 C 之间的光路,发现经过 A 网元的穿通业务有一定概率中断,其他业务正常,穿通业务中断时,无倒换告警,保护组属性中,A 的局向 1 和局向 2 为正常;

4. 多次测试断开 C 到 D 之间的光路,故障现象同上;

5. 分别多次断开 A 到 B、A 到 D 之间的光路,保护倒换正常,全环业务均不受影响;

6. 依次更换 A 的主、备 CXLQ4 单板,重新测试,故障现象同上;

7. 将 A 对 B 方向的光路由 5-CXLQ4-2 更换为 5-CXLQ4-3，重新测试，保护倒换正常，全环业务正常。

总结和建议

1. 当 OSN1500 设备 CXLQ4 单板的功能版本为 Q5 时，除 4-CXLQ4-1 和 5-CXLQ4-1 可以在同一个复用段进行组网外，其他对应光口均不可用在同一个复用段进行组网，否则会导致除本设备的两个方向的线路外其他任意区间线路中断，均会有一定概率致使本设备 K 字节穿通失败，进而导致经过本设备的穿通业务无法正常倒换，造成业务中断；

2. OSN1500 设备其他类型多光口合一板和 OSN2500 设备相同类型单板的版本为 Q5 时，均要考虑到以上情况，避免后期故障的发生。

案例 55　单板故障导致设备所在复用段环频繁倒换

故障现象

1. 某铁路局采用 OSN3500 设备组成 2.5 G 复用段环；
2. A 到 B 之间频繁发生复用段倒换事件。

组网情况

组网如图 1-35 所示。

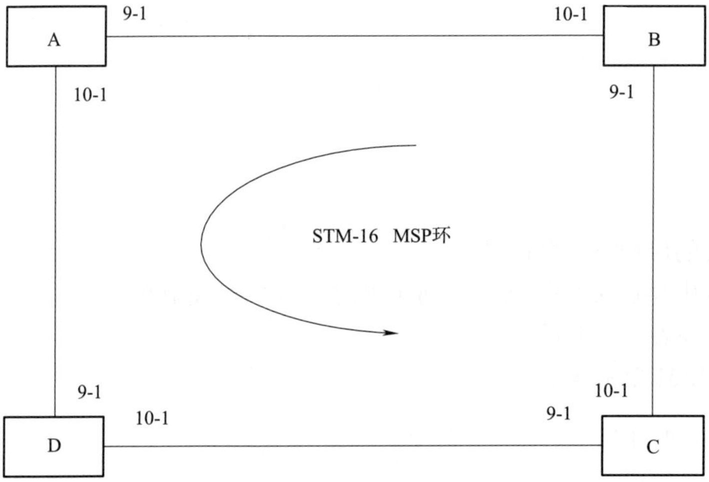

图　1-35

原因分析

1. 线路频繁闪断；
2. 光路衰耗过大，通道存在误码；
3. 单板故障。

故障定位及处理过程

1. 查询全网历史告警，发现 A 的 9-1 光口除有倒换告警之外还有 R_LOF 告警，B 的 10-1 光口只有倒换告警，其他网元及光口均无异常告警；

2. 查询全网端口性能，发现 A 的 9-1 光口有大量的再生段和复用段误码，B 的 10-1 光口有大量再生段和复用段远端误码指示，其他网元及光口均无误码；

3. 查询 A 的 9-1 光口及 B 的 10-1 光口光功率，发现光功率正常；

4. 更换尾纤、法兰及光模块，故障未排除；

5. 更换光缆纤芯，故障未排除；

6. 在 A 侧分别对 A 的 9-1 光口和 B 的 10-1 光口进行环回观察测试，A 的 9-1 光口仍有大量误码，B 的 10-1 光口无误码；

7. 更换 A 的 9 槽位单板，A 和 B 不再上报倒换告警，且对应光口不再产生误码，倒换测试正常，故障排除。

总结和建议

1. 误码故障处理时，一定要查询故障所在环所有网元的相关告警及性能；

2. 环回测试逐段定位故障，最终定位到单板；

3. 保护环故障处理完成后一定要进行倒换测试。

案例 56　MSP 环倒换后业务错连导致无 TU_AIS 告警上报

故障现象

1. 某铁路局利用 OSN 3500、OSN 2500 传输设备组建某线路 622 M 基站接入环，保护方式为两纤双向复用段保护环(如图 1-40 所示，NE0 和 NE2 基站网元是 OSN 3500，其他均为 OSN 2500)。其中，NE0 和 NE8 之间有一条 2 M 业务，源宿端分别为 NE0-6-PD1-1 和 NE8-7-PD1-1；NE8 和 NE6 之间有一条 2 M 业务，源宿端分别为 NE8-6-PD1-1 和 NE6-7-PD1-1；

2. NE8 设备掉电，NE0 的 12-SLQ4-1 光口和 NE6 的 9-SLQ4-1 光口均上报有 R_LOS 告警，但是 NE0 的 6-PD1-1 端口和 NE6 的 7-PD1-1 端口均没有 TU_AIS 告警。

组网情况：

组网如图 1-36 所示。

原因分析

1. 业务未激活；

2. 网管屏蔽 NE0、NE6 网元或端口 TU_AIS 告警上报；

3. MSP 环上单节点失效，复用段倒换后发生业务的错连；

4. 其他问题。

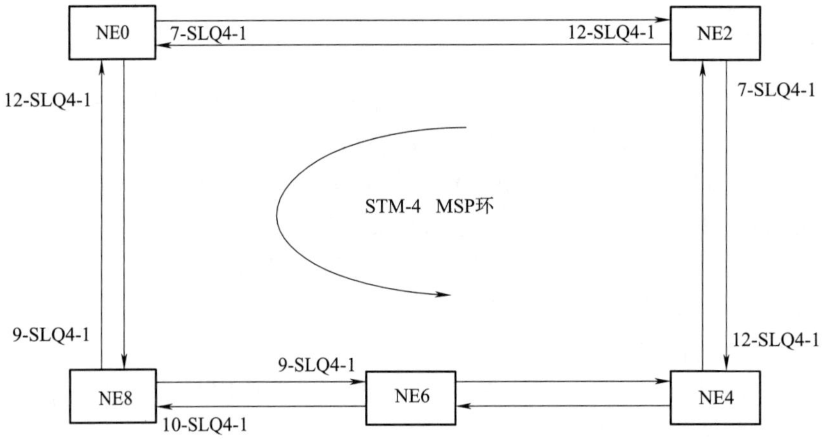

图 1-36

故障定位及处理过程

1. 查看业务状态，并进行网元数据的一致性校验，确定业务处于激活状态；

2. 查看 NE0、NE6 告警屏蔽情况，排除 NE0、NE6 网元和端口 TU_AIS 告警屏蔽情况；

3. 查看业务配置数据发现 NE0-6-PD1-1 至 NE8-7-PD1-1、NE8-6-PD1-1 至 NE6-7-PD1-1 这两条业务所使用的线路时隙均为 VC4：1-VC12：1，结合复用段环保护倒换原理分析，倒换后业务详细走向如下：

(1)NE0-6-PD1-1 发送方向业务流向：

NE0-6-PD1-1→NE0-12-SLQ4-1-VC4：1-VC12：1→NE0-12-SLQ4-1-VC4：3-VC12：1→NE0-7-SLQ4-1-VC4：3-VC12：1→NE2-12-SLQ4-1-VC4：3-VC12：1→NE2-7-SLQ4-1-VC4：3-VC12：1→NE4-10-SLQ4-1-VC4：3-VC12：1→NE4-9-SLQ4-1-VC4：3-VC12：1→NE6-10-SLQ4-1-VC4：3-VC12：1→NE6-9-SLQ4-1-VC4：3-VC12：1→NE6-9-SLQ4-1-VC4：1-VC12：1→NE6-7-PD1-1；

(2)NE6-7-PD1-1 发送方向业务流向：

NE6-7-PD1-1→NE6-9-SLQ4-1-VC4：1-VC12：1→NE6-9-SLQ4-1-VC4：3-VC12：1→NE6-10-SLQ4-1-VC4：3-VC12：1→NE4-9-SLQ4-1-VC4：3-VC12：1→NE4-10-SLQ4-1-VC4：3-VC12：1→NE2-7-SLQ4-1-VC4：3-VC12：1→NE2-12-SLQ4-1-VC4：3-VC12：1→NE1-7-SLQ4-1-VC4：3-VC12：1→NE1-12-SLQ4-1-VC4：3-VC12：1→NE1-12-SLQ4-1-VC4：1-VC12：1→NE0-6-PD1-1；

根据以上业务流向可以发现，该 MSP 环保护倒换后发生了业务的错连(NE0-6-PD1-1 端口和 NE6-7-PD1-1 端口在业务上是通的)，导致业务端口无 TU_AIS 告警上报；

4. 通过设置 NE0-6-PD1-1 和 NE6-7-PD1-1 端口的应发 J2 字节，查看实收 J2 字节，可以确认分析无误。

总结和建议

1. 在遇到复杂故障时，要善于分析告警的产生原理，并结合经验法进行故障分析定位，逐步排除；

2. 由于复用段保护的原理和倒换机制，针对 MSP 环单节点失效（或两处光路中断）发生保护倒换后，如果存在有线路时隙相同的业务路径，则会出现两条业务时隙的错连情况，本应中断的两条业务错连后如果造成其他影响（例如：BTS 业务错连后导致基站序号紊乱），应特别注意，采取措施进行规避，如利用不同的线路时隙来进行业务承载、修改 J2 字节并配置 AIS 告警下插等。

案例 57 与中兴传输 FE 对接业务故障处理

故障现象

某铁路局华为传输设备 A 要与中兴传输设备 B 开通一条 4 M 专线业务。其中 A 站点设备为华为 Metro1000 设备，以太网单板是 EFT 板。B 站点为中兴公司的 S385 设备，以太网单板是 SFE 板。两站点配置完业务后，业务不通，中兴设备 B 上报 VC12-RDI 告警，华为设备无告警。

组网情况

组网如图 1-37 所示。

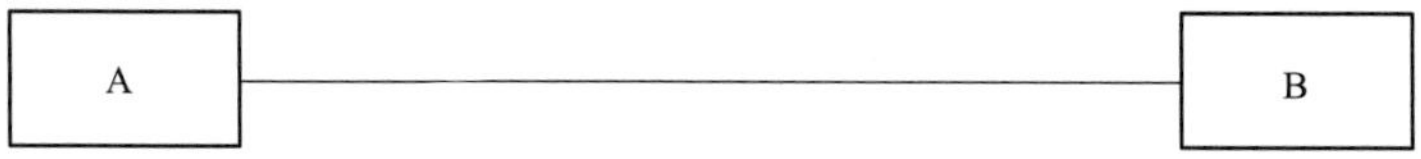

图 1-37

原因分析

1. 硬件故障（网线故障、单板故障）；
2. 设备设置问题，如时隙对应、LACS 功能、J2 字节、校验方式。

故障定位及处理过程

1. 更换网线及以太网板，故障依旧；
2. 核对 A 站点的业务配置、时隙绑定、工作模式、VCTUNCK 绑定 GFP 映射等，无问题；
3. 将 B 站点每一路的 J2 的期望值修改成与接收值一样（使用 16 进制方式，而非 ASCII 方式来设），其 VC12-RDI 告警消失，但业务还是不通；
4. 将 A 站点及 B 站点禁用 LCAS 功能，业务还是不通；
5. 查看 A 站点的流量控制，将之修改为使能对称流控，业务依旧不通；
6. 将 A 站点校验方式：FCS32 修改为“没有”后，业务正常，故障排除。

总结和建议

中兴传输与华为传输 FE 对接在设置上主要有：时隙对应、LACS 功能、J2 字节、校验字段长度等。

案例 58　设备端口对接 J2 字节失配引起业务中断

故障现象

1. 某铁路局 5 套 OSN3500 采用环形组网，组网方式为 2.5 G MSP 保护环，业务类型为本地办公网业务，末端为 PQ1 对接交换机，本端为光口对接中心交换机；

2. 全环设备由 R3 版本升级至 R8 版本后，NE4 设备 PQ1 上报 LP_RDI 告警，末端交换机与中心交换机业务中断。

组网情况

组网如图 1-38 所示。

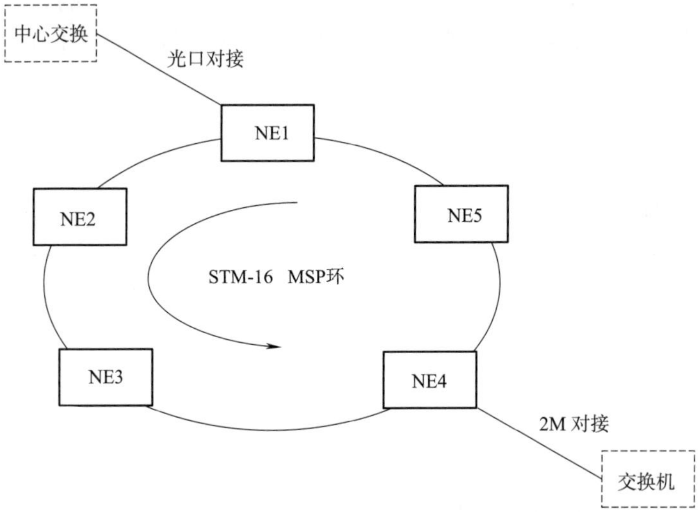

图　1-38

原因分析

1. NE4 网元的交叉板故障；
2. NE4 网元的主控板故障；
3. NE4 网元 PQ1 的 J2 字节失配。

故障定位及处理过程

1. NE4 设备主备交叉板倒换，故障依旧；
2. 查看 NE4 网元 PQ1 单板 VC12 开销字节，应收与实收字节不一致；
3. 将 NE4 网元应收 J2 字节设置为禁止模式后，告警消失，业务恢复正常。

总结和建议

R3 版本及 R8 版本对于 PQ1 单板 J2 字节失配，采取不同处理方式。不管何种版本，都应尽量避免开销字节失配。

案例 59　单板故障导致部分时隙存在误码

故障现象

某铁路局采用 Metro 3000 及 Metro 1000 V3 混合组网，组网方式为 SNCP 保护环；网络改造，将 F 站点纳入环保护，将 E 站点进行拆除，网络改造完毕后，C、D 两站点部分 2 M 业务上报 BIP-EXC 告警，业务受到影响。

组网情况

网络改造操作前如图 1-39 所示。

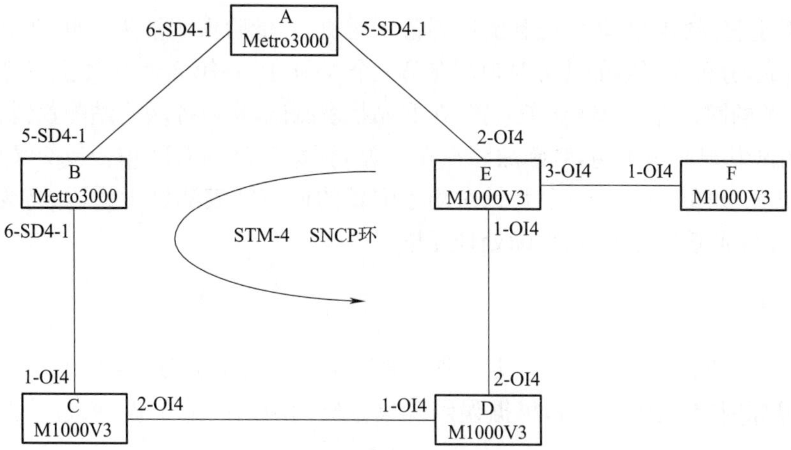

图　1-39

网络改造操作后如图 1-40 所示。

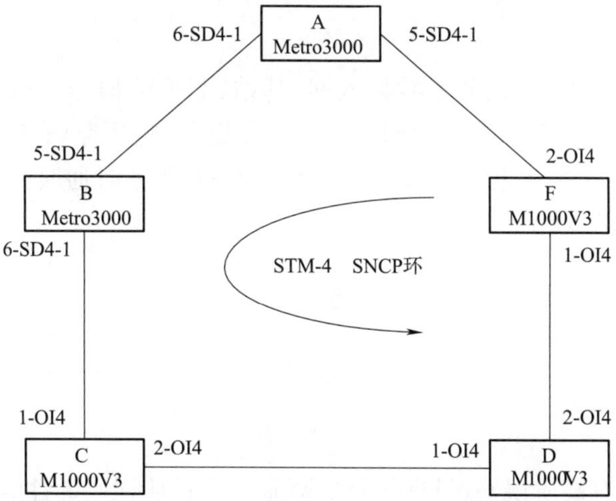

图　1-40

原因分析

1. 搬迁后设备光功率不满足性能要求，产生再生段、复用段误码，造成C站、D站产生低阶误码；

2. C站、D站2 M线缆接地不正常，影响业务；

3. F站单板故障造成部分时隙误码，影响C站、D站业务。

故障定位及处理过程

1. 用光功率计测试设备尾纤收光，收光功率在正常范围以内，且线路板性能正常无误码；

2. 因搬迁不涉及其他站点，且其他站点无人施工，同时有几个站点接地不正常可能性很小，排除接地不正常原因；

3. 在网管上将受影响的业务强制倒换到备用通道后，低阶误码消失，判断原因为环网上工作通道故障造成，分析受影响的业务时隙都在第2个VC4上，在第2个VC4上找一个空闲时隙，按工作通道涉及的网元进行单链业务配置，在F站挂表测试，将业务从F站配置到A站(时隙环回)后，挂表测试发现业务不通，判断故障点在F站，怀疑F站内OI4单板或交叉板故障；

4. 更换F站2槽位OI4单板后，针对刚才配置的业务挂表测试无误码，将受影响的电路倒回到工作通道，业务恢复正常，故障处理完毕。

总结和建议

1. 在处理误码问题时，可以通过更改业务通道路径来判断误码产生网元；

2. 将故障原因定位到单站后，根据误码现象分析判断出故障单板，通过替换法来准确定位和解决故障。

案例60　FAS业务误码处理

故障现象

某铁路局使用OSN 2500设备承载接入网、基站、TDCS、信号微机监、数据网、环监等业务，运行稳定正常，在该站新安装了一套某厂家FAS设备，将环监两条2 M业务通道更改为FAS业务，原环监业务改由数据网承载。用户反应FAS业务时通时断，丢包严重，从网管上监测到2 M通道有低阶误码上报。

组网情况

无。

原因分析

1. 由于网管上没有高阶误码，只有部分2 M通道有低阶误码的性能事件上报并且没有指针调整的性能事件，所以排除光路、光板、时钟板的问题；

2. 故障原因有可能为交叉板、支路板坏、母板或接地问题。

故障定位及处理过程

1. 将 FAS 2 M 通道与正常使用的基站 2 M 通道对调，发现基站业务正常，FAS 故障依旧，可以排除交叉板、支路板坏或母板问题；

2. 更换 DDF 架至 FAS 的两条 2 M 跳线，发现故障依然存在，排除 2 M 线及 2 M 线接头问题；

3. 检查机柜及传输侧 DDF 单元接地均良好，地阻值小于 1 Ω；

4. 检查 FAS 侧 DDF 单元发现，该 DDF 单元没有与保护地相连，即 FAS 屏蔽层没有接地，将该 DDF 单元与机柜保护地做接地连接后，业务恢复正常。

总结和建议

如果屏蔽层接地不好，两个地之间存在电位差和电磁干扰，影响信号对接时的波形，导致误码产生。

案例 61　误码故障处理

故障现象

1. 某铁路局 J 站点收 I 站点频繁上报 R_OOF；

2. R_OOF 告警处理消失后，J 收 I 上报 B1、B2、B3 误码，再生段复用段误码不断增加，组网方式为 SNCP 环。

组网情况

组网如图 1-41 所示。

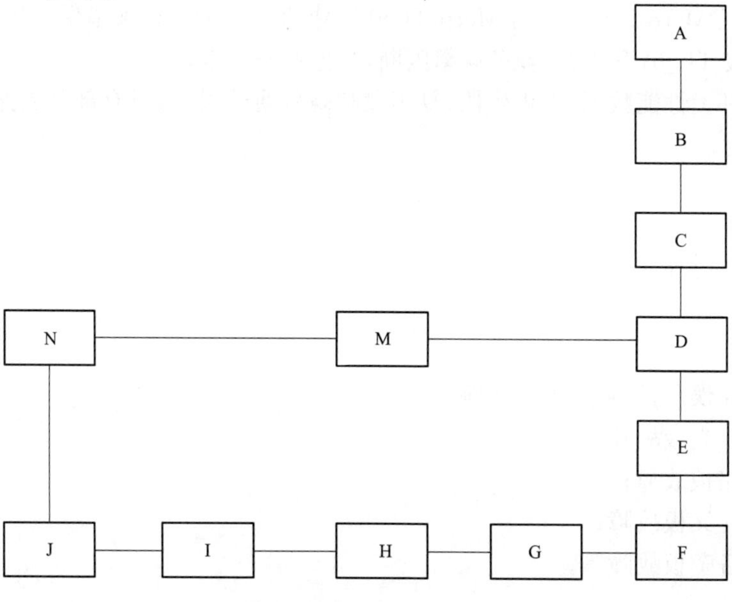

图 1-41

原因分析

1. 光功率过高或过低；
2. 接头法兰盘故障；
3. 尾纤弯曲或挤压等；
4. 单板硬件故障。

故障定位及处理过程

1. 现场工程师用光功率计测试，收发光功率在正常范围内；
2. 检查更换法兰盘后，故障依旧；
3. 检查尾纤，无明显弯曲和挤压，但是使用时间比较久，更换过尾纤后 R_OOF 告警消失；
4. 在观察过程中发现，J 站收 I 站 B1、B2、B3 误码，再生段复用段误码性能值也在增加；在 J 站对单板打环(自环)，再生段等性能值不再增加，说明 J 单板没有问题；
5. 在 I 站对单板打环(自环)，再生段等性能值仍然增加，说明 I 站单板有问题；
6. 更换 I 站单板后，告警消失，性能值正常，故障排除。

总结和建议

无。

案例 62　Metro 1000V3 设备 SCB 单板故障导致误码

故障现象

1. 某铁路局 Metro 1000V3 与 Metro 2050 组建的一个 622 M 通道保护环，D、E 站的支路板部分业务闪报 TU_AIS 告警，业务频繁闪断，其他业务正常；
2. 查询该环上性能数据，无再生段、复用段和高阶通道误码，只有部分支路板端口存在大量低阶通道误码。

组网情况

组网如图 1-42 所示。

原因分析

1. 光路存在误码，导致业务受影响；
2. 环上某一光板故障；
3. 发端支路板故障；
4. 某站的交叉板故障；
5. 其他设备背板故障等。

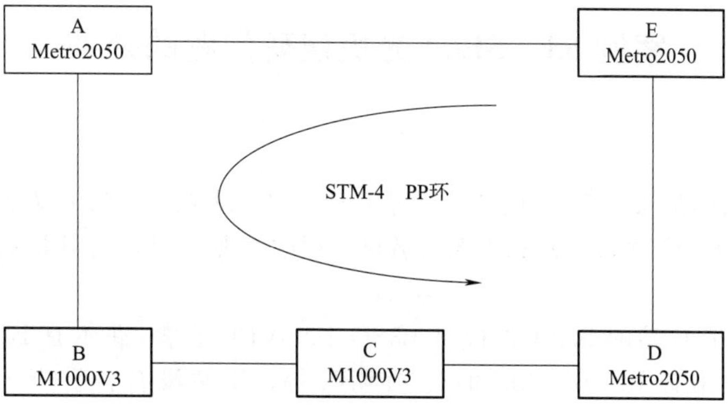

图 1-42

故障定位及处理过程

1. 根据业务的中断情况，查看该环上告警和性能数据，发现受影响的业务端口上存在低阶通道误码，确定为误码导致业务中断；

2. 查看 D 站一条受影响的业务，其业务配置错误，未完全配置成环，E-D 段没有配通；为尽快恢复业务，将业务数据补全，并启动 SNCP 的 SD 倒换，业务恢复，并发生 PS 倒换，同时查看其他受影响业务均发现为离散路径，将业务补全后，业务全部恢复；

3. 对受影响的业务进行分析，查看 SCNP 业务状态，A—B—C—D 区段出现 SD 和 SF；

4. 将受影响业务改成 A—E—D 的无保护链，在 A—B—C—D 方向上的时隙配置一条测试业务，采用二分法和时隙环回法，逐段落地测试，最终定位在 A 站发 B 站之间问题导致，但光路无异常；

5. 在分析其他受影响的业务，查找共性，发现所有出问题的业务都集中在第三个 VC4 上，且问题也在 A—B 之间；

6. 为进一步定位，在 A—B 之间配一条测试业务，分别在 1-4 的 VC4 上，发现业务在第三个 VC4 上将会出现大量低阶误码，闪报 TU_AIS 告警；

7. 申请要点，在 A 对 B 的光板上进行光口环回，发现 A 点测试业务正常，B 点光口环回发现测试业务依旧存在问题；

8. B 站的 OI4D 集成在 SCB 单板上，更换 B 站的 SCB 单板后故障恢复。

总结和建议

1. 在出现复杂故障时，应首先找出问题业务的共性，便于快速定位问题；

2. 对这种多条业务同时中断时，及时找出一条业务进行突破，找出问题所在，然后再对其他业务进行验证；

3. 建议环上业务尽量配置一种保护方式，避免出现多种逻辑系统叠加，容易导致业务配置错误，同时造成路径法无法正确配置业务。

案例 63　SL64 光板误码问题的处理

故障现象

1. 某铁路局 A 站 OSN 7500 设备与 B 站 OSN 3500 设备组成 10 G 双向 MSP 保护环，A 站下挂扩展子架为 OSN 3500 设备，在系统调试过程中发现 A 站点与 B 站点之间的 2 M 业务有误码；

2. A 站对应于 B 站的 SL64 光板有 B3SD、B3OVER 告警，偶尔有 B2 误码，同时伴有 R-LOF，性能事件中有 RSBBE、MSBBE、HPBBE 等。B 站没有告警产生，性能事件中有 MSFEBBE、HPFEBBE 等远端背景误码块。

组网情况

无。

原因分析

1. 有 B2、B3 误码，且有 R-LOF 产生，应着重排查光路问题；
2. 处理问题时要注意光板的收、发光功率，逐段排查。

故障定位及处理过程

1. 在网管侧查询 A、B 站点的收光功率，相差 8 dB 左右，检查发现 A 站 ODF 架尾纤没有插到位，插好尾纤再查询光功率，还是同样现象；

2. 由于 A 站有误码，B 站无误码，且收发两芯光纤是同一根光缆，怀疑 A 站收 B 站方向的纤芯有问题；

3. 更换纤芯后，经测试 A 站还是有误码，从而排除外部光路问题；

4. 将 A 站 SL64 光口加光衰收发自环，无误码产生，可以确定不是光板问题，问题在尾纤；

5. 更换 A 站 SL64 收方向尾纤，再进行测试，误码消失。

总结和建议

在处理 SL64 光板误码时，注意光板类型、发光功率、收光功率、光纤衰减值、光缆距离，进行逐段排查。

案例 64　传输设备以太网口丢包问题

故障现象

某铁路局新建两套 OSN 3500 设备，用 EFT8 单板点对点透传一路客户业务，测试时，此路业务丢包严重。

组网情况

无。

原因分析

1. 外部交换机设备问题；
2. 传输设备设置问题。

故障定位及处理过程

1. 将两局点交换机放在同一处，直接用网线相连，互 Ping 无丢包现象，排除外部原因；
2. 检查业务带宽，符合客户要求；
3. 经了解，客户传送的是图像数据，业务颗粒较大，怀疑与端口的 MTU 值设置有关，端口 MTU 值设置默认设置为 1522，在以太网端口属性中将其修改成 9 600 后，业务恢复正常，无丢包现象，该问题解决。

总结和建议

华为传输设备以太网板端口的 MTU 值默认是 1 522，如果传送的业务帧长超过 1 500 B 时会造成丢包现象（如图像、视频监控等），可以在以太网端口属性中设置 MTU 值为 9 600。

案例 65 视频业务配置带宽不够，引起丢包

故障现象

某铁路局 A 站向 B 站新开视频监控业务，上传 4 路视频，总共带宽规划为 10 M，业务做好以后，发现视频图像非常卡，影响使用。

组网情况

组网如图 1-43 所示。

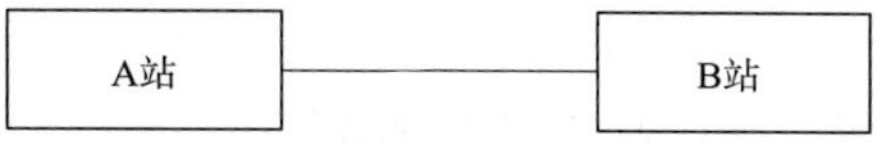

图 1-43

原因分析

1. 交换机配置有错误；
2. 以太网端口的速率和交换机设置不一致；
3. 硬件网线有问题；
4. 传输设备间存在误码；
5. 业务配置带宽有问题。

故障定位及处理过程

1. 数据工程师检查交换机配置，确认不是交换机配置问题；
2. 核对端口属性，完全一致；
3. 检查传输设备端口光功率收发正常，性能无误码；
4. 断开视频设备，在不接入视频图像的情况下，通过交换机对 Ping 没有丢包，后咨询视频厂商得知，每路视频传输需 4 M 带宽，上传 4 路，带宽应为 16 M。将带宽修改以后，视频正常。

总结和建议

各种厂商终端设备的需求带宽可能存在差异，规划业务时应仔细核对各厂商设备具体配置需求。

案例 66　以太网专线业务搜索不出以太网业务路径

故障现象

某铁路局，用户新配置一条以太网专线业务，配置完成后进行业务路径搜索，无法显示以太网专线业务路径。

组网情况

网元处于一个两纤双向复用段环中。

原因分析

1. SDH 侧路径业务配置问题；
2. 手工绑定以太网业务时所绑定的时隙与 SDH 配置不一致；
3. 网管侧业务与网元侧业务不一致；
4. 在搜索以太网路径时未选“Trunk Link”。

故障定位及处理过程

1. 检查 SDH 侧业务配置后确认业务配置没问题；
2. 检查以太网业务的绑定时隙也跟 SDH 所配置的时隙一致；
3. 重新上载网元数据后，还是搜索不出来以太网路径；
4. 经检查，发现搜索以太网路径时有几个选项，仔细观察发现这其中有两项分别为 Trunk Link 搜索、以太网路径搜索；平时搜索时只有以太网路径搜索为默认选项，其他不选；但因以太网路径的建立必须在 Trunk Link 路径的基础上才能形成，可能因为没有选择此项造成的。勾选此选项后搜索，以太网路径正常建立。

总结和建议

目前以太网业务路径只能针对专线业务形成，在平时搜索时只有以太网路径搜索为默认选项，其他默认不选；但因以太网路径的建立必须在 Trunk Link 路径的基础上才能形成，所以搜索以太网业务路径时必须同时把 Trunk Link 路径选项选中，搜索时才能正常显示以太网业务路径。

案例 67 EMR0 单板和视频系统对接后图像解码出现错码

故障现象

某铁路局 OSN 3500 设备 EMR0 单板的千兆光口和高清视频交换机千兆口对接，下传到车站视频终端解码后图像间隔 5 min 出现错帧情况，传输设备无异常告警。

组网情况

组网如图 1-44 所示。

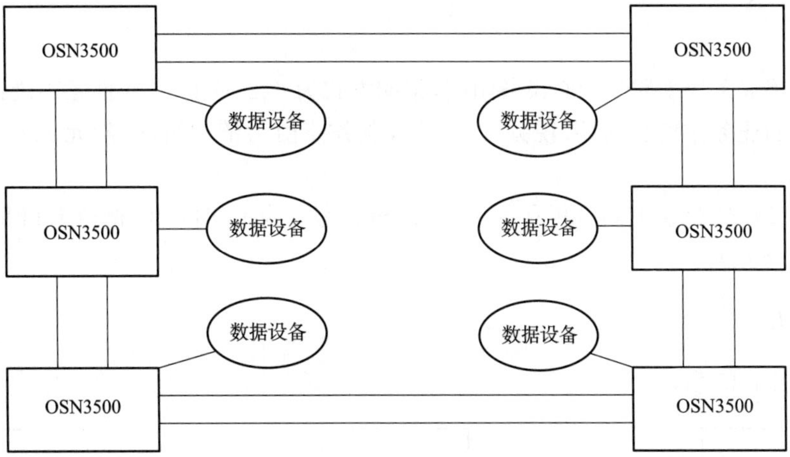

图 1-44

原因分析

1. 对视频交换机接口进行抓包分析，发现视频编码器到交换机千兆端口数据包正常；

2. 在车站交换机端口抓包分析，发现中心交换机传输的数据包和车站接收的数据包个数和类型不一致，解码器解码失败；

3. 使用两台交换机直连模拟网络数据，抓包分析后发现发送和接收的包数量及类型一致；

4. 通过以上几步定位后得出结论为视频交换机通过传输系统后出现错包现象，需要检查传输系统什么原因造成数据传输中出现错包情况。

故障定位及处理过程

1. 通过分析发现视频系统高清视频图像传输方式为 TCP/IP 协议，即数据都是通过 IP 包方式传到车站交换机；

2. 分析 RPR 网络后并未发现有涉及到影响 IP 包传送的参数，故判定 RPR 网络没有问题；

3. 分析 EMR0 单板各参数和端口工作模式、协议参数均正常；

4. 分析 EMR0 单板端口带宽限制功能发现有 CAR 功能可能会影响数据传输，关闭此功能后问题解决。针对 CAR 功能详细分析后发现它是通过向所在端口下插入 IP 包的工作方式来管理端口数据流量。

总结和建议

对于一些有规律的故障处理，需要详细了解本系统和对接系统的工作原理，然后再分别模拟系统进行分解故障，这样才能准确定位故障。

案例 68　EFS0 单板故障导致网元上其他单板不在位

故障现象

1. 某铁路局采用 OSN 3500 设备组网，组网方式为 622 M 1＋1 线性复用段；

2. 承载的业务主要有动环、视频、CTC 等，业务路由为链型组网，网元 A 为上游站点，B 为下游站点；

3. A 站 29、31 槽位 ETF8 板和 3 块 FAN 板状态变为不在位，29 槽位 ETF8 板所承载的动环、视频业务正常。

组网情况

组网如图 1-45 所示。

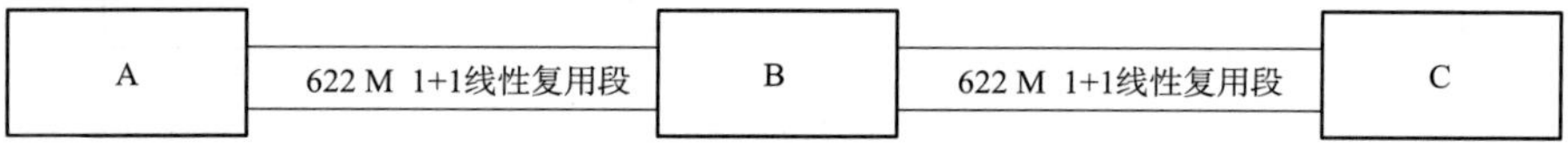

图　1-45

原因分析

1. 同时多块单板不在位，怀疑 SCC 板故障；

2. 同时多块单板不在位，怀疑 AUX 板故障。

故障定位及处理过程

1. 首先通知现场工程师，观察单板风扇运行情况，反馈 3 个风扇均运行正常，排除风扇故障的可能；

2. 现场对其中的一个风扇进行硬复位，网管显示风扇还是不在位，故障依旧；

3. 硬复位 13 槽 EFS0 单板，发现 13-EFS0 由正常状态变为不在位状态，但其单板业务正常；

4. 将 13、14 槽位 EFS0 单板进行对换，发现此时 13 槽位单板正常、14 槽位单板不在位，也就是故障跟着单板走，说明原 13 槽位 EFS0 单板有问题；

5. 此时,13、14 槽位 EFS0 单板对应的 29、31 槽的 ETF8 板依然不在位;
6. 复位主控板,故障依旧;
7. 用新 EFS0 单板更换故障单板,新 EFS0 单板在位,接口板 ETF8 故障依旧;
8. 复位主控板,故障消失。

总结和建议

此故障由单板故障引起,更换故障单板,复位主控板后,故障消失。

案例 69 EFT 单板故障导致交叉板 BUS_ERR 告警

故障现象

1. 某铁路局采用 OSN 2500/1500 设备组网,组网方式为 622 M 环形复用段环;
2. 承载的业务主要有动环、视频、办公信息网等,业务路由为链型组网;
3. OSN1500 设备备用交叉板(CXL)上报 BUS_ERR 告警,EFT 单板上报 T_LOSEX 告警。

组网情况

无。

告警解释如下:

1. BUS_ERR 为总线错误告警,当总线异常时就会产生此告警;
2. T_LOSEX 告警表示单板检测到背板业务总线信号丢失告警。如果单板检测到背板业务总线为 LOS 状态时,就上报此告警。

原因分析

1. CXL 单板故障;
2. CXL 单板总线故障;
3. EFT 单板故障。

故障定位及处理过程

1. 首先检查该站的业务配置,确认业务没有问题;
2. 网管硬复位该站点备用交叉板(CXL),单板正常运行后 BUS_ERR 告警消失,T_LOSEX 告警也消失;
3. 约 2 min 后,告警又重复出现,主用交叉板(CXL)瞬报 BUS_ERR 告警;
4. 倒换主备用交叉板(CXL),告警依旧;
5. 更换备用交叉板(CXL),告警依旧;
6. 更换 EFT 单板,故障消失;观察 10 min,设备运行正常。

总结和建议

此故障由 EFT 单板故障引起,更换故障单板后,故障消失。在日常开局和维护中,如果出现以上类似的问题可以通过更换单板来处理。

案例 70　网络配线架 RJ45 模块故障导致以太网业务不通

故障现象

反馈站点 A 的 OA 业务不通，其他以太网业务正常。

组网情况

OA 组网方式为：站点 A 到站点 C 一条点到点业务，OA 网关在站点 C。如图 1-46 所示。

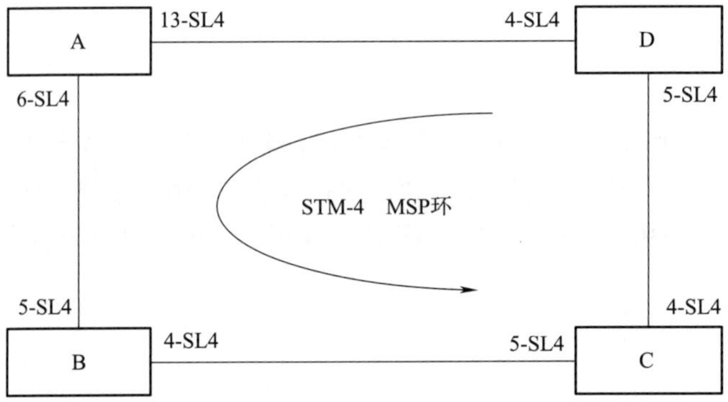

图　1-46

原因分析

网元 A 或网元 C 故障引起业务不通。

故障定位及处理过程

1. 网管上查看网元 A、网元 C 均无异常告警；

2. 查看网元 A OA 端口 RMON 性能，发现仅有接收数据包，无发送数据包，查看站点 C OA 端口 RMON 性能收发数据正常，确定故障在站点 A；

3. 站点 A EFS0 单板所承载业务只有 OA 业务中断，确定 EFS0 单板正常；

4. 站点 A 用便携电脑测试到 OA 终端侧通信正常；

5. 网络配线架端将 OA 的网线断开，此时站点 A 上报 ETH_LOS 告警，EFS0 对应 OA 接口用便携电脑测试到站点 C 网关通信正常，确定 EFS0 对应 OA 接口正常；

6. 配线架对应 OA 口用便携电脑测试到站点 C 网关通信失败，此时站点 A 无告警，确定网络配线架到站点 A EFS0 接口间故障；

7. 观察发现网络配线架 OA 所对应的 RJ45 模块第一针已断，更换 RJ45 模块后，OA 业务恢复正常。RJ45 针脚定义：1、2 用于发送，3、6 用于接收，4、5、7、8 是双向线。因此 RJ45 第 1、2 针接触不良时，EFS0 单板无告警上报。

总结和建议

定位此类故障，先外部后传输，先单站后单板，逐级定位故障点。

案例 71 广播风暴引起以太网业务中断

故障现象

1. 某铁路局 4 套 OSN3500 采用 2.5 G MSP 环形组网，NE1 为中心站点，在 2.5 G MSP 环网内配置两个 622 M 的 RPR 环，其中 RPR1 环中承载的业务有 CCTV、AFC1、广播、电源网管，RPR2 环承载的业务为 PIS、AFC2、无线网管、办公网；

2. 维护人员申告环网中的以太网业务全部中断，而 2 M 电路正常运行。

组网情况

组网如图 1-47 所示。

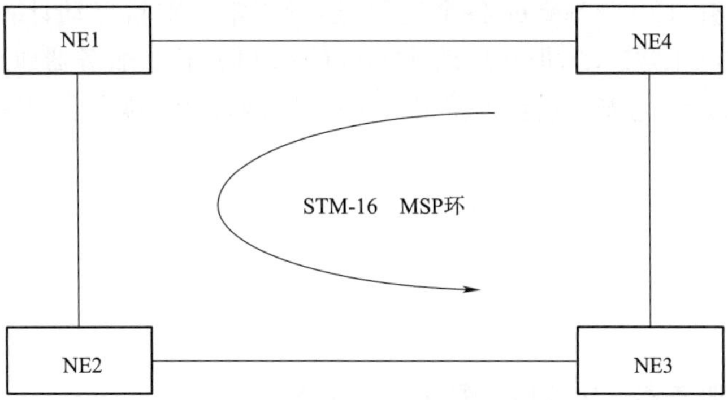

图 1-47

原因分析

1. 中心站点 NE1 网元的以太网单板故障，造成网络中的以太网业务的上行故障，导致业务全部中断；

2. 环网中某站点的以太网单板或业务产生网络风暴，造成通道堵塞，导致业务全部中断。

故障定位及处理过程

1. 检查中心站点 NE1 的以太网单板状态，发现没有异常告警，单板运行正常；

2. 检查各个站点以太网单板的 RMON 性能，发现数据流量较大，尤其是广播包的流量特别大，初步判定为网络中发生了广播风暴导致业务中断；

3. 现场维护人员按系统逐个关闭传输侧以太网单板上外部端口，当关闭 AFC 系统传输侧外部端口时业务恢复正常；

4. 通知 AFC 人员去检查设备情况，AFC 系统在两个 RPR 环上各有一个传输通道，作为主备用，两个通道是通过网线接到同一个交换机上的，在端口上启用生成树协议，AFC 人员通过检查发现在业务中断之前 NE2 站点的 AFC 交换机发生掉电，导致交换机上的生成树协议数据丢失，引起网络风暴，导致了本次故障的产生。

总结和建议

1. 在配置有以太网电路的网络中，要防止出现以太网成环；

2. 尽量在业务规划的时候就提前考虑到，最后从硬件上防止以太网成环情况的出现，从根本上杜绝此类故障的产生。

案例 72 网管计算机感染病毒导致客户端无法正常启动

故障现象

用户告知，T2000 网管客户端在正常运行的情况下，提示“与安全后台连接失败，将关闭网管客户端”，用户无法正常使用网管，请求现场技术支持。

到达现场后检查 T2000 Server 各个进程，运行正常。重新启动计算机后，SQL、T2000 Server、各个进程均可正常启动，但在启动 T2000 Client 时，检查服务器地址无误的情况下，输入用户名和密码后提示“与安全后台连接失败，将关闭网管客户端”，客户端无法启动。

组网情况

无。

原因分析

1. 检查客户端服务器连接等相关配置，未发现异常；

2. 为用户重新安装 T2000 网管，并将用户系统中的备份文件拷贝到工程师便携机中进行测试，发现便携机中 T2000 网管的客户端也无法启动，错误提示同上。因此，怀疑是用户计算机系统中存在病毒所致。

故障定位及处理过程

1. 在测试的过程中，遇到如下问题：

(1)无法调用 Windows 系统“任务管理器”和注册表，界面打开后一闪即关闭。

(2)Windows 系统组件“msconfig”无法使用。提示“对应路径下该文件不存在”，将别人系统中的“msconfig”组件拷入工程师电脑中，替换原有文件，依然不能使用，错误提示同上。

(3)卸载 T2000 后，SQL Server 无法正常安装。

2. 使用最新版本杀毒软件进行病毒查杀，发现以下两个病毒：

“Backdoor. RWX. 2005. hy” 灰鸽子后门木马；

“Trojan. Mnless. hta” 梅勒斯木马变种。

这两个病毒的扩散性很强，一旦感染，系统中的各个分区都有可能存在，会导致电脑进程自动关闭，使用户无法正常打开程序。

3. 成功杀毒后正常进入系统，启动 T2000 网管客户端正常。

4. 在用户客户端中也同样查出上述病毒，成功杀毒后，正常启动 T2000 网管客户端，问题解决。

总结和建议

用户网管需安装杀毒软件并及时更新，严格控制 U 盘等移动存储设备直接与网管对接。

案例 73 T2000 结束告警自动确认原理

故障现象

客户反馈现场 T2000V2 版本网管，有大量结束的告警会自动从当前告警列表中丢失。

组网情况

无。

原因分析

无。

故障定位及处理过程

1. 查看告警转储文件，发现这些消失的告警。经过分析，当前告警数量比较多，造成大量结束告警被自动确认后又刚好被自动转储到文件中。告警自动确认的相关原理：在网管上所有当前告警(结束和未结束的)都存储在内存中的当前告警缓冲区内。当前告警缓冲区满时，将发生当前告警的绕接。也就是如果当前告警比较多时，可能会发生当前告警丢失的现象(主要是指未结束告警)，这是无法避免的。而对于当前告警缓冲区内已经结束的告警处理过程如下：实际从 ems 进程启动开始，就会相应启动一个告警处理的任务进程，专门负责告警管理。它每隔 10 min 左右(可能受到系统任务调度的影响，有一定时间误差)扫描判断是否要进行缓冲区的告警绕接。如果当前告警缓存区中告警数目超过门限，就会绕接告警，绕接的其中一步就是将当前告警缓存中已经结束告警逐条自动确认为历史告警。直到保持到门限的 3/4(75%)以下。

2. 该当前告警缓冲区的容量大小默认为 3 万条，由 ems.cfg 中 FSCurDBLimit 的参数来决定。如果遇到大量当前告警产生的时候，短时间突破 3 万条门限，会造成大量已经结束告警自动确认进入历史告警库，并且大量未结束告警被绕接丢失掉。另外因为是逐条自动确认，当告警条数过多时，自动确认的时间可能不完全一致。

3. 查看告警转储文件，发现了这些消失的告警。

总结和建议

注意当前告警缓冲区大小可以根据情况调整。如果告警产生比较频繁，要注意当前告警绕接的发生。

案例 74 查不到历史性能数据

故障现象

查不到历史性能数据。

组网情况

无。

原因分析

1. 确保网元已经打开性能监视，因为如果没有设置过性能监视开始时间或者性能监视开始时间未到，网元是不进行性能监视的，功能入口在传送网络设备维护台/性能/性能监视设置/设置性能监视启停状态；

2. 要确保对要长期监测的监视对象打开自动上报功能，否则仅能在网元上保存几个周期的历史性能数据，而不会自动上报到网管，网管上也不能直接看到这些数据；

3. 如果想要查看已经监视但未上报的性能数据，在“传送网络性能浏览”窗口里的“历史性能数据”页面选中“也从网元查询”的复选框，再单击“刷新”按钮，网管会向网元查询历史性能数据并保存到数据库，这样可以看到最近几个周期的历史性能数据。注意：从网元查询会比较慢，尤其是网元的历史数据很多的时候，所以不要频繁从网元查询。

故障定位及处理过程

无。

总结和建议

无。

案例 75　单板被路径使用导致删除单板失败

故障现象

某铁路局，155/622H(V2)设备在进行业务调整时，需要将 3-SP2D 的业务替换到 4-PD2S 单板上，同时 3-SP2D 单板需拔除，现场进行的操作如下：

1. 删除 3-SP2D 上的交叉连接；

2. 建立 4-PD2S 的交叉连接，此时业务已经恢复；

3. 删除 3-SP2D 单板，删除单板失败，这时 T2000 网管出现“单板已经被路径使用，错误码为：74501”。

组网情况

网元处于一个无保护链中。

原因分析

虽然网元侧已经不存在 3-SP2D 的业务，但是网管侧还存在此单板相关路径，也就是说此单板被路径占用。

故障定位及处理过程

重新搜索全网路径，单板 3-SP2D 从路径中释放，删除单板成功。

总结和建议

在 T2000 网管中，对于从网管侧删除单板来说虽然没有了实际交叉连接，但是单板仍被路径占用，也不可以直接删除，需要进行路径搜索重新生成路径，再进行操作。

案例 76　U2000 网管告警屏蔽导致 R_LOS 告警不上报

故障现象

某铁路局采用 OSN 3500 设备组建二纤双向复用段共享保护环，断开网元 A 至网元 D 之间的光纤连接进行环网倒换测试，断纤后发现复用段保护环能够正常保护倒换，但 A 网元 8 槽位单板光口无 R_LOS 告警上报。

组网情况

组网如图 1-48 所示。

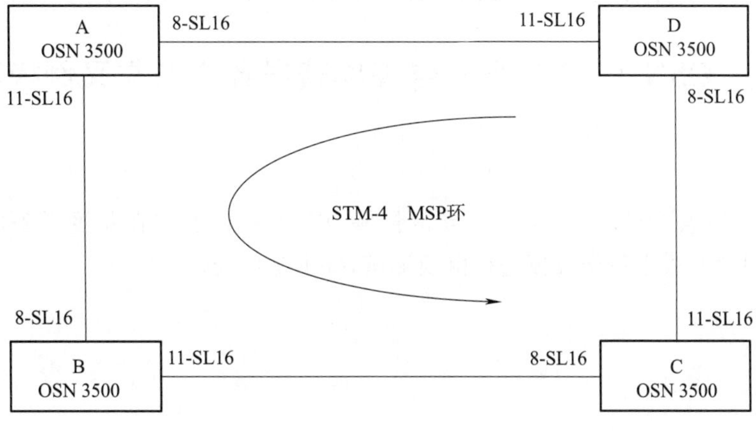

图　1-48

原因分析

1. 设备单板故障；
2. A 网元与 D 网元之间的光纤连接未断开；
3. 网管告警参数设置问题。

故障定位及处理过程

1. 网管检查单板无异常告警，开销字节、性能等参数可正常查询，现场检查设备单板指示灯正常，基本排除设备单板故障；

2. 断开后能发生复用段倒换,通知现场恢复光路后,复用段倒换也能正常恢复,再次断开时问题依旧,网管查询 A 网元 8 槽位设备收光功率为－60 dB,显示收不到光信号,说明光纤连接中断;

3. 使用 Navigator 工具登录网元 A,查看 A 网元 8 槽位有 R_LOS 告警,说明设备能够正常上报告警,进一步证明设备单板正常;

4. 检查告警参数设置等,发现并未对 A 网元 8 槽位设置告警抑制和反转,且告警级别设置为紧急,是否上报设置为上报;

5. 检查网管告警属性,发现屏蔽规则有本板 R_LOS 告警的屏蔽,删除本条屏蔽规则后再次断纤,A 网元 8 槽位单板 R_LOS 告警能正常上报;

6. 经了解,用户在做无效告警处理时,直接在告警里将本条告警进行屏蔽处理,U2000 网管在进行告警屏蔽是只是针对网管操作,使告警不在网管上报,U2000 网管对告警的屏蔽是通过抑制告警来实现的。

总结和建议

1. 在对网元告警屏蔽处理时,T2000 网管为直接屏蔽,直接操作设备,而在 U2000 中则通过对告警的抑制来实现原 T2000 网管的告警屏蔽功能,U2000 网管的屏蔽选项为网管检测到屏蔽的告警时,将该告警不在网管上进行上报,不操作设备;

2. 对网管进行操作时应注意区分网管各功能项的具体含义及实现的功能,避免误操作。

案例 77　OSN 3500 交叉板告警屏蔽导致主备交叉倒换不成功

故障现象

某铁路局一站点 OSN3500 设备无异常告警、正常运行,客户在年度设备倒换维护测试时,在 U2000 网管上对主备交叉板进行倒换测试,提示操作失败。

组网情况

无。

原因分析

1. 备用交叉板故障;
2. 主备交叉板版本不一致;
3. 备用交叉板上有告警,可能告警被屏蔽。

故障定位及处理过程

1. 经查询,主备交叉板硬件及软件版本一致;

2. 检查配置时发现该站点配置有外时钟,因为外时钟源输入设备故障,设备一直跟踪线路时钟,用命令行查询,设备侧上报 EXT_SYNC_LOS 告警,而 U2000 网管之前屏蔽了此告警,在网管上取消屏蔽该告警,告警随即在网管上报;

3. 在时钟配置里把外时钟源删掉，EXT_SYNC_LOS 告警消失，然后再做交叉板主备倒换，操作成功，故障排除。

总结和建议

在日常维护过程中不要屏蔽一些重要告警，即使屏蔽也要留下记录，以免对后续的维护及故障处理造成不便。

案例 78 综合网管无法采集网管信息

故障现象

某铁路局传输网络改造后网管 T2000 以及 U2000V1 整合至 U2000V2 版本，网管整合操作完成后，部署北向 CORBA 接口与上层综合网管厂家进行对接，对接后综合网管厂家无法采集网管信息。

组网情况

无。

原因分析

1. U2000 网管与综合网管厂家对接网络连通性不正常；
2. U2000 网管为综合网管厂家提供的登录用户权限不满足要求；
3. U2000 网管北向接口服务未启动；
4. U2000 北向接口参数设置不正确。

故障定位及处理过程

1. 通过运行"telnet"命令检测两台主机的连通性正常；
2. 检查 U2000 网管为综合网管厂家提供的登录用户权限正常，为调试级别用户；
3. 默认情况下，安装完成后 CORBA 接口服务处于停止状态，检查系统监控客户端 CORBA 接口服务已手工启动；
4. 登录北向配置工具按照指导书检查基本配置参数，其中关于是否启用 SSL，指导书是写的是"是"，实际情况改为"否"后综合网管厂家能够提取 U2000 网管数据信息。

总结和建议

开启北向 CORBA 接口功能，配置 SSL 参数时一定要注意国内标准一般设置为"否"。

案例 79 网管客户端与服务器之间通信频繁闪断

故障现象

1. 某铁路局新建项目在调度楼核心机房新设 U2000 传输网管服务器和 U2000 数据网网

管服务器，在通信车间二级网管室设 U2000 传输网管客户端和 U2000 数据网网管客户端，服务器与客户端之间通过 DCN 网连接；

2. 在传输客户端上进行设备调试时，经常出线网管操作卡顿甚至与服务器连接失败等情况。

组网情况

组网如图 1-49 所示。

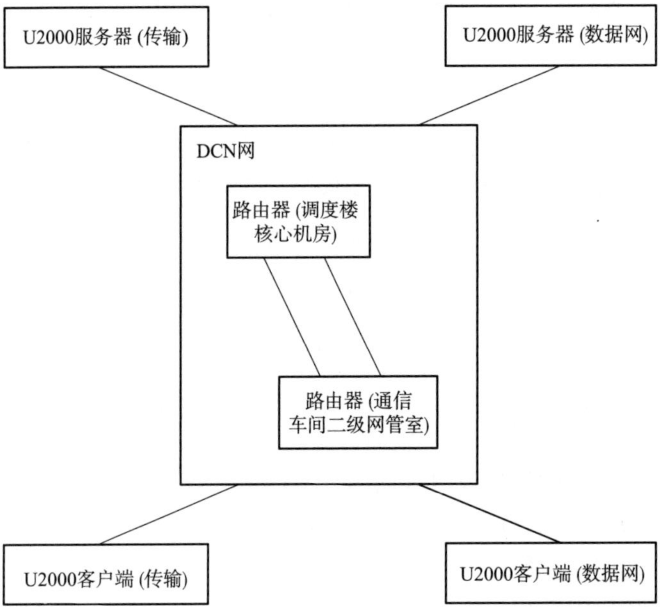

图　1-49

原因分析

1. DCN 网通道闪断；
2. 网管服务器异常；
3. DCN 网带宽过低。

故障定位及处理过程

1. 联系客户，进行既有 DCN 网 Ping 测试及环回测试，通道正常；
2. 重启网管服务器，服务器正常，客户端调试仍异常卡顿及通信中断；
3. 从数据网工程师得知，数据网 U2000 客户端也会发生异常卡顿及通信中断情况；
4. 在客户端长 Ping 服务器 IP 地址，同时和数据网工程师一起进行网管注销、重登录、数据查询及业务配置等操作，发现 Ping 服务器 IP 地址过程中延迟会增大，网管操作会出现卡顿；
5. 向客户了解得知，DCN 通道带宽 2 M，为多套既有网管服务器与客户端的连接共用通道，让客户将通道带宽增加到 10 M，以上故障现象消除。

总结和建议

1. 网管客户端在正常与服务器通信期间不会产生太大流量，但进行注销、登录或部分数据查询等操作时候，瞬间流量会很大，当DCN通道带宽无法满足此瞬间流量的时候就会出现卡顿，甚至客户端和服务器之间连接中断的现象；

2. 新增加网管系统，服务器与客户端的连接通道需使用既有DCN通道时，需注意既有DCN通道带宽，并根据需要及时增加带宽。

案例80 以太网LAN业务既有VB业务无法挂接VCTRUNK

故障现象

某铁路局U2000网管配置OSN7500、OSN3500以太网LAN业务时，在既有的VB业务进行添加VCTRUNK挂接时添加不成功。

组网情况

无。

原因分析

1. 设备版本问题；
2. 网管版本问题。

故障定位及处理过程

1. OSN3500、OSN7500主控版本均为：5.21.20.41。开局调测时，用T2000网管(V2R7)可以对既有VB添加VCTRUNK挂接操作，所以排除设备版本问题。

2. 既有U2000网管版本为U2000 V100R003C00SPC100，经核实，此问题需要升级U2000网管版本至U2000V1R3C00SPC105或以上解决。

总结和建议

无。

案例81 网元未登录的紧急告警无法清除

故障现象

某铁路局T2000网管，紧急告警中有网元未登录和网元连接中断告警NE-NOT-LOGIN、NE-COMMU-BREAK，通过网元搜索发现网管无此网元。

组网情况

无。

原因分析

网管误报或者告警残留。

故障定位及处理过程

1. 搜索该网元，网管中无此网元，可以确认此告警为无用告警；
2. 确认、同步告警，此告警不消失；
3. 重启网管后告警依然存在；
4. 进入紧急告警界面，在定制窗口中将“流水号”选中，确定后在告警界面的表格可见列中出现了“流水号”一列；
5. 点击电脑“运行”—选择“SQL Server”—选择“企业管理器”—在左侧树形结构中选择“数据库”—选择“faultDB”—在右侧表中选择“tbl_curALM”—右键单击“tbl_curALM”选择“打开表”—选择“返回所有行”—找到该告警的流水号，在数据表中将告警删除。

总结和建议

对于未知原因未正常进入告警历史库的无用告警可以按照此种方法处理，此方法直接将数据库数据表格的删减，所以一定要确认好“流水号”，防止误删。

案例 82　OTN 设备 OCH 路径搜索失败

故障现象

1. 某铁路局 OTN 网络采用 OSN8800 和 OSN6800 组成四点枢纽环，A 为网关网元；
2. 设备上载到网管后，按照信号流进行逻辑连纤。完成网管连纤后，在网管侧搜索不到 OCH 路径。

组网情况

组网如图 1-50 所示。

图　1-50

原因分析

1. 逻辑连纤错误；
2. 单板信息设置错误；
3. OAU 板 TDC 与 RDC 未连接；
4. OBU 光口光纤错连、漏连；
5. 其他原因。

故障定位及处理过程

1. 按照信号流，进行网管连纤检查；
2. 重点检查各个站点 OAU、OBU 相关连纤，未发现错连、漏连；
3. 检查各个站点 OTU 单板与 M40、D40 之间的连纤，所有连纤正常；
4. 检查 OTU 单板配置信息，均正常；
5. 检查 B 站 M40 和 D40 时，发现 M40 和 D40 显示信息不一致；M40 显示端口波长信息，而 D40 只显示 D01、D02 端口名称；
6. 打开 D40/WDM 配置，发现 D40 波段信息/奇偶信息均为空；点击“查询/配置”后，显示正常；
7. 重新搜索 WDM 路径，可以搜索出 OCH 路径，问题解决。

总结和建议

1. OCH 路径无法搜索出来的原因主要有：逻辑连纤错连、漏连，板件端口信息未配置等；
2. 网管连纤要严格与实际连纤、信号流一致，尤其要注意 OAU、OBU 相关连纤，OAU 板 TDC 与 RDC 直连；
3. 在 WDM 路径搜索时，勾选“搜索前从网元查询单板属性”，同样可以解决上述问题。

案例 83 OTN 设备无法配置 ODU*k* SNCP 业务

故障现象

1. 某铁路局 OTN 网络采用 OSN8800 和 OSN6800 组成四点枢纽环，A 为网关网元；
2. 单站创建 ODU*k* 业务（线路板、支路板分别为 ND2、TOA），操作失败，提示“License 的业务类型错误”。

组网情况

组网如图 1-51 所示。

原因分析

1. 单板不支持；
2. 设备不支持；

图　1-51

3. 主机版本问题；
4. 设备、单板参数配置错误；
5. 其他原因。

故障定位及处理过程

1. ND2 与 TOA 支持配置 ODU*k* SNCP 业务，排除单板原因；
2. 检查网管版本为 U2000V200R014，排除网管版本问题；
3. 检查主机版本，支持 ODU*k* SNCP 业务配置，排除设备版本问题；
4. 检查设备业务类型设置，发现为“SDH”，而“SDH”业务类型不支持 ODU*k* SNCP 业务配置；
5. 修改子架业务类型为“SDH＋OTN”，可以进行 ODU*k* SNCP 业务配置，问题解决。

总结和建议

在进行 OTN 光网元创建时，业务类型默认为“SDH”，而“SDH”业务类型不支持 ODU*k* SNCP 业务配置，故需配置 ODU*k* SNCP 业务的站点，业务类型要选择“SDH＋OTN”/“OTN”。

案例 84　BITS V3 开通 NTP 服务未添加路由参数导致客户端添加不成功

故障现象

BITS V3 设备作为 NTP 服务端（IP 地址 135.148.18.5），客户需要添加一个客户端（IP 地址 135.128.8.78）进行时间同步，客户端 Ping 不通 NTP 服务端 TODI 网口地址。

组网情况

无。

原因分析

1. DCN 链路不通；

2. 由于客户端与 TODI 网口地址不在同一网段中，所以客户端与 TODI 网口之间的通信还需要有路由参数，不通原因可能为 TODI 板没有配置路由参数。

故障定位及处理过程

1. 将 PC 机与 TODI 网口接入同一个交换机，配置 PC 机地址为 135.148.18.30 测试，客户端能 Ping 通该 PC 机，排除客户端原因；

2. 检查 TODI 板路由参数设置发现该参数中没有配置 135.128.8.0 网段的路由信息，配置 TODI 板添加：

地址：135.128.8.0

掩码：255.255.255.0

网关：135.148.18.1(转发报文的交换机地址)

然后再加载 TODI 配置，此时客户端可以正常 Ping 通服务器；

3. 在客户端管理中添加 IP：135.128.8.78，使用 syntime 工具测试 NTP 客户端接入成功。

总结和建议

添加 NTP 客户端需要两个步骤：

1. 如果客户端服务器不在同一网段中则需要给服务器配置路由参数，否则客户端与服务器之间不能正常通信；

2. 需要在客户端管理中添加客户端地址以及配置数据。

通常情况第 2 点都能进行配置而第 1 点容易被忽略。由于 BITS 的 TODI 网口与 PC 机网段不一样，在配置地址以及网关信息后，它并不能自动找到所有网络的路由信息还必须给它配置路由参数才能正确地进行数据转发。

案例 85　BITS V3 系统常见问题

故障现象

无。

组网情况

无。

原因分析

1. BITS 集中监控系统 3.15 版本，如何初始化网管数据库？

将安装目录下 data 目录下的 Snbak.mdb 文件更名成 SynNet.mdb 可以起到初始化网管

数据库的作用，这样对于新装的网管系统能够将更改过的 Admin 用户密码复原。

2. BITS V3 集中网管重新设置网元 IP 和子网掩码后要求复位 MITU 是否会对时钟输出产生影响？

复位 MITU 板不会导致配置数据下发，故不会影响时钟输出。

3. 如何更改 BITS V3 网管的自动锁定时间？

在 BITS V3 网管的安装目录下面的 data 目录下，找到 system. ini 文件，双击打开，找到 LockTime 字段，改为需要的时间，没有上限，单位是 min，初始默认值是 3 min。

4. 如何更换卫星板？

卫星板正面有一个 BNC 的端子和天馈线相连，先将天馈线卸下，然后更换新的卫星板，等待 30～60 min 左右(卫星板需要加热)，系统会恢复正常。

5. 如何在 BITS V3 的网管上增加 BITS 设备的用户名？

选择"/用户管理"，在打开的视图上选择"/Admin"，此时视图的右半区显示网上所有网元的信息，包括 ID、IP、登录名、权限。此时选择"网元"，点右键，就可以进行新用户的添加和修改。

6. 如何屏蔽无用告警？

在维护终端里没有屏蔽告警的功能项，如果要屏蔽必须从主机侧操作，FTP 到 MITU 单板进行设置。此操作属于高危操作，不建议设置。

7. BITS 设备有什么方法查看其输出的好坏？

可以将输出接入到 BITS 设备自带的测试口(外部时钟输入口)进行测试查看。

8. 如何设置 BITS 设备的 IP 地址？

需要通过串口连接，然后可以获得 IP 地址并进行修改。

故障定位及处理过程

无。

总结和建议

无。

案例 86　BITS 终端所有输入源均上报 SSM 超限告警

故障现象

某铁路局反馈 BITS 终端所有输入源均上报 SSM 超限告警。

组网情况

无。

原因分析

传输设备开启了 S1 字节，而 LCI 单板配置中 SSM 时隙设置为"无"，此问题可能是由于

LCI 板 SSM 的设置与传输设置不一致造成的。

故障定位及处理过程

1. 指导客户查看设备配置:LCI 接的传输时钟设置了 S1 字节,启动了 SSM 协议,而 LCI 单板配置中 SSM 时隙设置为“无”;

2. 在 LCI 设置里将源级别由“不知道”设置为“SEC”,SSM 时隙由“无”设置为“SA4”后,此告警结束。

总结和建议

BITS 设备在维护过程中经常会碰到此类问题,当其有外部时钟接入时尤其需要注意设置各项参数,如是否开启 SSM、匹配 SA 字节、接入方式、时钟级别等。

案例 87 BITS 设备当前局时钟输出级别

故障现象

有些客户对于 BITS 设备当前局时钟输出级别的认识存在误区,认为配置了 GPR 板的级别一定为 PRC,现汇集以下知识点。

组网情况

无。

原因分析

1. BITS 关于三种时钟级别配置只是硬件模型,并不能完全决定当前局时钟输出级别。

2. 时钟级别由高到低依次为 PRC(G. 811)、TNC(G. 812)、LNC(G. 812)、SEC(G. 813)。TNC 和 LNC 虽同属于 G. 812 标准,但 TNC 比 LNC 的时钟精度要高,SEC(4.6×10^{-6})只作为 SDH 设备时钟。

3. BITS V2 监控终端“系统数据”——“当前局时钟级别”设置没有意义,并不能决定当前局时钟级别。

4. BITS V2 监控终端“系统数据”——“参数系统控制项”关于 SSMB 是否参与控制也决定了当前局时钟输出级别(可搜索“SSMB 参与系统控制”关键字查到)。

5. 关于当前局时钟级别判定规则如下:

(1)如果当前局配置为 GPR(DSSR)+(LCI)+RBD+FSY 时,且 GPR/DSSR 作为主用源,若时钟板 RBD 为跟踪态,则当前局时钟输出级别为 PRC(1×10^{-11});若 RBD 处于保持或自由态,则当前局时钟输出级别为 TNC(1×10^{-10})。

(2)如果当前局配置为 LCI+RBD+FSY 时,则当前局时钟输出级别要依据 LCI 外接时钟源级别来判定:

当 LCI 单板外接 2 Mbit 时钟源且设置接收 SSM 信息时,如果 SSM 信息为 PRC,且 RBD 为跟踪态,则当前局时钟输出级别为 PRC;若 RBD 处于保持或自由态,则当前局时钟输出级别为 TNC。如果 SSM 信息为 TNC，RBD 无论处在跟踪、保持或自由态，当前局时钟输出级别都为 TNC。如果 SSM 信息低于 TNC，则外接时钟源不可用，长期情况下当前局会处于自由态，则当前局时钟输出级别为 TNC。

当 LCI 单板外接 2 Mbit 时钟源且设置无 SSM 信息时，当前局时钟级别除与 RBD 运行状态有关外，还和人工设置的外接时钟"源级别"有关，可能出现这种情况：外时钟源级别为 TNC，而在 LCI 相应接收通道设置无 SSM 信息，且人工设置"源级别"为 PRC，这时当前局时钟输出级别为 PRC。

当 LCI 单板外接 2 MHz 时钟源时，由于 2 MHz 时钟信号无 SSM 信息，判定方式同 2 Mbit 时钟源且设置无 SSM 信息的情况。

(3)如果当前局配置 LCI＋FSY 时，若 FSY 为跟踪态，当前局时钟输出级别根据 LCI 外接时钟源级别判定(即 LCI 外接时钟源依次为 PRC/TNC/LNC，当前局时钟输出级别依次为 PRC/TNC/LNC)；若 FSY 处于保持或自由态，则当前局时钟输出级别为 LNC(5×10^{-8})。

6. 对于 BITS V3 设备，仍然可以通过上述规则判定，单板功能对应关系如下：

SRCU＋卫星卡＝RBD＋GPR(DSSR)

SOCU＋卫星卡＝FSY＋GPR(DSSR)

说明：SOCU 的时钟精度要高于 FSY，因此 BITS V3 中 SOCU＋卫星卡的配置很常见，而 BITS V2 则没有 FSY＋GPR(DSSR)的典型配置。

LCIM＝LCI＋TIA

SRCU(SOCU)也能外接时钟源(4 路)，即具有 BITS V2 设备 LCI 外接时钟源的功能。

故障定位及处理过程

无。

总结和建议

无。

案例 88　如何判断 BITS 时间服务器目前的工作状态是否正常

故障现象

如何判断时间服务器目前的工作状态是否正常。

组网情况

无。

原因分析

1. 检查各个单板，包括 SRCU/SOCU、TODI、MITU 的工作状态是否正常，正常情况下各个单板应该是主用正常或者备用正常；

2. 检查时钟板 SRCU/SOCU 工作状态是否正常，正常情况下应该处于跟踪某个外部参考源的状态(时钟板处于自由态也可以)；

3. 检查 TODI 单板的跟踪状态，主要是其锁时状态，正常情况下应该是跟踪，至少应该是保持状态，当进入保持状态后，在 BITS V3 设备本身高精度的振源驱动下，依然可以确保 TODI 输出准确的 UTC 时间；

4. 进行多次查询 TODI 单板的时间源信息，正常情况下应该是每次可以查询到准确的 UTC 时间；

5. 检查 NTP 管理中每块 TODI 单板的时间源列表，正常情况下应该是每块 TODI 单板都有一个以 127.127.22.×为标志的时间源，其中×应该等于该 TODI 单板所在的槽位号，并且检查其是否为主用时间源，正常情况应该是主用时间源；

6. 检查当前告警列表的状态，正常情况下，应该不出现以下任何告警：

(1)系统无主用源；

(2)DCLS 源丢失；

(3)NTP 服务进入自由振荡；

(4)NTP 服务端 127.127.22.×时间偏差超限。

故障定位及处理过程

无。

总结和建议

无。

案例 89　BITS V3 时间服务器 TODI 参数设置注意事项

故障现象

如何判断时间服务器目前的工作状态是否正常。

组网情况

BITS V3 时间服务器 TODI 参数设置注意事项。

原因分析

1. TODI 板间为备份配置，DCLS 通道是互相备份的，但是网口之间没有备份，8 个网口是独立的，所以两块 TODI 的网口都需要设置，而 DCLS 端口只需要在一块板上设置；

2. 一块 TODI 板上的 4 个网口应分别位于 4 个不同的网段，即任何两个网口不能位于同一网段，但不同的 TODI 板的网口可位于同一网段；

3. 同一网段的客户端应尽量只占用一个 TODI 网口；

4. TODI 的端口 IP 和客户端的 IP 如果在同一网段，不需要进行“路由参数”设置，如果不在同一网段，需要进行“路由参数”设置；

5. 如果客户端IP和TODI的端口IP不在同一网段，则同一网段的多个客户端IP只需要在路由参数中设置一个路由参数；

6. TODI的同一端口IP为不同网段客户端提供时间服务时，需要分别为各个网段配置路由参数。

故障定位及处理过程

无。

总结和建议

无。

案例90　时钟相关术语

故障现象

无。

组网情况

无。

原因分析

1. 国际原子时(ATI)：

秒是铯子钟能级跃迁对应919 263 770个周期所持续的时间，国际时间局(BIH)使用世界多国的铯原子钟提供的数据进行处理而得到的结果，其稳定度可达$(0.5\sim1.10)\times10^{-13}$量级；

2. 协调世界时(UTC)：

由于天文时和原子时依据的标准不同，因此时间有差异，将原子时和天文时两种时间标准综合折衷形成UTC标准；

3. 频率准确度：

频率准确度是用来说明实际频率值与理想频率值(以UTC为标准的频率、实际上国际原子时TAI的速率)的偏离或符合程度；

4. 稳定度是对频率准确度或频率偏移量随时间变化的程度的度量，通常用来表明时钟在保持工作方式时的性能的质量；

5. 牵引范围：

牵引范围是指处在跟踪方式下的时钟，在外输入信号基准的频率变化很慢时，时钟能够保持处于锁定状态的最大频率范围；

6. 初始最大频率偏差：

时钟的外同步信号全部中断(失去基准)后的初始最大频率偏差，随时钟的级别而异；

7. 最大频率偏移：

指保持状态下时钟频率的单向最大变化率，用每天的变化率来表示；

8. 时延：

时延(Time Delay)是指信号与理想信号某时刻的相位偏差，描述相位偏差大小的计量单位是时间单位，如 20 ns 等；

9. 漂移与抖动：

漂移指时钟相对标准信号小于 10 Hz 的长期相位的变动，但不包括汇总的频率偏移；抖动指时钟或数字信号相对标准信号产生短期的相位变动(大于 10 Hz)；

10. 相位瞬变：

相位瞬时钟在有限时间内所作出的相当大的相位不连续跳变现象，相位瞬变除了输入源相位跳变外，更常发生在系统重新组合时；

11. 漂移产生：

在外输入基准源信号没有漂动而输出信号有漂动时，视为时钟内部生成漂移，称为漂移产生，实际上是系统长期相位变化的度量，它也是衡量时钟本身抗抖动性能的重要指标之一；

12. 抖动产生：

在外输入基准源没有抖动，而输出信号有抖动(大于 10 Hz)时，视为时钟内部生成抖动，称为抖动产生，实际上是系统短期相位变化的度量，它是衡量时钟抗抖动性能的重要指标之一；

13. 抖动和漂移传递特性：

在外输入源信号给出一定的漂移和抖动的前提下，观察定时输出的 MTIE 和 TDEV 曲线特性，传递特性反映了时钟输出端的抖动和漂动与输入端的抖动和漂动之间的关系；

14. 输入信号损伤容限：

同步用的基准信号源并不是理想和完美无缺的，而且经网络传输后会受到损伤，输入信号容限是指在不影响接收设备的正常运行情况下，时钟输入端口能容许信号受损伤的最大容限程度；

15. 相位补偿：

时钟的输入信号与输出的信号频率应相等，在正常运行时其相位之间的关系应是常量；

16. 时间间隔误差：

时间间隔误差(TIE)是衡量频率稳定度、准确度的指标之一，是指在特定的时间周期内，给定的定时信号与理想定时信号的相对时延变化，时间间隔误差很小，通常用 ns、μs 或单位时间间隔 UI 表示；

17. 最大时间间隔误差(MTIE)：

MTIE 是衡量频率稳定度、准确度的主要指标之一，是指在观测时间为 s 的时间内，出现的最大时间间隔误差值，MTIE 随观测时间的长短而不同；

18. 最大相对时间间隔误差(MRTIE)：

MRTIE 是衡量频率稳定度、准确度的指标之一，是指定时信号与某个指定作为参考的信号之间的相对最大时间间隔误差；

19. 标准方差、阿伦方差(AVAR)、时间方差(TVAR)：

都是用于衡量频率或相位波动大小的数学术语；

20. 时间偏差(TDEV)：

是指 TVAR 的开方值；

21. 开机特性或加热时间：

开机特性或加热时间以时钟接通电源后，输出信号的频率达到其稳定频率值的某个百分数所需的时间表示。

故障定位及处理过程

无。

总结和建议

无。

案例 91　BITS V3 设备 MITU 时间源偏差超限告警如何消除

故障现象

MITU 单板上报"时间源偏差超限告警"。

组网情况

无。

原因分析

告警的原因是 MITU 单板时间和 SRCU 板卫星卡之间时间有偏差导致。

故障定位及处理过程

1. 确认有无卫星卡，如果有卫星卡，检查一下卫星卡时间和 MITU 时间是否相差很大。根据卫星卡时间来设置 MITU 时间，尽量设置成一样后，再将 MITU 复位就 OK（在 SYNLOCK V3 操作维护终端的操作导航树中选择"操作维护"—"监视维护"（双击），选择主菜单"维护监视"—"设置系统时间"，此时间为 MITU 的时间；

2. 如果没有卫星卡，检查 NTP 同步参数是不是设置时间从时钟板提取，如果是，更改为从 MITU 提取时间。

在操作维护终端的操作导航树中选择"操作维护"—"数据配置"，在主菜单中选择"配置"—"NTP 参数设置"，NTP 参数设置菜单弹出。设置 NTP 同步源选择 MITU。

对于第二步必须确认没有启用 NTP 功能，如果有 NTP 功能不能执行第二步。

总结和建议

无。

案例 92　BITS V3 LCIM 备份配置时参考源数据配置问题

故障现象

BITS V3 设备两块 LCIM 设置成备份方式，接入一路外时钟源到 LCIM1-1，在单板配置界面设置 LCIM1-1 通道,LCIM 为备份方式,因此 LICM2 板不需要设置。在参考源配置界面配置 LCIM1-1 为参考源。加载数据后,发现时钟板状态界面中"源状态"为不可用,查看参考源状态,参考源为可用,而且设备无告警。

组网情况

无。

原因分析

无。

故障定位及处理过程

在监控界面中发现 LCIM2 为主用,将 LCIM 主备倒换,时钟板中的源状态恢复正常,时钟板开始判源。将 LCIM2 同时设置为参考源,问题解决。

总结和建议

V3 的数据管理部分,如果 LCIM 是备份配置,单板参数可只设置一块单板的参数,另一块单板将得到同样的数据,但是参考源部分两块 LCIM 板都需要设置。

案例 93 华三路由器无法与华为 BITS 时间同步

故障现象

1. 华三 CR16K 路由器与华为 BITS TODI 的 NTP 端口用以太网线直连,在路由器上配置了 NTP 协议后,NTP 状态一直显示未同步;

2. 华三工程师反馈已将设备时间设置为 UTC 时间,CR16K 路由器仍然无法同步 NTP 时间。

组网情况

组网如图 1-52 所示。

图 1-52

原因分析

1. TODI NTP 端口输出时间信号故障;

2. CR16K 路由器设备与 UTC 时间偏差过大,导致无法同步。

故障定位及处理过程

1. 从 CR16K 路由器侧 Ping BITS 设备 NTP 端口的 IP 地址,可以 Ping 通,物理路由正常;

2. 在 CR16K 路由器侧，使用 SynTimeNTP 客户端软件测试 NTP 输出时间信息，测试结果为时间信息输出正常；

3. 查看 BITS 网管告警信息，相应的 NTP 端口上报“客户端时间偏差超限告警”，怀疑 CR16K 路由器的时间不是 UTC 时间，与华三工程师沟通；

4. 华三工程师在路由器侧进行了修改时间、修改时区等操作，再进行测试，时间仍然无法同步；

5. 华三工程师对设备侧抓取的 debugging 信息进行分析，并在实验室中对问题现象进行了复现，反馈由于华为 NTP 服务器返回报文的时钟层数大于 15，导致 CR16K 的时钟无法同步；

6. 经与研发沟通分析，CR16K 路由器发送给 NTP 的时间是北京时间，与时间服务器 UTC 时间相差(偏差)约 8 h，因此时间服务器不会发送相应包；服务器不响应客户端的请求包，因此原因服务器未发送响应包，而不是 NTP 服务器的时钟层数超过了 15；

7. 经与华三工程师再次沟通，确认华三工程师只是修改了系统时间，未修改设备时间，导致无法正常同步。在 CR16K 路由器侧把时间修改为标准 UTC 时间，然后再配置时区 timezone UTC+8，这样既可以让路由器显示北京时间，又可以让路由器和 NTP 服务器的时间进行同步。问题解决。

总结和建议

BITS 设备 NTP 端口要求客户端时间偏差不能超过 3 000 s，否则无法跟踪到 NTP 输出的时间信息。

案例 94　时钟 BITS 设备跟踪卫星数量过少问题处理

故障现象

某铁路局的时钟项目在施工调测过程中，查看卫星跟踪数量时发现 O-SRCU 板可以查看 9 颗 GPS 卫星信号，北斗卫星只有 1～2 颗，12-SRCU 板可以查看 10 颗 GPS 卫星信号，9 颗北斗卫星。本次工程双配 BD2&GPS 双模天线，双配 SRCU(卫星信号接收和铷振荡器时钟单元)板，两路外接北斗与 GPS 卫星时钟信号输入，正常情况跟踪卫星数量应相差不大。

组网情况

无。

原因分析

1. 安装环境问题；
2. SRCU 单板卫星接收模块故障；
3. 馈线问题；
4. 蘑菇头(BD2&GPS 双模天线)问题。

故障定位及处理过程

1. 安装环境检查，室外无遮挡物，楼顶周边无移动通信基站天线，无微波天线，两个蘑菇头(BD2&GPS 双模天线)距离大于 2 m；

2. 在设备侧对调两块 SRCU 单板 0 槽位与 12 槽位 ANT 口上的卫星跳线，发现跟踪卫星数量跟着馈线与天线走，排除单板故障；

3. 到楼顶对调蘑菇头天线，发现跟踪卫星数量跟着设备天线走，定位为 BD2&GPS 天线故障；

4. 更换蘑菇头(BD2&GPS 双模天线)后，跟踪卫星数量正常，故障排除。

总结和建议

无。

案例 95 BITS V3 时钟设备上报输入时钟源丢失

故障现象

某铁路局 BITS V3 时钟设备上报 2 路线路时钟源丢失告警，且同步上报输出信号质量超出标准告警。

组网情况

组网如图 1-53 所示。

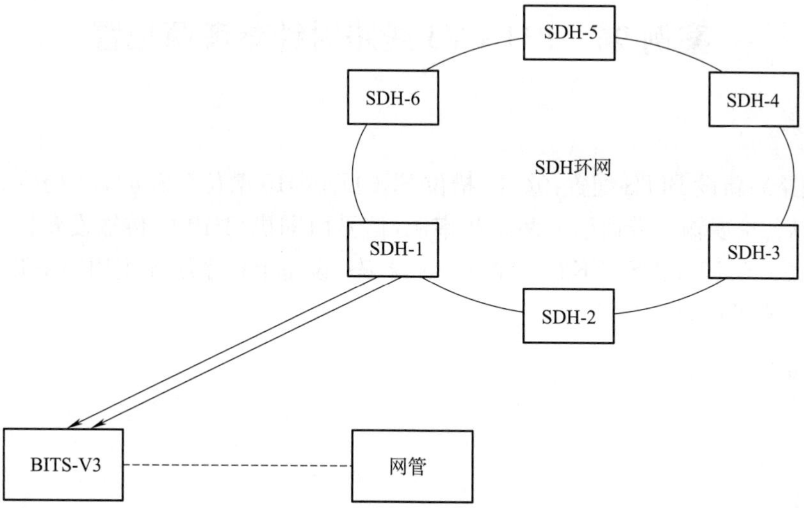

图 1-53

原因分析

1. SDH-1 设备输出时钟配置有问题；

2. SDH-1 设备到 BITS V3 时钟输入线缆或接头故障；

3. LCIM 输入板故障；

4. BITS V3 设备参数配置错误。

故障定位及处理过程

1. 在时钟网管上进行告警确认，核对告警上报的真实性与正确性，了解具体的硬件连接组网，确认可能存在的硬件故障点；

2. 确认硬件连接组网后，对 SDH-1 至 BITS V3 设备的两条 2 M 线缆进行测试，线缆与接头良好；

3. 核对 BITS V3 设备参考源配置数据与原参数配置进行比较，并没有发现有改动情况，测试 LCIM 输入单板正常；

4. 了解 SDH-1 传输设备输出时钟参数配置，发现 SDH 网络近期做了时钟配置调整，配置了 SSM 协议参数，在输出时钟信号时加入了 SSM 参数值；

5. 再次核对 BITS V3 系统参数配置，发现 SSM 参考并没有使能，更改系统参数使能 SSM 参与决策；

6. 查看网管确认告警消失，测试输入与输出信号指标都达到要求，故障排除。

总结和建议

1. BITS 时钟设备出现大面积上报输入信号源丢失警时，在测试发现输入板正常情况下一般都为参数配置错误造成；

2. 当输入信号发生变化时要对配置参数做相应的调整，确保数据配置的有效性。

案例 96　BITS V3 线路时钟参考源配置

故障现象

1. 某铁路局新设 BITS 配置：0&12 槽位 SRCU，9&10 槽位 TSOU，11 槽位 MITU；

2. 开局后：扩展输入端口引入两路频率源，信号由同机房 10 G 传输设备提供，参考指导书配置参考源 CSCLK1、CSCLK2 后，查看运行状态，设备上报系统无主用频率源，频率参考源监视状态显示不可用。

组网情况

无。

原因分析

1. 输入参考源的连线不正常，输入信号有告警；

2. 系统工作在人工方式下，且配置的主用源不可用，或主用参考源有性能告警，需手动切换；

3. 系统配置有主用参考源，且参考源无性能告警，时钟模块正在锁定中，需等待时钟模块进入锁定状态；

4. 参考源未配置或配置不正确，导致系统无主用参考源，需要对参考源配置和状态进行检查，使系统有主用参考源。

故障定位及处理过程

1. 检查设备引入线并用仪表测试，未发现问题；查看参考源监视，发现两路参考源不可用，且 SSM 信息“DUS”，时钟板处于自由振荡；

2. 查看设备告警，未发现输入信号性能告警，输入信号显示不可用，可能是配置错误；

3. 联系远程网管，查看同机房 10 G 传输设备状态，无异常告警，且外部源输出开启，外部源输出模式 2 Mbit/s，外部源输出时隙“ALL”；

4. 检查频率参考源配置，发现“SSM 参数配置”三项数值为：Y、4、PRC，如图 1-54 所示；

图　1-54

5. 联系远程网管，查看同机房 10 G 传输设备时钟子网设置，发现设备未启用 SSM 协议，此设备输出频率信号不含 SSM 信息；

6. 时钟网管修改频率参考源配置，“SSM 参数配置”三项数值为：N、—、PRC，如图 1-55 所示；

图　1-55

7. 查看频率源监视，如图 1-56 所示。

通道号	优先级	状态	SSM信息	类别
CSCLK1	1	主用	PRC	E1
CSCLK2	2	可用	PRC	E1

图　1-56

时钟板进入判源状态，问题解决。

总结和建议

1. 频率参考源设置 SSM 信息，有“Y”和“N”两个选项，根据输入信号实际情况选择；

2. 二级时钟引入参考源信号时，需要重点检查提供信号的传输设备是否开启了 SSM 协议，且输出的信号中含有 SSM 信息；

3. 如果该设备已配置 SRCU＋卫星接收机，选择“PRC”；如果配置 SRCU 无卫星卡，选择“TNC”；如果配置 SOCU(不论有无卫星卡)，选择“LNC”。

案例 97　BITS 网管无法操作

故障现象

某铁路局 BITS 时钟同步 SYNLOCK 网管，正确输入用户名：Admin，密码：Admin 后进入网管系统，出现提示框，数据库达到最大值。点击“关闭”后仍反复地出现此提示框，不能对网管进行任何操作。

组网情况

无。

原因分析

1. 网管中毒，服务器故障；

2. 未对告警及性能数据进行定期清理，使得 SynNet. mdb 数据库过大(0.99 G)，数据库达到最大值，无法对网管进行操作。

故障定位及处理过程

1. 用杀毒软件进行清理，重启服务器，故障依旧；

2. 重新启动 BITS 网管电脑，暂不打开网管程序；

3. 在 BITS 时钟同步 SYNLOCK 网管安装目录 Synlock\Data 下找到压缩工具 CompactDB. exe；

4. 双击 CompactDB. exe 运行该工具，点击压缩数据库，点击“确定”完成 SynNet. mdb 数据库的压缩，重新打开网管程序，故障排除。

总结和建议

1. 维护人员应定期检查 SynNet. mdb 数据库的大小，并使用网管自带工具 CompactDB. exe 进行压缩处理；

2. 在压缩处理前一定要退出 SYNLOCK 网管软件，最好重启下电脑。

案例 98 BTODI NTP 服务进入自由告警处理

故障现象

1. 某铁路局新设 BITS 配置：0&12 槽位 SRCU，1&2 槽位 LCIM，3&4&5&6 槽位 TODI，9&10 槽位 TSOU，11 槽位 MITU；

2. 开局后：1&2 槽位 LCIM 引入地面频率源信号，3 槽位 TODI 网口一引入 NTP 时间源信号，单板两两互为主备，3 槽位 TODI 单板能正常工作，无异常，4&5&6 槽位上报 NTP 服务进入自由告警，查询 3&4&5&6 槽 TODI 时间源信息固定不变"2015-01-01 00：00：01"。

组网情况

工作原理图如图 1-57 所示。

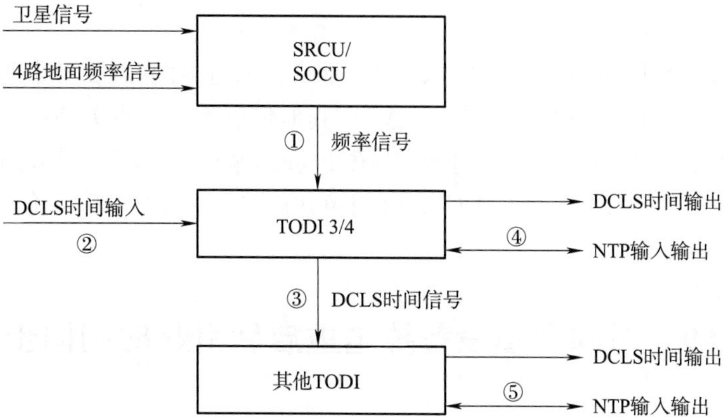

图 1-57

原因分析

1. 网管提示原因三个：NTP 频率源或时间源配置错误、NTP 模块与 TODI 板内部时间之间的偏差超限(默认为 1 000 s)、时钟板故障；

2. TODI 单板故障或 TODI 功能限制。

故障定位及处理过程

1. 检查 3&4&5&6 槽 TODI 板频率源和时间源配置。频率源①：TSCLK1，状态跟踪；时间源②：GTODI2-01，状态自由，由于开局 TODI 板 DCLS 输入端口未引入时间源，此处自由状态正常；

2. 检查"NTP 管理"中时间源配置，3&4&5&6 槽 TODI 都已配置内部时间源③(非外部时间源)(127.127.22.3)；

3. 查询 3&4&5&6 槽 TODI 时间源信息(非 NTP 源)固定不变"2015-01-01 00：00：01"，

此时间信息为 DCLS 时间源信息，开局未引入相应 DCLS 时间源，显示正常，偏差不予关注；

4. 检查 3&4&5&6 槽 TODI 单板时间和 NTP 本地属性，时间一致，配置正确；

5. 检查两块时钟板状态，进行主备倒换，切换正常，地面频率信号 CLCIM1/2-1 输入正常，时钟板状态为跟踪，级别 PRC，且 3&4&5&6 槽 TODI 单板锁相正常；

6. 检查 3&4 槽位 TODI 单板，进行主备倒换，切换正常，4&5&6 槽位 NTP 服务进入自由告警不消失，3 槽位工作正常，无告警；

7. 通过上述检查，怀疑网管提示检查项，是基于 DCLS 时间源输入场景，NTP 管理中时间源配置是内部时间源③DCLS 信号，基于 NTP 源④的检查项，网管提示未体现；

8. 检查 NTP 单播服务器配置，查询上级时间服务器 NTP 客户端列表，配置正确，无异常；

9. 利用便携机测试 3 槽 TODI 单板 2&3&4 网口，便携机时间能正常同步。4&5&6 槽位告警 NTP 服务进入自由，不能消除，1&2&3&4 网口不可用，为设备特性，需要引入独立时间源⑤解决。

总结和建议

1. NTP 源开局，本地作为二级时间服务器，重点配置正确单播服务器地址；上级服务器 NTP 客户端配置，要添加二级节点 IP，给予授权，其他信息不予重点关注；

2. 华为 BITS 设备 TODI 单板采用 NTP 源开局时，某槽位 TODI 引入的时间源不能作为其他 TODI 单板时间源；当采用外部 DCLS 时间源开局时，3 槽位外部 DCLS 时间源可作为其他槽位 TODI 板时间源。

案例 99　时间同步设备掉电重启后引起时间同步失败

故障现象

1. 某铁路局时间同步设备，设备 3 槽位 TODI 单板的一个时间输出端口通过交换机给 3 套 PC 机提供时间同步功能，交换机上没有做任何路由数据，3 套 PC 机的 IP 和 TODI 单板时间输出端口的 IP 在同一个网段内，3 套 PC 机均能正常获取到时间同步信号；

2. 某次设备掉电（时间设备掉电、交换机掉电、PC 机未掉电）重启后，3 套 PC 机均无法通过时间设备进行时间同步。

组网情况

组网如图 1-58 所示。

原因分析

1. 用户对数据进行误操作；
2. 同步设备与交换机之间或交换机与 PC 之间的线路中断；
3. 交换机故障；
4. 时间同步设备故障。

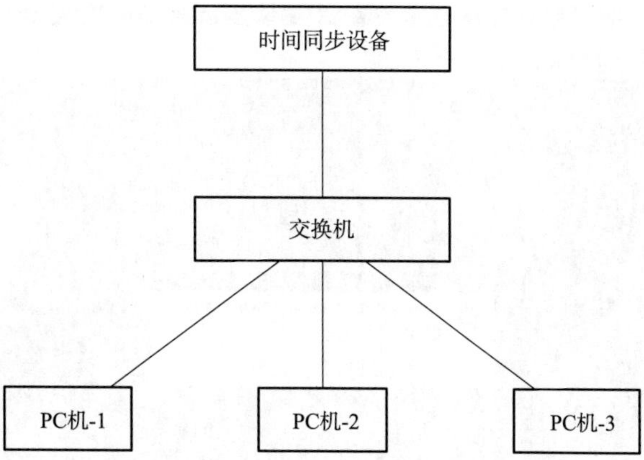

图 1-58

故障定位及处理过程

1. 网管查看时间同步设备端口数据配置及向客户确认 3 套 PC 机 IP 设置，确认数据无问题；

2. 用笔记本电脑连接上交换机给 PC 机-1 提供时间信号的端口，利用既有 PC 机-1 到交换机的网线，确认通过交换机无法进行时间同步，更换网线，仍无法进行时间同步；

3. 通过以上方法测试 PC 机-2 和 PC 机-3 在交换机上互联的端口，结果同上；

4. 再次向客户确认交换机数据配置情况，确认交换机无任何路由数据；

5. 将笔记本电脑直接接到时间同步设备给交换机提供时间信号的端口，利用既有时间同步设备到交换机的网线，确认笔记本电脑可以正常进行时间同步，排除时间设备及时间设备到交换机之间的线路问题；

6. 向客户申请更换交换机并进行测试，3 套 PC 机可正常进行时间同步。

总结和建议

1. 遇到此类问题，需逐段测试，定位故障点；

2. 如果有多条业务同时故障，应首先排除业务的共同节点设备(既共性问题)，再排除各业务所在的节点设备。

案例 100　BITS 网元 ID 设置错误导致登录异常

故障现象

某铁路局新建 BITS 设备，进行设备调测，每次登录后网管都异常退出并出现告警，如图 1-59 所示。

组网情况

无。

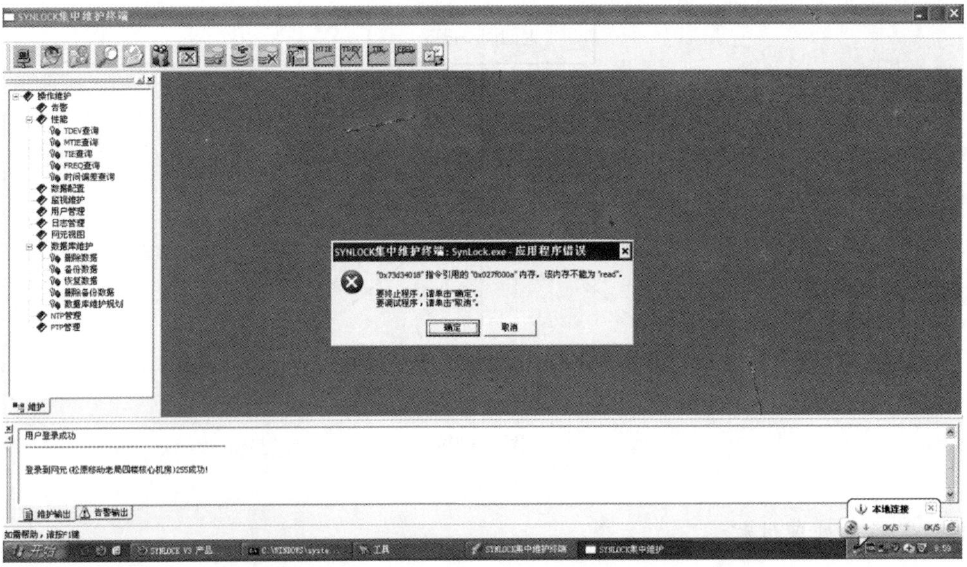

图　1-59

原因分析

1. BITS V3 设备主控异常；
2. 网管软件或 PC 问题。

故障定位及处理过程

1. 更换网管 PC 为工程师笔记本电脑，故障依旧；
2. 更换 BITS 设备主控板，故障依旧；
3. 更换网管版本，故障依旧；
4. 检查发现该网元创建时设置的 ID 为 255，而网元 ID 在网管程序设计时只能为 1-254，但是输入 ID 为 255 时没有做错误提示，导致错误 ID 被使用，程序出现异常并退出。在网管上重新设置网元 ID 后，网元监视正常，故障解决 。

总结和建议

BITS 网管上设置 ID 的作用是在网管上标识不同的设备，此 ID 本身并不会下发到设备侧。BITS V3 创建时由于网管程序限制 ID 只能为 1-254，在网管上创建时要注意。

第二篇　交换接入网

案例 1　HONET 和 Z 型交换机开 V5 接口,2 M 故障恢复后 V5 不能建链的处理

故障现象

某铁路局,华为 GV5-Ⅲ型号 OLT 和 Z 型交换机新开 V5.2 接口,该 OLT 下带的所有 ONU 用户自动电话业务正常。但是该 V5.2 接口中的主、次链路所在的 2 M 端口故障恢复后,该 V5.2 接口不能自动建链。跟踪主、次链路的二层消息,发现 HONET 设备不停地发送 SABME 消息(建链请求),但是却收不到对方 Z 型交换机的 UA 消息(建立请求响应)。消息截图如图 2-1 所示。

记录号	消息时间	LE--AN	EFADDR	SAPI	TEI	C/R	FRAME	P/F	NR	NS	PD	PTPARM	MSGTYPE
24	22:55:51.041	AN->LE	8179	63	115	C	RR	P=1	0				
25	22:55:51.043	LE->AN	8179	63	115	R	RR	F=1	0				
26	22:56:01.043	AN->LE	8179	63	115	C	RR	P=1	0				
27	22:56:01.045	LE->AN	8179	63	115	R	RR	F=1	0				
28	22:56:11.045	AN->LE	8179	63	115	C	RR	P=1	0				
29	22:56:11.047	LE->AN	8179	63	115	R	RR	F=1	0				
30	22:56:21.047	AN->LE	8179	63	115	C	RR	P=1	0				
31	22:56:22.047	AN->LE	8179	63	115	C	RR	P=1	0				
32	22:56:23.047	AN->LE	8179	63	115	C	RR	P=1	0				
33	22:56:48.034	AN->LE	8179	63	115	C	SABME	P=1					
34	22:56:49.034	AN->LE	8179	63	115	C	SABME	P=1					
35	22:56:50.034	AN->LE	8179	63	115	C	SABME	P=1					
36	22:56:51.034	AN->LE	8179	63	115	C	SABME	P=1					
37	22:56:52.034	AN->LE	8179	63	115	C	SABME	P=1					
38	22:56:53.034	AN->LE	8179	63	115	C	SABME	P=1					
39	22:56:54.034	AN->LE	8179	63	115	C	SABME	P=1					
40	22:56:55.034	AN->LE	8179	63	115	C	SABME	P=1					
41	22:56:56.034	AN->LE	8179	63	115	C	SABME	P=1					
42	22:56:57.034	AN->LE	8179	63	115	C	SABME	P=1					
43	22:56:58.034	AN->LE	8179	63	115	C	SABME	P=1					

图　2-1

组网情况

无。

原因分析

造成以上故障,可能为以下原因:

1. 异种机对接参数问题;
2. 2 M 接口板(DTE)故障;
3. 数据配置问题。

故障定位及处理过程

1. 因为是新开接口,查看 V5 接口数据并与交换机侧核对 V5.2 接口对接所必须一致的参数(V5 接口 ID、逻辑通道 ID、链路标识符、变量值、是否校验等),特别是校验参数,对方 Z

型交换机维护工程师表示该交换机开的 V5 接口全部不带校验，并且数据和其他 V5 接口对照无问题。重新设定后，并复位接口使接口属性生效，该接口仍然无法建链。二层消息跟踪如故障描述中的截图如图 2-2 所示。

记录号	消息时间	LE--AN	EFADDR	SAPI	TEI	C/R	FRAME	P/F	NR	NS	PD	PTPARM	MSGTYPE
91	22:57:46.034	AN->LE	8179	63	115	C	SABME	P=1					
92	22:57:47.034	AN->LE	8179	63	115	C	SABME	P=1					
93	22:57:48.034	AN->LE	8179	63	115	C	SABME	P=1					
94	22:57:49.034	AN->LE	8179	63	115	C	SABME	P=1					
95	22:57:49.036	LE->AN	8179	63	115	R	UA	F=1					
96	22:57:49.088	LE->AN	8179	63	115	C	SABME	P=1					
97	22:57:49.088	AN->LE	8179	63	115	R	UA	F=1					
98	22:57:53.001	AN->LE	8179	63	115	C	SABME	P=1					
99	22:57:53.005	LE->AN	8179	63	115	R	UA	F=1					
100	22:58:03.005	AN->LE	8179	63	115	C	RR	P=1	0				
101	22:58:03.007	LE->AN	8179	63	115	R	RR	F=1	0				
102	22:58:08.031	LE->AN	8176	63	3	C	SABME	P=1					

图 2-2

2. 复位 V5 接口主链路所在的 DTE 板后，马上就能收到对方 Z 型交换机的 UA 相应消息，V5 接口开始建链。但是主链路建链后，次链路仍然不能自动建链，需要复位次链路所在的 DTE 单板后，次链路才能建立。

3. 经过第二步的处理，V5 接口虽然能够建链，但是 2 M 端口再故障并恢复后，V5 接口链路仍然不能自动建链，故障依旧，仍然需要手动复位 DTE 板才能建链。为了确定故障到底发生在哪一侧，协调 Z 型交换机维护人员能否也进行 2 M 接口板的复位操作，但是交换机侧工程师答复该接口板上带有其他业务，不能复位。

4. 怀疑是 DTE 单板问题，更换新的 DTE 单板，故障依旧。

5. 修改 HONET 侧的 V5 接口异种机对接参数，复位接口并进行测试，故障依旧。

6. 使用 V5 规程测试仪跟踪 2 M 信令，并进行 2 M 端口物理断开和恢复操作，跟踪到的信令如图 2-3 所示。

```
LINK-1-B(TS16)   时间: 10:47: 4. 20   记录号: 56
PSTN协议 EF地址=8176  C/R=0  N(R)=0 P/F=1 RR (接收准备好)
LINK-1-A(TS16)   时间: 10:47: 6.519   记录号: 57   状态: LOS
LINK-1-B(TS16)   时间: 10:47: 6.519   记录号: 58   状态: RAI
LINK-2-B(TS16)   时间: 10:47:27. 71   记录号: 59   状态: LOF
LINK-2-B(TS16)   时间: 10:47:27. 72   记录号: 60   状态: CRC4
LINK-2-B(TS16)   时间: 10:47:27. 76   记录号: 61   状态: Ok! Sa7=1
LINK-2-B(TS16)   时间: 10:47:27.316   记录号: 62   状态: LOS
LINK-2-B(TS16)   时间: 10:47:27.665   记录号: 63   状态: LOF
LINK-2-B(TS16)   时间: 10:47:27.665   记录号: 64   状态: CRC4
LINK-2-B(TS16)   时间: 10:47:27.670   记录号: 65   状态: Ok! Sa7=1
LINK-2-B(TS16)   时间: 10:47:28. 17   记录号: 66   状态: LOS
LINK-2-B(TS16)   时间: 10:47:28.988   记录号: 67   状态: LOF
LINK-2-B(TS16)   时间: 10:47:28.988   记录号: 68   状态: LOS
LINK-2-B(TS16)   时间: 10:47:28.989   记录号: 69   状态: LOF
LINK-2-B(TS16)   时间: 10:47:28.989   记录号: 70   状态: CRC4
LINK-2-B(TS16)   时间: 10:47:28.994   记录号: 71   状态: Ok! Sa7=1
LINK-2-A(TS16)   时间: 10:47:29. 45   记录号: 72   状态: CRC4
LINK-2-B(TS16)   时间: 10:47:32.354   记录号: 73
PSTN协议 EF地址=8176  C/R=1  P=1 SABME (置扩展异步平衡方式)
LINK-2-B(TS16)   时间: 10:47:32.525   记录号: 74
保护协议 EF地址=8179  C/R=1  P=1 SABME (置扩展异步平衡方式)
```

图 2-3

相关信息：RAI(远端告警指示)，CRC4(CRC-4 复帧定位信号)，Sa7(链路身份标识核实程序)；

根据跟踪到的物理消息分析，每次 2 M 端口断开并恢复后，都会收到一个 CRC-4 复帧定位信号，这表明 2 M 链路在物理上是存在 CRC4 校验的；

7. 查看 HONET 侧的数据，确认 HONET 侧是没有 CRC4 校验。那么这个 CRC4 复帧定位信号应该是 Z 型交换机侧发过来的。协调 Z 型交换机维护工程师进行数据核对，交换机侧工程师把针对该接口的所有数据重做，并明确表示肯定是去除了 CRC4 校验的，进行测试，发现故障依旧。

8. 在 HONET 侧加上 CRC4 校验，修改 V5 链路配置表中该 V5 接口中的所有 2 M 链路启用 CRC4 校验，并联机设定，复位 DTE 单板。

9. 进行相关测试，发现故障消除。消除后的二层链路消息跟踪如图 2-4 所示。

记录号	消息时间	LE--AN	EFADDR	SAPI	TEI	C/R	FRAME	P/F	NR	NS	PD	PTPARM	MSGTYPE
60	11:17:09.058	AN->LE	8179	63	115	C	RR	P=1	4				
61	11:17:09.060	LE->AN	8179	63	115	R	RR	F=1	4				
62	11:17:18.053	AN->LE	8179	63	115	R	DM	F=0					
63	11:17:18.055	LE->AN	8179	63	115	C	SABME	P=1					
64	11:17:19.056	LE->AN	8179	63	115	C	SABME	P=1					
65	11:17:20.054	LE->AN	8179	63	115	C	SABME	P=1					
66	11:17:21.054	LE->AN	8179	63	115	C	SABME	P=1					
67	11:17:23.017	LE->AN	8179	63	115	C	SABME	P=1					
68	11:17:24.017	LE->AN	8179	63	115	C	SABME	P=1					
69	11:17:25.016	LE->AN	8179	63	115	C	SABME	P=1					
70	11:17:26.016	LE->AN	8179	63	115	C	SABME	P=1					
71	11:17:41.085	AN->LE	8179	63	115	C	SABME	P=1					
72	11:17:41.087	LE->AN	8179	63	115	R	UA	F=1					
73	11:17:44.017	LE->AN	8179	63	115	C	I	P=0	0	0	72	0	RESET...
74	11:17:44.017	AN->LE	8179	63	115	C	I	P=0	1	0	72	0	RESET...
75	11:17:44.019	LE->AN	8179	63	115	R	RR	F=0	1				
76	11:17:46.092	LE->AN	8176	63	3	C	SABME	P=1					
77	11:17:54.019	AN->LE	8179	63	115	C	RR	P=1	1				
78	11:17:54.021	LE->AN	8179	63	115	R	RR	F=1	1				
79	11:18:04.021	AN->LE	8179	63	115	C	RR	P=1	1				
80	11:18:04.023	LE->AN	8179	63	115	R	RR	F=1	1				

图　2-4

说明：一个 V5 接口在正常的情况下，应该互发 RR 消息，表示本端接收准备好。

10. 以上表明 Z 型交换机某一型号 2 M 的 CRC4 检验是固化在单板上的，无法从数据上去除。

总结和建议

1. 在每次做完 V5 接口对接数据时，一定要进行详细的接口测试，包括 2 M 端口的物理中断和恢复测试，复位 2 M 接口板和物理中断是不一样的；

2. DTE 单板的校验和其他 2 M 接口板的校验设置方式是不一样的，DTE 单板只需要在软件上设置启用 CRC4 功能，然后需要复位 DTE 单板使设置生效。

案例 2　ESC 板连接外置电源串口线故障导致无法监控一次电源

故障现象

某接入网 HONET，中心局 OLT 的电源模块无法通过网管监控。该网点配置 4 块电源模块和 PSM-15 外置电源监控模块，环境监控模块为 H303ESC。

组网情况

该网点是接入网 OLT(主控板为 PV8)，下挂 8 个 ONU，ONU 电源监控都正常。

原因分析

一次电源无法监控的可能性较多，可从以下 5 点分析产生该问题的原因：

1. 网管环境监控台数据设置错误，要注意环境监控台中 H303ESC 监控板的配置。

2. H303ESC 上拨码设置错误：H303ESC 上 S1 跳线器跳到 1-2(表示外置电源)；H303ESC 上 S7 拨码开关设置第四个开关设置为 OFF(表示波特率为 9 600)。

3. 监控模块 PSM-15 设置错误：PSM-15 和 H303ESC 通信必须设置好波特率(9600)，PSM-15 与 ESC 通信时只支持 RS232 九针接口。设置完成后需要复位 PSM-15。

4. 串口设置错误：与 ESC 通信时，选用 H301SDB 板上的 JC2 插座接 PSM-15 的九针 RS232 串口，PSM-15 模块通信数据中，只定义一个 RS232 串口，但是接入网后有三个网口，注意不要接错。

5. 串口线故障：串口有九针但只用了三针，其中 3 发送数据、2 接收数据、5 接地线。水晶头和 RS232 的接线为水晶头的 3、6、7 号线分别对应 RS232 的 3、5、2 号口。测试方法把 RS232 接到电脑 COM 口上并且把 3 口出线和 2 口出线短路。打开超级终端，键盘输入什么数值就可以在窗口显示什么数值。

故障定位及处理过程

前面分析了中心局 OLT 网元无法与电源监控通信的可能原因，按照顺序依次排查，数据配置正确、拨码设置正确、监控模块设置正确、串口链接设置正确，检查串口线发现问题，3、2 线环住测试不能返回结果，更换串口线测试正常。

总结和建议

1. 接入网连线和拨码开关比较多，要注意正确设置；

2. 部分硬件没有告警指示灯，要了解其工作原理，便于更好地排查故障。

案例 3　因 BNET 网板有问题，导致接入网 V5 用户接通率低

故障现象

某铁路局交换机，B 型独立局＋OLT(PV8 模块)＋若干 ONU(PV8 模块)网元，设备调测

开通后，用户反映接入网自动电话互拨接通率比较低，有时听到的是忙音，有时听到的是“您拨打的用户线路故障”的提示音，有时候单通。

组网情况

B型独立局＋OLT(PV8模块)＋若干ONU(PV8模块)。

原因分析

1. 用户外线原因导致；
2. V5接口2 M有鸳鸯线；
3. PV8单板2 M故障；
4. DTM单板2 M故障；
5. LAPV5单板故障；
6. MPU单板问题；
7. BNET单板问题。

故障定位及处理过程

1. 因本局组网中有8个ONU模块多个用户都存在此故障现象，且都是新设备，许多放号后未连接外线的也存在此故障，分析此故障为多网元普遍性存在的故障，判断问题可能出在中心局OLT或交换机上；

2. 现场检查OLT与交换机对接2 M线缆，逐个测试均无问题；

3. 更换OLT的2块PV8单板，故障依旧；

4. 更换交换机DTM单板，故障未解决；

5. 在接入网侧及交换机侧跟踪V5接口消息：

(1) 发现接入网用户互拨挂机后，作被叫的接入网用户端口收到交换机侧的DEALLOCATION等消息需要10 s、30 s、45 s或者一直收不到消息，导致在此期间有其他用户呼叫此端口时，接入网侧直接回应ALLOCATION REJ分配拒接消息给交换机，导致呼叫失败；

(2)接入网用户摘机时，有时候会发两个ESTABLISH消息，而跟踪交换机侧V5只能收到一个消息，这说明接入网到交换机有消息丢失，需要查找发送消息路径中涉及设备是否有问题；

(3)接入网V5消息处理流程涉及单板：ASL—PV8(ONU)—PV8(OLT)—V5TK—BNET—LAPV5—MUP，需要逐个确认是否因单板故障引起；

(4)从接入网来的V5链路经过V5TK板和HW线到达网板，再经过网板的半永久连接和HW总线连到LAPV5协议板。这条通路构成了V5系统的第一级功能，即数据链路级；LAPV5协议板完成V5系统的第二级功能，即链路控制级；LAPV5协议板通过内部总线与MPU板相连，MPU板完成LAPV5系统的第三级功能；

6. 更换LAPV5单板，问题未解决；

7. 倒换MPU单板，问题未解决；

8. 倒换BNET单板后，拨测，接入网用户互拨全部正常，跟踪消息发现呼叫结束后，交换机发的拆线消息全部正常。

总结和建议

处理类似故障时，最好能结合消息呼叫流程，逐段排查故障。

案例4　模块间接口主链不通导致共线电话中断

故障现象

某铁路局 HONET 接入网版本 HV20A005-C005-20010319，共线电话业务中断，呼叫不通，查询各模块间接口状态正常。

组网情况

OLT 下挂 7 个 ONU 模块，组网如图 2-5 所示。3—10—4—5—6—7—8 模块之间开有模块间接口，形成链状组网，模块间接口为主次两条链路。3—10—4—5—6—7—8 开通共线电话业务，5 模块之后共线电话业务中断。

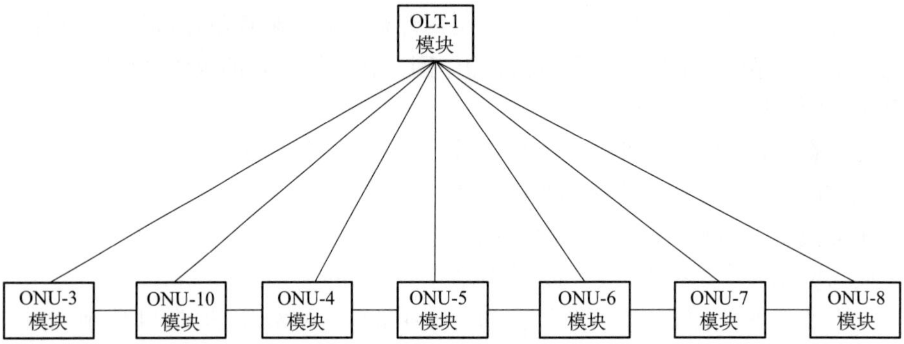

图　2-5

原因分析

1. 共线电话数据配置错误，半永久连接没有建立；
2. ONU 某个模块 VDM 或 VFB 单板故障；
3. 中继故障，V5 接口中断；
4. 共线电话不能走模块间接口备用链路，V5 接口发生倒换。

故障定位及处理过程

1. 维护台查询半永久连接状态，连接建立，占用成功；
2. 4 模块之前共线电话正常，5 模块之后共线业务中断，怀疑为单板故障，更换 4 模块和 5 模块 VDM 单板，更换 5 模块 VFB 单板，业务仍未恢复；
3. 在接入网维护系统的 V5 系统中查询相关接口状态正常，主链路中断，此中继显示故障；

4. 检查半永久连接数据，发现 VDM 的时隙和次链路 2 M 时隙建有半永久连接，询问维护人员发现主链中断后，更改半永久连接数据；

5. 经了解，共线电话只能走模块间接口的主链路。更改 4 和 5 模块间的模块间接口数据，将次链路改为主用链路设定数据，复位 V5 接口，测试共线电话业务，业务正常。

总结和建议

1. 共线电话由音频端口(CB03VFB)、音频数字叠加板(VDM)和数字交叉连接板(PV8)配合起来共同完成。CB03VFB 完成 A/D 转换、PCM 编码、增益调整和阻抗匹配功能。VDM 完成数字共线的音频叠加功能，PV8 完成交叉连接和控制功能。在进行故障处理时，优先定位共线开始中断的模块，通常故障都是中断的模块和它上级模块间的通道没有建立连接，影响了后面模块的业务。

2. 共线电话只能走模块间接口的主链路。如果模块间接口主链路中断，会引起共线电话业务中断。

案例 5　ONU 开通半永久业务过多导致自动电话接通率低

故障现象

用户反映某远端 ONU 自动电话接通率过低，每呼叫 2～3 次才可以成功接续 1 次。

组网情况

组网如图 2-6 所示。

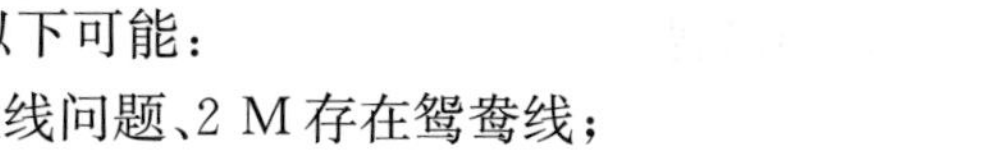

图　2-6

原因分析

根据故障现象怀疑以下可能：

1. 硬件故障：物理连线问题、2 M 存在鸳鸯线；

2. 数据问题，资源不够。

故障定位及处理过程

1. 了解远端 ONU 和 OLT 之间只开通 1 个 2 M，通过链路身份识别标示正确，说明 2 M 不存在鸳鸯线；

2. 跟踪 OLT 和 ONU 间 V5 信令，LE 发送信令申请承载通道，AN 侧直接拒绝，拒绝原因为终点故障，具体规律为每呼叫 2～3 次可以接续一次；

3. 通过接入网维护系统逻辑窗口，查询该模块和 OLT 连接 2 M 资源占用情况，发现 32 个时隙中只有 2 个时隙空闲；

4. 检查数据，发现此模块开通有子网间 V5 接口，有大量网际半永久业务，子网内也开通部分半永久业务，这些业务都要通过 ONU 和 OLT 间 2 M 时隙连接；

5. 因为半永久业务优先级比自动电话业务高，优先占用资源，本模块与 OLT 间只开通 1 个 2 M，提供 32 个时隙，除去系统信令、时钟等使用，实际可以有 28 条时隙承载业务。半永久占用时隙资源不会自动释放，自动电话没有时隙使用，产生接续故障；

6. 在 ONU 和 OLT 间扩容 1 个 2 M；

7. 修改数据并设定主机，重新启动模块间接口；

8. 连续拨打自动电话，接续正常，故障消失。

总结和建议

实际应用中，会大量使用半永久业务，半永久业务优先级高，优先抢占资源。开局或者扩容时，一定要提前考虑资源配置，留有足够余量，避免出现资源不够，影响业务正常使用。

案例 6　模块间信令通道标识未设为 65535 导致接口无法正常建立

故障现象

某铁路局接入网版本为 HV20A005-C005-20010319，一个 ONU(PV8 模块)通过级连 V5 接口挂在 OLT(GV5-Ⅲ模块)下。现因为客户某种业务需求，需要再和该 OLT 开一级连 V5 接口；将新建接口的相关数据设定并对接口进行复位，通过在维护系统中对接口状态进行查询，发现该接口处于反复建立状态。查询相关 V5 接口状态，时而故障、时而正常；模块间接口对应状态时而故障、时而请求接口变量和 ID。

组网情况

组网如图 2-7 所示。

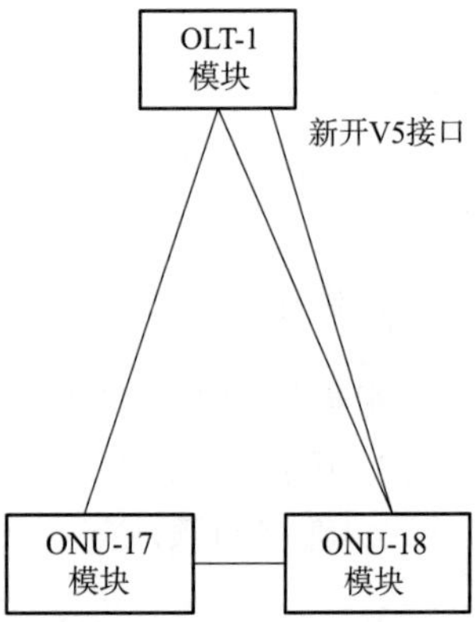

图　2-7

原因分析

1. 新增加 V5 接口的 2 M 存在鸳鸯线；
2. PV8 或者 DTE 单板的端口有问题；
3. 数据配置问题。

故障定位及处理过程

1. 把 OLT 和 ONU 之间用于新开的两个 2 M 全部断开，逐个进行环回测试，判断不存在鸳鸯线；

2. 更换 PV8 板和 DTE 板的端口，并修改相应数据配置，故障依旧；

3. 检查配置数据，接口配置表中将新建接口的模块间信令通道标识改为无效值(65535)，并设定到相关模块后，发现 V5 接口正常建立。

总结和建议

如果一个 ONU 和一个 OLT 开两个 V5 接口，那么必须有一个模块间信令通道标识设为无效值(65535)。如果不这样设置，必定有一个 V5 接口无法正常建立。

案例 7　接入网 ONU 正常加载后仍然脱管

故障现象

某铁路局，3-ONU 模块突然脱管。1-OLT 的 V5ID＝3 接口中断，对 3-ONU 复位加载，能加载成功，但是加载后还是脱管状态。

组网情况

组网如图 2-8 所示。

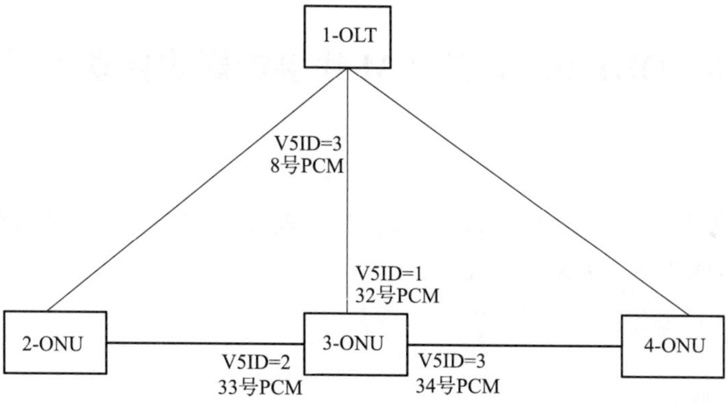

图　2-8

原因分析

3-ONU 加载成功后，网元仍然离线，原因为 3-ONU 的 1 接口未建立。因为 3-ONU 与 1-OLT、2-ONU、4-ONU 模块都有接口，只要 2、4 模块接口正常(未关闭状态，数据配置正确)，3-ONU 的 33 号、34 号 E1 正常，都能使 3-ONU 加载成功。

故障定位及处理过程

1. 在 3-ONU 加载后，查询 1-OLT 的 V5ID＝3 的接口未建立；
2. 查询 2-ONU、4-ONU 与 3-ONU 之间的接口，已经建立；
3. 断开 3-ONU 的 33 号、34 号 E1，将 PV8 拨码开关 2 拨至 ON 位置，然后复位，当 3-ONU 加载到 40％的时候，加载中断，由此判断该模块的 32 号 E1 有故障；
4. 格式转换数据，重新加载，还是加载失败；
5. 对 3-ONU 的 32 号 E1 做自环测试，测试出该 E1 所走的传输通道正常；
6. 更改 3-ONU 的 E1 端口至 35 号 E1，修改相应网管数据，格式转换，重新加载数据，加载成功，而且网管上可以管理到 3-ONU 模块；

7. 将 3-ONU 的 33 号、34 号 E1 正常接通，各接口恢复。

总结和建议

1. ONU 模块的加载，是主机启动检测到加载开关的状态，若需要加载，会向每一个 E1 端口发出请求加载的信号，从收到反馈消息的 E1 端口进行加载；通过此原理，断开其他 E1 端口，使用指定的端口加载来判断端口的好坏；

2. 加载失败的原因：传输通道故障、数据文件(db_n. dat n=模块号)、单板故障。

(1)传输通道故障可以通过自环，进行误码测试；

(2)数据文件(文件路径\an_nms\bam\dload\db_n. dat)是否存在，或者文件大小与其他配置相同的模块，其文件大小应该一样；

(3)单板故障，可以通过更换单板来处理，这应是最后考虑的方法；

3. 在处理此类故障时，建议只加载数据，能缩短故障处理时间(程序在开局已成功加载，工作正常)。

案例 8　OLT 和 LE 间 2 M 线接错影响自动电话业务

故障现象

用户反映某 ONU 点，自动电话通话故障。具体表现为：作主叫时，摘机后无拨号音；作被叫时，话机有振铃，摘机听不到对方讲话。

组网情况

组网如图 2-9 所示。

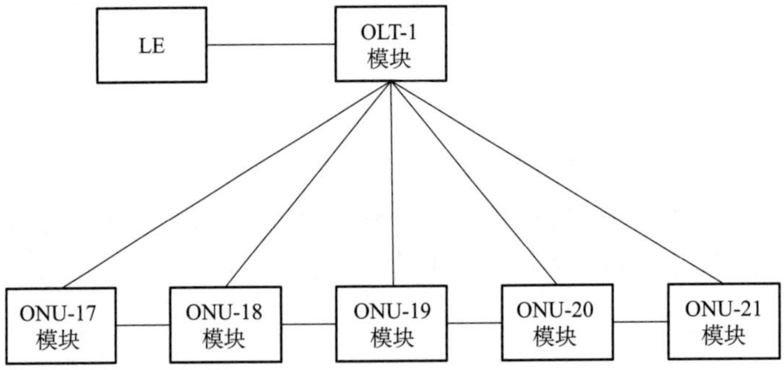

图　2-9

原因分析

根据故障现象怀疑以下可能：

1. 硬件故障；

2. 交换机侧问题；

3. 接入网和 LE 之间 2 M 线故障。

故障定位及处理过程

1. 检查 ONU 站点硬件设备正常，无告警；
2. 跟踪 ONU-OLT 间信令，信令正常；
3. 现场测试，呼叫后电话可以正常振铃，拿起电话后听不到对方讲话；
4. ONU-OLT 间链路身份标识正确，连线无误；
5. 经了解，交换机侧(铁通业务)刚进行过割接，OLT-LE 侧 2 M 线重新跳线；
6. OLT 和 LE 侧做 V5 链路识别，后两个 2 M 不通过；
7. 将后两个 2 M 断开，连续拨测电话，呼入呼出正常；
8. 重新核对 2 M 线路，重新连接后，电话呼叫正常；
9. 观察 2 个小时，未出现呼叫问题，故障解决。

总结和建议

1. OLT 和 LE 间 2 M 线接错，影响整个接入网自动电话呼叫，由于该 ONU 站点自动电话为订票电话，使用频率高，所以首先发现。故障表现为该 ONU 点通话故障，影响故障处理思路；

2. 业务割接，涉及硬件线缆连接更改的，一定要仔细核对，每个 2 M 都要做通断测试，排除故障隐患，电话拨测要多做几次。割接当晚也做了电话拨测，由于拨测次数太少，没有占用问题 2 M 通路，所以当晚未发现故障。

案例 9　V5 接口数据和拨码问题导致 OLT 掉电重启后 V5 接口中断

故障现象

某铁路局采用 HONET OLT 与华为 CC08 程控交换机对接，开 V5 接口下挂多个 ONU 网元组网方式。OLT 设备掉电，重新上电后所有电话都为忙音，查看 OLT 与 CC08 交换机端 V5 链路全部中断，V5 接口不断自动复位。

组网情况

组网如图 2-10 所示。

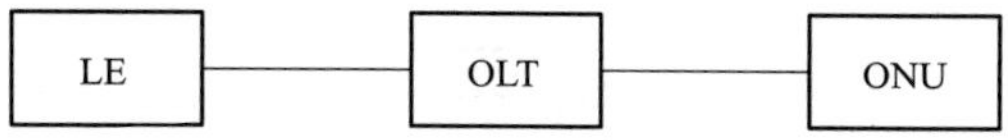

图　2-10

原因分析

1. OLT 与交换机之间 V5 接口吊死；
2. 数据配置错误；
3. AV5 单板硬件故障。

故障定位及处理过程

1. 在交换机端和 OLT 端都重新复位 V5 接口，观察链路接续状态，端口依然不断复位，链路无法建立；

2. 重新配置 OLT 与交换机的对接数据，发现接口配置表中 OLT 与程控交换机对开的 V5 接口数据有两条，PSTN 协议通道标示却不一样，删除多余的一条，重新上电，AV5 从后台 BAM 加载数据，之后 V5 接口连接正常；

3. 之前 AV5 接口拨码开关为从 BAM 加载状态，所以怀疑是设备掉电以后，从后台加载数据，而 BAM 中数据有重复错误，加载到 AV5 后引起设备数据混乱，造成 V5 链路中断；

4. 在链路恢复后，进行前后台数据一致性检查，备份数据。

总结和建议

该故障为设备突然掉电，AV5 单板拨码设置错误，从后台 BAM 加载错误数据引起，为重大操作失误。在维护过程中，要定期查看 AV5 面板前拨码开关从上往下 4、3、2、1 都为关闭状态，保证前后台数据一致。坚持做到修改数据，就要做数据合法性检查和前后台数据一致性检查，并实时备份数据。

案例 10　ONU 系统滑码严重引起半永久连接业务闪断

故障现象

某铁路局，OLT 有滑码现象，对所有网元进行时钟重新设定后，滑码消失，但有两个通过半永久建立的 64 k 业务突然出现间歇性闪断，每天上午不定时出现一次。

组网情况

某铁路局 HONET 有三台 OLT 设备，A-B-C 模块之间有 2 M 租用线开通半永久连接通道。其中 OLT-B 模块与其他局向 OLT-独立之间通过传输开有一个 2 M 租用线业务通道，用于本局与 OLT-独立之间的 64 k 同向速率通道业务，组网示意图如图 2-11 所示。

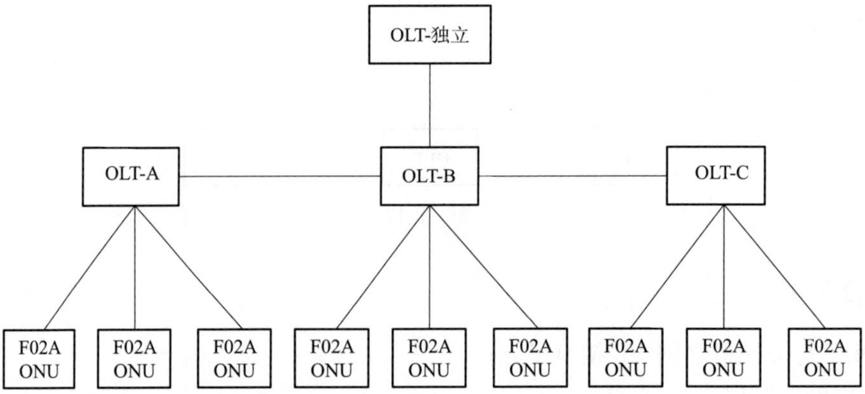

图　2-11

原因分析

1. 重新设定时钟配置表后，出现闪断，怀疑是部分网元时钟没有同步；
2. 主控板时钟锁定有问题；
3. 闪断的两个业务是 OLT-B 与 OLT-独立之间的业务，传输通道可能有问题；
4. OLT-独立侧设备时钟有问题。

故障定位及处理过程

1. 检查时钟配置表前后台数据，经过之前的设定，这次检查结果数据前后台一致；

2. 怀疑主控板时钟有问题，将 OLT-B 模块主备倒换，重新设定全网时钟配置表，发起时钟切换，第二天上午原有两个半永久业务依旧出现闪断，排除主控板时钟有问题；

3. 鉴于 OLT-B 模块与 OLT-独立之间 2 M 链路中开通了二十多条同样的业务，只有两条半永久业务出现闪断，判断此 2 M 链路质量没有问题；

4. 本闪断是在设定了 OLT-B 模块时钟配置表后引起，同时了解到他局 OLT-独立是独立的一个 OLT 模块，且时钟是从本局 OLT-B 模块通过之间的这 1 个 2 M 中提取的，也就是说他局的 OLT-独立时钟应该和本局保持一致；

5. 了解时钟组网方式后，怀疑是他局的 OLT-独立设备时钟没有与本局同步上引起；

6. 登录到他局的 OLT-独立的设备网管上查询告警，发现 OLT-独立设备的滑码很严重，重新设定时钟配置表后，发起模块时钟切换，没有再出现滑码告警，通过一天的观察，没有再出现闪断情况。

总结和建议

1. 此故障是由于对时钟组网不了解，设定时钟配置将子网内模块时钟保持了同步，但是与 OLT-独立的网元没有保持同步，造成对端模块滑码严重，部分通道业务出现闪断告警；

2. 建议在以后的故障处理中，做到在操作前检查前后台数据是否一致，不要轻易地设定所有模块数据，特别是影响全局业务的数据表，一定要考虑全面后再去操作，避免将故障的问题扩大化。

案例 11　数字中继单板故障引起 ONU 下挂用户拨号上网速率缓慢

故障现象

某铁路局采用 3 套 HONET OLT 与 Z 厂家程控交换机对接，分别对开 1 个 V5 接口并下挂多个 ONU 网元组网方式，最近开展站点传输静图方式向上级汇报站点情况，发现除 Z 交换机近端下挂 OLT-C 设备拨号上网传输图片速率正常外，另外两套通过 Z 传输设备与同一台 Z 交换机对接的所有下挂 ONU 站点拨号上网速率都非常慢。

组网情况

3 套 HONET OLT 与 Z 程控交换机对接，分别对开 1 个 V5 接口，OLT-A 与 OLT-B 在远端通过 Z 传输设备与 Z 程控交换机同一块数字中继单板相连开 V5 接口；OLT-C 与 Z 程控交换机在同一机房，所以近端相连开 V5 接口。如图 2-12 所示。

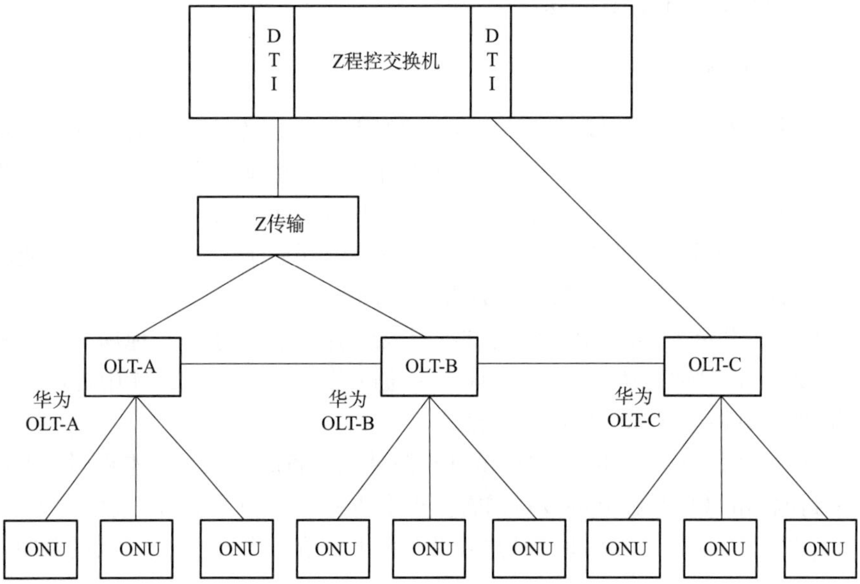

图　2-12

原因分析

1. 时钟信号有问题；
2. 传输线路质量不好；
3. PCM 通道有误码；
4. 交换机设备有故障。

故障定位及处理过程

1. 查看 HONET 告警系统中实时告警无任何告警，实时运行告警中有 OLT-A、OLT-B 的很多 PCM 帧对告 RFA 告警，无滑码，无时钟切换提示。设备很多内部半永久业务都正常，可排除时钟问题。

2. 在 OLT-A 备用链路 Z 厂家传输设备侧挂上误码仪测试 3 h 无误码现象，更换现有 OLT-A 到本地 Z 程控交换机的传输通道，使用原有旧的传输设备，发现 OLT-A、OLT-B 依然产生 PCM 帧对告 RFA 告警，由此可排除传输的问题。

3. 查看 Z 交换机，发现连接 OLT-A、OLT-B 是共用同一个数字中继板 DTI，且单板面板链路指示灯为长亮状态；而业务正常的 OLT-C 是单独使用的一个 DTI 单板，链路指示灯为闪亮的状态(DTI 单板有 4 个中继端口，面板上有对应的 4 个链路指示灯)，当无数据时灯灭，有数据时长亮或闪亮。正常链路启用为闪亮，如果长亮，会针对原因在告警台有告警。

4. 本次 OLT-A、OLT-B 使用了同一个中继板，共四条链路，指示灯都为长亮状态，告警台无任何告警，且电话业务正常无杂音。由此怀疑是 Z 程控交换机的 DTI 单板有问题。鉴于此框 V5 资源有限，不能更换一个 2 M 链路进行测试，提出在业务量小的情况下将下挂 OLT-A、OLT-B 的 DTI 单板与下挂 OLT-C 的 DTI 单板进行对调。

5. 在对调后发现 HONET 告警系统中不再出现 OLT-A、OLT-B 的 PCM 帧对告 RFA 告警，开始产生 OLT-C 的 PCM 帧对告 RFA 告警。经过在 OLT-A、OLT-B 下挂的 ONU 测试，表明静图传输都正常，而原本正常的 OLT-C 测试不正常。由此确定本次故障为 Z 交换机上 DTI 单板有故障引起。

总结和建议

建议在处理故障的过程中，首先对告警系统进行查询，然后通过查看硬件单板指示灯状态是否正常，来定位是否为硬件问题。

案例 12　外线接地不良导致音频专线、自动电话中断

故障现象

某铁路局，交换机版本为：V610R003M1013 PACK1，接入网版本为：HV20A005-C005-20010319，接入网下挂一个 ONU 侧音频专线外接 MODEM 和自动电话突然中断。

组网情况

组网如图 2-13 所示。

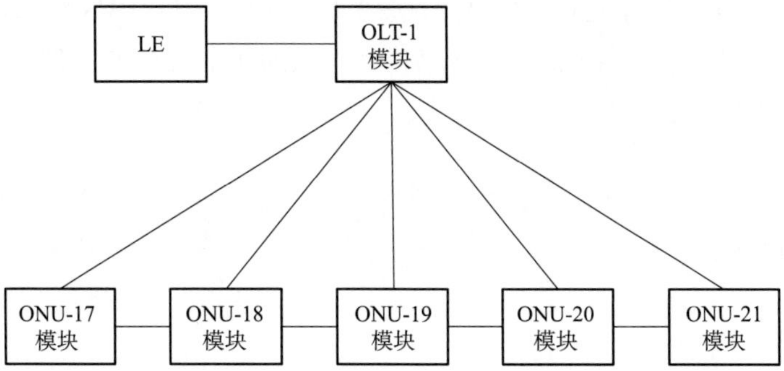

图　2-13

原因分析

1. 数据配置问题；
2. 该 ONU 站点传输业务中断，V5 接口中断；
3. 半永久连接中断；
4. ONU 设备接地有问题；
5. VFB 板到外接 MODEM 的外线受到与它平行传输的市电电磁感应，产生相当大的感应电流，干扰过大导致音频专线异常。

故障定位及处理过程

1. 因为平时设备运行正常,数据配置应该正确;

2. 检查接入网工作状态,该 ONU 半永久连接正常,时隙正常占用,VFB 板处于正常工作态,该站点传输没有中断,V5 接口正常;

3. 检查该 ONU 站点的接地情况,没有问题;

4. 将 ONU 内外侧用户线断开,内外侧分别接 MODEM,内接时可以与中心局 MODEM 正常传输数据,外接时可以与该 ONU 外接 MODEM 正常传输数据,只要将内外侧用户线连接,音频业务就中断,推断问题在于内外用户线电位不等;

5. 将接 MODEM 的外线电缆的铠装层与 ONU 的地断开,测量它们之间有 18 V 电压,将二者靠近,有火花产生,推断为电缆接地不良;

6. 据客户反映,外线电缆与市电平行传送,协调客户停掉该市电,测量接入网地与外线电缆地的电压接近零,自动电话恢复,同时 MODEM 所接音频业务恢复。

总结和建议

外线用户电缆接地要保证良好,同时避免与其他电力设备的线缆平行走线,避免产生电磁感应,影响业务正常使用。

案例 13　热线电话由于内部的 HW 资源不够而不能完全开通

故障现象

某铁路局,接入网版本为 HV20A005-C005-20010319,ONU(PV8-10),要用两块 16 路用户的 ASL 板开 32 路热线电话(3 槽位和 4 槽位),但只通了 28 路,有 4 路开不起来,查看半永久状态,后 4 条半永久建立失败。

组网情况

组网如图 2-14 所示。

原因分析

1. ASL 单板硬件问题;

2. 数据配置问题;

3. 内部 HW 资源不足。

故障定位及处理过程

1. 检查设备硬件,一切都正常,更换单板,故障依旧;

2. 检查数据,其硬件配置数据与物理板位都一致,经多次核对,未发现错误;

3. 查看物理板位,发现两块 ASL 板相邻,占用同一 HW 资源,把两块 ASL 板隔一个槽位插上,并从数据上做了调整后,问题解决。

0	1	2	3	4	5	6	7	8	9	10	11	12	13	14	15	16	17
PWX		TSS	ASL	ASL	ASL			HWC	PV8	PV8							PWX
HW号/PCM号			HW 3 PCM 48		HW 4 PCM 49	HW 5 PCM 50	HW 6 PCM 51				HW 7 PCM 52		HW 8 PCM 53	HW 9 PCM 54	HW 10 PCM 55	HW 10 PCM 55	

图　2-14

总结和建议

两块 ASL 板相邻，为其分配了一条 HW 资源，而一条 HW 的 32 个时隙中只有 28 个时隙可用，所以只能开通 28 路；当板位调整后，两块 ASL 板分配到两条 HW 中。在开通热线电话时，要注意机框内部 HW 资源的分配情况。

案例 14　VFB 单板端口阻抗设置问题导致音频专线业务异常

故障现象

某铁路局，接入网版本为 HV20A005-C005-20010319，新开 VFB 音频专线业务异常，音频端口外接 Modem，Modem 速率设置为 1.2 k 时业务测试正常，当 Modem 速率设置为 9.6 k 时业务不通。

组网情况

组网如图 2-15 所示。

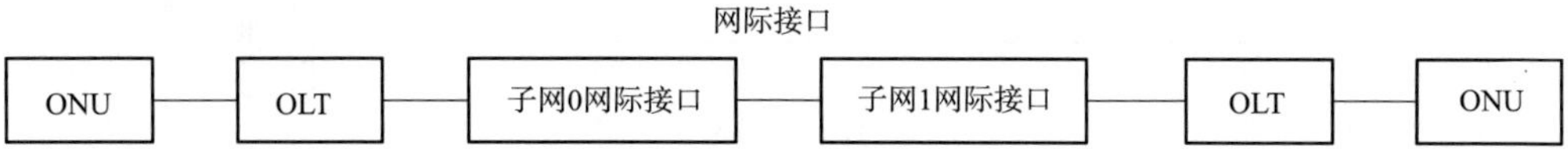

图　2-15

原因分析

1. 线路质量方面的问题，如用户外线质量不好、2 M 质量问题；
2. 终端原因，如 Modem 问题；

3. 数据配置问题,如跟踪时钟设置;
4. VFB 单板端口有问题;
5. ONU 设备接地不良;
6. VFB 单板端口阻抗匹配问题。

故障定位及处理过程

1. 断开外线、内线测试,不能够解决问题,测试 2 M 没有问题;
2. 更换其他局点正常使用的 Modem 测试故障现象依旧;
3. 检查数据配置,没有发现问题;
4. 业务更换到 VFB 单板的其他端口,测试故障依旧;
5. 检查设备接地符合要求;
6. 现场检查发现 CB02VFB 单板端口阻抗设置和业务正常单板设置不一样,检查测试业务正常 VFB 单板阻抗设置拨码开关 S011～S151 设置为 ON(600 Ω),业务不正常局点 VFB 单板阻抗设置拨码开关 S011～S151 设置为 OFF(1 650 Ω);现场更改端口阻抗为 600 Ω(S011～S151 设置为 ON),测试业务正常。

总结和建议

新开 VFB 音频专线业务时需要注意端口阻抗设置(出厂默认设置 S011～S151 设置为 ON)。CB02VFB 板布局示意图如图 2-16 所示。

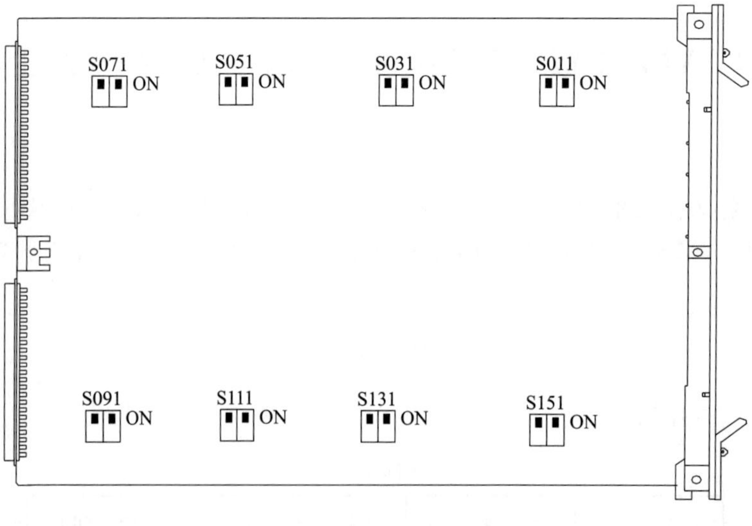

图 2-16

CB02VFB 板拨码开关设置说明见表 2-1。

表 2-1

拨码开关	所控制的通路	ON	OFF	出厂设置
S011-1	1	选择 600 Ω 阻抗	选择 1 650 Ω 阻抗	ON
S011-2	2	选择 600 Ω 阻抗	选择 1 650 Ω 阻抗	ON

续上表

拨码开关	所控制的通路	ON	OFF	出厂设置
S031-1	3	选择 600 Ω 阻抗	选择 1 650 Ω 阻抗	ON
S031-2	4	选择 600 Ω 阻抗	选择 1 650 Ω 阻抗	ON
S051-1	5	选择 600 Ω 阻抗	选择 1 650 Ω 阻抗	ON
S051-2	6	选择 600 Ω 阻抗	选择 1 650 Ω 阻抗	ON
S071-1	7	选择 600 Ω 阻抗	选择 1 650 Ω 阻抗	ON
S071-2	8	选择 600 Ω 阻抗	选择 1 650 Ω 阻抗	ON
S091-1	9	选择 600 Ω 阻抗	选择 1 650 Ω 阻抗	ON
S091-2	10	选择 600 Ω 阻抗	选择 1 650 Ω 阻抗	ON
S111-1	11	选择 600 Ω 阻抗	选择 1 650 Ω 阻抗	ON
S111-2	12	选择 600 Ω 阻抗	选择 1 650 Ω 阻抗	ON
S131-1	13	选择 600 Ω 阻抗	选择 1 650 Ω 阻抗	ON
S131-2	14	选择 600 Ω 阻抗	选择 1 650 Ω 阻抗	ON
S151-1	15	选择 600 Ω 阻抗	选择 1 650 Ω 阻抗	ON
S151-2	16	选择 600 Ω 阻抗	选择 1 650 Ω 阻抗	ON

案例 15　模块连接表前后台数据不一致导致音频专线业务不通

故障现象

某铁路局，接入网版本为 HV20A005-C005-20010319，增加 17 模块至 21 模块的音频专线半永久业务能够正常建立；21 模块与 19、20 模块间的音频专线半永久业务均无法正常建立。查询失败原因为：无可用路由；但实际 1 模块与 19 模块、20 模块、21 模块间的链路全部正常且有空闲时隙。

组网情况

组网如图 2-17 所示。

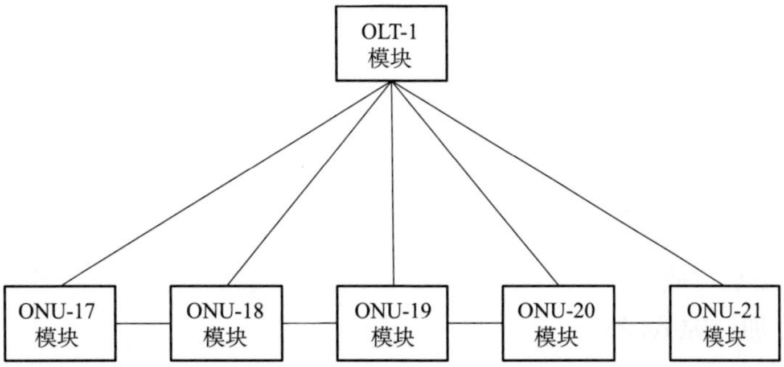

图　2-17

原因分析

1. 模块路由资源已占满；
2. 数据配置参数设置错误；
3. 前后台数据不一致。

故障定位及处理过程

1. 分析 19 模块、20 模块和 21 模块已占用的路由情况，均未超过 256；

2. 更改“半永久连接表”中 21 模块至 20 模块的音频专线半永久业务“路由可迂回”为“是”，设定主机记录后，故障现象依旧；

3. 检查后台数据发现“模块连接表”数据是完整的，前后台数据一致性校验发现 19、20 模块前后台数据不一致；对 19、20 模块做设定整表操作；重新设定“半永久连接表”相应数据，告警不再上报，测试业务正常。

总结和建议

1. GV5、PV8 模块的最大路由数为 256，以本模块为起点或终点的半永久业务占用一条路由，以本模块为中间节点的半永久业务占用两条路由；

2. “半永久连接表”中参数项“路由是否迂回”，如果配置为“否”（缺省值），则半永久业务必须占用多条路由中的最佳路由，如果最佳路由中断，半永久将无法正常建立；

3. 设定“模块连接表”操作属于危险操作，设定后会引起相应模块的全部半永久业务重新连接，须谨慎操作。

案例 16　电源模块故障导致共线电话有杂音

故障现象

某铁路局，接入网版本为 HV20-A005-C005-20010319，新开共线电话有杂音，除蜂鸣音外听不到别的声音。

组网情况

组网如图 2-18 所示。

原因分析

1. 传输通道质量原因；
2. VFB 板音频端口故障；
3. VDM 板叠加时隙故障；
4. 用户外线故障；
5. 终端设备故障；
6. 其他问题，如接地、电源、环境干扰等。

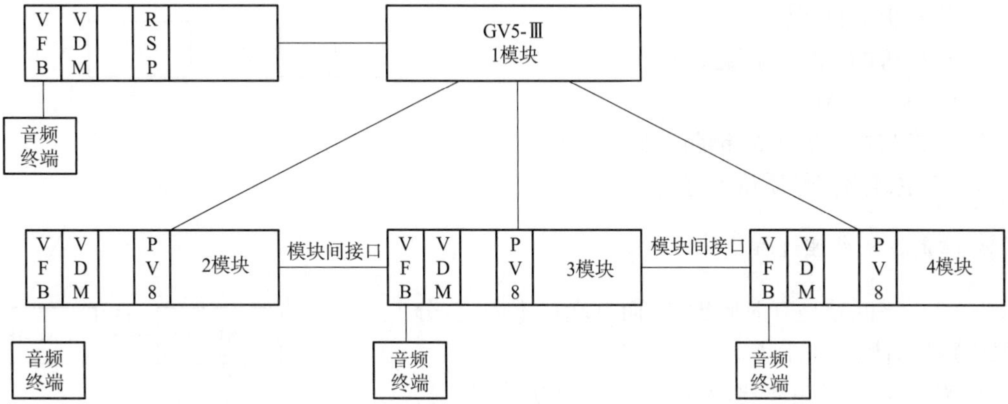

图　2-18

故障定位及处理过程

1. 删除此共线组中除了 1 模块 VFB 至 VDM 业务以外，所有其他模块的半永久连接，新开一条 1 模块确认正常的 VFB 端口至 VDM 同一共线组的业务，测试没有杂音；

2. 分别恢复 2、3、4 模块 VFB 端口至 VDM 的业务，发现当恢复 4 模块半永久数据时，故障重现，故障定位在 4 模块，杂音是从 4 模块引入的；

3. 更换 4 模块相应故障端口的终端，断开外线测试，故障现象依旧；

4. 更换故障 VFB 端口至其他端口，测试还是不行，怀疑 VFB 单板有问题；

5. 更换 VFB 单板，将 VFB 单板换至其他槽位测试还有杂音；将机框内其他业务单板拔除，机框硬件最小配置，还是有杂音；检查设备接地，地阻小于 5 Ω，正常；

6. 断开市电，用蓄电池供电测试，发现故障现象消失；故障是由 4810 电源模块故障所致，更换 4810 电源模块，问题解决。

总结和建议

共线电话因涉及网元比较多，故障需逐段进行排查。

案例 17　V5 链路质量不好导致用户有时摘机无音

故障现象

CC08 交换机下挂 OLT（版本为 HV20-A005-C005-20010319），其中一个 OLT 模块带的用户有的时候摘机没有任何提示音，但 1 min 后又恢复正常，摘机能听拨号音。查询告警台，没有 2 M 滑码、端口锁定等告警。

组网情况

组网如图 2-19 所示。

原因分析

1. 线路、话机问题；

2. 用户板端口问题；
3. 交换机的 SIG 板问题；
4. V5 接口 2 M 资源不足；
5. 交换与接入侧 2 M 链路数据不一致；
6. V5 主链路信号质量不好。

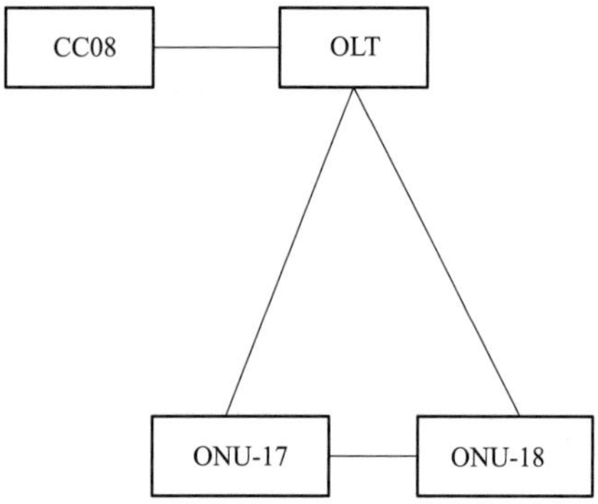

图 2-19

故障定位及处理过程

1. 由于该问题是有时候出现，而且端口不固定，分析跟线路与话机关系不大。

2. 对故障出现频率比较高的用户，更换了用户板和端口，但问题依旧。

3. 由于其他 OLT 模块使用正常，分析与交换机的 SIG 板无关。

4. 分析有可能是 2 M 资源不足导致，扩容 3 个 2 M 后，当天仍有故障申告。

5. 怀疑交换机与接入侧的 2 M 链路数据不一致导致，检查数据，交换、接入前后台都一致，且 2 M 也一一对应正确。

6. 现场反复拨测，用一个电话反复摘机拨打 20 min 左右就会有一次故障重现，跟踪交换机、接入侧消息。出现问题时交换机一次呼叫两次下发“ALLOCATION”消息，接入网侧回送一个“ALLOCATION REJ”消息，释放原因为“在 PSTN 用户端口上已经存在到另一个 V5 时隙的连接”此时主叫听忙音。如果这时候挂机再摘机就无任何提示音。

7. 交换机会发两个“ALLOCATION”消息的原因是交换机在给接入网发“ALLOCATION”消息时启动 1 s 定时器，超时则重发一次，这个问题是由于第一次接入网处理“ALLOCATION”消息给交换侧回了“ALLOCATION COMP”，但交换侧 1 s 后才收到，于是交换机发第二个“ALLOCATION”消息则接入网回“ALLOCATION REJ”拒绝，这个时候该接入端口就进入 1 min 的无反应期，摘机无任何提示音。

8. 分析该故障是由于接入侧链路所在的 DTE 端口有问题，导致消息送交换机时延长，倒换主次链路，测试故障不再出现。调整接入侧数据把以前的主链路更换 DTE 端口，再倒换测试正常。

总结和建议

无。

案例 18　Z 接口延伸业务指定时隙，业务不通

故障现象

某铁路局要实现 Z 接口延伸业务，客户要求对每一个模拟用户都要进行指定时隙，于是将 CDI 端口和 2 M 租用线的时隙做半永久连接，并在对端模块的 2 M 时隙和模拟用户端口做半永久连接，查看两个模块的半永久连接都可以正常建立，但模拟电话始终打不通。

组网情况

OLT 下挂 ONU,星型组网。

原因分析

1. CDI 板端口坏;
2. CDI 板坏;
3. CDI 板或者 ASL 板的配线有问题;
4. CDI-ASL 的 Z 接口延伸业务不能用这种实现方式。

故障定位及处理过程

1. 模拟用户摘机后,相应的 CDI 端口并没有亮灯,因为所有的 CDI 端口都这样,更换 CDI 端口,故障依旧,所以排除端口坏的可能性;
2. 将 CDI 板进行更换,也不行,排除 CDI 板坏的可能性;
3. 检查 CDI 板和 ASL 板的相关配线,并用万用表测试,都正常;
4. 删除 CDI 端口和 2 M 时隙之间半永久连接数据,并设定主机;
5. 删除模拟用户端口和 2 M 时隙之间的半永久连接数据,并设定主机;
6. 直接在 CDI 端口和模拟用户端口做模块间半永久连接,并设定主机,这时可以正常进行模拟用户呼叫。

总结和建议

当 ASL 模拟用户端口和 2 M 时隙直接做半永久连接时,模拟用户摘机后,首先判断与其相连的对端端口类型,如果是 CDI 端口,就将摘机信令送过去;如果不是 CDI 端口,就不送摘机信令。所以虽然整个 64 k 通道是通的,但由于模拟用户端口并不将摘机信令送给 2 M 时隙,所以 CDI 端口收不到信号,也就无法完成相应呼叫。

案例 19　模块间 2 M 鸳鸯线导致网际半永久业务不通

故障现象

某铁路局,接入网新开网际接口下的 ATI 四线音频业务不通(子网 0 的 17 模块—子网 1 的 1 模块),检查单板端口能够正常占用 TS 和 HW 资源,无任何告警信息上报。

组网情况

组网如图 2-20 所示。

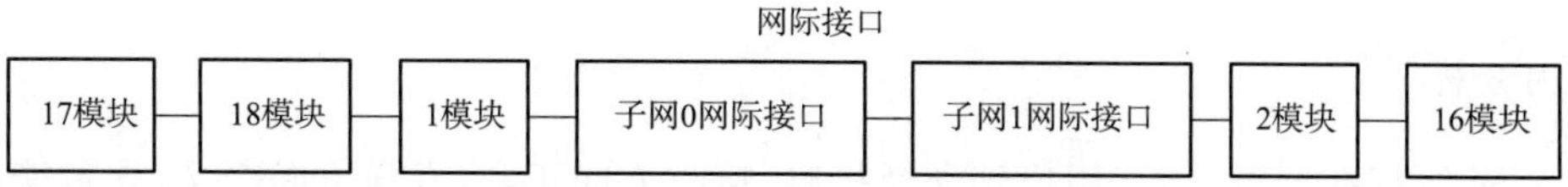

图　2-20

原因分析

1. 数据配置错误；
2. 前后台数据不一致；
3. 用户端口或配线问题；
4. 终端故障；
5. 2 M鸳鸯线。

故障定位及处理过程

1. 检查数据配置没有发现问题；
2. 前后台数据校验一致；
3. 更换至其他正常用户端口和配线，故障现象依旧；
4. 将故障端口在同一模块内不同端口间开半永久业务，测试业务正常，说明端口、配线和终端都没有问题；
5. 将子网0的17模块故障端口和18模块的某一个ATI四线端口配置半永久业务，测试业务正常；将子网1的16模块的故障端口和子网0的1模块某个正常端口配置半永久业务，半永久业务也是正常的。故障定位在子网0的1模块和18模块之间；
6. 怀疑子网0的1模块和18模块之间的2 M存在鸳鸯线，对子网0的1模块和18模块接口下各个2 M链路进行"链路身份标识"校验，发现2个2 M校验失败。现场检查确认校验失败的2个2 M配线有误，重新调整2 M配线，再次进行"链路身份标识"校验，校验成功，测试业务正常。

总结和建议

网际半永久业务经过的模块比较多，故障排查需要分段进行。

案例20　2 M鸳鸯线导致ONU上用户拨号切不断拨号音

故障现象

某铁路局，接入网版本为HV20-A005-C005-20010319，OLT下挂的一个ONU-21模块部分用户拨号切不断拨号音。

组网情况

组网如图2-21所示。

原因分析

1. 2 M线存在鸳鸯线，从用户到交换机侧，接收方向正常，发送方向交叉，导致能听到拨号音，但是拨的号码无法送到交换机，从而交换机侧因没有收到号码而没有切断拨号音；

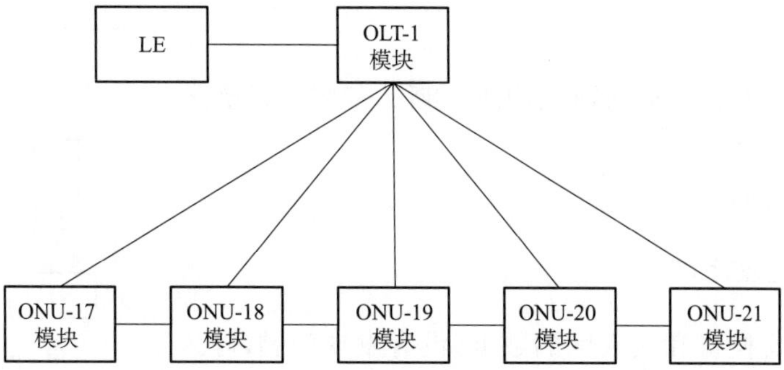

图　2-21

2. 设备、终端等故障，交换机设备故障或话机故障都有可能导致切不断拨号音，前者是因为收号机制故障，后者是因为话机无法正常实现拨号。

故障定位及处理过程

1. 对于此类问题，最常用的定位手段就是做多次拨测，经过多次拨打测试发现切不断拨号音的现象在该 ONU 所有端口上都会出现，且时好时坏，而不是永久性的存在；

2. 只保留单个用户做拨测时发现是连续性的多次切不断拨号音；

3. 从以上现象可以判断出问题极有可能出现在 2 M 线上，但是问题可能在 LE-OLT 或者 OLT-ONU 之间；

4. 在同一 V5 接口下找到一个非该 ONU 的用户，多次拨测，遍历所有 V5 接口链路，都没有发现该故障现象，因此问题不在 LE-OLT 之间；

5. 仔细检查 OLT-ONU 之间的 2 M 线连接，发现有两条 2 M 线接为鸳鸯线，整改后故障现象消失。

总结和建议

无。

案例 21　DSL 板端口的远端供电设置导致 ISDN 用户能够拨出却不能拨入

故障现象

接入网版本为 HV20A005-C005-20010319，在一个 ONU 点上新增一块 CB03DSL 板，增加 8 个 ISDN 用户，在拨测时发现此 8 个 ISDN 用户可以正常拨出，却不能拨入，拨入时主叫侧无音，过一会为忙音。

组网情况

组网如图 2-22 所示。

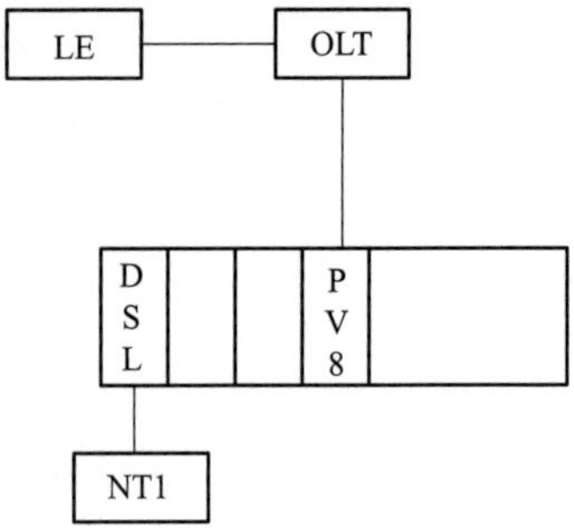

图　2-22

原因分析

1. 接入网或交换机数据问题,如用户的呼入权限设置错误;
2. DSL 单板故障;
3. 用户 NT1 问题。

故障定位及处理过程

1. 仔细检查交换机和接入网的数据,没有发现问题,呼入呼出权限也设置正确;

2. 更换 DSL 板,故障依旧;

3. NT1 为深圳某公司的产品,用户反映此 NT1 在其他地方使用过,能够正常使用,排除 NT1 质量问题;

4. 推测可能是 NT1 与 DSL 板的配合问题,在接入网数据中将 ISDN 端口的远端供电功能关闭,再进行拨测,发现拨入拨出都正常。

总结和建议

有些公司的 NT1 不支持 DSL 板的远供功能,还有些公司的 NT1 在需支持远供时要更改 NT1 的跳线。在接入网的 DSL 板在与其他公司的 NT1 配合时需注意这些事项。

案例 22　BAM 的 C 盘空间不足导致半永久连接表无法查询

故障现象

某铁路局,HONET 接入网版本为 HV20A005-C005-20010319,业务正常,但是半永久连接表中查看主机时为空,对半永久连接表中的记录设定主机记录时提示通信超时,告警系统无告警。

组网情况

无。

原因分析

1. WS 软件和 BAM 软件版本不匹配;
2. BAM 软件有问题;
3. BAM 软件或 WS 软件中病毒。

故障定位及处理过程

1. 因为上述操作都是在 WS 侧进行的,到 BAM 侧查看主机并设定记录,以确定问题是出在 BAM 侧还是 WS 侧;

2. 在 BAM 上做同样的操作问题不变;发现 BAM 电脑上操作系统会自动弹出"C 盘空间不足"的提示,而 BAM 软件就安装在 C 盘;

3. 查看 C 盘剩余空间只有几十兆,删除 C 盘多余的日志文件和 BAM 的历史告警文件后,系统不再弹出"C 盘空间不足"的提示。在半永久连接表中查看主机正常,设定半永久连接表中的记录正常。

总结和建议

建议定期清除 BAM 上 C 盘多余的日志文件和 BAM 的历史告警文件。

案例 23　程控交换与传输设备不共地引起出局链路闪断

故障现象

某独立局版本为 03TPACK1,出局中继板为 C805DTM,开 8×2 M,对端交换机为 NEC 交换机,传输采用 NEC 的 PDH 传输。出局中继每隔 5 min 左右出现链路闪断,链路闪断时,出局通话中断,现场查看链路闪断告警,发现 DTM 板的 RFA 灯亮,有时 LOS 灯也亮,持续时间都很短。

组网情况

无。

原因分析

1. DTM 板故障;
2. 时钟不稳定或时钟信号质量差;
3. 传输系统故障;
4. 相应模块的硬件故障,如网板、中继框母板、HW 线等;
5. 交换设备与传输设备之间配合问题,如不共地、中继电缆不好等。

故障定位及处理过程

1. 在中继框母板后对 08 机和 NEC 交换机自环,2 M 正常,没有 RFA 告警出现,在 NEC 传输上对 08 机做自环,DTM 单板 RFA 灯亮,由此断定故障为 NEC 的 PDH 传输和 08 机对接的问题;

2. 检查交换机和传输的共地情况,发现双方不共地,但是地线长度不够,不可能整改为共地;

3. 检查 C805DTM 中继板的 S21、S22 拨码开关,按照单板说明将拨码开关拨为 75 Ω,同轴电缆屏蔽层不接地后告警消息不再出现,观察一天,链路中断告警未再出现。

总结和建议

C805DTM 板上的 S21、S22 拨码开关是区分 75 Ω 和 120 Ω 的开关,但实际开关标识为:

S21　1 拨向 ON,软件设置第 1 路为 75 Ω 同轴电缆方式;
1 拨向 OFF,软件设置第 1 路为 120 Ω 双绞线方式;
2 拨向 ON,第 1 路同轴电缆屏蔽层接地;
2 拨向 OFF,第 1 路同轴电缆屏蔽层不接地(若选双绞线必须为 OFF)。
S22　1 拨向 ON,软件设置第 2 路为 75 Ω 同轴电缆方式;
1 拨向 OFF,软件设置第 2 路为 120 Ω 双绞线方式;
2 拨向 ON,第 2 路同轴电缆屏蔽层接地;
2 拨向 OFF,第 2 路同轴电缆屏蔽层不接地(若选双绞线必须为 OFF)。

案例 24　用户框母板故障导致该框用户有时切不断拨号音

故障现象

某独立局版本为 03TPACK1,下带一个 RSM2(B)模块有一框用户有时出现切不断拨号音问题。

组网情况

无。

原因分析

1. BNET 网板问题;
2. DRV 板或者框中其他用户板问题;
3. HW 线问题;
4. 用户框或者主控框母板问题。

故障定位及处理过程

1. 切不断拨号音与 NOD、HW 或 DRV 板有关,首先通过不断摘机,并在后台查看网板占用时隙,发现每当占用到这框用户的 10 HW 时隙就出现切不断拨号音问题,所以故障定位在 HW 方面;
2. 倒换网板、网板单配置,没有解决问题;
3. 更换 DRV 板,这框用户做最小配置测试(排除用户板的影响),故障依然存在;
4. 更换 HW 线,没有解决问题,检查 HW 线接头位置也正常;
5. 通过以上分析,故障原因应该与控制框或用户框的母板有关:在用户框侧把这框用户的 NOD、HW 资源与另一框用户的 NOD、HW 资源对换,测试结果为切不断拨号音现象只与用户框有关,所以故障原因定位在用户框母板,更换用户框母板后,问题解决。

总结和建议

无。

案例 25　CIC 问题 B 型独立局和 B 厂家 1240 对接 ISUP 信令话路不通

故障现象

交换机版本为 R003M1013，B 型独立局，为新开局和运营商汇接局 B 厂家 1 240 对接 No. 7 号信令，链路显示正常，话路状态显示空闲状态，但是电话不通，拨号出局后电路变为未知状态，告警信息："TK No7 未收到复原应答"。

组网情况

组网如图 2-23 所示。

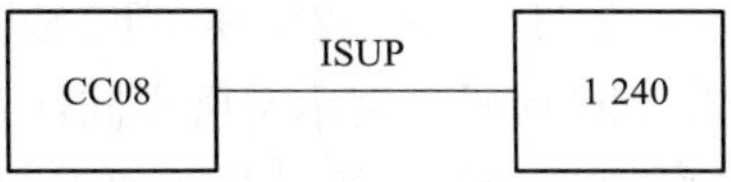

图　2-23

原因分析

1. 链路显示状态"正常"为误显示，实际链路不正常；
2. 对端数据配置的不是 ISUP，误配为 TUP；
3. CIC 和对端电路不一致；
4. 2 M 线存在鸳鸯线；
5. 对端 1240 交换机话路闭塞；
6. CIC 看似对应但实际上不对应。

故障定位及处理过程

1. 维护终端维护界面"按目的信令点查询链路"查询链路状态正常；"七号信令跟踪"跟踪消息类型 SLT(信令链路测试消息，属第三层)，本局和对端局互发 SLTA、SLTM 消息，表示信令链路状态正常，链路对接正常；

2. 更改本局数据配置，由 ISUP 该为 TUP，更改配置后链路能正常起用，电路仍然不能正常起用，状态不正常；对端数据配置应为 ISUP，改回原来的配置 ISUP；

3. 对端 CIC 为 101-131，对应本局 CIC 为 33-63，检查本局对应电路的 CIC，也无任何问题，CIC 也能对应上；

4. 把本局所有的 2 M 线都断开(共 4 个 2 M)，逐个内环回检查是否存在鸳鸯线，经检查，本局不存在鸳鸯线的问题，从对端传输机房进行环回，2 M 状态也正常；

5. 对 1 240 交换机话路解闭塞，故障现象依旧；

6. 跟踪 ISUP 信令，本端发出 GRS 消息，对端应该回 GRA 消息，但对端没有回任何消息；停止电路群复位，确认"中继七号数据表"的"群消息超时转单条消息"为"是"，是电路单条发送 RSC 消息，这时如果对端正常就应该回 RLC 消息，但对端还是没有回任何消息，确定问题一定在对端；

7. 1 240 交换机删除话路数据，按照以前的数据重新做，这次错开 16 时隙，先增加一半 1-15 时隙，再增加另外一半 17-31 时隙；CIC 仍和原来的一样，在重新增加了 1-15 时隙的话路数据后，华为交换这边的数据没有做任何修改，这时 1-15 时隙恢复正常，华为交换机发 RSC 消息，1 240 交换机的 1-15 时隙回 RLC 消息，继续增加 17-31 时隙，这时华为交换机的 17-31 时隙发 RSC 消息，1 240 交换机却发 GRS(范围:Circuit group range from CIC code 337 to 351)消息；这时删除华为交换机话路数据的 16-31 时隙，重新增加，这次也错开 16 时隙，先增加 17-31 时隙，CIC 与原来的数据保持一致，数据增加完后，17-31 时隙的话路也恢复正常，最后增加 16 时隙，至此，这个 2 M 的话路全部恢复正常。

总结和建议

1. 通常情况下，CIC 值应连续编码，一般情况 CIC 编码为 0-31、32-63、64-95 等，0 时隙及链路时隙也占用 CIC 编码资源；

2. B 厂家 1 240 的 CIC 编码 32-63、64-95 等，第一时隙的 CIC 编码从 33 开始，但是 1 240 对 CIC 编码的表示有所不同:CIC 101(1240 的表示)实际为 33，201(1 240 的表示)实际为 65，这样 CIC 33-63 在 1 240 的表示为 101-131，CIC 65-95 在 1 240 的表示为 201-231，CIC 97-127 表示为 301-331，依次类推(在 1240 对 CIC 的表示中，后面两位表示时隙号，前面几位表示系统号，例如 101 表示第一个系统的第一个时隙，231 表示第二个系统的第三十一个时隙)。

案例 26　时钟问题导致的接入网音频专线异常

故障现象

某铁路局，接入网 OLT 为 GV5-I，与 5×××程控交换机对接，用户反映有一个 ONU 站点的一条音频专线使用不正常，接在这条音频专线上的路由器严重丢包，影响使用。

组网情况

组网如图 2-24 所示。

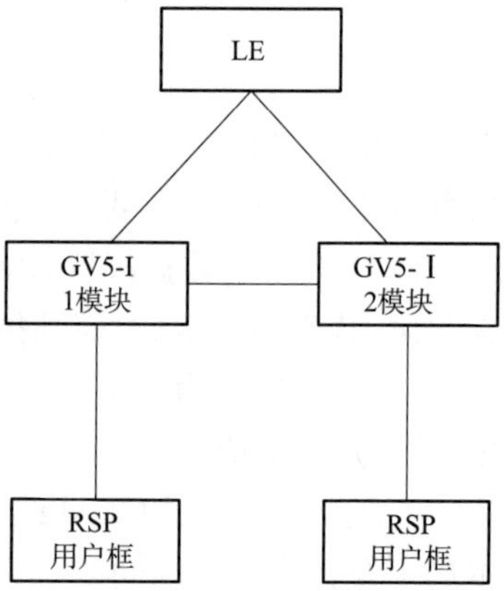

图　2-24

原因分析

VFB 的音频专线业务异常，一般先检查硬件是否正常，数据是否正确，以及检查系统时钟锁相是否正确，这是对音频专线起决定性影响的三个因素，应该首先考虑。其他的因素还有外线是否受到干扰、设备接地是否良好、用户相关设备是否正常、数据设置是否正确等。由于这条业务已经稳定运行多年，不可能是数据设置的问题。

故障定位及处理过程

1. 检查维护界面中的相应单板，AV5、DTM、RSP、VFB 全部显示正常，DTM 中 2 M 中继的状态全部正常。检查到交换机的 V5 接口状态正常。

2. 检查数据，两个 GV5-Ⅰ模块数据上都锁相第一块 DTM 板的第一个 E1 时钟，检查母板后面的拨码，与数据设置相吻合。系统锁相设置正确。

3. 检查出问题的接入点是否与 OLT 时钟保持一致。由于是 R 系列 ONU，所以不需要设置时钟参数，只需要检查 E1 传输是否正常。登录传输网管，检查相应传输系统，无误码告警，说明该接入点与上级锁相良好。再检查 1 模块 RSP 用户框的时钟锁相情况，RSP 板上的 CLK 灯长亮，该框 VFB 板其他端口工作正常，说明该框与 OLT 锁相良好。

4. 检查两个 GV5-Ⅰ模块间的时钟是否一致。两个框的时钟设置一致，但是检查中发现 2 模块的第一块 DTM 板上的 SLP 灯亮，说明 2 M 有滑码。对照数据检查发现是 2 模块到交换机的 2 M 有滑码(维护界面中显示这个 E1 工作正常)，2 模块正是通过这个 E1 从交换机上提取时钟的，滑码将导致 2 模块的时钟与交换机不同步，而 1 模块与交换机时钟是同步的，这样两个主控框的时钟不一致，将导致跨框的数据业务异常。

5. 通过更换、环回 DTM 单板和环回交换机侧 2 M，判断交换机侧中继板有问题，导致 OLT 2 模块时钟不同步，更换交换机中继板后故障解决。

总结和建议

由于交换机中继板故障，导致接入网跨模块的半永久业务异常，其中的一个模块没能正常从交换机提取时钟，这样两个模块的时钟不一致，导致模块间数据业务异常。

案例 27　OLT 交叉连接问题导致半永久业务不通

现象描述

某铁路局，在既有的中心局 OLT 下面新增两套 ONUF02A 设备，设备配置为 PV8-10 机框，配置 ASL、VFB 板。设备开通后，电话业务通话正常。开通了新增设备 VFB 板到 OLT 所带既有 ONUF02A(PV4-10 机框通过内部 HW 线带的 RSP 机框)设备的 VFB 板的 4 线半永久业务。业务开通后检查两端设备的单板端口状态为正忙，HW 、TS 均能占上。在两端连接其他厂商的半自动闭塞设备后，反映不通。查询半永久连接，与业务设定的半永久连接一致。其他厂商设备自环正常，线序核对连接正确无误。新增两套设备互开半永久(两套 ONU 之间有电路连接)连接其他厂商设备，其他厂商设备接入后通信正常。

组网情况

组网如图 2-25 所示。

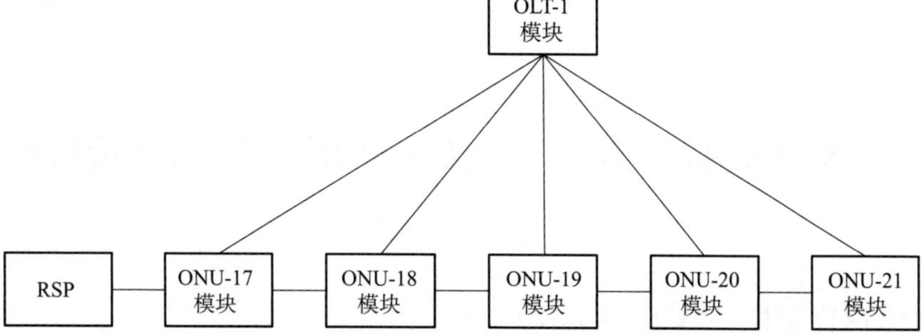

图　2-25

原因分析

1. 其他厂商设备自环测试正常，新增两套设备互开半永久连接其他厂商设备，其他厂商设备通信正常，说明其他厂商设备没有问题，与华为设备对接线序亦无问题；

2. 新增两套设备互开半永久连接其他厂商设备，其他厂商设备通信正常，说明新增两套设备的 VFB 板正常；

3. 新增两套设备与既有 OLT 下挂 PV4 所带的 RSP 机框通信，通过新增设备到 OLT 设备，OLT 设备到既有 PV4 机框、PV4 机框到 RSP 机框。要排查到出现问题的设备，需要对通道进行分段测试。

故障定位及处理过程

1. VFB-VFB 互开的 4 线半永久不支持软件环回测试。将原来做的 1 条半永久连接，拆分成几条半永久连接进行测试。

2. 将新增站点的半永久连接 VFB 4 线端口指到本 ONU PV8 的一个 2 M 时隙上，然后将 PV8 的 2 M 从远端打内环测试，发现正常。

3. 将既有 OLT 所带 PV4 机框所带 RSP 机框的 VFB4 线端口指到 OLT 到新增 PV8 机框的 2 M 时隙上，从远端对 OLT 方向打内环，故障依旧。

4. 然后将既有 OLT 所带 PV4 机框所带 RSP 机框的 VFB4 线端口指到 PV4 的 2 M 时隙上，PV4 机框的 VFB2 线端口指到 PV4 到 RSP 机框的 2 M 时隙上。对 PV4 机框的 VFB2 线端口做环回测试，业务正常。说明问题出在 OLT 到既有 PV4 和新增 PV8 之间的交叉连接上，问题在 OLT 上。

5. 为了满足用户的暂时开通要求（后期要点对 OLT 设备进行重新加载），本次新增站点到既有 A 站点增加一个 2 M 互联。把新增设备 VFB4 线端口指到 A 站点的 2 M 时隙上，既有 OLT 所带 PV4 机框所带 RSP 的 VFB4 线端口指到和本站相邻互联 A 站点的时隙上，然后在 A 站点做一个 2 M 到 2 M 的时隙交叉连接，业务正常。以上做法是绕开 OLT 通过模块间的互联电路开通半永久。

总结和建议

遇到 VFB4 线半永久连接，无法做软件环回测试，可以把 4 线端口指到 2 M 时隙上，然后对 2 M 进行环回测试。如果 2 M 无法环回测试可以做成一端为 VFB4 线端口，另一端为 VFB2 线端口，然后通过 2 线进行软件环回测试。

案例 28　BNET 网板时钟引入线插错导致 BAM 和交换机无法通信

故障现象

1. CC08B 网管版本：C&C08 V610R105C99；

2. 完成本局硬件数据配置后，加载 MPU 单板，完成加载后前后台通信中断，重新启动 BAM 后，前后台通信可以维持约 5 s 左右，之后通信中断。

组网情况

无。

原因分析

1. MCP 卡问题；
2. MPU 单板问题；
3. BNET 网板问题；
4. 主控框 MCB 母板问题；
5. 时钟问题。

故障定位及处理过程

1. 打开 Exchange 进程，观察前后台通信数据，可以看到收发字节，前后台通信中断后，看到 MCP0、1 上报复位消息，说明服务器驱动与 MCP 卡本身并无问题，更换前后台加载和维护数据线位置，故障现象依旧，排除加载线问题；

2. 将 MPUA 和 MPUB 位置互换后，重新加载，故障现场依旧，排除 MPU 板问题；

3. 将 BNET 网板位置互换，重新加载，故障现象依旧，排除 BNET 问题；

4. 检查主控框 MCB 母板时发现两个问题：

(1)母板未安装 TBR 和 TBL 驱动板卡，查询资料得知此卡作用是增强母板的驱动能力；

(2)时钟框至母框有 3 根时钟连线，见表 2-2，3 条线的作用是将时钟框的时钟信号引入母板，其中连接至母板“M1-NET1”位置插错；

表　2-2

时钟框至主控框时钟连线		
C821CKB	CB02MCB	条形码
SLT-JB21(22-29)	JB52(9-16)	19-04024964-0217481321
JB6(16-23)	M1-NET1(68-75)	19-04024963-021748321
JT1	JA18	19-04025158-0217481322

5. 将发货的 TBR 和 TBL 插入母板，插错的时钟线恢复后，重新加载 MPU 单板，前后台通信恢复；

6. 根据以上排查过程分析，问题产生的原因应该是主控框无法收到时钟信号，MPU 板加载程序、数据完成正常运行后，开始和服务器 BAM 通信正常。一段时间后，由于程控交换机 MPU 板没有收到时钟信号，导致与 BAM 握手失败，通信中断。

总结和建议

经过后期了解，此项目开局交换机机框、机柜和单板是分开发货到现场的，硬件安装督导由于粗心导致连接至母板“M1-NET1”位置插错，最终导致本次 MPU 加载故障，在交换机新开局遇到加载问题时，需要仔细检查内部配置是否连接错误。

MCB 母板配线如图 2-26 所示。

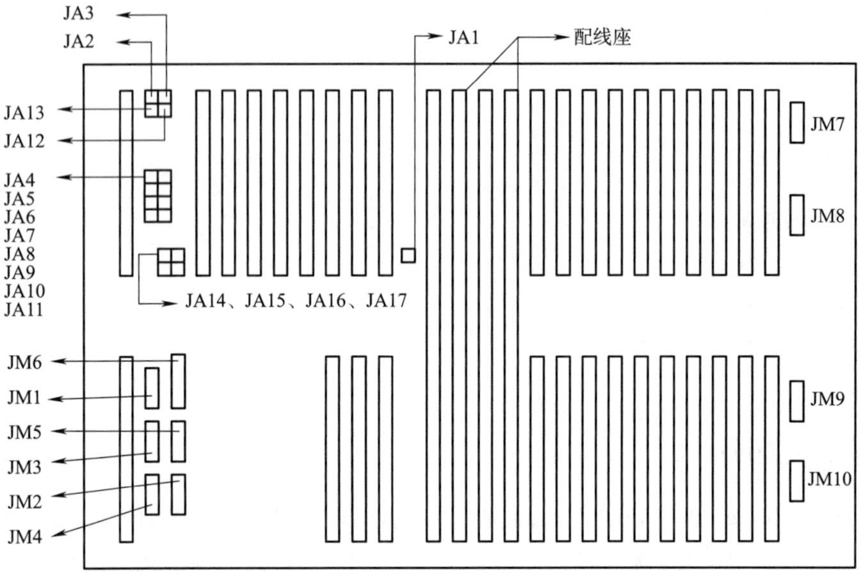

图 2-26

其中：

JA1：4PIN 头，接来自中继板的对方局的 8 k 时钟信号；

JA2、JA3：接来自电源板的告警信息；

JA4～JA11：来自外面的告警信息通过该接头送 ALM 板；

JA12～JA13：电源告警；

JA14～JA17：ALM 板提供的四个 RS232 异步串口；

JM1～JM5：保留未用；

JM6：提供三个串口，两个来自 MPU(A/B 机)，一个保留未用；

JM7：MPU 板的后台加载电缆接口；

JM8：MPU 板的后台通信电缆接口；

JM9～JM10：MPU 板扩展口，目前未用。

案例 29　机房灰尘太多导致电话来电显示异常

故障现象

某通信站接入网模拟用户开通主叫线识别提供业务后，来电显示功能不正常，有时候可以显示，有时候不能显示。故障用户分布在不同的用户板上。

组网情况

无。

原因分析

1. 交换机上未开通该用户的主叫线识别提供新业务；

2. ASL 用户板问题或者话机质量问题；

3. 电源问题、接地不良、外线质量不好等原因引入干扰；

4. 话机工作模式不匹配，一般主叫号码格式有 DTMF、FSK 两种，设备侧设置模式要与话机模式一致。

故障定位及处理过程

1. 检查交换机侧数据，已经开通主叫线识别提供新业务；

2. 在接入网侧跟踪端口信令，信令交互过程正常，符合来显的信令流程；

3. 使用同样的主叫拨打这些异常的号码，有时候可以显示，有时候不能显示，排除主叫开通号码隐藏导致被叫不能显示号码的问题；

4. 到现场查看机房灰尘比较非常大，用户板拔出发现板上积了很厚的灰尘，清洁单板后，来电显示异常的用户全部恢复正常。

总结和建议

如果机房环境恶劣，室内灰尘落在机体上，可造成静电吸附，使金属接插件或金属接点接触不良，不但会影响设备寿命，而且易造成设备故障。为达到上述要求，机房可采取如下措施：

1. 地面、墙面、顶棚面采用不起尘的材料；

2. 开向室外的门窗宜设置纱门、纱窗，外窗应具有较好的防尘功能；

3. 定期打扫机房，清洗防尘网(设备)(3 月一次)；

4. 注意进入机房前戴鞋套、穿防静电工作服。

案例 30　半永久数据修改步骤错误导致主机数据紊乱

故障现象

某通信站接入网版本 HV20-A005-C005-2001-03-19，配置音频半永久连接数据后显示半永久连接中断故障。

组网情况

组网如图 2-27 所示。

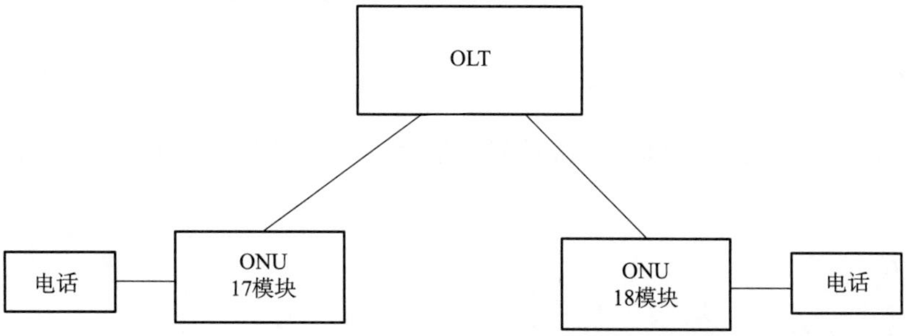

图　2-27

原因分析

1. 数据设置问题；
2. 前后台数据不一致；
3. VFB单板端口故障；
4. 母板槽位故障；
5. 模块PV8程序或数据问题。

故障定位及处理过程

1. 该接入网有自动电话，电话使用正常；17号模块与别的模块间之前开的半永久连接业务，状态正常，查询及拆线、连线没有问题，初步判断模块正常；
2. 检查数据，半永久连接表、槽位描述表、HW组描述表均正常，前后台校验，数据一致；
3. 删除这条有问题的半永久连接，再重新增加并设定主机，问题不能解决；
4. 该半永久连接无法进行查询、连接、拆线等操作，提示“半永久连接未建立”，路由查询提示“无可用路由”；
5. 删除该条数据，新建1号模块与别的模块间半永久连接，发现正常；
6. 新建17号模块与别的模块半永久连接，问题仍然存在，怀疑17号模块端口或数据存在问题；
7. 更换17号模块端口，发现有17号模块同一块单板两个不同端口存在同样问题，另外一块单板还有两个端口数据上看可以正常连接，而实际业务不通；
8. 与局方协调重新加载17号模块程序和数据并测试，发现故障的半永久正常，问题解决。

总结和建议

经与维护人员了解，日常维护接入网半永久连接表中的数据时，是直接修改数据然后再设定。修改半永久连接表数的正确步骤为：先删除数据并设定所有模块，再重新增加数据并设定所有模块。如果直接修改数据然后执行设定操作可能造成接入网模块数据紊乱，这就需要重新加载主控板数据才能解决，数据加载完成后，主控板重新启动还会影响在网业务。

案例31　2 M环回导致半永久业务不通

故障现象

某通信站接入网两用户之间送音频信号无法互通，而VFB单板的部分半永久业务可以正常互通。

组网情况

组网如图2-28所示。

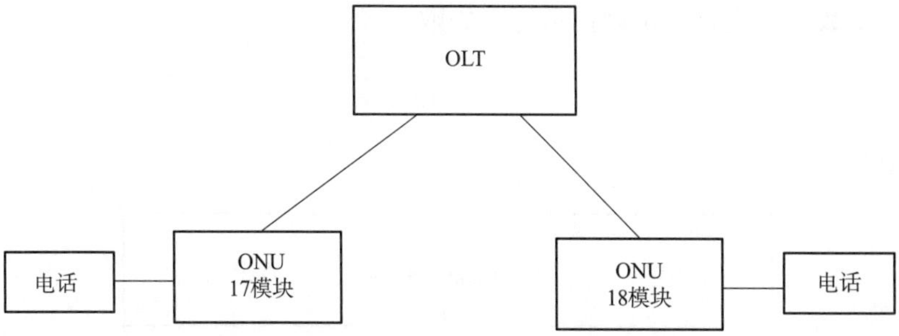

图　2-28

原因分析

1. 槽位描述表的配置不正确；
2. 音频描述表里面 2、4 线的配置不正确；
3. 半永久接口描述表中的配置不正确，前后台数据不一致；
4. 时隙已经占满；
5. VFB 单板端口运行异常；
6. 2 M 链路故障。

故障定位及处理过程

1. 检查槽位描述表配置均符合该框的标准；
2. 音频描述表的配置均为 4 线，没有问题；
3. 半永久接口描述表配置正确，前后台数据一致；
4. 2 M 时隙正常还有空余；
5. VFB 单板工作正常，更换 VFB 单板端口后故障依旧；
6. 通过 2 M 链路身份标识进行校验，发现其中一个 2 M 校验未成功，怀疑是此 2 M 问题；
7. 在其中一块 VFB 单板的一个 4 线端口进行测试，发现存在自发自收现象，即端口产生了自环，现场检查 2 M 传输发现 PV8 的一条 2 M 链路在 DDF 架上被打环，导致两端用户的半永久业务中断。将 2 M 的环路拆除恢复正常后两用户的半永久链路恢复正常，可以正常互通。

总结和建议

发生此类故障后，注意检查 2 M 链路是否存在环路或者故障。因为 2 M 故障可以从接入网告警系统及时发现，但是存在环路的时候，接入网网管系统是不会告警的，此时 V5 接口也是正常的。

案例 32　网际半永久连接超过最大元组数导致连接失败

故障现象

某通信站接入网版本 HONET HV20A005-C005-20010319，主机补丁 C13，在网管上配置网际半永久连接数据并进行设定后提示连接失败。

组网情况

组网如图 2-29 所示。

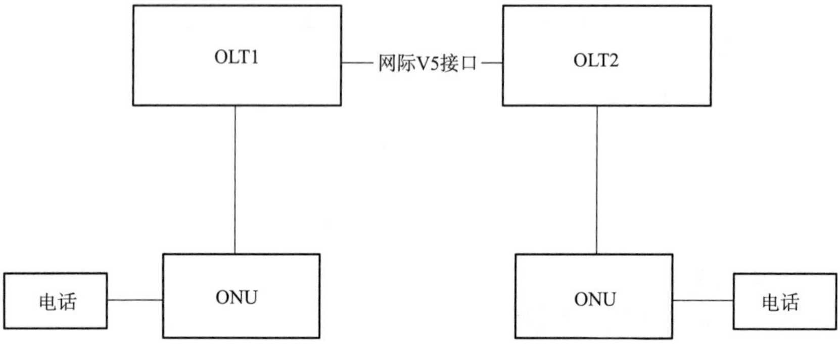

图 2-29

原因分析

1. 数据配置错误;
2. 硬件故障;
3. 资源不足;
4. 接口不正常。

故障定位及处理过程

1. 检查网际半永久数据配置,无错误;
2. 通过网际消息测试,子网 1 到子网 2 消息可达;
3. 终点设备正常,起点设备状态正常;
4. 通过接入网维护系统的逻辑窗口,发现子网之间 2 M 通道时隙资源足够;
5. 其他子网的同一网际半永久连接数据配置正常;
6. 删除一条实际没有用的网际半永久后,该网际半永久正常。

总结和建议

由于网际半永久连接号要求全网统一,因此任意组网中,全部网际半永久业务总数不能超过 100。

案例 33 因在冗余模块数据导致设定数据超时问题

故障现象

某通信站接入网版本 HV20-A005-C005-2001-03-19,半永久连接表中设定单条数据非常慢,每次设定主机记录弹出设定超时信息框,该问题严重影响工作效率。

组网情况

组网如图 2-30 所示。

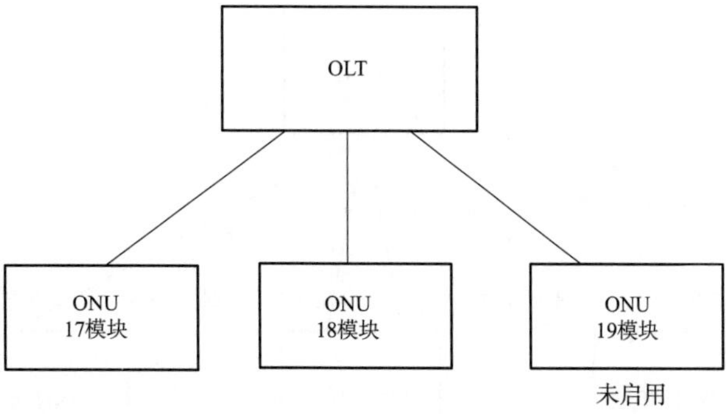

图　2-30

原因分析

1. 主机单板故障；
2. BAM 操作系统感染病毒导致系统处理速度慢；
3. 网管数据库存在冗余模块数据，导致设定超时。

故障定位及处理过程

1. 排除设备硬件故障；
2. 对 BAM 电脑进行查毒、杀毒操作，故障现象依旧；
3. 发现维护系统上一个模块显示为灰色，客户反映该模块已经拆站，但数据未清理。将该模块的各个相关表格删除，保存数据，重启 BAM，问题解决。

总结和建议

半永久连接表属于全局表格，主机设定记录时，需要对每个模块进行设定，如果模块处于脱管状态(维护台显示灰色)，主机会不断设定数据，直到超时。建议用户定期对垃圾数据进行清理。

案例 34　2 M 链路标识配置错误导致 ONU 主备倒换后网元脱管

故障现象

1. 某铁路局采用 OLT 和 ONU 主备链路保护组网，组网方式为 OLT-ONU 星型组网；
2. 维护人员例行检查，对 ONU 网元 28 模块主备倒换测试，造成 28 模块网元脱管，上报 V5 接口中断告警；
3. 设备脱管前 28 模块的 9 槽位-PV8 单板为主用，10 槽位-PV8 单板为备用。

组网情况

组网如图 2-31 所示。

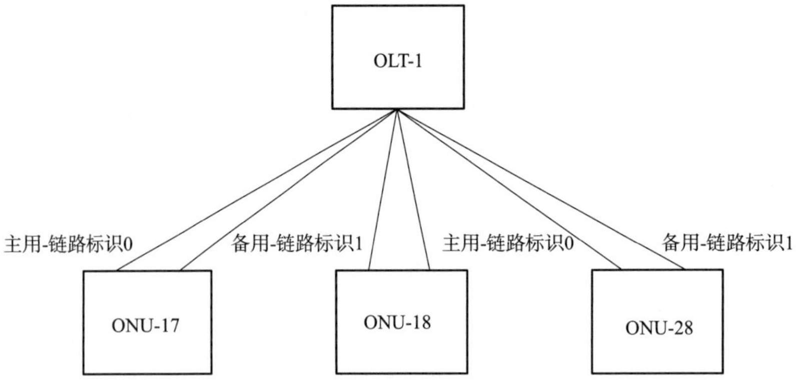

图　2-31

原因分析

1. 模块 28 主备之间通信中断或备用板链路中断,倒换后引起网元脱管;
2. 模块 28 的 10 槽位备用单板异常,在倒换后切换失败,造成网元脱管;
3. 备用板数据和主用不一致或单板坏掉引起倒换后切换失败,造成网元脱管。

故障定位及处理过程

1. 检查与 28 模块 V5 接口相连的 OLT 中继板 DTE 侧,V5 接口状态为正常,排除 2 M 链路端口中断引起网元的脱管;

2. 检查维护系统 V5 接口状态,发现链接 28 模块的 V5 接口为等待链路连接状态,怀疑主备板间链路中断引起;

3. 到现场检查 28 模块板间连接线正常,检查 10 槽位连线正常;

4. 将 9 槽位和 10 槽位 PV8 单板对调,设备网元在维护台恢复正常,主用单板为 9 槽位 PV8,排除备用单板吊死等硬件的问题;

5. 怀疑是主备板数据有问题,到网管后检查数据配置发现 28 模块备用 10 槽位单板 2 M 链路标识和 9 槽位单板的 2 M 链路标识都为 0,将 10 槽位对应的链路标识改为 1,再次进行设备倒换成功;

6. 倒换失败时接口 2 M 链路配置如图 2-32 所示。

接口2M链路配置表

模块号	链路号	接口号	链路标识	启用CRC4校验
27	32	0	0	否
27	40	0	1	否
28	32	0	0	否
28	40	0	0	否

图　2-32

通过修改 10 槽位对应链路标识为 1 后的配置如图 2-33 所示。

接口2M链路配置表

模块号	链路号	接口号	链路标识	启用CRC4校验
27	32	0	0	否
27	40	0	1	否
28	32	0	0	否
28	40	0	1	否

图　2-33

总结和建议

对接入网远端 PV8 模块进行主备倒换操作时，需要注意以下 4 点：

1. 对数管系统中的模块连接表、接口配置表、V5 通信通道配置表、接口 2 M 链路配置表进行前后台数据一致性检查，确认主备数据和后台一致；
2. 在 ONU 设备倒换前需要确认备板状态，设备数据备份开关已经打开；
3. 对主备单板进行 2 M 链路标识操作，确认设备物理连线正常；
4. 维护系统中确认拨码开关对应的程序加载，数据加载为关闭状态。

案例 35　UA5000 协议对接问题导致 PVMD 主备倒换后 V5 链路阻塞

故障现象

某厂家交换机下带 UA5000 PVMV 100R019C07 版本，主备板 PVMD 各接两条 E1 与交换机对接，现场测试主备倒换时发现 V5 链路处于阻塞状态。

组网情况

组网如图 2-34 所示。

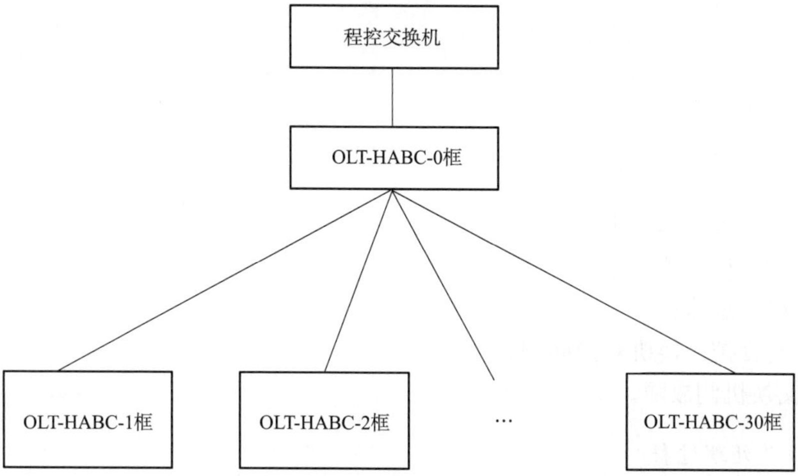

图　2-34

原因分析

1. 2 M 质量存在问题，在主备倒换后，E1 质量变差；
2. 时钟配置错误，主备倒换，无法跟踪到时钟源；
3. 交换机与接入网协议配合存在问题。

故障定位及处理过程

1. 主备倒换后使用 display port 命令查询 2 M 状态正常及 CRC4 校验为是，和交换机设置一致，对接参数配置双方一致。

2. 使用 display clock source 命令查看时钟源配置状态，时钟配置在主板和备板第一条 E1 上，时钟源优先级为 0 和 1，时钟输出状态为是，说明时钟配置正常，状态正常。

3. 使用 display V5-software parameters 命令查询接口软件参数，发现 V5 软件参数 8 默认设置为 0，支持自动解阻塞功能。其含义为：AN 与 LE 对用户端口和链路的阻塞/解阻塞处理一般采用“谁阻塞，谁解阻塞”的原则，即 LE 侧对用户端口或 2 M 链路进行了阻塞，只有 LE 侧能够解阻塞，AN 侧发送解阻塞，LE 会拒绝。但此规程不同交换机有可能不同，接入网可以支持灵活处理。为了支持其他厂家交换机不要求按照上述规程处理，此参数需要设置为 1。

4. 使用 V5-software parameters modify 8 1 命令修改 V5 接口软件参数后再测试问题解决。

总结和建议

在与其他厂家交换机对开 V5 接口时，需要注意 V5 接口软件参数的设置。

案例 36　程控交换机单板故障导致接入网全部业务中断

故障现象

某铁路局，用户申告接入网 OLT 下挂 ONU 电话业务全部中断，DTE 单板指示灯闪烁。

组网情况

组网如图 2-35 所示。

原因分析

1. OLT 主控板数据丢失；
2. OLT 主控板故障；
3. OLT 机框故障；
4. OLT 与程控交换机对接问题；
5. 程控交换机侧故障。

故障定位及处理过程

1. 通过网管对 OLT 前后台数据一致性校验，发现数据一致，不存在数据丢失；

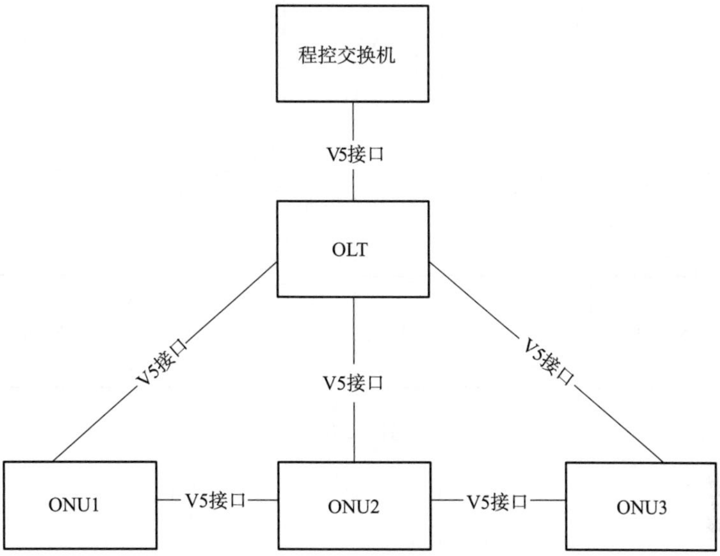

图　2-35

2. 将 OLT 主控板备份开关关闭，进行主备倒换，故障依旧存在；

3. 对主控板进行单配，排查单板故障，未发现问题产生原因；

4. 查看 OLT 与铁通 V5 接口发现未建立，复位接口后仍未建立；

5. 怀疑程控交换机出现问题，接口不能建立且 DTE 指示灯闪烁，排除 OLT 单板问题，初步定为交换机侧时钟跟踪有问题，经过定位，交换机业务板故障，导致与 OLT 间 V5 接口故障，OLT 时钟跟踪信号丢失。

总结和建议

在处理类似故障时，应注意以下 4 点：

1. 遇到此类问题首先应该确定本方硬件、软件、数据配置无问题，可充分利用网管功能和好坏件对调比较等方法；

2. 处理问题应先从影响小的，再到影响大的分步处理；

3. 也可先从操作简单到操作复杂分步处理；

4. 及时与其他设备厂商沟通，便于故障定位。

案例 37　ONU 备份开关关闭造成数据备份不完整，倒换后设备脱管

故障现象

某铁路局例行设备维护，对 ONU 设备进行倒换测试，设备倒换后网元脱管，查看设备 2 M 链路正常，协议无法建立。

组网情况

OLT 下挂 25 个 ONU 网元设备，属于星型连接，如图 2-36 所示。

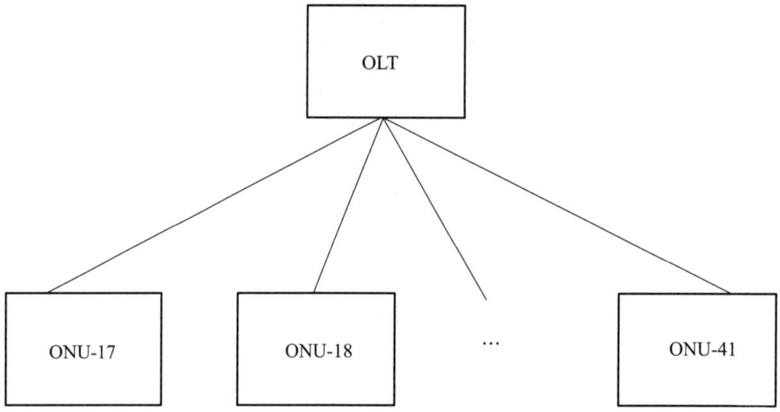

图　2-36

原因分析

1. 备用单板异常,造成倒换后数据无法加载;
2. 设备数据不全造成倒换后网元脱管。

故障定位及处理过程

1. 通过数据检查,数据没有问题;
2. 现场查看设备硬件连接没有问题,主备再次倒换后,网元正常恢复;
3. 检查设备备份开关未能开启,通过维护系统修改备份开关后再次倒换正常。

总结和建议

此故障为备份开关关闭,设备倒换后造成网管脱管。

1. 在日常维护中应当检查设备备份开关,保持开关在打开状态,后台修改数据才能主备同步;
2. 在设备数据检查未能完成前,不要轻易对设备主备倒换。

案例 38　OLT 设备 DTE 单板端口故障导致 ONU 电话故障

故障现象

某铁路局,用户申报 ONU 电话中断故障。复位主控板后电话正常,但随着时间增加,电话出现杂音大,接着电话间歇性中断,最后导致电话全部中断。

组网情况

组网如图 2-37 所示。

原因分析

1. V5 接口故障;

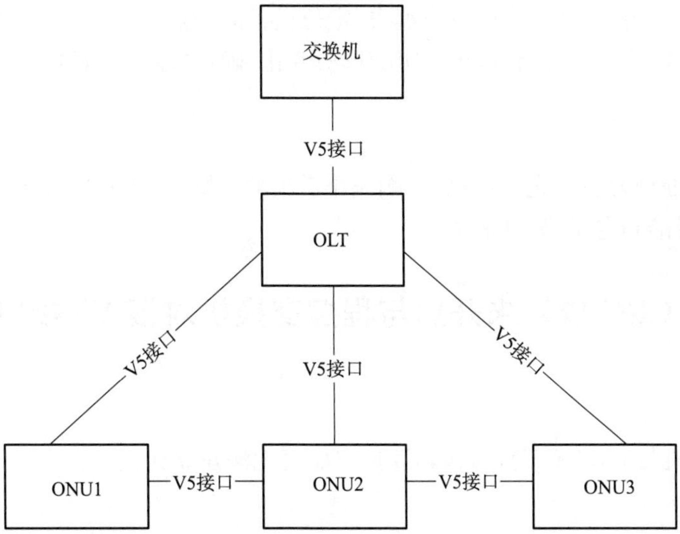

图　2-37

2. ONU 模拟用户板故障；
3. ONU 主控板故障；
4. ONU 与 OLT 互联 2 M 故障；
5. 对应传输设备 2 M 或端口故障；
6. OLT 设备 DTE 单板故障；
7. OLT 设备 AV5 主控板故障；
8. 上层程控交换机故障。

故障定位及处理过程

1. 在前期电话有杂音阶段，通过网管对 V5 接口状态查看，未发现异常；
2. 通过网管对 V5 接口 2 M 链路身份标识测试成功；
3. 更换数据配置，电话端口改到其他配置，故障依旧；
4. 更换 ONU 业务板进行测试，故障依旧；
5. 在后期电话中断阶段，通过网管对 V5 接口状态查看，发现 V5 接口故障，但 2 M 状态正常，复位 V5 接口不能成功，定位故障出在 ONU 与 OLT 互联 2 M 上；
6. 因在 V5 接口正常状态下 2 M 链路身份标识可测试成功，排除 2 M 跳接错误，故根据所有可能对 2 M 有影响的方面分步排查；
7. 设备主控板单配测试，发现左板(9 槽位)对设备有影响，对调主控板后测试，故障依然在左板，定位故障点在 9 槽位；
8. 对 9 槽单板上承载的 3 个 2 M 分别断开测试，定位故障跟随与 OLT 互联的第一个 2 M 变化，定位故障点在此 2 M 路径上；
9. 更换 ONU 设备和传输设备的 2 M 跳线与端口，故障依旧，初步排除下端 ONU 与传输故障，定位故障点在上端 OLT 或传输上；
10. 上端更换 OLT 跳线与传输跳线测试，故障依旧；

11. 更换 OLT 端口数据，测试故障消失，定位设备故障点为 OLT 业务板 DTE 板端口；
12. 更换 DTE 单板进行测试，故障跟随单板变化，确定故障由 DTE 单板损坏引起。

总结和建议

此类问题的处理要遵循先易后难，影响先小后大的原则，分段对所有故障点进行逐步逐段地分析处理，最后准确定位、处理故障。

案例 39　CRC 校验未开启与程控交换机对接 V5 接口无法建立

故障现象

某厂家交换机与 OLT-GVⅢ对接，V5 接口始终无法建立连接。

组网情况

组网如图 2-38 所示。

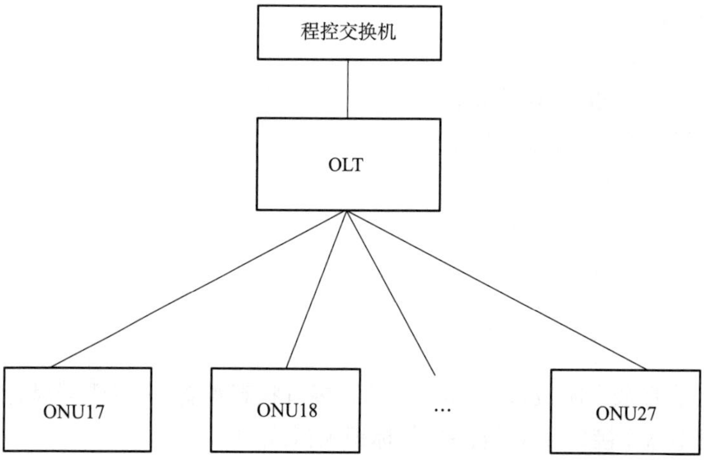

图　2-38

原因分析

1. 物理通道对接存在问题，链路没有一致对应；
2. 与程控接口标识、链路标识、PSTN 协议标识、物理 C 通道标识、变量未保持统一；
3. 双方协议数据配置有问题。

故障定位及处理过程

1. 检查 OLT 与程控交换机两侧物理通道建立正常，通过断开 2 M 物理链路进行核实没有问题；

2. 确认双方数据协商，变量、标识等信息都一致，重启端口后故障依旧；

3. 检查双方协议数据发现，对端程控交换机 CRC 校验开启，OLT 侧默认不启用 CRC 校验，将 OLT 侧 CRC 校验打开后，两侧重启端口，接口建立成功。

总结和建议

在与其他厂家交换机对开 V5 接口的时候，需要注意 V5 接口的协议数据是否都已经确认完毕，保证各参数修改一致后，需要重新复位 V5 接口。

案例 40　UA5000 新建网元不能正常同步数据

故障现象

某铁路局采用 UA5000 设备组网，使用 U2000 网管系统进行维护管理。现场搭建网管和 OLT 设备调试完毕后，无法在 U2000 网管中进行数据同步。

组网情况

UA5000-HABC 框 2 框 OLT，HABC-30 框通过星型连接组网。如图 2-39 所示。

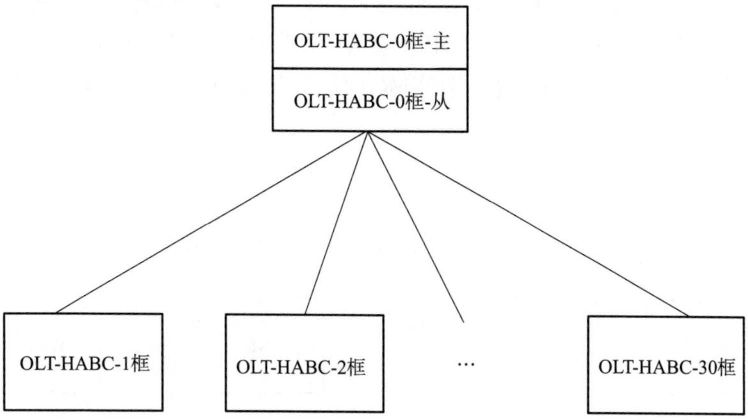

图　2-39

原因分析

1. U2000 服务器与 OLT-HABC 设备互联有问题；
2. U2000 版本匹配有问题；
3. U2000 和 UA5000 设备互联协议不匹配。

故障定位及处理过程

1. 在 U2000 服务器侧 Ping HABC-OLT 机框设置 IP 地址，正常 Ping 通无丢包；
2. 查询当前服务器版本为 V200R014，设备版本为 V100R019C07 正常，版本匹配；
3. 查询网元数据传送协议，默认设置为文件传送方式，修改网元传送协议为 SNMP 协议后，网元数据同步正常。

总结和建议

此故障为设备互联协议不匹配造成网元不能数据同步，通过以下步骤进行参数修改：

1. 进入 U2000 客户端系统工具—配置项管理菜单—修改配置项为 1；

2. 进入网元数据同步后查验是否正常；

3. 在数据配置不能同步的情况下，优先考虑硬件连接是否正常，可以通过 IP 地址互 Ping 的方式判断；

4. 新建网元组网中，需要对服务器和 OLT 设备的互联协议分别进行配置。

案例 41　由于接入网无可用路由导致半永久无法正常建立

故障现象

某铁路局，采用 PV8 模块级联进行组网，模块间均开有模块间接口，业务全部为半永久业务，主机版本：HV20-A005I-C005-20010319。新增加一个 PV8 模块(22 模块)挂在 18 模块下，18 模块挂在 5 模块下，5 模块与 BAM 直联。新增 22 模块与 5 模块间的半永久业务均无法正常建立，查询失败原因为无可用路由。但实际 5 模块与 18 模块、18 模块与 22 模块间的链路全部正常且空闲。

组网情况

组网采用 PV8 模块级联进行组网，模块间均开有模块间接口。如图 2-40 所示。

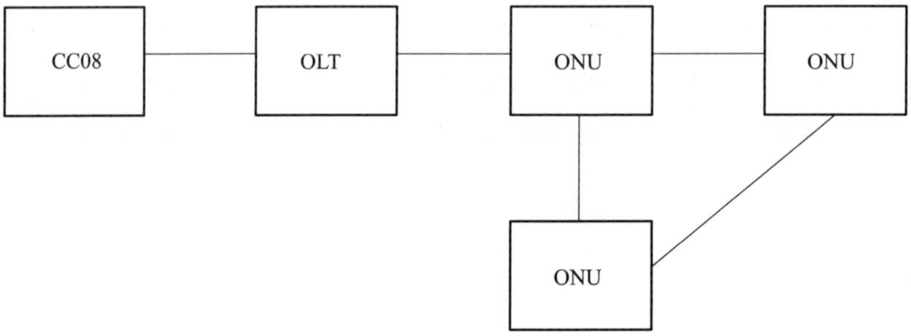

图　2-40

原因分析

1. 半永久路由经过的模块路由资源已占满，每个模块(包括 GV5 和 PV8)的最大路由数为 256，以本模块为起点或终点的半永久占用一条路由，以本模块为中间节点的半永久业务占用两条路由；

2. 半永久业务在“半永久连接表”中描述，有一参数项为路由是否迂回，如果配置为否(缺省值)，则半永久业务必须占用多条路由中的最佳路由，如果最佳路由中断，半永久将无法正常建立，失败原因为无可用路由。

故障定位及处理过程

1. 针对原因 1,分析 5 模块、18 模块和 22 模块已占用的路由情况,均未超过 256。

2. 针对原因 2,由于铁路专网组网较复杂,最佳路由不好分析,可采用一简单方法:将“半永久连接表”中路由是否迂回改为是,此时半永久正常建立,查询路由结果为 5 模块-18 模块-22 模块,为非最佳路由。由此可说明 5 模块-18 模块-22 模块不是 5 模块到 22 模块的最佳路由。分析“模块连接表”得到 5 模块到 22 模块最佳路由为 5 模块-16 模块-22 模块,但 5 模块与 16 模块间的接口没有开通,导致最佳路由不正常,半永久业务不能正常建立。

3. 通过“模块连接表”发现 5 模块至 18 模块权值为 10,18 模块至 22 模块权值为 30,18 模块至 16 模块权值 10,16 模块至 22 模块权值为 5。由此再次判定 5 模块-18 模块-22 模块不是 5 模块到 22 模块的最佳路由。因为权值越大小确定相邻两个模块间选路的优先级,取值越小优先级越高,取值越大优先级越低。

4. 删除原最佳路由 5 模块-16 模块-22 模块的数据:将“模块连接表”中 5 模块和 16 模块的相关数据删除设定 5 模块和 16 模块的接口数据删除设定后,将“半永久连接表”中路由是否迂回改为否,5 模块与 22 模块间的半永久业务也能正常建立(查询路由情况,5 模块-18 模块-22 模块为最佳路由,因为原最佳路由 5 模块-16 模块-22 模块删除)。

总结和建议

建议将“半永久连接表”中路由是否迂回全部改为“是”,当最佳路由不可达时,可以通过迂回路由保证业务正常。同时在制作半永久连接表时,一定要注意数据参数的合理设置。

案例 42　UA5000 因 CDI 板外电检测导致电调电话周期短振铃

故障现象

某铁路局采用 UA5000 的 HABC(PVMD)框带 UA5000 的 HABC(VRSP)框树形组网,每 VRSP 框对接 2 条框间链路,工区维护人员反馈电调电话周期性短振铃,接通无应答。

组网情况

组网如图 2-41 所示。

原因分析

1. FAS 设置问题;
2. 电话机故障;
3. 外线故障;
4. 单板故障;
5. 网管设置故障。

故障定位及处理过程

1. 检查并更换话机问题依旧,基本排除话机故障;

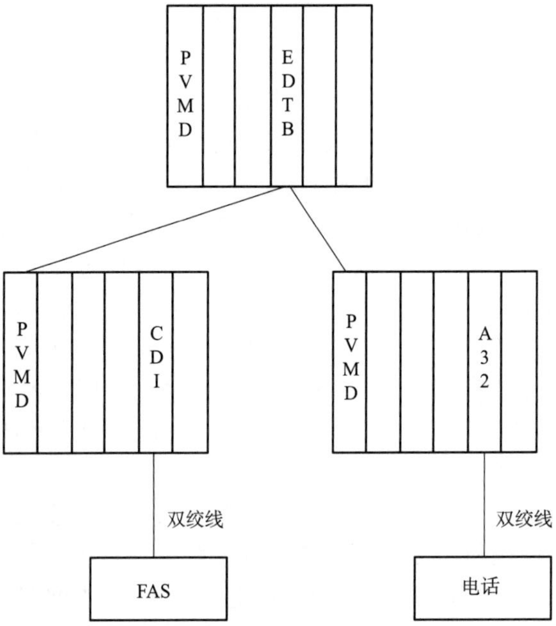

图　2-41

2. FAS 直接接话机，问题排除，排除 FAS 故障；

3. 更改 Z 接口业务落地点为本站，问题依旧，基本排除另一个 ONU 及 OLT 单板及外线故障问题；

4. 检查网管数据配置发现 CDI 板的外线馈电检测是打开的，此项设置会导致设备周期性发送电信号，导致用户电话周期性振铃；

5. 修改 OLT 的海外参数 21 至适当较小值后故障现象消失，问题解决。

总结和建议

UA5000 出厂默认海外参数 21 指示 CDI 馈电检测是打开的，实际在铁路应用中不需要此功能，故开局时需要修改此项参数。

案例 43　D4810 电源长期均充问题

故障现象

1. 某铁路局采用 ESC 板带 HD4810 电源形式供电及监控，此外从监控框母板 RS232 串口采集数据入友商动环监控系统，接入网监控系统加入该模块 4810 电源后，动环电源电压监控跳变；

2. 工区维护人员通过动环系统发现该网元电源电压为 56.3 V，持续很长时间，怀疑电源有问题；

3. 更换 ESC 板，电源脱管，无法查看电源信息；

4. 接入网版本为 HV20A005-C005-20010319，无网管补丁。

组网情况

组网如图 2-42 所示。

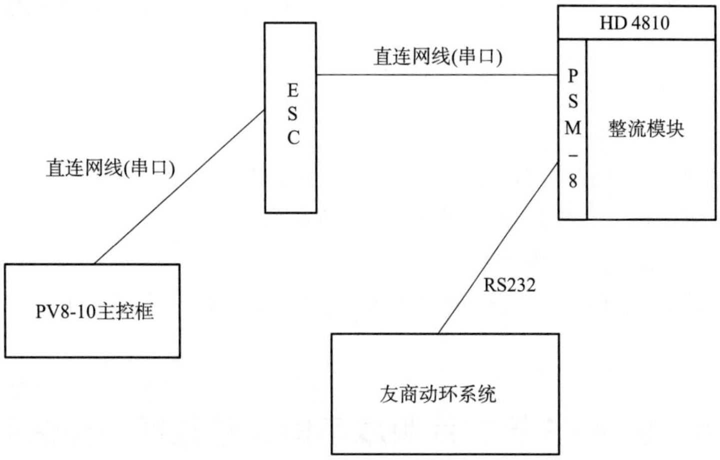

图　2-42

原因分析

1. PSM-8 单板故障；
2. ESC 单板故障；
3. 动环系统采集数据功能异常；
4. 设备硬件安装问题；
5. 电池组问题；
6. 网管数据制作问题。

故障定位及处理过程

1. 现场测试交流输入电压电流正常，直流输出电压为 56.3 V；
2. 检查电池组，发现其中一组电池组故障，甩开该组电池，故障未恢复；
3. 检查硬件连接，发现电源配线架处连线不符合规范，整改后仍然均充，故障未恢复；
4. 现场检查 PSM-8 单板，发现拨码未见异常，尝试更换后仍然均充，故障未恢复；
5. 拔除 PSM-8，电压恢复 53.6 V，排除整流模块问题；
6. 尝试更换 ESC 单板，发现电源脱管，建议网管打补丁，打完补丁后，接入网监控系统恢复监管，大约 4 h 后恢复浮充，均充问题解决；
7. 接入网监控系统对 4810 电源监控时，动环系统对电源电压的监控存在跳变(跳变范围为从 0 到正常值)；
8. 接入网监控系统中删除此 4810 电源，改为友商动环系统独立监控时，电压显示正常；
9. 断开动环监控 RS232 串口，接入网监控系统电压等各项指标正常；

10. 由于已更换 PSM-8 单板，单板故障概率很小；

11. 此项不涉及控制，仅涉及数据采集，交由接入网及动环厂家处理，由于动环对电源协议的解析以及动环对电源的采样周期与监控模块对各参数的采样周期存在偏差，造成此问题，与通信车间商议，选择暂不用接入网的监控系统监控电源，单独采用动环系统监控电源，问题解决。

总结和建议

1. 在处理复杂故障过程中，应该从紧急到次要依次处理；
2. 设备安装交付时要严把质量关，杜绝工程遗留问题；
3. 日常维护应该定期检查电池组问题；
4. 涉及协议对接，异种机对接需要认真核实协议，并参考设备原厂对设备对接的建议意见。

案例 44　因 AV5 板芯片版本不同导致数据无法热备问题

故障现象

某铁路局，因 AV5 板故障，用户自行更换 AV5 板后，备份开关无法打开，无法正常平滑进行主备倒换。

组网情况

无。

原因分析

1. 数据前后台不一致，两块 AV5 板程序数据不一致；
2. AV5 板故障；
3. 单板补丁程序不一致。

故障定位及处理过程

1. 到达网管机房后，在网管上查看数据，未发现异常，进行各表格的一致性校验，未发现不一致问题；
2. 核查两块单板的物料编码，完全一致；
3. 核查单板补丁程序，两板一致；
4. 征得同意后强制主备倒换，倒换后进行各表格的一致性校验，未发现不一致问题；
5. 性能中提示倒换数据不一致；
6. 与维护人员核对数据后，网管数据没有问题，建议格式转换后重新加载程序数据，经同意后试行，完成后仍有问题；
7. 征得同意后强制主备倒换回来，重新加载另一板程序数据，完成后，备份仍有问题；
8. 仔细核查两单板各芯片，发现部分存储芯片批次不同，型号有差异，了解单板制造时间发现相差近8年；

9. 更换两块同型号芯片板件后问题排除。

总结和建议

在处理故障时，尽量选择相同或近似批次板件替换故障件，以免发生类似问题。

案例45　GV5-Ⅲ主控框因AV5板异常导致大面积PCM滑码

故障现象

1. 某铁路局采用GV5-Ⅲ主控框带PV8-10主控框树形组网，对接V5接口有1或2个PCM链路不等；
2. 工区维护人员发现GV5-Ⅲ主控框DTE板除对接本站的PCM指示灯长灭，其余指示灯显示滑码，网管性能中也有部分滑码提示；
3. 接入网版本为HV20A005-C005-20010319。

组网情况

组网如图2-43所示。

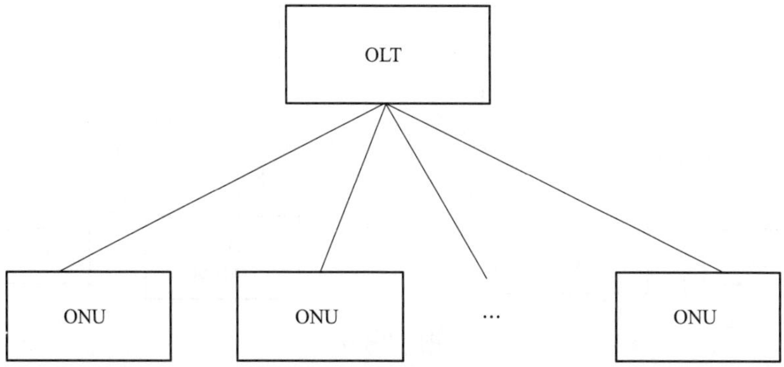

图　2-43

原因分析

1. OLT本站传输设备支路板故障；
2. 传输有误码；
3. DTE板故障；
4. 主用AV5板异常。

故障定位及处理过程

1. 检查OLT本站所涉及的光板SDH性能事件，均未发现有误码；
2. 核实本站支路板所带其他业务，未见异常，基本排除传输问题；
3. 本站DTE板均有故障现象，概率极小，涉及面广，留待最后排除；

4. AV5 板主备用工作正常，在征得网管同意后下发倒换命令主备倒换，发现问题排除，倒换回来问题重现，判断主控问题；

5. 更换一块主控板。加载完成后主备倒换，主备倒换后，问题未重现，故障解决。

总结和建议

1. 在处理故障过程中，应该从处理手段影响范围小的到影响范围大的依次尝试排除问题，尽量避免影响正常业务运行；

2. 日常维护建议定期进行 OLT 的倒换测试，及时发现问题隐患。

案例 46　2 M 问题导致业务中断

故障现象

站点 A 到 OLT 的 2 M 在维护系统查看 2 M 正常，备用 2 M 故障时 A—B 的所有半永久业务中断。

组网情况

组网如图 2-44 所示。

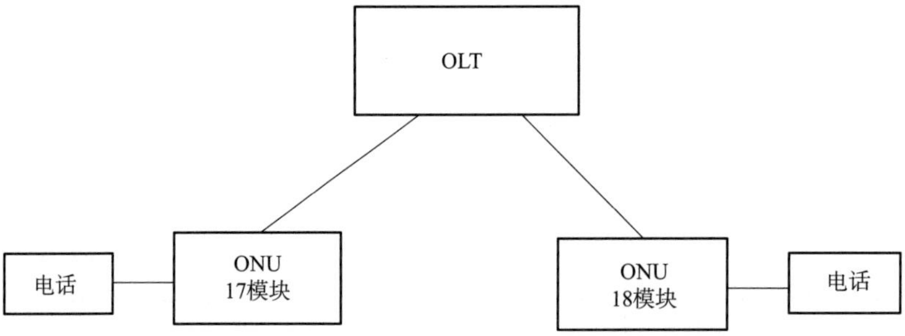

图　2-44

原因分析

1. 2 M 硬件故障导致业务中断；

2. OLT 与 ONU 链路身份标识错误；

3. 接入网侧数据配置错误。

故障定位及处理过程

1. 通过现场对两个 2 M 通道的测试，2 M 正常，未发现问题；

2. 对逻辑窗口中的时隙占用进行查看，发现所有业务占用的时隙都在备用 2 M 上；

3. 对网管进行 2 M 确认，2 M 正常网管无异常告警；

4. 在网管通过 2 M 链路身份标识操作对 OLT 与 ONU 间链路进行测试，发现主用 2 M 链路标识未成功；

5. 分析可能出现数据配置错误，对接入网 OLT 与 ONU 2 M 对接所涉及的表格进行查看，发现接口 2 M 链路配置表中对主用 2 M 中的链路标识错误，对表格进行更改，重新进行链路身份标识，链路身份标识成功，问题解决。

总结和建议

1. 遇到此类问题应该充分利用网管功能定位故障点；
2. 可以从业务流程角度考虑，从起点到终点一个环节一个环节分步骤地发现问题。

案例 47　用户线缆型不匹配导致 A32 用户板中间 16 路电话故障

故障现象

某铁路局，用户申报 ONU 设备 A32 单板中间 16 路电话无电无音。

组网情况

无。

原因分析

1. 交换机数据配置错误；
2. OLT 数据配置错误；
3. A32 用户板故障；
4. 槽位故障；
5. 用户线缆故障。

故障定位及处理过程

1. 检查交换机和 OLT 数据配置，未发现问题；
2. 号码作被叫正常，模拟仿真呼叫正常，定位 A32 单板无问题；
3. 用户内外线测试，内线提示正常，外线提示未接话机；
4. 查看用户线缆，发现用户线缆为 16 路用户电缆，与 A32 单板无法匹配，更换线缆后故障解决。

总结和建议

接入网用户线缆分为 16 路和 32 路两种，16 路线缆配置给 ASL 板、CB02VFB 板、CDI 板、DSL 板使用，每根线缆对应两块业务板。32 路用户电缆配置给 A32 单板，CB03VFB 板使用，每块单板对应 1 块业务板。如果 ASL 使用 32 路用户线缆，用户线缆前 8 路和后 8 路分别对应 16 个端口，中间 16 路线缆相当于浪费掉；如果 A32 单板使用 16 路用户线缆，A32 单板的中间 16 个端口相当于没有用户线引出，无法使用。具体线缆情况如下。

16 路用户线缆如图 2-45、表 2-3 所示。

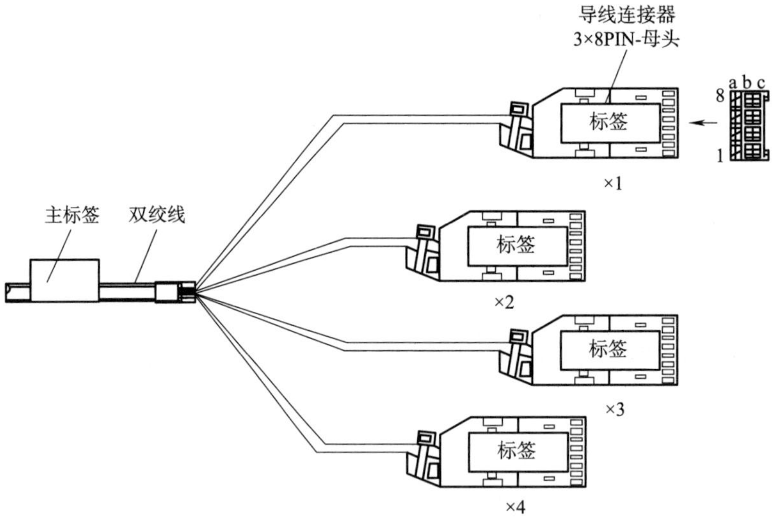

图 2-45

表 2-3

标　　签	对应连接器	含　　义
UP-RIGHT	×1	连接到右边单板背板的上 HEADER
DOWN-RIGHT	×2	连接到右边单板背板的下 HEADER
UP-LEFT	×3	连接到左边单板背板的上 HEADER
DOWN-LEFT	×4	连接到左边单板背板的下 HEADER

32 路用户线缆如图 2-46、表 2-4 所示。

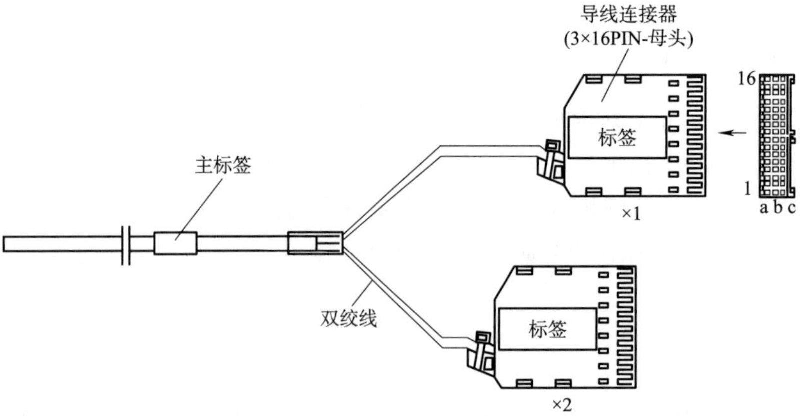

图 2-46

表 2-4

标　　签	对应连接器	含　　义
UP(1～16)	×1	前 16 路用户端口，用于连接单板背板的上 HEADER
DOWN(17～32)	×2	后 16 路用户端口，用于连接单板背板的下 HEADER

案例 48　程控交换机数据配置问题导致接入网用户无法呼入

故障现象

某铁路局，用户申告接入网新放电话号码无法落地（能正常呼出，不能正常呼入）。

组网情况

无。

原因分析

1. 接入网侧数据配置错误；
2. 接入网模拟用户端口故障；
3. 程控机侧电话权限未开通；
4. 程控机侧数据配置错误。

故障定位及处理过程

1. 对原有正常自动电话端口和故障电话端口进行对调，测试后发现故障跟随电话号码出现，与端口无关；

2. 对自动电话做主叫进行信令跟踪，未发现异常，对自动电话做被叫进行信令跟踪发现交换机对接入网未送任何信令，定位故障出现在交换机侧；

3. 与铁路联系，确认数据配置正确，并且呼入呼出权限正常，要求其对信令进行跟踪，但因技术原因未能实现；

4. 由于接入网用户做主用正常，基本排除接入网侧问题，后 LE 侧对数据查看确定此电话已经分配给下端程控交换机，导致电话呼入时电话接入下端程控，接入网做被叫无法接续；

5. LE 侧重新分配号码资源后，业务呼叫正常。

总结和建议

接入网和 LE 侧直接通过 V5 信令接续，无法对用户的呼入、呼出权限做限制，也没有电话号码的实际概念，一般情况发生呼入、呼出权限问题，被叫无法落地问题，一般都是 LE 侧数据配置原因导致。

案例 49　VFB 单板型号不匹配导致半永久业务故障

故障现象

某铁路局，用户申报 ONU 设备新开通四条音频业务，电平值测试正常但 800 周业务出现单通故障。现场再次确认故障现象是 A 方可收到 B 方信号切正常，B 方收 A 方信号出现间接性中断。

组网情况

无。

原因分析

1. 数据配置错误；
2. 用户端口故障或鸳鸯；
3. 用户线缆故障；
4. 单板故障；
5. 单板和业务不匹配。

故障定位及处理过程

1. 检查交换机和 OLT 数据配置，未发现问题；
2. 业务单通，怀疑端口接线错误（发接对但收接错），现场核对后发现接线正常；
3. 现场确认故障现象后（A 方可收到 B 方信号切正常，B 方收 A 方信号出现间接性中断），排除线缆故障，怀疑设备端口故障；
4. 更换端口（同样在上八路）重新制作业务并测试，故障依旧；
5. 重新制作业务到另一块单板，业务测试业务正常，定位为单板问题；
6. 经过比较，原 A 方 VFB 单板为 CB03VFB 板，B 方 VFB 板为 CB02VFB 板。

总结和建议

CB02VFB 板为 16 路普通音频接口板，提供二线/四线音频功能。CB03VFB 板为专门针对铁路共线电话业务开发的音频接口板，前 8 路为铁路共线接口，后 8 路为普通音频接口。即 CB03VFB 板的后 8 个端口和 CB02VFB 板的 16 个端口属性相同，可以承载半永久音频专线业务，CB03VFB 前 8 个端口配合 VDM 板，实现铁路共线电话业务。此两种单板在网管系统中无法识别，只能在现场通过单板条码判断。

案例 50　因网管重装后主控板主机补丁无法更新

故障现象

1. 某铁路局维护中对某一模块加载补丁失败，提示补丁不存在；
2. 接入网网管版本为 HV20A005-C005-20010319，网管 P38 补丁。

组网情况

无。

原因分析

1. 主控板硬件故障；

2. 主机补丁被人为删除；
3. 电脑病毒影响。

故障定位及处理过程

1. 查看 BAM 接入网程序 dload 文件夹，未发现补丁文件；
2. 查看其他模块补丁状态，发现部分单板未加载主机补丁文件；
3. 查看维护台账，BAM 曾被重装，重装后部分网元更换过主控板，且与本次发现问题的网元一致；
4. 根据版本配套表，将最新主机补丁文件拷回至 BAM 的 C:\An_nms\Bam\dload 目录，分别加载左板和右板补丁，对补丁进行激活和确认操作，故障排除。

总结和建议

1. 关于 BAM 的重装，需要遵循正确的步骤，安装完成后除了接入网数据保持一致外，还要注意补丁版本是否一致，配置文件是否一致；
2. 接入网设备维护需要定期备份数据，建议同时备份整个安装目录，以便网管故障时可以及时恢复。

第三篇　数据通信网

案例 1　IS-IS COST 值规划不合理导致路由环路

故障现象

如图 3-1 所示，RT1、RT2、RT3、RT4 四台路由器运行 IS-IS，不引入直连路由，都属于 level-2 路由器，cost style 设置为 wide；RT1 和 RT2 之间同时运行 IBGP。RT1 和 RT0 互连网段 A、RT2 和 RT5 互连网段 B，通过 BGP network 方式发布；RT0、RT3 配置静态缺省路由指向 RT1，RT4、RT5 配置静态缺省路由指向 RT2。RT0、RT1、RT2、RT5 属于现网设备，其中 RT1 和 RT2 之间通过 2.5 G POS 互连，IS-IS cost 设置为 32。RT1 和 RT3、RT3 和 RT4、RT2 和 RT4 之间通过 GE 互连，IS-IS cost 割接时均没有调整，采用系统默认；RT3 和 RT4 割接入网，开启 IS-IS 后，RT0 到 RT5 流量中断。

组网情况

组网如图 3-1 所示。

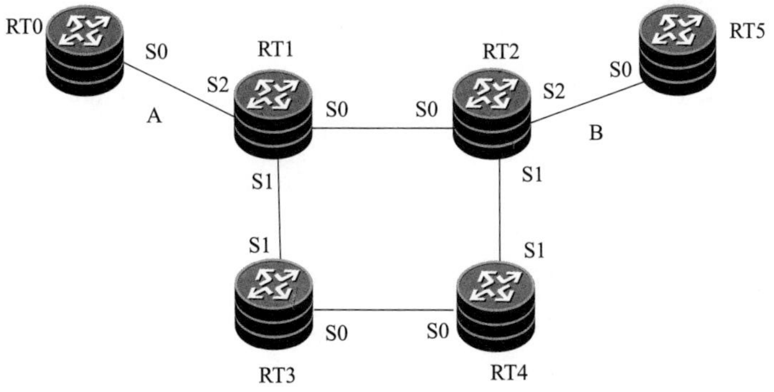

图　3-1

原因分析

IS-IS cost 值规划不合理。

故障定位及处理过程

1. 检查 RT1 的路由表，确认 RT2 和 RT5 之间的 B 网段路由下一跳为 RT2 的 Loopback 地址；

2. 检查 RT1 的路由表，发现 RT2 的 Loopback 地址路由下一跳为 RT3 和 RT1 的互连端口；

3. 考虑到 RT3 和 RT4 没有配置 BGP，检查 RT3 的 S1 和 S0 的 IS-IS cost 值为 10；

4. 将 RT3 和 RT4 之间的 IS-IS cost 值增加到 1500，业务恢复正常。

总结和建议

1. 由于 RT3 和 RT4 并没有配置 BGP 路由，而 RT1 和 RT2 也没有引入直连路由，所以

RT3 和 RT4 并没有网段 A 和 B 的路由，IS-IS 规划又不合理（32>10+10+10），A 网段发往 B 网段的流量到达 RT3 后，RT3 匹配缺省路由，又送回 RT1 形成环路，反之在 RT2 和 RT4 之间形成路由环路；

2. RT1 和 RT2 属于骨干设备，RT3 和 RT4 属于汇聚设备，建议将 RT3 和 RT4 之间的 IS-IS cost 值适当调大，避免正常时流量经过 RT3 和 RT4 之间穿透；

3. RT3 和 RT4 没有配置 BGP，RT1 和 RT2 没有通过 IS-IS 下发缺省路由，当 RT3 上行中断后，RT3 下挂业务会受影响，组网需要进一步优化。

案例 2　IS-IS 与 BGP 双出口路由引入导致路由环路和震荡

故障现象

AS100 内部选用 IS-IS 协议，双出口，通过 RTA 和 RTB 发布域内路由（BGP 视图下配置命令 import-route isis）和接收外部路由（IS-IS 视图下配置命令 import-route bgp）。网络配好后，在 RTA 上 Ping 14.1.1.1 地址，时通时断。使用命令 Tracert 14.1.1.1 地址，查看从 RTA 到 RTC 所经过的网关：

```
<RTA> tracert 14.1.1.1
traceroute to  14.1.1.1(14.1.1.1)30 hops max,40 bytes packet
1 19.1.4.2 47 ms   31 ms   16 ms        [RTB]
2 19.1.4.1 46 ms   16 ms   31 ms        [RTA]
3 19.1.4.2 63 ms   47 ms   47 ms        [RTB]
4 19.1.4.1 62 ms   47 ms   47 ms        [RTA]
5 19.1.4.2 78 ms   78 ms   63 ms
6 19.1.4.1 93 ms   63 ms   78 ms
```

组网情况

组网如图 3-2 所示。

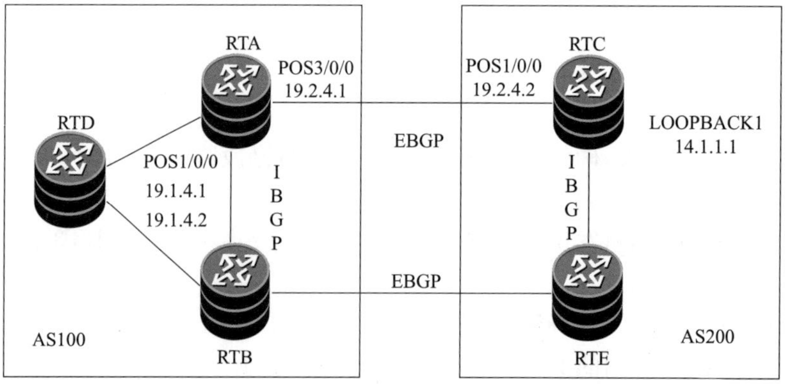

图　3-2

原因分析

Ping 时通时断，Tracert 显示 RTA 和 RTB 之间有路由环路，首先检查路由情况：

＜RTA＞ display ip routing-table 14. 1. 1. 1

Routing Table：Public

Summary Count：1

Destination/Mask　Proto　Pre　Cost　NextHop　Interface

14. 1. 1. 1/32　BGP　255　74　19. 1. 4. 2　Pos1/0/0

＜RTA＞ display ip routing-table 14. 1. 1. 1

Routing Table：Public

Summary Count：1

Destination/Mask　Proto　Pre　Cost　NextHop　Interface

14. 1. 1. 1/32　BGP　255　0　19. 2. 4. 2　Pos3/0/0

＜RTA＞ display ip routing-table 14. 1. 1. 1

Routing Table：Public

Summary Count：1

Destination/Mask　Proto　Pre　Cost　NextHop　Interface

14. 1. 1. 1/32　ISIS　15　74　19. 1. 4. 2　Pos1/0/0

发现路由在不停地变化：BGP 路由来自于 RTC，IS-IS 路由来自于 RTB，在 VRP 中，缺省情况下，IS-IS 路由优先级高于 BGP 路由，如果 IS-IS 路由稳定存在，将不会发生这种震荡现象，查看 RTB 上该 IS-IS 路由的来源，display ip routing-table 14. 1. 1. 1，同样发现路由在 BGP 和 IS-IS 协议之间震荡，查看两台路由器的配置：

＜RTA＞ display current-configuration configuration bgp

＜RTA＞ display current-configuration configuration isis

＜RTB＞ display current-configuration configuration bgp

＜RTB＞ display current-configuration configuration isis

发现 RTA 和 RTB 之间都是 BGP 和 IS-IS 互相引入对方路由，结合拓扑分析：

1. 原始路由通过 EBGP 分别传给 RTA 和 RTB；
2. 二者都将该路由重发布到 IS-IS，并通过 IS-IS 互相传递给对方；
3. 缺省情况下，IS-IS 路由的优先级高于 BGP，这样 IS-IS 就会替代 BGP 路由；
4. BGP 路由变成非最佳，通知 PEER 撤销；
5. BGP 路由撤销后，由于 IS-IS 路由来源于 BGP，IS-IS 也被撤销；
6. IS-IS 撤销后，BGP 路由又变为最佳，重新发布到 IS-IS，这样不停循环和震荡，另外 IS-IS 路由重发布到 BGP，使得本来来自于 AS200 的路由又通过 RTA、RTB 传到给 AS200，引起域外路由的重新选路，造成震荡。

故障定位及处理过程

1. 在 RTA、RTB 上设置出口路由过滤，只允许将自己域内的路由发布出去；
2. 在 RTA、RTB 上通过 preference 命令修改自身的优先级，让 EBGP 收来的路由优于域内 IS-IS 路由。

总结和建议

路由环路或震荡一般是由错误配置引起，对于 BGP 和 IGP 相互引入的情况，一定要分析清楚谁才是真正的“源”，要让源路由拥有最高的优先级，这样就能保证路由的稳定。对于多出口 AS，如果存在 IGP 和 BGP 相互引入，需要使用策略，过滤传出的路由，保证从一个 AS 收来的路由不再传回该 AS，否则可能会影响到域外路由的稳定。

案例 3　链路捆绑后带宽达不到实际带宽

故障现象

两台路由器通过两条 155 M POS 端口做 IP-TRUNK 捆绑，经过专用仪表 SMARTBITS 打流进行测试，最终测试链路的最大带宽为单条链路的带宽即：155 M，达不到 2×155 M 的捆绑后的带宽。

组网情况

组网如图 3-3 所示。

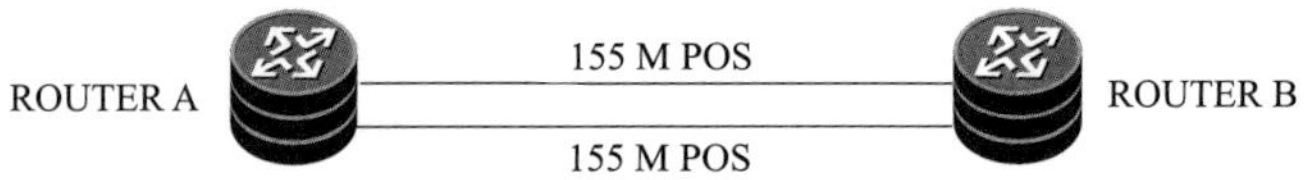

图　3-3

原因分析

1. 路由设备的互联链路之间存在其他的业务流量信息；
2. 存在单条物理接口故障；
3. 链路的负载方式问题。

故障定位及处理过程

1. 通过 display current-configuration 命令查看设备链路上没有其他业务的承载；
2. 通过 display interface brief 命令查看两个接口的物理和协议状态都正常；
3. 修改接口的负载方式为按包来负载：load-balance packet，结果问题解决，流量最大可以发送 2×155 M。

总结和建议

路由器默认的链路捆绑方式为逐流进行负载，即：源地址、源端口号、目的地址、目的端口号、协议号等五元组进行 HASH，如果 HASH 值相同则认为是同一个流量，同一个流量只能被负载分担到同一条链路，所以会出现最大流量带宽为单个 155 M。

测试可以采用两种方式：

第一种：修改捆绑接口的负载分担方式 load-balance packet；

第二种：利用打流仪器 SMARTBITS 从源端发两个流量，则可以看到两个流量都能满足 155 M，即总的为 2×155 M。

案例 4　链路捆绑两端端口状态不一致导致部分业务不通

故障现象

交换机与路由器互联，为了增加带宽，采用链路聚合进行捆绑。目前的故障现象是：PC1 能 Ping 通 PC3，但是不能 Ping 通 PC4 和 SWITCH B 的 192.168.2.1 地址，SWITCH A 和 SWITCH B 也不能互相 Ping 通，即能 Ping 通交换机下面业务的地址，但是 Ping 不通业务的网关地址。在 ROUTER A 和 ROUTER B 上可以 Ping 通所有地址。

组网情况

组网如图 3-4 所示。

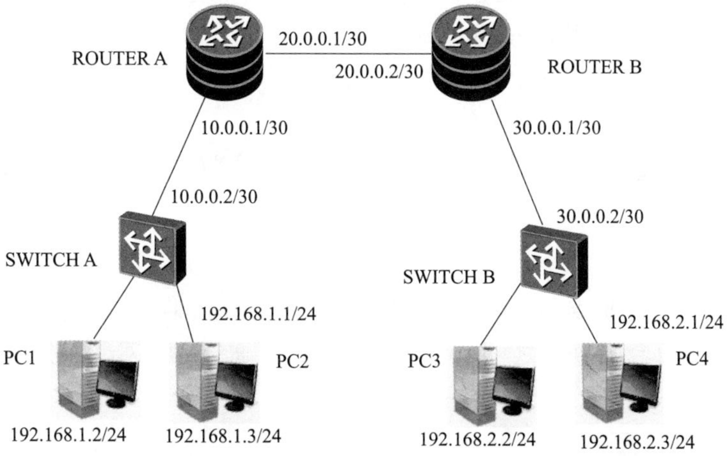

图　3-4

原因分析

1. PC1 能 Ping 通 PC3，Ping 不通 PC4，这种情况一般是由于 PC4 没有配置网关造成的，导致回程流量无法返回；现场查看 PC4 的网络地址配置，显示 PC4 配置的全部正确，通过 PC4 Ping ROUTER A 和 ROUTER B 的地址都能 Ping 通，排除 PC4 网络设置问题。

2. SWITCH A 能 Ping 通 30.0.0.1，但是 Ping 不通 30.0.0.2(即 SWITCH B 交换机与 ROUTER B 互联的端口)，反之 SWITCH B 也 Ping 不通 SWITCH A 与 ROUTER A 互联的地址 10.0.0.2，所以分析 SWITCH A 或 SWITCH B 交换机配置有问题或硬件有问题。检查 SWITCH B 交换机的端口，所有状态都正常；检查 SWITCH A 的端口发现做链路聚合的两条链路其中一条被 shut down，然后检查 ROUTER A 的配置，发现 ROUTER A 连接交换机的两个聚合端口全部打开，进一步查看两个端口的出入数据包，发现其中一个端口只有出包，没有入包，所以确定从 SWITCH B 方向发往 SWITCH A 方向的流量被转发到了 ROUTER A 的此接口，且由于对端与交换机互联的端口 shut down，所以部分流量在 ROUTER A 上被丢弃，导致部分流量不通。交换机链路聚合端口的负载分担方式默认是按流量进行负载分担，一旦流量被转发到故障接口，那么将会导致这部分流量一直不通。

故障定位及处理过程

1. 通过查看 SWITCH A 和 ROUTER A 的聚合端口发现两端的端口状态不一致，在 SWITCH A 上面聚合的两个端口中只有一个端口处于 UP 状态，ROUTER A 的聚合端口中两个端口都处于 UP 状态，且查看 ROUTER A 其中一个端口只有出数据包，没有入数据包；

2. 关闭 ROUTER A 聚合链路中只有出包没有入包的端口，再次进行业务测试，发现业务运行正常，设备之间都能互相 Ping 通，问题得到解决。

总结和建议

交换机的链路聚合与路由器的链路聚合方式不一样，交换机链路聚合的负载分担方式只能采用按流量负载分担，所以流量被定向到故障的端口后，始终不能被转发；路由器链路聚合的负载分担方式可以分为两种，一种是按流量负载分担，另一种是按数据包进行负载分担。所以在交换机进行链路聚合时一定要确保两端的接口状态都保持一致。

案例 5　路径 MTU 采用默认值导致大包无法通过

故障现象

PCA 和 PCB 为应用服务器，两台服务器会采用 FTP 定期同步数据，查看路由器的路由信息，路由正常，两台服务器之间互 Ping 也能 Ping 通，但是两台服务器的应用数据同步不了。

组网情况

组网如图 3-5 所示。

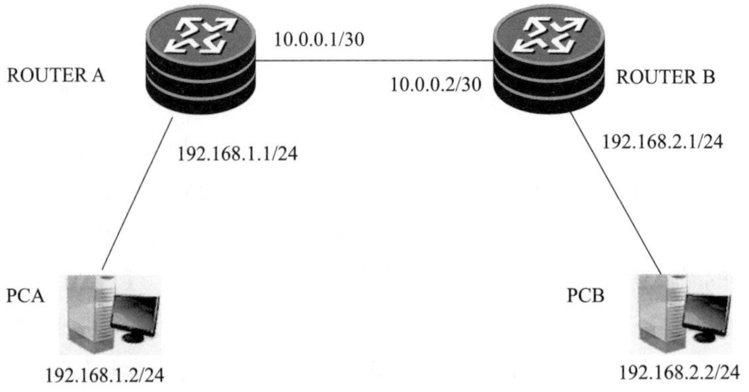

图　3-5

原因分析

1. PCA 能 Ping 通 PCB，说明网络连通性没有问题，因为服务器同步需要使用 FTP 协议，怀疑设备上做了访问控制，拒绝 FTP 数据通过，查看配置，路由器上没有做任何过滤和访问控制；

2. 怀疑服务器安装的应用程序可能存在错误，重新进行安装问题依然存在；

3. 甩开路由器，把服务器通过传输以太网通道直接互联，数据库同步成功，分析问题出在路由器设备上；

4. 对路由器接收数据包的端口进行抓包分析，发现服务器发送的 FTP 同步数据包大小为 1 470 字节，且设置了 IP 头的 DF 位置位，因为 FTP 是先采用 TCP 承载，再采用 IP 承载，TCP 头和 IP 头各 20 个字节，加上 FTP 数据大小，总共是 1 470＋20＋20＝1 510 字节，路由器的以太网端口 MTU 值默认是 1 500 字节。

故障定位及处理过程

1. 首先查看服务器之间路由是否互通，互通可以排除网络连通性问题。

2. 查看服务器安装的软件是否存在问题，通过重启服务器和安装新的软件，再通过甩开路由器直接采用网线把两台服务器互联，看是否能同步，可以排除服务器软件同步问题。

3. 服务器直连可以同步，问题肯定出在路由器上。通过对路由器抓包分析，可以看到服务器发送的 FTP 同步数据包大小为 1 470 字节且 DF 位置位（即不允许分片）。最终问题得到确定，路由器以太网端口最大允许通过的包大小为 1 500 字节，FTP 数据包进行 TCP/IP 封装后大小为 1 470＋20＋20＝1 510 字节，且不允许分片，所以路由器丢弃数据包。

4. 在路由器连接 PC 和路由器之间互联的端口把 MTU 值改成 1 510 后，服务器同步成功。

总结和建议

网络上传输的数据包大小不一，一般的数据包允许分片，所以即使大于 1 500 字节也可以通过，有的特殊应用发送的数据包不允许分片且发送的包比较大，这样会导致以上问题。对此类网络层面能互通、业务层面不能互通的问题，最好的方法是利用抓包工具对数据进行抓包分析。

案例 6　无法登录 U2000 客户端

故障现象

在 U2000 客户端的登录界面中输入用户名和密码无法正常登录。

组网情况

无。

原因分析

1. U2000 服务器故障；

2. 当服务器安装在 Windows 操作系统环境下，U2000 服务器 ODBC 数据源配置错误或没有配置；

3. 客户端与服务器的网络问题；

4. 客户端与服务器版本不一致；

5. 客户端与服务器使用的通信协议不一致；

6. 客户端登录的用户被锁定，有可能是登录错误次数过多导致；

7. License 允许的客户端数量限制；

8. 客户端的操作系统时间设置错误。

故障定位及处理过程

1. 如果有提示信息，根据提示信息进行故障定位和恢复；

2. 在 U2000 服务器端选择“帮助 > 关于”检查 License 许可的客户端数量，如果待使用的客户端数量超过 License 允许的客户端数量，重新申请和更新 U2000 的 License；

3. 若网管服务器安装在 Windows 系统中，在 U2000 服务器进行如下操作修改动态端口号：

(1)单击“开始 > 所有程序 > Microsoft SQL Server > 客户端网络实用工具”；

(2)在“别名”页签查看动态端口号是否为 1433，若不是，需要修改为 1433；

4. 检查客户端与服务器端的版本是否一致，如果不一致，更换与服务器版本一致的客户端尝试重新登录；

5. 检查客户端和服务器使用的通信协议是否一致，如果不一致，需要修改为一致的通信协议，在服务器上登录“系统监控客户端”，选择“系统 > 通讯安全设置 ...”，在弹出的提示框中可查看服务器的通信模式；

6. 检查客户端和服务器网络情况，通常要求客户端与服务器之间的通信带宽至少 2 Mbit/s，丢包率低于 0.1%：

(1)在 Windows 中，执行如下命令检查客户端和服务器的网络情况：> Ping -t 网管服务器的 IP 地址；

(2)在 Solaris 和 SUSE Linux 中，执行如下命令检查客户端和服务器的网络情况：# Ping-s 网管服务器的 IP 地址；

7. 检查服务器是否设置客户端接入控制，服务器可以设置允许接入的客户端 IP，如果不在允许范围内则无法接入，具体方法可参考对应版本和方案的管理员指南；

8. 如果使用同一用户连续登录失败的次数超过 3 次，会导致此用户登录权限被锁定，可等待 30 min(默认值为 30 min)后重新登录或由具有解锁权限的用户(如 admin 用户)为其解锁；

9. 检查操作系统日期是否为当前时间，若不是当前日期，修改系统时间。

总结和建议

无。

案例 7　PE 没有把私网路由发给远端 CE

故障现象

PE1 上有 CE1 发送来的私网路由，但 PE2 和 CE2 上没有，PE1 与 PE2 之间的路由传递出现问题。

组网情况

组网如图 3-6 所示。

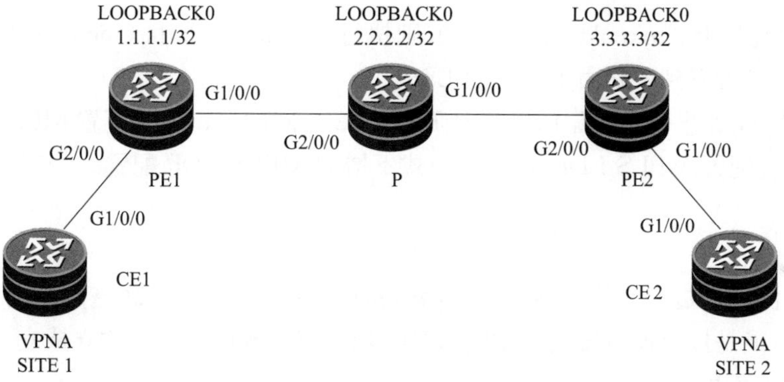

图　3-6

PE 和 CE 之间采用 EBGP；
PE1 和 PE2 间建立 IBGP 邻居传递携带内层标签的 VPNV4 路由信息；
PE1、P、PE2 间使用任意 IGP 传递公网路由信息；
PE1、P、PE2 上运行了 MPLS 和 MPLS LDP。

原因分析

1. 要将私网流量通过公网传递到另一端，需要有一条公网隧道承载这个私网流量，因此 PE 设备需要将私网路由的下一跳与 LSP 隧道进行绑定。如果在 PE2 上执行 display ip routing-table vpn-instance vpn-instance-name ip-address 命令看不到 VPN 路由，但配置都是正确的，并且 BGP PEER 也都正确建立，可能原因是 LSP 隧道没有建立成功。

2. 查看是否有到下一跳(3. 3. 3. 3)的 LSP，display mpls lsp include 3. 3. 3. 3 32 显示结果为空，即没有到 3. 3. 3. 3 的 LSP，说明 LSP 隧道没有建立成功。

3. 查看 PE1 与 P、P 与 PE2 之间的接口是否配置 MPLS LDP：

display current interface gigabitethernet 1/0/0

interface GigabitEthernet1/0/0

link-protocol ppp
ip address 102.1.1.1 255.255.255.0
mpls
以上显示结果表明没有在接口模式下配置 MPLS LDP。

故障定位及处理过程

1. 在对端 PE 上执行 display ip routing-table vpn-instance vpn-instance-name 命令，查看 VPN 路由表中是否显示本端的 VPN 路由。

2. 如果对端 PE 上没有本端 VPN 路由，则在对端 PE 上执行 display bgp vpnv4 vpn-instance vpn-instance-name routing-table ip-address [mask | mask-length]命令，查看此路由的 Relay token 项的值及此路由的下一跳。如果对端 PE 上没有此路由的详细信息，则执行 display bgp vpnv4 all peer [ipv4-address] verbose 查看相关的 BGP VPNV4 PEER 是否建立成功。

3. 如果发现"relay token"的值是 0×0，则执行 display mpls lsp include nexthop-address 32，进一步查看是否有到该路由下一跳的 LSP。

4. 如果没有，则进一步查看 PE1 与 P、P 与 PE2 之间的接口是否配置 MPLS LDP，如果在接口模式下没有配置 MPLS LDP，在接口模式下增加 MPLS LDP 配置。

总结和建议

要将私网流量通过公网传递到另一端，需要有一条公网隧道承载这个私网流量。公网隧道没有，原因可能是接口没有配置 MPLS LDP，LDP SESSION 没有建立成功，导致 PE 不能往 CE 发送私网路由。

案例 8　IP-PREFIX 在 BGP 中的应用

故障现象

ROUTER A 学习不到 ROUTER B 发布给它的 1.1.1.1 路由，正常情况通过命令 display ip route-table，应该可以看到 1.1.1.1 这个网段的路由，但是目前情况是路由表里面没有这条路由。

组网情况

组网如图 3-7 所示。

ROUTER A 属于 AS100，ROUTER B 属于 AS200。在 ROUTER A 和 ROUTER B 上配置 OSPF 协议实现互通；

在 ROUTER A 和 ROUTER B 上配置 EBGP 连接；

ROUTER B 发送给 ROUTER A 的路由设置路由属性；

在 ROUTER A 上通过配置路由策略接收指定路由，实现 ROUTER A 和 ROUTER B 之间的路由交换；

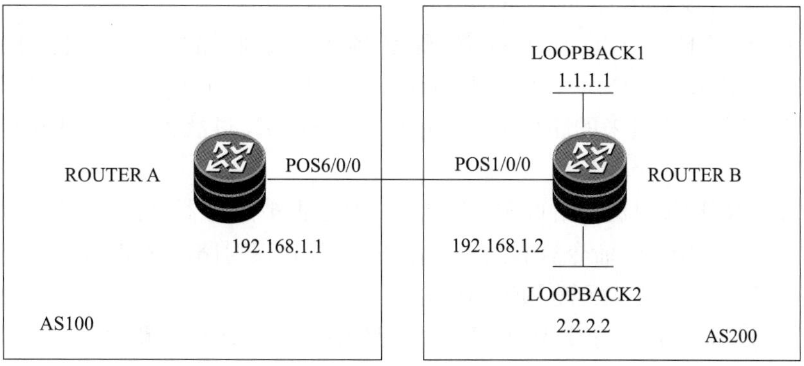

图　3-7

设备的配置脚本如下：

ROUTER A 上的配置：

```
#
bgp 100
peer 192. 168. 1. 2 as-number 200
#
ipv4-family unicast
undo synchronization
peer 192. 168. 1. 2 enable
peer 192. 168. 1. 2 ip-prefix rta import
#
ip ip-prefix rta index 20 deny 2. 2. 2. 2 32
#
```

RouterB 上的配置：

```
#
bgp 200
peer 192. 168. 1. 1 as-number 100
#
ipv4-family unicast
undo synchronization
network 1. 1. 1. 1 255. 255. 255. 255
network 2. 2. 2. 2 255. 255. 255. 255
peer 192. 168. 1. 1 enable
```

原因分析

1. 检查 ROUTER B 路由表信息，确定是否所有路由已被通告给邻居 ROUTER A，在 ROUTER B 上使用 display bgp routing-table 和 display bgp routing-table peer 192. 168. 1. 1 advertised-routes 命令显示路由表信息，发现 1. 1. 1. 1 及 2. 2. 2. 2 这两条路由均已通告给

ROUTER A,问题应该是在 ROUTER A 上;

2. 检查 ROUTER A 上的 BGP 配置,确定 BGP 在接收路由时是否使用了过滤器,在 ROUTER A 上使用 display current-configuration configuration bgp 命令检查 BGP 的配置,发现从 ROUTER B 通告过来的路由时,使用了 IP-PREFIX 过滤器,初步判断是过滤器将所有路由过滤;

3. 检查 IP-PREFIX 过滤器的配置,确定此路由是否被过滤器过滤掉,在 ROUTER A 上使用 display ip ip-prefix rta 命令查看过滤器的配置,发现仅对路由 2. 2. 2. 2 配置了 DENY 策略,但对于路由 1. 1. 1. 1 没有配置 PERMIT;

4. 在 ROUTER A 上使用 IP-PREFIX 过滤路由问题,系统过滤路由时对于没有匹配的路由默认返回 DENY,所以将 1. 1. 1. 1 也过滤。

故障定位及处理过程

1. 删除原有的过滤规则;
2. 执行命令 ip ip-prefix rta index 10 permit 1. 1. 1. 1 32 建立新的过滤规则。

总结和建议

当配置 IP-PREFIX 过滤路由时,若仅配置 DENY 节点,那么对于没有命中匹配地址/掩码的路由,系统默认返回 DENY,所以需要配置 PERMIT 节点对指定路由允许;或在执行 DENY 后,定义一条 permit 0. 0. 0. 0 0 greater-equal 0 less-equal 32 表项,允许其他所有路由通过。

案例 9　LACP 超时时间过短导致对端设备频繁超时倒换

故障现象

NE40E 和 S5300 通过 LACP 协议进行链路对接,在业务量较大的情况下,NE40E 和 S5300 之间经常发生链路闪断,但由于是直连链路,无协议报文丢包发生,S5300 侧也无日志表明报文超时。

组网情况

组网如图 3-8 所示。

图　3-8

原因分析

通过查看日志,发现闪断发生在 S5300 交换机 CPU 占用率比较高的时候,NE40E 侧均正常，LACP 协议超时的原理如下：

1. 默认配置的情况下，如果连续 3 个周期未收到 LACP 协议报文，系统认为此链路存在故障，触发 LACP 重新协商，由此可以推测出链路某一端发生超时，而 NE40E 侧 LACP 协议工作正常；

2. NE40E 侧日志表明 S5300 交换机首先发起链路重新协商，并且在 CPU 占用率比较高的情况下。

结合上述两点并通过故障复现表明，由于 S5300 交换机与高端 NE40E 设备相比相对处理能力较弱，在 CPU 占用率过高时，LACP 任务无法得到调度，LACP 报文队列无法得到及时处理，使 S5300 的 LACP 报文超时，触发重新计算，导致链路闪断；当 LACP 任务正常调度后，LACP 状态恢复正常，同时链路状态也恢复正常。

故障定位及处理过程

将两端的 LACP 协议报文超时时间改为长周期，观察一段时间后，业务一直正常，未发生链路闪断。

总结和建议

如果两个系统之间没有传输链路，可以把 LACP 协议的超时时间改为长周期，避免系统原因而非链路原因导致 LACP 协议超时，引起链路倒换。

案例 10　安全检测设备导致 NE40E BGP PEER 瞬断

故障现象

某铁路局使用 NE40E 与 C 厂家 C7609 建立 IBGP PEER，频繁出现瞬断现象。

组网情况

组网如图 3-9 所示。

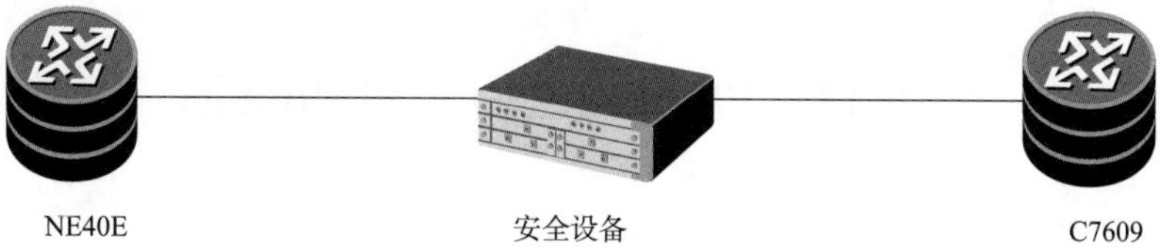

图　3-9

原因分析

系统打印如下信息，显示 NE40E 收到 RST 报文，中断了 TCP 邻居，从而导致 BGP PEER 中断，但是很快邻居又重建起来：

Nov 18 2008 23:48:26 HB_Core_NE40E-1 %%01SOCKET/4/SOCK_CLOSESOCK(1):Current socket was closed,Proto:TCP,Cause:Received RST segment.

Nov18 2008 23: 48: 26 HB _ Core _ NE40E-1 %% 01SOCKET/4/SOCK _ SOCKDETAILLOG(l):Detailed information on the current socket:Task:ROUT(31),Socket number:37(TCP),Protocol number:6.

Nov 18 2008 23:48:26 HB_Core_NE40E-1 %%01SOCKET/4/SOCK_TCPDETAILLOG(l): Detailed information on the current tcp socket: State: Established, local-ip: 222.38.0.234, local-port:50645,remote-ip:222.38.0.238,remote-port:179.

根据现象及日志,怀疑存在以下原因:

1. 本端 NE40E 主动中断 BGP PEER;
2. 对端 C7609 发送 RST 报文,中断 TCP 连接,导致 BGP PEER 中断;
3. 网络攻击或其他设备伪造 RST 报文,导致 BGP PEER 中断。

故障定位及处理过程

1. 从 NE40E 日志分析,BGP PEER 中断是因为 TCP 连接中断,即首先是 TCP 模块收到 RST 报文,复位 TCP 连接,从而导致 BGP PEER 中断,可知问题并非 NE40E 导致,通过镜像抓包也确认从 C7609 收到 RST 报文;

2. 打开 C7609 调测开关,发现在 BGP PEER 中断时打印如下信息:Nov 18 19:00:17.110:BGP:service reset requests Nov 18 19:00:17.110:BGP:222.38.0.237 reset due to Peer closed the session,该信息表明 BGP 层面发生错误,邻居中断,但 C7609 上没有看到关于 TCP 异常的记录信息;

3. 根据以上分析怀疑网络中存在攻击或其他设备伪造 RST 报文,导致 BGP PEER 中断。分析组网,发现 NE40E 与 C7609 之间还连接一台第三方业务网关设备,用来对通过网络的流量进行深度检测,对非法连接进行干扰,尝试将该安全设备暂时关闭检测,发现 BGP PEER 中断现象不再复现,至此问题解决。

总结和建议

网络设备之间建立 TCP 连接时,如果中间有安全设备,一定要放开相应的端口,在部署安全设备的策略时应当注意协议报文的连接端口号。

案例 11　PE 私网之间无法 Ping 通

故障现象

在网络中配置了 BGP/MPLS VPN 业务,两台 PE 之间无法交换 VPN 私网路由,相互之间 Ping 不通。在两台 PE 上分别建立两个 LOOPBACK 接口,LOOPBACK1 接口为公网接口,IP 地址分别为 1.1.1.1/32 和 1.1.1.2/32,LOOPBACK2 接口绑定 VPN 实例 test,且 IP 地址分别为 10.1.1.1/24 和 10.1.1.2/24。

组网情况

组网如图 3-10 所示。

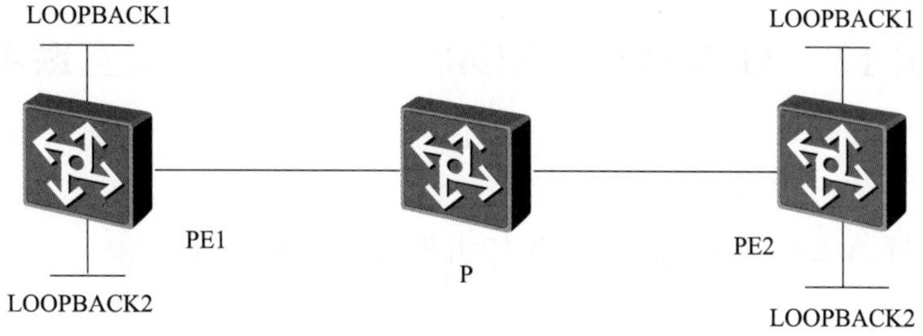

图　3-10

原因分析

1. 在 PE1 和 PE2 上执行 display ip routing-table 命令，检查是否有去往对端网段的路由，可以看到路由表中有去往对端 LOOPBACK1 接口网段的路由；

2. 在 P 上执行 display mpls ldp peer 命令，看到成功建立了 PEER ID 为 1.1.1.1 和 1.1.1.2 的对等体；在 P 上执行 display mpls lsp 命令，看到成功建立了 FEC 为 1.1.1.1 和 1.1.1.2 的 LSP；

3. 在 P 上执行 display bgp peer 命令，检查邻居是否正常建立，看到与 1.1.1.1 和 1.1.1.2 的对等体关系 STATE 显示为 ESTABLISHED，表示 IBGP 对等体关系建立成功；

4. 在 PE1 或 PE2 上执行 display bgp vpnv4 all peer 命令，检查 VPNv4 的对等体信息，看到与 1.1.1.1 和 1.1.1.2 的对等体关系 STATE 显示为 ESTABLISHED，表示邻居正常建立并且正常向外发送私网路由；

5. 排除以上故障原因后，在 PE1 和 PE2 上执行 display ip routing-table vpn-instance 命令查看私网路由表中的路由，发现只有一条路由 10.1.1.0/24 DIRECT，是路由设备自身 LOOPBACK2 接口路由，同时发现掩码是 24 位，而不是 32 位。

总结：这样两台 PE 的 LOOPBACK2 接口地址便在同一网段内。其实设备已经收到了私网路由，但是与其自身 LOOPBACK2 接口地址在同一网段，相当于两条相同的路由，一条为直连路由，另一条为 BGP 路由。此时设备会优选直连路由，创建到自身路由表，所以私网路由表中没有 BGP 私网路由，导致 PE 间无法 Ping 通。

故障定位及处理过程

1. 执行命令 interface loopback loopback-number，进入 LOOPBACK2 接口视图；

2. 执行命令 ip address ip-address { mask | mask-length }，配置接口的 IP 地址；

3. 将 LOOPBACK 接口 IP 地址的掩码改为 32 位，完成上述操作后，两台 PE 之间可以 Ping 通，故障排除。

总结和建议

如果到同一个网段有两条相同的路由，设备只会选择其中之一更新到路由表。

案例 12　AR28-11 与 NE40 通过 CE1 接口互联不通

故障现象

某铁路局配置 AR28-11，Ping 对端 NE40 互联接口地址不通。

组网情况

路由器 AR28-11 和路由器 NE40 通过 CE1 链路相连，带宽为 2 M CE1 接口。如图 3-11 所示。

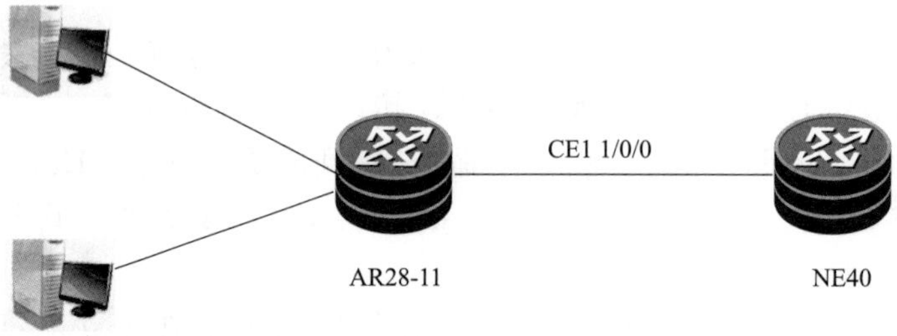

图　3-11

原因分析

1. 线路传输质量问题；
2. 网络设备配置有误；
3. 网络设备软硬件问题。

故障定位及处理过程

1. 检查 AR28-11 及 NE40 互联接口的数据配置，两边接口互联地址在同一个网段，链路层协议都封装 PPP；

2. 通过命令 display interface 查看设备端口状态，发现 AR28-11 接口的物理端口显示 UP，而 NE40 接口的物理端口显示 DOWN；

3. 通过传输向 AR28-11、NE40 两端打环，查看 AR28-11、NE40 的端口信息，物理端口都显示 UP，都能看到成环的信息：link layer protocol is ppp，loopback is detected，排除传输链路问题；

4. 使用 display this 命令检查路由器接口配置，发现 NE40 上的 CE1 接口为默认成帧模式，而 AR28-11 上接口配置为非成帧模式，华为设备上的 CE1 接口工作模式分为非成帧模式和成帧模式，缺省情况下工作在成帧模式下，如果 CE1 链路两端的接口工作模式不一致，就可能造成网络较慢或不通的问题；

5. 在 NE40 上执行命令 system-view，进入系统视图；

6. 执行命令 controller e1 1/0/0，进入 CE1 接口视图；

7. 执行命令 using e1，配置 CE1 接口的工作模式为非成帧模式；

8. 执行命令 return 退回到用户视图，执行命令 save，保存对配置的修改；

9. 完成上述操作后，AR28-11 和 NE40 的 CE1 接口都工作在非成帧模式，业务正常，故障排除。

总结和建议

CE1 链路两端的接口工作模式必须一致，才能使业务正常处理。

案例 13　发布黑洞路由导致网络主备切换失败

故障现象

AR1、CR1 和 AR2、CR2 分别构成主备两平面。CR1 和 CR2 为 P 设备，AR1 和 AR2 为 PE 设备，其中 AR1 为 NE40-8，AR2 为 NE80E。两台 S3526E 交换机为 CE 设备下挂业务接入设备，通过 VRRP 构成主备方式，AR 与 S3526 之间启用 OSPF 路由协议而 AR1 与 AR2 互连链路之间未启用 OSPF，正常情况下挂业务沿 S3526E-1-AR1-CR1 访问远端服务器，当中断 AR1-S3526E-1 链路时，却发现业务不能够正常切换到另一平面，一直处于中断状态。

组网情况

组网如图 3-12 所示。

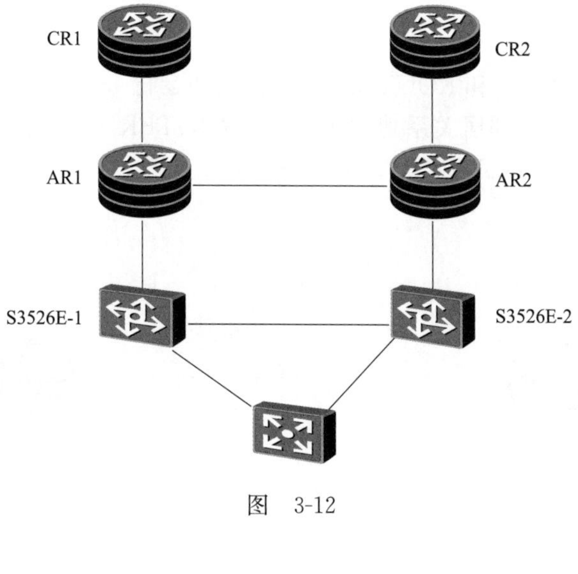

图　3-12

原因分析

当 AR1-S3526E-1 之间的链路中断，对于上行流量会自动切换到另一平面，沿 S3526E-1-S3526E-2-AR2-CR2 上行，但回程业务流量确并未沿此路径返回，而是继续返回到 AR1 上，由于 AR1 与 AR2 之间并未三层互通，从而导致回程流量在 AR1 匹配黑洞路由而被丢弃，使得业务中断。回程流量会从 AR1 返回是由于配置了业务网段的黑洞路由，AR1 仍不撤销 VPN 的 VPNV4 路由（由于链路中断无法宣告 OSPF 动态路由，此时宣告的静态路由 MED=0），而

AR2 也宣告 VPN 的 VPNV4 路由，但宣告的路由来自 OSPF，所以该 VPNV4 路由携带的 MED＝OSPF COST(AR2 学到的 OSPF 路由 COST＝10，宣告出去的 VPNV4 路由携带的 MED＝11)。此时流量模型就变为：上行时主走 AR2，但回程流量仍然返回到 AR1 上，而 AR1 与 AR2 之间互联链路并没有启用 OSPF，所以导致业务回程流量到达 AR1 后匹配黑洞路由而被丢弃。

故障定位及处理过程

1. 检查 AR2 即 NE80E 上路由条目无误，能够正常学习到远端业务网段；

2. 检查 S3526E-1 到 AR2 路由无误，S3526E-1 数据报文能够到达 AR2；

3. 检查 AR1 配置，发现 NE40-8 上存在指向业务网段的一条黑洞路由，即 ip route-static vpn-instance VPNA 10. 0. 62. 0 255. 255. 255. 128 null 0 preference 200；

4. 删除 NE40 上指向业务网段的黑洞路由；

5. 再次中断 AR1-S3526E-1 链路，此时业务能够正常切换到另一平面，故障现象消失。

总结和建议

在做静态黑洞路由时一定要慎重。

案例 14　IS-IS 学习不到对端路由

故障现象

两端设备分别为 NE40E 和 ROUTER A，它们之间运行 IS-IS 协议，NE40E 和 ROUTER A 都是 LEVEL-2 路由器。邻居关系建立后，发现 ROUTER A 可以学习到 NE40E 的 IS-IS 路由，但 NE40E 学习不到 ROUTER A 的 IS-IS 路由。

组网情况

组网如图 3-13 所示。

图　3-13

原因分析

1. 在 NE40E 和 ROUTER A 上分别执行命令 display isis peer，检查邻居状态是否 UP，发现两端 IS-IS 邻居状态都是 UP 的，邻居关系能够正常建立；

2. 在 NE40E 和 ROUTER A 上分别执行命令 display isis route，检查 NE40E 和 ROUTER A IS-IS 路由表，发现 ROUTER A 能学习到 NE40E 的 IS-IS 路由，而 NE40E 没有学到 ROUTER A 的 IS-IS 路由；

3. 在NE40E上执行命令 display isis lsdb，检查NE40E的IS-IS lsdb，发现ROUTER A的IS-IS lsdb里有ROUTER A的IS-IS LSP；

4. 在ROUTER A上执行命令 display isis lsdb，检查ROUTER A的LSP，发现NE40E和ROUTER A的IS-IS cost值不一致；

5. 观察发现ROUTER A发给NE40E的路由的cost值达到1600，说明ROUTER A采用的度量类型是wide，而NE40E采用的度量类型是默认的narrow类型。

故障定位及处理过程

1. 执行命令 system-view，进入系统视图；
2. 执行命令 isis 1，进入 isis 视图；
3. 执行命令 is-level level-2，指定 Level；
4. 执行命令 cost-style wide，指定 cost-style 为 wide；
5. 执行命令 network-entity 49.4808.0610.4825.2000.00，指定网络实体名；
6. 执行命令 interface interface-type interface-number，进入接口视图；
7. 执行命令 isis enable，在接口上使能 isis；
8. 执行命令 display isis lsdb，检查NE40E的路由表，已经可以学习到ROUTER A的路由。

总结和建议

缺省情况下，NE40E IS-IS的度量类型cost-type为narrow，当两端的度量类型不一致时，度量类型为narrow的接口收到度量类型为wide的接口发来的LSP将不予计算，因此导致无法学习到对端路由，这个参数很容易被忽略，建议在做IS-IS邻居关系时注意此参数配置。

案例15　VPN业务配置完成后CE之间不能互通

故障现象

在图3-14的网络中配置BGP/MPLS VPN业务，CE1与CE2属于同一VPN。配置完成后，发现CE1 Ping不通CE2。

组网情况

组网如图3-14所示。

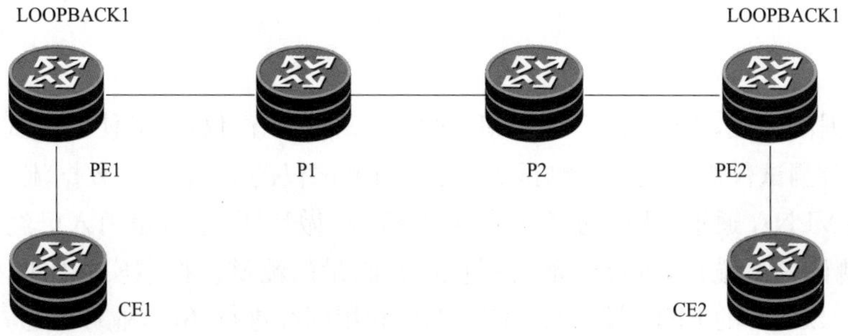

图　3-14

原因分析

1. 在 PE2 上执行 display bgp vpnv4 all peer 命令检查 PE2 与 PE1 之间的 IBGP 对等体关系，发现 IBGP 对等体关系建立不成功；

2. 检查标签分配情况，发现与 PE2 相邻的 P2 给上一跳 P1 分配的标签是 3，正确情况下，PE2 给上一跳 P2 分配小于 16 的标签，而 P2 给上一跳 P1 分配的标签应大于 16，所以推测问题出在对跳数的错误判断；

3. 路由器根据是否有到 IBGP 会话的出接口来判断自己是否为 egress 节点，在 P2 上查看路由表，发现有到 IBGP 的端点 PE2 的直连路由；

4. 检查配置，发现两个 PE 建立 IBGP 连接时，没有配置 peer peer-ip-address connect-interface loopback interface-number 命令指定本端 IBGP 会话的出接口为 LOOPBACK 接口，如果没有指定本端 IBGP 会话的出接口，默认以数据流的出接口为该会话的出接口，而该数据流出接口的地址在是上一跳设备 P2 的直连路由，所以 P2 认为自己是 egress 节点，于是 P2 错误的分配了小于 16 的标签给 P1，导致栈底标签提前弹出，造成无法互通；

5. 目前 NE80E/NE40E 默认为 32 位掩码的路由分配标签，所以这类错误配置可能导致的另外一种表现是没有公网或私网路由对应的 LSP。

故障定位及处理过程

1. 在系统视图下执行 interface loopback interface-number 命令；
2. 输入命令 ip address ip-address 32，配置 LOOPBACK 接口的 IP 地址；
3. 输入命令 quit 返回到系统视图；
4. 执行命令 bgp as-number 进入 BGP 视图；
5. 执行命令 peer peer-ip-address connect-interface loopback interface-number，指定使用 LOOPBACK 接口作为 IBGP peer 会话的出接口；
6. 在 CE 上 Ping 对端 CE，可以 Ping 通，故障排除。

总结和建议

在配置 PE 对等体时，需要指定本端 IBGP 会话的出接口为本端的 LOOPBACK 接口。

案例 16　单测试仪通过远端环回对数据网进行测试

故障现象

前期对数据网测试，由于只有一台 SMARTBITS600 测试仪，只能使用测试仪 A 端口与 B 端口来模拟两台测试仪进行测试。测试方法：使用测试仪的 A 端口发数据流，流量进入数据网已经建好的 VPNA 通道，然后通过在局点 B-S3352 做环回，把流量引入已经建好的 VPNB 通道，发回到测试仪 B 端口，进行时延、丢包率、吞吐量的测试。按照实际组网把环境搭建完成，远端局点 B-S3352 的 FE17 端口与 FE18 端口利用网线进行环回，业务不通，数据网设备无告警。

组网情况

在局点 B-S3352 用网线将 FE17 端口、FE18 端口进行环回。如图 3-15 所示。

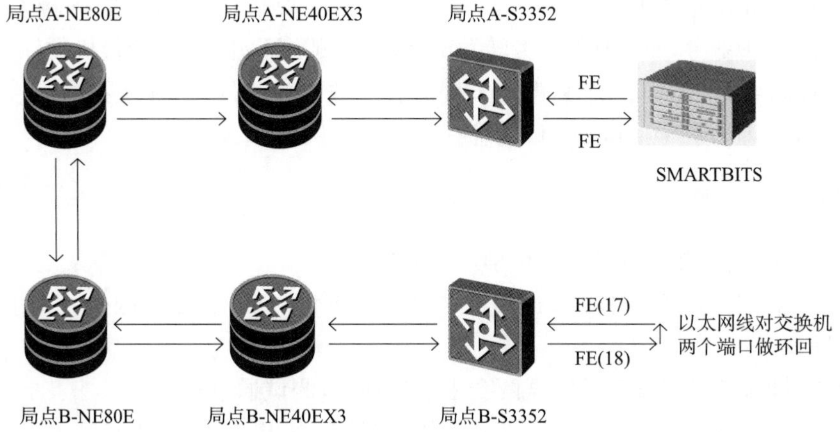

图　3-15

原因分析

由故障现象，怀疑为相关局点数据配置问题所致：

1. 在局点 A-S3352 上，为了将测试仪 A 端口与 B 端口流量进行隔离，在此 S3352 上创建了两个 VLAN107、VLAN108，S3352 与 NE40E-X3 之间使用 TRUNK 端口模式进行对接，NE40E-X3 以子接口的形式将测试仪 A 端口、B 端口送过来的流量分别归属到 VPNA 和 VPNB 中进行隔离；

2. 同理在局点 B -NE40E-X3 上创建 VPNA 和 VPNB，由于现网环境也是 S3352 通过 TRUNK 端口与 NE40E-X3 互联，所以在局点 B-S3352 上创建两个 VLAN107、VLAN108 将流量进行隔离，NE40E-X3 上仍以子接口的方式与 VPNA、VPNB 绑定，同时封装 VLAN107、VLAN108；

3. 在局点 A-NE40E-X3 查询相关数据与路由，相关数据配置、路由学习均正确无误，在局点 A-S3352 查询相关数据也没有问题，而且测试仪的 A 端口和 B 端口分别可以 Ping 通自己的网关 NE40E-X3 上的 IP 地址，证明测试仪到局点 A-NE40E-X3 没有问题；

4. 在局点 B-NE40E-X3 上查询相关数据与路由，也没有发现问题，这时通过测试仪的 Ping 测，证明测试仪的 A 端口和 B 端口可以 Ping 通所属 VPN 中局点 B-NE40E-X3 侧 VPN 的子接口地址，但测试仪上的 A 端口与 B 端口仍然 Ping 不通；

5. 可以确定 VPNA 与 VPNB 的数据配置没有问题，问题出在 VPNA 与 VPNB 的互通上，而 VPNA 与 VPNB 的互通是通过在交换机上使用网线将 VLAN107、VLAN108 所属端口环回实现，现在可以确定的是测试仪 A 端口发出的数据流已经从局点 B-NE40E-X3 上的 VPNA 的子接口发往局点 B-S3352 交换机，但是该 S3352 交换机并没有把数据流从网线绕回，送给局点 B-NE40E-X3 的 VPNB 的子接口；

6. 在局点 B-S3352 交换机上把 VLAN107、和 VLAN108 分别配置 IP 地址，证实测试仪的 A、B 端口也可以 Ping 通局点 B-S3352 交换机 VLAN107、VLAN108 上的 IP 地址，证明数据流可以从局点 A-NE40E-X3 送到局点 B-S3352 上，但是经过网线环回后，数据流仍然返回不到 VPNB 的通道；

7. 这时基本可以定位数据流到了局点 B-S3352 交换机后就不再进行转发，但同时该 S3352 上承载着其他业务，而且其他业务转发正常，也从侧面证实 S3352 交换机硬件是正常的；

8. 当查看局点 B-NE40E-X3 路由器子接口有无数据包收发时，发现不同子接口的 MAC 地址都是相同的，即所有子接口 MAC 地址都是继承主接口 MAC 地址。

故障定位及处理过程

综上所述怀疑为交换机 MAC 地址学习有问题：

1. 甩开局点 B-S3352 交换机，通过在局点 B-NE40E-X3 上使用两个主端口分别绑定 VPNA、VPNB；

2. 用网线将局点 B-NE40E-X3 这两个主端口环回，测试通过；

3. 数据流到达局点 B-S3352 交换机上并从 17 端口发出，经网线环回到 18 端口后，两个端口的流量打通，导致 S3352 交换机在 VLAN 107 中从连接路由器的接口 G0/0/1 和 E17 端口同时学到相同的 MAC 地址，造成 MAC 地址漂移，转发失败。同理，在 VLAN108 中也会在连接路由器 G0/0/1 和 E17 端口的同时，学习到相同的 MAC 地址造成 MAC 地址漂移，转发失败。而且在局点 B-NE40E-X3 的子接口 107、108 上通过 ARP 学习到对端的 MAC 地址也是冲突的，所以测试不通。

总结和建议

1. 华为 NE40E-X3 路由器子接口共用一个相同的 MAC 地址，即主接口 MAC 地址；

2. 由于在实际应用组网中不会将同一交换机上的端口环回，也不会将两个子接口处在同一广播域中，并且业务侧设备的 MAC 地址也不会同路由器的子接口 MAC 相同，所以不会导致 MAC 地址冲突、MAC 漂移业务中断现象。

案例 17　常见二层环路问题的产生与处理

故障现象

由于业务交换机 B 与综合交换机对接产生环路，导致业务交换机 A 业务中断。

组网情况

组网如图 3-16 所示。

原因分析

由故障现象，怀疑产生了二层环路，导致交换机 A 业务中断。

1. 一般两个二层网络对接，造成全部业务不通的问题，基本可以定位为二层环路问题。产生二层环路大多是因为物理环路或者传输侧软环回引起。首先要确定网络中是否存在环

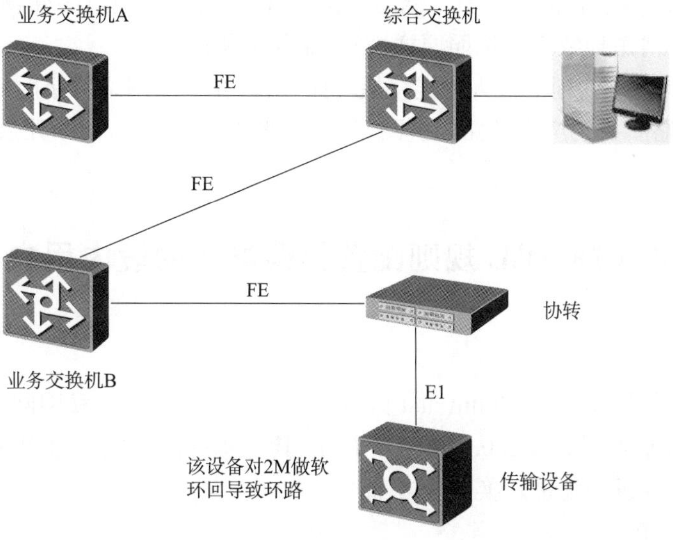

图　3-16

路，这时要查看交换机端口的状态，从设备上看交换机如果产生环路，会造成交换机的端口指示灯有节奏的闪烁，甚至狂闪不停，即端口存在大量广播报文。

2. 当一个交换机端口指示灯快闪，这时可以怀疑交换机产生了环路。可以用电脑登录到交换机上输入命令查看，检查交换机对命令的响应是否敏感，一般交换机产生了环路时处理速度会变慢。

3. 查看端口下报文统计 Broadcast：11101 packets 中的数值短时间增长是否很快，是端口的 Input 方向还是 Output 方向。如果端口下短时间广播报文增长很快，可以确认业务不通是由于环路导致。

故障定位及处理过程

1. 交换机端口统计清零，查看哪个端口下 Input 方向广播流量短时间增长过快，可以临时先 shut down 该端口，看环路是否消除。如果没有则把端口 undo shut down 恢复原状，然后接着查找和该端口在同一 VLAN 的其他端口，依次 shut down，按照这个方法可以确定某个端口 shutdown 后环路解除，由此断定环路来自该端口下所带设备或者由于该端口线路所导致的环路。

2. 当一个交换机端口的 Input 方向与 Output 方向数据报包收发数值大小相等，也可以认为该端口已经形成环路。

总结和建议

1. 在组网时尽可能避免二层网络过大，最好的办法是通过 VLAN 的划分来缩小二层网络规模；

2. 交换机配置时，TRUNK 端口避免使用 port trunk allow-pass vlan all 命令允许所有 VLAN 通过，否则可能会使该端口不需要的流量引过来，而且还容易造成环路；

3. 要避免交换机上设置一些冗余 VLAN，或者不规范数据；

4. 在处理环路问题时,需要对整个网络结构了解清楚,避免通过中断物理连接查找环路,否则会造成标签不清楚导致不能按照原样恢复,业务中断;

5. 环路一般是由于物理上被人为连接成环路,所以在二层网络对接时一定要熟悉二层网络的结构,出现环路后找到产生环路的链路,分析环路产生的原因,中断冗余链路。

案例 18 防火墙 ACL 规则配置错误导致网段内用户 NAT 失败

故障现象

Eudemon500 防火墙 trust 到 untrust 区,现有 192.168.7.0/24 私网网段需要通过对应地址池为 4 的公网地址 211.138.250.158 进行转换,其他所有网段则通过对应地址池为 3 的地址 211.138.250.198 进行地址转换。配置如下:

```
acl number 3000
rule 0 permit ip
rule 5 permit icmp
acl number 3001
rule 0 deny ip source 192.168.7.0 0.0.0.255
rule 5 permit ip
acl number 3002
rule 0 permit ip source 192.168.7.0 0.0.0.255
firewall interzone trust untrust
packet-filter 3000 inbound
packet-filter 3000 outbound
nat outbound 3002 nat-add 4
nat outbound 3001 nat-add 3
```

用户配置后发现 192.168.7.0 网段用户不能实现 NAT 转换,业务不通。而其他网段用户可以转化为地址池 3 的公网 IP,正常上网。

组网情况

无。

原因分析

Eudemon 防火墙做 NAT 转换时,当区域间存在多个 NAT OUTBOUND 的情况下,该命令不是根据命令配置的先后顺序(即排列顺序)来执行,而是以该命令引用 ACL 序号的大小顺序来执行。在前一命令 ACL 中匹配不到的语句则继续按照下一命令的 ACL 进行匹配。在此案例中即先执行了 ACL 3001 中的规则,而在此 ACL 中却存在一条 deny 192.168.7.0/24 的语句,导致该网段的用户匹配此规则而被拒绝 NAT 转换。修改 ACL 规则后,此时匹配该网段的用户可以按照地址池 4 中的 IP 进行转换,其他匹配不到的网段则执行 ACL 3002 中的规则进行匹配,并按照 ACL 3002 的匹配语句进行 NAT 转换。

故障定位及处理过程

修改 ACL 配置,将 ACL 3001 与 ACL 3002 规则互换,即:

```
acl number 3001
rule 0 permit ip source 192.168.7.0 0.0.0.255
acl number 3002
rule 0 deny ip source 192.168.7.0 0.0.0.255
rule 5 permit ip
```

重新测试发现,此时 192.168.7.0/24 网段用户能够使用地址池 4 的公网 IP 实现转换,其他网段仍使用地址池 3 地址实现转换。业务测试正常,问题解决。

总结和建议

在进行防火墙地址转换时,需要注意 NAT OUTBOUND 命令的执行顺序,是按照 ACL 的大小顺序执行的,并非按照命令配置顺序执行。

案例 19 交换机 S5300 跨版本升级失败

故障现象

在从 SV100R002C02B093_for_5300 升级到 S5300EI-V100R005C00SPC100 版本过程中,设置完成,进行设备重启,设备重启失败。重启过程中,提示"File length(0x3841)is wrong! Fail",升级失败,无法返回到原有版本。

组网情况

PC 通过 CONSOLE 口连接交换机进行 FTP 配置,通过 FE 口与交换机建立 FTP 连接,具体组网如图 3-17 所示。

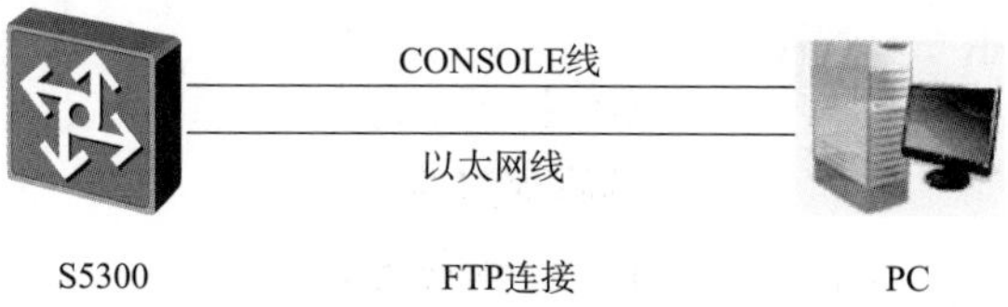

图 3-17

原因分析

重启过程中提示"File length(0x3841)is wrong! Fail",说明系统文件存在问题,按照以下步骤逐步确认:

1. 首先确保已经备份 flash 目录下的 SV100R002C02B093_for_5300.cc, vrpcfg.cfg, license.txt 文件,以备升级过程中出现问题倒回到原来状态;

2. 通过电脑和交换机搭建 FTP 平台，采用二进制方式把要升级的新版本文件和补丁上传到交换机默认目录下；

3. 在系统视图下采用命令 display startup 查看下次启动文件(Startup system software)是否为 S5300EI-V100R005C00SPC100. cc，如果不是，则采用 startup system-software S5300EI-V100R005C00SPC100. cc 设置，下次启动文件为 S5300EI-V100R005C00SPC100. cc；

4. 在确认上述步骤无误后，确定不是操作的问题，而是升级软件的版本问题。

故障定位及处理过程

在确认了以上问题后定位为软件版本问题，无法完成升级，需要倒回到原有版本，重新申请正确版本后再进行升级。

1. 由于处在重启过程中，目前操作的界面只能是 Bootrom，选项如下：

BOOTROM MENU
1. Boot with default mode
2. Enter serial submenu
3. Enter startup submenu
4. Display flash files
5. Modify BOOTROM password
6. Reboot

2. 选择 3 进入启动子目录，设置启动文件：

Enter your choice(1-6)：3
Startup Configuration Submenu
1. Display startup configuration
2. Modify startup configuration
3. Return to main menu
Enter your choice(1-3)：2
Note：startup file field can not be cleard
'.'=clear field；'^D'=quit；Enter=use current configuration
startup type(1：Flash 2：Server)
current：1
new：1
Flash startup file(can not be cleared)
current：s5300ei-v100r005c00spc100. cc
new：SV100R002C02B093_for_5300. cc 这里需要手工指定文件。
saved-configuration file
current：vrpcfg. cfg
new：
license file
current：
new：

patch package

current：

new：

3. 最后返回 bootrom 重启设备，恢复正常。

总结和建议

1. 升级前首先确认两个版本是直接升级还是需要采用中间过渡版本升级；
2. 升级前需要将系统文件、配置文件、License 文件备份到个人电脑；
3. FTP 传送文件时使用二进制方式，传送完毕后检查文件大小是否一致；
4. 检查启动文件是否是要升级的版本；
5. 在升级过程中出现问题，如果不能升级成功，确保恢复到原来状态，保证业务正常运行。

案例 20　S5328 上行端口光路 RX 光功率过低导致端口无法开启

故障现象

某铁路局机房交换机 S5300，其上链直接与 S9300 相连，连接好后，远端的光口指示灯亮，而近端的不亮。修改端口模式后光口仍不能正常透传业务，上行光口连接正常时（即远端 S9300 端口正常），RX 为－10.92 dB，本端提示 RX 收光过低，告警信息如下：

#Jan　1 04:35:30 2008 mouju-switch SRM/3/RXPOWER_EXCEEDMINOR：OID 1.3.6.1.4.1.2011.5.25.129.2.1.9 Optical module exception， RX power too low.(EntityPhysicalIndex=83951617，BaseTrapSeverity=3，　BaseTrapProbableCause=14，

BaseTrapEventType=9，

EntPhysicalContainedIn=0，

EntPhysicalName=Slot 1，

RelativeResource = Interface GigabitEthernet0/0/1 optical module Rx Power，ReasonDescription=RX power too low)

Jan　1 2008 04:35:31 mouju-switch %%01SRM/3/RXPOWER_EXCEEDMINOR(1)：Optical module in interface GigabitEthernet0/0/1 exception，RX power too low.

组网情况

组网如图 3-18 所示。

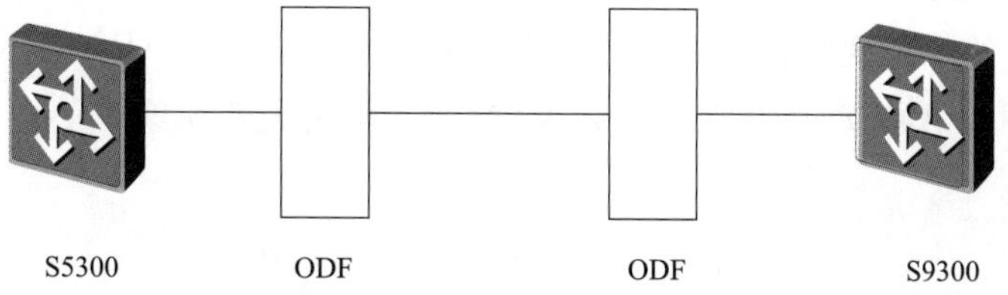

图　3-18

原因分析

1. 光纤头脏或没有与 ODF 架连好；
2. 光纤本身有弯折；
3. 光模块问题；
4. 设备收光有问题；
5. 熔纤厂家在熔纤过程中出现问题。

故障定位及处理过程

1. 在近端对远端打环，远端可以看到光口灯亮，而远端在与近端打环时近端不亮，说明故障出在近端；

2. 采用替换法将光纤、光模块、S5300 设备逐一替换后，仍出现相同问题；

3. 在 S9300 机房用光源测试两根光纤的收光能力，发现其中一芯可以收到光，而另一芯收不到光，从而确定为纤缆问题；

4. 处理纤缆后，用光功率计在近端测试光功率(与远端人员配合)，确认两根光纤完好，故障解决。

总结和建议

无。

案例 21　不同 VPN 业务互通问题

故障现象

1. 某铁路局因业务发展需求，需要站点 A 动环业务一个服务器地址与站点 B 综合视频业务一个服务器地址互通，因在站点 A 的动环 VPN 实例 RT 值，入方向引入综合视频 RT 值，同时因在站点 B 的综合视频 VPN 实例 RT 值，入方向引入动环视频 RT 值，导致站点 A 的动环把全网视频业务全网引入进来，同时站点 B 的综合视频把全网动环引入进来，出现站点 A 和站点 B 动环，综合视频全网互通现象，造成动环和综合视频 VPN 业务隔离失效现象。

2. 因 AR1 的动环 VPN 实例 RT 值，入方向引入综合视频 RT 值，同时因在 AR2 的综合视频 VPN 实例 RT 值，入方向引入动环视频 RT 值，导致 AR1 的动环把全网视频业务全网引入进来，同时 AR2 的综合视频把全网动环引入进来，出现 AR1 和 AR2 动环，综合视频全网互通现象，造成 AR1 和 AR2 动环和综合视频 VPN 业务隔离失效现象。

组网情况

组网如图 3-19 所示。

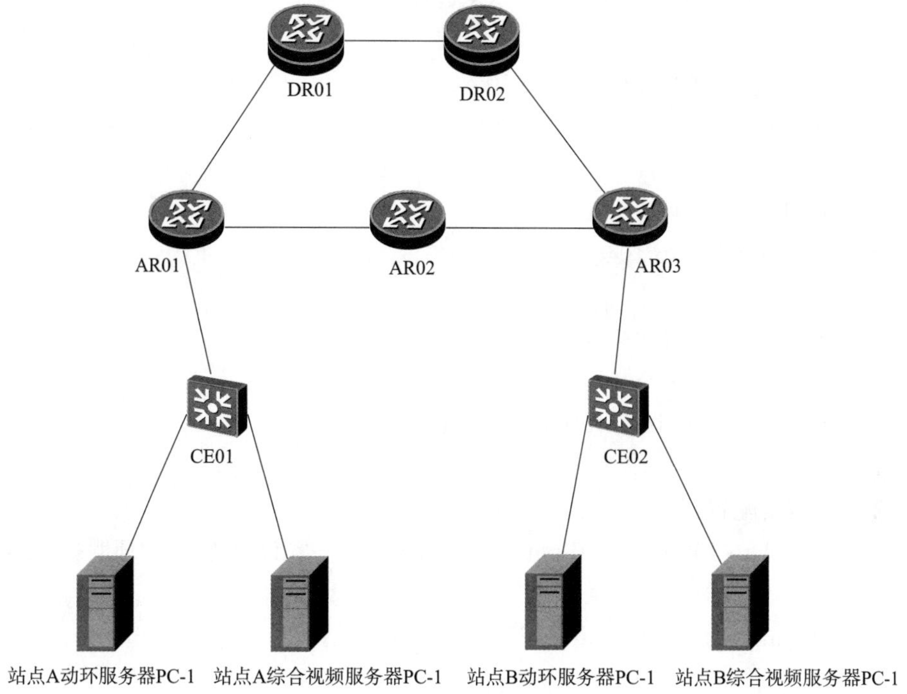

图　3-19

原因分析

DR01 和 DR02 作为高速铁路线汇聚路由器，AR01、AR02、AR03 作为接入路由器，正常站点 A 动环服务器 PC-1 与站点 B 动环服务器 PC-1 可以互通，正常站点 A 综合视频服务器 PC-1 与站点 B 综合视频服务器 PC-1 可以互通，但现要求站点 A 动环服务器 PC-1 与站点 A 综合视频服务器 PC-1。

AR01 和 AR02 随意引入 RT 值导致出现路由互通，而出现 AR01 和 AR02 动环和综合视频 VPN 业务隔离失效，不符合相关规范。

故障定位及处理过程

上述故障可以通过如下策略改变，首先必须重新分配单独的地址段，站点 A 的动环服务器 PC 的业务地址新分配一段发布到 BPG vpnv4 动环实例内，同理站点 B 的综合视频服务器 PC 的业务地址新分配一段发布到 BPG vpnv4 综合视频实例内，配置策略只允许站点 A 的动环服务器一个地址引入到综合视频 VPN 内，其他全部拒绝，同理只允许站点 B 的综合服务器一个地址引入到动环视频 VPN 内，其他全部拒绝，这样不会造成 AR01 和 AR02 动环和综合视频 VPN 业务隔离失效现象。

引入 RT 值后做相关策略控制，控制策略如下：

AR01 相关策略配置：

ip ip-prefix 102 to 104 index 10 permit X. X. 1. X——允许站点 B 综合视频服务器地址段。

#

```
ip extcommunity-filter 1 permit rt 65XXX:104
#
route-policy 102 to 104 permit node 10
if-match extcommu 1

route-policy 102 to 104 permit node 20
if-match ip-prefix 102 to 104
#
ip vpn-instance 65XXXPSS104
import route-policy 102 to 104
vpn-target 65XXX:102 import-extcommunity
```

AR02 相关策略配置：

ip ip-prefix 104 to 102 index 10 permit X. X. 2. X——允许站点 A 动环服务器地址段。

```
#
ip extcommunity-filter 1 permit rt 65XXX:102
#
route-policy 104 to 102 permit node 10
if-match extcommu 1

route-policy 104 to 102 permit node 20
if-match ip-prefix 104 to 102
#
ip vpn-instance 65XXXIVMS102
import route-policy 104 to 102
vpn-target 65XXX:104 import-extcommunity
```

总结和建议

在不同 VPN 之间业务实现互访引入 RT 值之前，先要做相关路由控制策略，如通过 IP 前缀或者 ACL 对所需的 IP 地址段进行路由策略控制，切忌将路由全部引入，因全部引入可能造成路由表过大或者不同 VPN 间有重复 IP 地址段，从而引起地址段冲突导致业务不通。

案例 22　华为与中兴路由器设备之间 BGP VPN 业务无法互访问题

故障现象

如图 3-20 所示，某铁路局新建高速铁路线，AR 承载不同 VPN 业务，通过 BGP MPLS VPN 路由组网方式，实现不同业务之间隔离，但相同 VPN 业务之间无法正常互访。

组网情况

组网如图 3-20 所示。

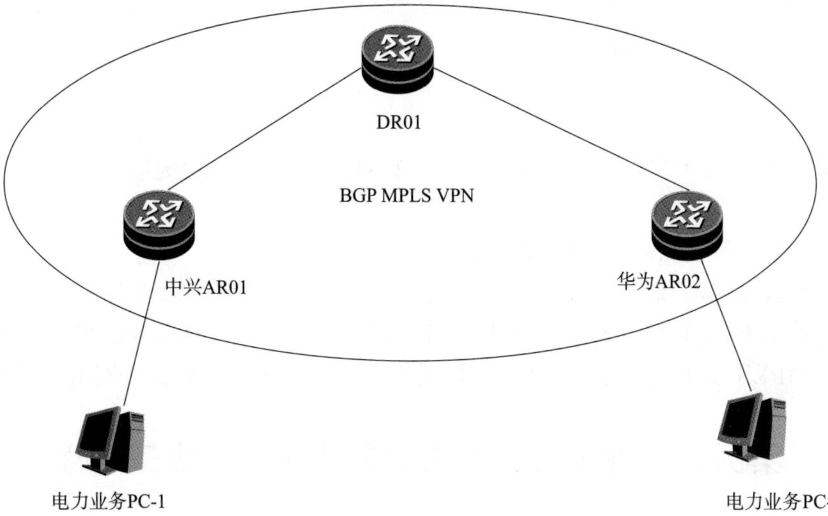

图　3-20

原因分析

1. PC-1、PC-2 为电力业务终端，业务网关分别设在中兴 AR01 和华为 AR02 路由器上。中兴 AR01(PE 设备)和华为 AR02(PE 设备)分别与 DR1(P 设备)互联，并启用 MPLS LDP 动态标签分发协议以及建立 ISIS 邻居关系，同时中兴 AR01 和华为 AR02 分别与远端 RR 建立 BPG vpnv4 邻居(组网未体现)。

2. 正常情况，相同 VPN 业务之间业务可以互相访问，但当配置完成后发现：PC-1 能 Ping 通网关，但不能 Ping 通 PC-2 的地址和 PC-2 对应的网关地址，同理 PC-2 能 Ping 通网关，但不能 Ping 通 PC-1 的地址和 PC-1 对应的网关地址。

故障定位及处理过程

1. MPLS LDP(Label Distribution Protocol)是多协议标签交换 MPLS 的一种控制协议，相当于传统网络中的信令协议，负责转发等价类 FEC(Forwarding Equivalence Class)的分类、标签的分配以及标签交换路径 LSP(Label Switched Path)的建立和维护等操作。LDP 规定了标签分发过程中的各种消息以及相关处理过程，MPLS 支持多层标签，并且转发平面面向连接，故具有良好的扩展性，使在统一的 MPLS/IP 基础网络架构上为客户提供各类服务成为可能。通过 LDP 协议，标签交换路由器 LSR(Label Switched Router)可以把网络层的路由信息直接映射到数据链路层的交换路径上，动态建立起网络层的 LSP。目前，LDP 广泛地应用在 VPN 服务上，具有组网和配置简单、支持基于路由动态建立 LSP、支持大容量 LSP 等优点。

2. 本次中兴 AR01 和华为 AR02 路由器都能学到彼此电力 VPN 业务路由表，但是彼此业务不能互访，经过排查发现 PC-1 的业务地址华为 AR2 路由器给分配了 BGP vpnv4 标签，而 PC-2 的业务地址中兴 AR1 路由器未分配对应的 BGP vpnv4 标签(中兴厂家查询到未分标签)，所以在控制平面没问题(路由相互学习到了)，在转发平面出现问题(中兴未分配标签)。从而导致业务不通，而后得出结论中兴设备在分配标签上出问题，主要是中兴 AR01 路由器设备分发标签相应配置错误导致。

总结和建议

熟悉 BGP MPLS VPN 标签分发原理，了解内外层标签分发规则，并了解排错方法及步骤。

1. 查看有无学习到路由表，如果没学到，则路由层面有问题；

2. 路由表学习到，但业务不通，查看彼此互联的整条链路中有无设备 MPL LDP 邻居关系没有建立的，如有存在 MPLS LDP 邻居没建立的，则问题出在 MPLS LDP 控制层面；

3. 如果 MPLS LDP 邻居建立没问题，则需查看中间路由器设备是否对 lookback 做汇聚。

案例 23　黑洞路由发布配置错误导致业务不通

故障现象

1. 背景：某 BB 铁路局因 GGSN 要升级，决定暂把 BB-GGCN 所有业务迁移到另外一个××路局××-GGSN 下，而迁移完后，对 GGSN 进行升级，数据网侧则需要配合进行调整；

2. 组网分析：因 BB 铁路局的 BB-GGCN 业务 IP 地址段在 BB-CE01&CE02 上，BB-CE01&CE02 与 BB-DR01&DR02 通过 OSPF VPN 多实例建立邻居并注入此 IP 地址段到 OSPF 路由内，而 BB-DR01&DR02 再把此业务 IP 地址段重新分布到 BGP/MPLS VPN 内，BB-CR01&CR02 学习从到 BB-DR01&DR02 过来的此业务 IP 地址段路由，并且在 BB-CR01&CR02 上将此业务 IP 地址和其他同子网的业务 IP 地址段，通过汇聚＋黑洞路由在 BB-CR01、BB-CR02 发布到国干路由器与实现和其他局互通；

3. 因 BB-CR01&CR02 上汇聚发布 IP 地址即含 BB-GGCN 所有业务和有其他子网 IP 地址业务加在一起，避免修改数据影响其他业务，所以保持数据配置不动，则只需要在××铁路局的××-CR01&CR02 上汇聚含 BB-GGCN 业务 IP 地址段＋黑洞路由发布出来即可完成业务迁移，割接迁移完后，结果从××-GGCN 无法与 BB-GGCN 下的 SGSN 互通，造成业务中断。

组网情况

组网如图 3-21 所示。

原因分析

××-CR01&CR02 发布 BB-GGCN 业务 IP 地址段有问题。

故障定位及处理过程

1. 割接完成后从 BB-CR01&CR02 上学习到 BB-GGCN 业务 IP 地址路由，且确实是来自

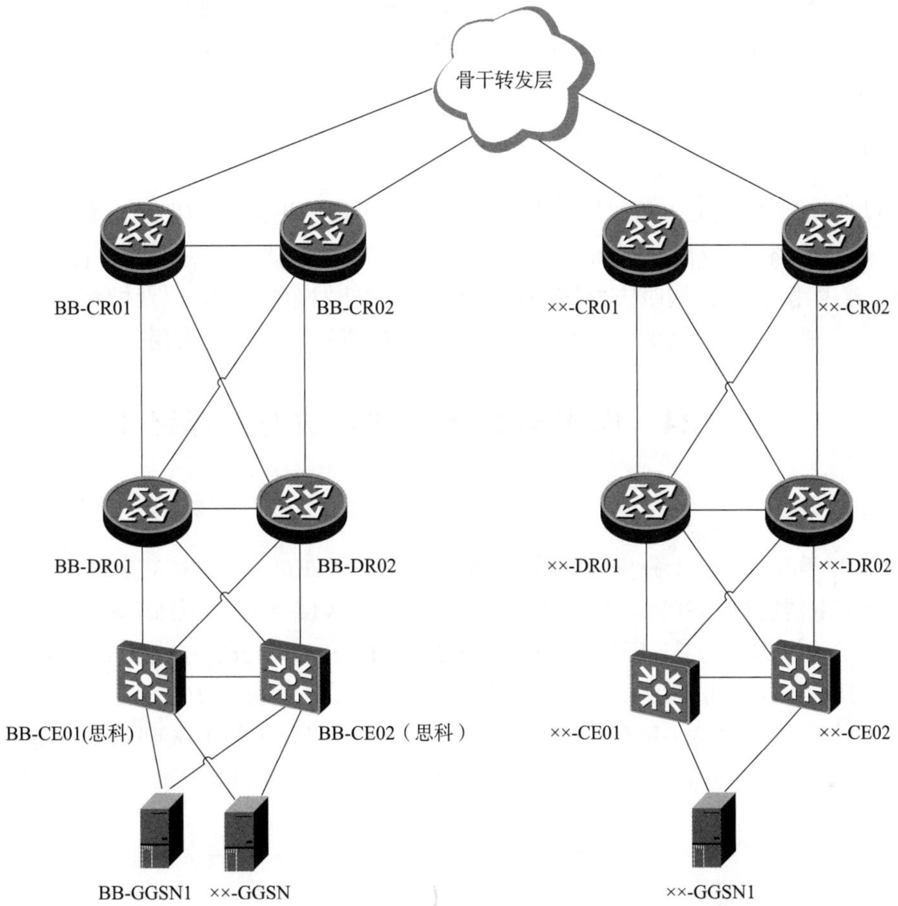

图　3-21

××-CR01&CR02 上发布出来的(根据 AS-PATH 路由路径属性)；证明路由发布没有问题，同时××-CR01&CR02 也能学到来自 BB-CR01&CR02 下挂的 BB-GGCN 下的 GGSN 业务 IP 地址段(根据 AS-PATH 路由路径属性)，正常情况是路由相互学习到，是可以互通的。

2. 之后再次通过××-CR01&CR02 采集的配置脚本查看路由，发现××-CR01&CR02 发布 BB-GGCN 业务 IP 地址段的汇聚＋黑洞路由与从××-DR01&DR02 学习到的掩码相同，结合此问题得出结论当××-CR01&CR02 从××-DR01&DR02 学习到 BB-GGCN 业务 IP 地址段路由优先级是 255，而××-CR01&CR02 通过黑洞配置同 BB-GGCN 业务 IP 地址段(掩码大小一样)的静态路由条目，优先级是 60。正常路由选择条件是先掩码最长匹配，掩码越小越优选，当最长匹配掩码相同则比较路由优先级，选择路由优先级小的越优选，当路由优先级相同则比较 Metric(COST)，Metric 越小越优选，而正常情况从 BB 路局访问××路局的 BB-GGCN 业务 IP 地址，路径是 BB-SGSN→BB-GGSN→BB-CE01&CE02→BB-DR01&DR02→BB-CR01&CR02→××-CR01&CR02-××-DR01&DR02→××-CE01&CE02→××-GGSN，而路径到××-CR01&CR02 并没指向××-DR01&DR02 是指向××-CR01&CR02 配置的黑洞静态路由的 NULL 0 接口，导致路由被丢弃，从而影响业务。只需在××-CR01&CR02 上发布的 BB-GGCN 业务 IP 地址段汇聚路由＋黑洞路由掩码小于××-

CR01&CR02 从××-DR01&DR02 学习到的 BB-GGCN 业务 IP 地址段掩码，这样路由根据掩码最长匹配原则，优选××-CR01&CR02 从××-DR01&DR02 学习的路由作为下一跳，业务恢复正常。

总结和建议

1. 在割接前要熟悉 CR 通过汇聚＋黑洞路由发布路由原则，了解路由选路规则；

2. 一般核心路由器对外发布的都是发布汇聚路由，这样就会避免上层设备学习到过多的明细路由，减少路由条目，同时方便核心路由器控制对外发布的路由，以及做相关属性标记，好对路由进行控制。做黑洞路由主要是避免路由环路造成端口流量被占用。

案例 24　BGP 规划不合理导致路由环路-1

故障现象

如图 3-22 所示，AR02 分别于 AR01、AR03 互联，AR02 与 AR03 互联，AR01、AR02、AR03 三台路由器运行 OSPF，不引入直连路由，都属于区域 area 0；AR01 和 AR02 之间运行 IBGP。AR02 和 AR03 运行 EBGP，当 AR01 通过 BGP network 方式发布 100.1.1.0/24，AR02 通过 IBGP 学习到 100.1.1.0/24，AR03 通过 EBGP 学习到 100.1.1.0/24，AR03 访问 100.1.1.0 下一跳是 AR02，AR02 访问 100.1.1.0/24 去找 AR01 的 LOOPBACK0 地址，再通过 IGP 得知下一跳是 AR03，而 AR03 又下一跳是 AR02，导致 AR02 和 AR03 之间产生路由环路。

组网情况

组网如图 3-22 所示。

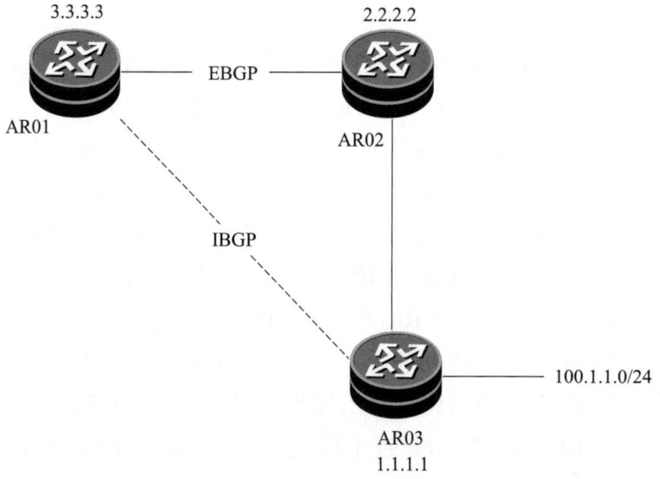

图　3-22

原因分析

BGP 路由部署不合理。

故障定位及处理过程

1. 检查 AR02 的路由表，确认 100.1.1.0/24 下一跳为 AR1 的 loopback 地址；
2. 检查 AR02 的路由表，确认 1.1.1.1/32 下一跳为 AR3 的接口地址；
3. 检查 AR03 的路由表，确认 100.1.1.0/24 下一跳为 AR2 的接口地址；
4. AR02 与 AR01 新增互联；
5. BGP 环路解决。

总结和建议

由于 BGP 路由规划不合理导致路由出现环路，影响业务正常，正常情况 BGP 是有规避路由环路属性的，但是造成上述 BGP 环路的原因，是由于 BGP 二次通过 IGP 迭代造成的环路。对于此类问题需要梳理网络，逐条查找环路所在节点，并结合组网及路由定位产生环路的原因以及提供解决方案。对于开局的组网路由部署，需要在开局前提前验证。

案例 25　BGP RR 规划不合理导致路由环路-2

故障现象

如图 3-23 所示，AR02 和 AR01 是 AR04(RR)的客户端，AR03 与 AR06 是 AR05(RR)的客户端，AR02 收到 100.1.1.0/24，下一跳给 AR04(RR)，AR04(RR)反射给 AR07；AR03 收到 100.1.1.0/24，下一跳给 AR05(RR)，AR05(RR)反射给 AR06；AR06 访问 100.1.1.0/24 下一跳 loopback0 是 3.3.3.3 递归给 AR07。

AR07 到 100.1.1.0/24 下一跳是 AR02 递归给 AR06 成环路，AR06-AR07-AR06-AR07。

组网情况

组网如图 3-23 所示。

原因分析

BGP 路由 RR 部署不合理。

故障定位及处理过程

1. 检查 AR06 的路由表，确认 100.1.1.0/24 下一跳为 AR03 的 loopback 地址；
2. 检查 AR06 的路由表，确认 3.3.3.3/32 下一跳为 AR07 的接口地址；
3. 检查 AR07 的路由表，确认 100.1.1.0/24 下一跳为 AR02 的 loopback 地址；
4. 检查 AR07 的路由表，确认 2.2.2.2/32 下一跳为 AR06 的接口地址；
5. AR02 与 AR07、AR03 与 AR06 新增互联；
6. BGP 环路解决。

总结和建议

在一个 AS 内，其中一台路由器作为路由反射器 RR(Route Reflector)，其他路由器作为

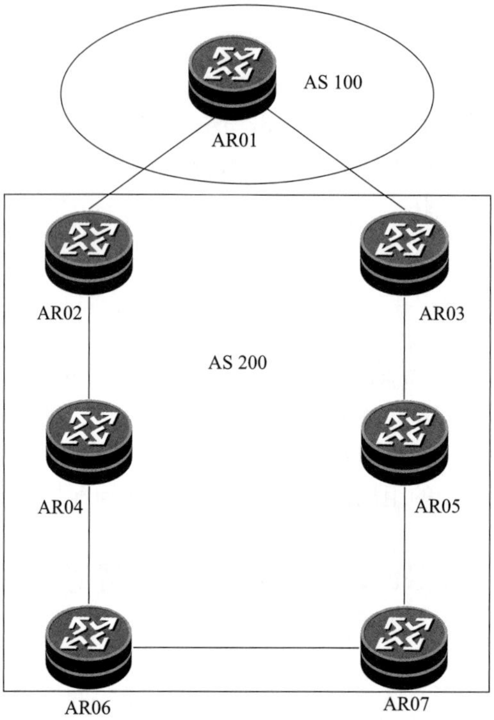

图　3-23

客户机(Client)。客户机与路由反射器之间建立 IBGP 连接,路由反射器和它的客户机组成一个集群(Cluster),路由反射器在客户机之间传递(反射)路由信息,而客户机之间不需要建立 BGP 连接。当 RR 收到 IBGP 发来的路由,首先使用 BGP 选择路由的策略选择最佳路由。

1. 从非客户机 IBGP 对等体学到的路由,发布给此 RR 的所有客户机;

2. 从客户机学到的路由,发布给此 RR 的所有非客户机和客户机(发起此路由的客户机除外);

3. 从 EBGP 对等体学到的路由,发布给所有的非客户机和客户机。

案例 26　BGP 规划不合理导致路由环路-3

故障现象

如图 3-24 所示,AR01 分别与 AR02、AR03 建立 EBGP,AR02 和 AR05 是建立 IBGP,AR03 与 AR04 是建立 IBGP,AR02 收到 100.1.1.0/24。AR05 收到 100.1.1.0/24,下一跳给 AR2 loopback0 2.2.2.2,AR05 访问 2.2.2.2 下一跳为 AR04 的接口地址,AR04 收到 100.1.1.0/24,下一跳给 AR03 loopback0 3.3.3.3,AR04 访问 3.3.3.3 下一跳为 AR05 的接口地址,则 AR04-AR05-AR04-AR05 形成环路。

组网情况

组网如图 3-24 所示。

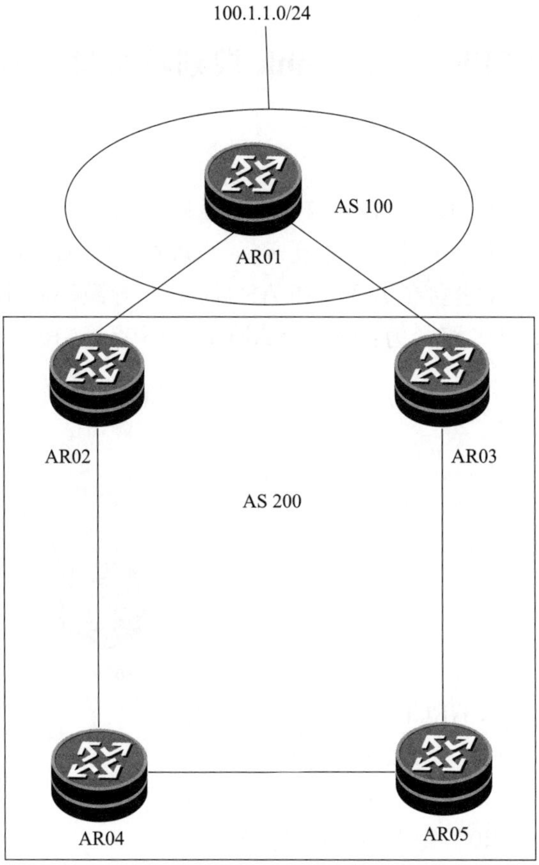

图　3-24

原因分析

BGP 路由部署不合理。

故障定位及处理过程

1. 检查 AR05 的路由表，确认 100.1.1.0/24 下一跳为 AR02 的 loopback 地址；
2. 检查 AR05 的路由表，确认 2.2.2.2/32 下一跳为 AR04 的接口地址；
3. 检查 AR04 的路由表，确认 100.1.1.0/24 下一跳为 AR03 的 loopback 地址；
4. 检查 AR04 的路由表，确认 3.3.3.3/32 下一跳为 AR05 的接口地址；
5. AR02 与 AR05、AR03 与 AR04 新增互联；
6. BGP 环路解决。

总结和建议

由于 BGP 路由规划不合理导致路由出现环路，影响业务正常。因为 BGP 不会将路由向 EBGP 邻居发出后又接收回到该路由，路由器如果在接收 EBGP 邻居路由前缀时，发现 AS-PATH 属性中有自己的 AS，会丢弃该路由。BGP 不会将学习自 IBGP 对等体的路由再宣告给其他 IBGP 对等体。

案例 27　OSPF Virtual link 规划不合理导致路由环路

故障现象

如图 3-25 所示，AR01、AR02、AR03 建立 OSPF 邻居，分别属于区域 Arae 0；AR02、AR03、AR04 建立 OSPF 邻居，分别属于区域 Area 1；AR04 与 AR05 建立 OSPF 邻居，分别属于区域 Arae 2。Virtual link 建立在 AR02 和 AR04 之间，导致环路出现。AR05 上目标网络 net50，如果 AR03 议问 net50，路径为：AR03→AR01→AR02→AR03。

组网情况

组网如图 3-25 所示。

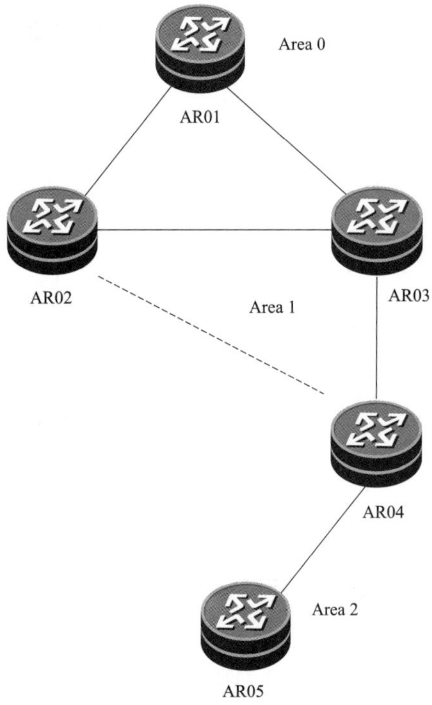

图　3-25

原因分析

Virtual link 部署不合理。

故障定位及处理过程

1. Virtual link 建立后，AR04 作为 abr 会产生 LSA3(net50)，AR03 学到该 LSA3(net50)是通过 backbone，area 1 里面的，LSA3(net50)不进 AR03 的路由表，所以 AR03 选路至 AR05，先走 Area0，经 AR01，AR02，再经 transit area 至 AR03，于是环路出现：AR03→AR01→AR02→AR03；

2. 虚链路出现环路的场景解决办法：在 AR03 和 AR04 之间建立虚链路。虚链路是两台路由器通过非骨干区域建立的。两台路由器拥有该非骨干区域的完整 LSDB，执行完 SPF 算法后，路由器通过检测最短路径树上的对端路由器的状态来检测虚链路的状态。

总结和建议

由于 Virtual link 规划不合理导致路由出现环路，影响业务正常。虽然 OSPF 组网中部署 Virtual link 是对网络补救的一种临时措施，但是在部署 Virtual link 时一定要避免出现环路，并做好提前的验证和推理，避免造成环路，影响设备上业务。

案例 28　交换机环路问题

故障现象

如图 3-26 所示，某铁路局接入 CE(S5700)下挂是一台 HUB，HUB 下挂很多办公的业务终端，某天发现下挂 HUB 下的终端业务上网很慢，或无法上网，把 HUB 关机重启后开始业务正常，一段时间过后又不正常。

组网情况

组网如图 3-26 所示。

原因分析

交换机和 HUB 接线不合理导致出现环路。

故障定位及处理过程

1. 检查 S5700 的 STP 各端口状态，发现 STP 协议关闭；

2. 检查 S5700 的端口流量，发现 GE0/0/1 和 GE0/0/2 两个端口流量达到 90%；

3. 同时发现 S5700 登入特别卡，且 CPU 占用率异常；

4. 检查 S5700 中 MAC 表，发现有许多从 HUB 上来的终端 MAC 地址不断在跳变，一会从 GE0/0/1 学过来，一会从 GE0/0/2 学过来，不断在跳变切换；

5. 通过上述得出结论，S5700 存在环路，造成环路的是 GE0/0/1 和 GE0/0/2 两个端口，当关闭其中一个端口业务恢复正常，或者打开 S5700 STP 协议，查看 S5700 的 STP 各端口状态，发现 GE0/0/1 转发状态，GE0/0/2 不转发状态（STP 协议破环），业务恢复正常。

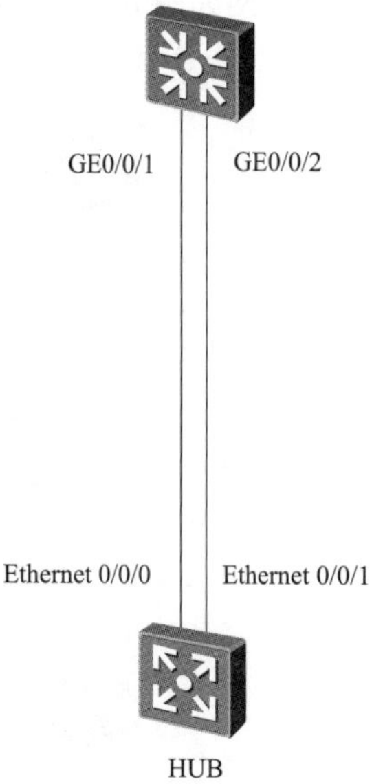

图　3-26

总结和建议

由于交换机和 HUB 接线不合理导致出现环路，影响业务正常，布放连接线一定要注意避免。一般情况交换机出现环路存在如下特征：

1. 登入设备很卡；

2. 某几个端口流量达到 80%以上；

3. 查看 STP 端口转发表，发现正常业务端口被阻塞；

4. CPU 内存占用率很高；

5. 查看 MAC 地址表，发现 MAC 存在漂移或者 MAC 冲突现象。

案例 29　业务地址冲突问题

故障现象

1. 某铁路局因业务发展需求，需要站点 AR6 开通动环业务，结果配置动环业务数据后，动环厂家工程师从动环远端终端 PC Ping 动环中心服务器不通 PC，Ping 业务网关能通；

2. 组网分析：DR01 和 DR02 作为既有汇聚路由器 AR01、AR02、AR03 接入路由器，AR03 下挂动环中心服务器 PC，DR01 和 DR02 也作为本项目汇聚路由器 AR04、AR05、AR06

接入路由器，AR06 下挂动环远端 PC，按照业务需求动环远端 PC 是要和动环中心服务器 PC 互访。

组网情况

组网如图 3-27 所示。

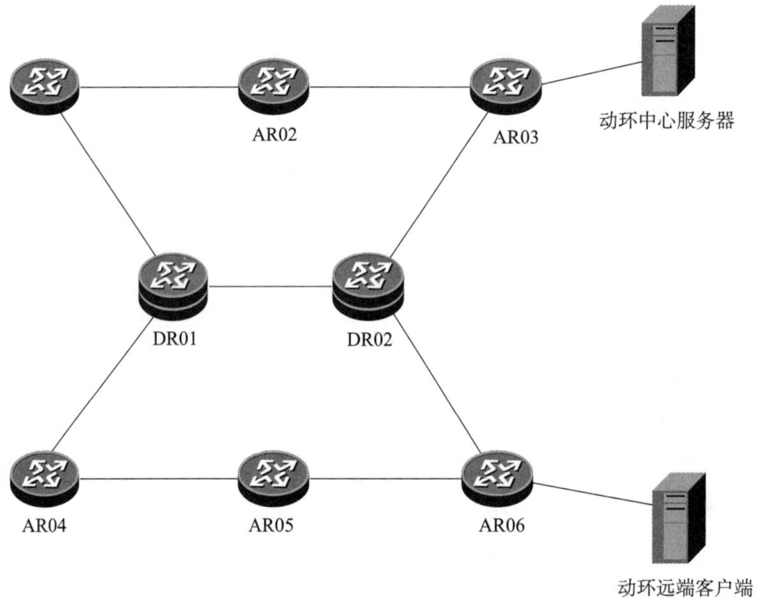

图 3-27

原因分析

AR06 下挂动环远端 PC 的业务地址段与现网既有 AR01 下挂的动环业务地址相同，导致业务不通。

故障定位及处理过程

上述故障可以通过如下操作步骤发现，当发现从动环远端终端 PC Ping 动环中心服务器 PC 不通，但 Ping 自己业务网关能通，证明从动环远端终端 PC 到 AR06 路由器没问题，同时从动环远端终端 PC Ping 其他业务动环业务地址也有问题，并且在 AR06 上带动环业务网关源地址 Ping 动环中心服务器 PC 也不通，证明 AR6 到动环中心服务器 PC 存在问题。当把 AR06 与动环远端终端 PC 互联端口关闭，而后再在 AR06 下查看是否存在本次动环远端终端业务地址路由表，发现依旧能学习到此路由条目（正常是学不到的），并且路由条目来自 AR01，登入 AR01 设备发现此设备已配置了类似相同的动环业务 IP 地址在设备上，所以是因为地址冲突导致从动环远端终端 PC Ping 动环中心服务器 PC 互通不了。而造成这个原因是动环远端终端 PC Ping 的 ICMP 包能去动环中心服务器，但动环中心服务器回给动环远端终端 PC 的 ICMP 给了 AR01，从而导致互访不通，但对既有 AR01 下动环业务没有影响。

总结和建议

本次问题如果动环中心服务器回的ICMP优选动环远端终端PC的业务路由，而没有选择既有AR1下的动环路由，这样动环远端终端PC Ping动环中心服务器是没问题，但直接把既有AR01下的动环业务中断了，同时更大的问题是没有任何感知的，不能主动发现问题，则会引起安全事故。所以在配置业务地址时，并引入到路由中，一定要先在设备上查找此业务地址是否在现网中存在，如存在地址冲突，需重新申请新的业务地址，以确保使用地址在现网中的唯一性。

案例30　OSPF VPN多实例路由在路由表无法学习到

故障现象

某铁路局把三层交换机S3700当作MCE路由器使用，同时通过VPN区分不同业务，采用OSPF VPN多实例。PC-1、PC-2是旅服业务终端，业务网关分别在AR01和AR02上。AR01、AR02、AR03之间通过子接口建立OSPF VPN多实例，每个OSPF进程绑定对应的VPN业务实例，并引入直连路由。

正常情况，相同VPN业务之间业务可以互相访问，但配置完成后发现，PC-1能Ping通网关，但不能Ping通PC-2的地址和PC-2对应的网关地址，同理PC-2能Ping通网关，但不能Ping通PC-1的地址和PC-1对应的网关地址。

组网情况

组网如图3-28所示。

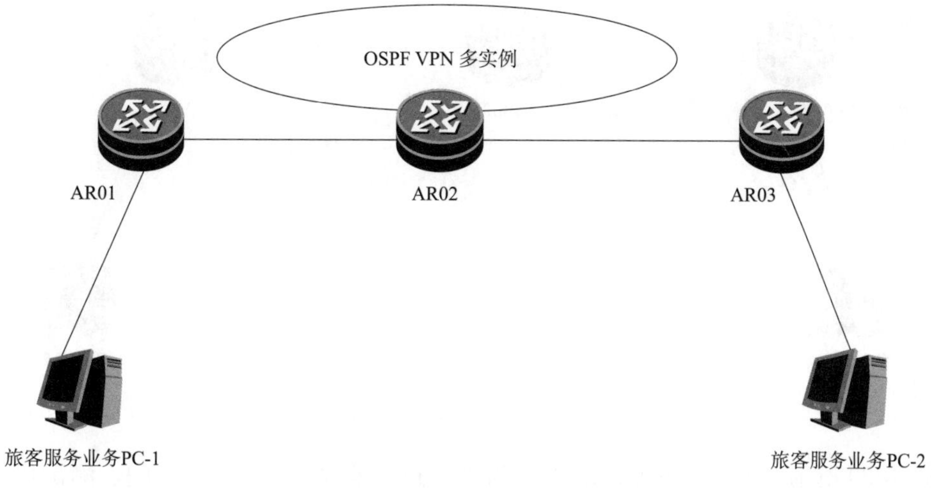

图　3-28

故障定位及处理过程

1. 在MCE(Multi-VPN-Instance CE)设备上部署OSPF VPN多实例时，如果有Type3、

Type5 或 Type7 LSA 中设置 DN Bit，就会导致这些路由无法计算，因为 OSPF 进行路由计算会进行防环路检测。这种情况下，通过配置 vpn-instance-capability simple 命令可以取消 OSPF 路由环路检测，不检查 DN Bit 和 Route-tag 而直接计算出所有 OSPF 路由，Route-tag 恢复为缺省值 1。

2. 在 MCE 上配置 vpn-instance-capability simple 命令后，如果 OSPF 没有配置骨干区域 0，则该 MCE 不会成为 ABR，配置 vpn-instance-capability simple 命令后，OSPF 进程不可以引入 IBGP 路由，配置 vpn-instance-capability simple 命令后，BGP 引入的 OSPF 路由中不会携带 OSPF Domain ID、OSPF Route-tag 和 OSPF Router ID，缺省情况下，当 BGP 引入 OSPF 路由时，MED 值（MED 属性相当于 IGP 使用的度量值）为 OSPF 的 Cost 值加 1。配置 vpn-instance-capability simple 命令后，Cost 值不会加 1，即 MED 值变为 OSPF 的 Cost 值。因此，会引起 BGP 引入 OSPF 路由的 MED 值变化，影响 BGP 选路。

总结和建议

在配置 MCE 前要熟悉 OSPF VPN 实例原理，了解闭环规则。

案例 31　不同 VPN 业务丢包问题

故障现象

某铁路局新建一条高速铁路线需做第三方验收测试，测试设备链路丢包、延时、抖动性能，但在丢包上不符合要求，出现 1 518 字节，全部丢包。

组网情况

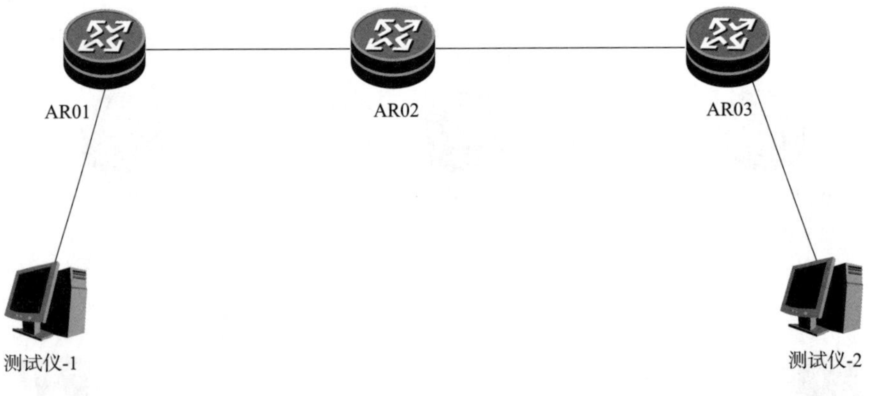

图　3-29

如图 3-29 所示，AR01、AR02、AR03 作为接入路由器通过 2 M 链路互联，测试仪器-1 挂在 AR01 下，测试仪器-2 挂在 AR03 下，在测试仪-1 上进行打流测试，使用字节数为 1 518 字节，测试仪-1 会出现二层帧全部丢包的提示，设备上使用 Ping 命令 1 518 的包进行 Ping 不会出现丢包问题，导致测试不通过。

原因分析

开始分析有可能是测试仪器设置不当，在打流测试仪端的 AR 中的 cpu-defend 信息中看到 unknown packets 丢包现象很严重，但是在其他两台路由器上 CPU-DEFEND 中无任何丢包，这可以推断 IP 报文到了 AR01 上就没有转发出去，因 1 518 字节报文大于设备默认 MTU 值，正常情况需要对报文进行分片，就可以正常通过。

故障定位及处理过程

在 AR01 上做端口镜像抓包，把来自 AR01 和测试仪器-1 互联的端口镜像抓包，抓包发现，仪器发送的 1 518 字节的报文上 Flag 置位为 1(Don't fragment)，原来是报文不允许分片，AR 路由器无法对这个报文进行分片，导致路由器丢弃报文，AR 路由器把该报文上送，并给测试仪恢复了目的不可达，于是出现测试丢包。

因测试仪器无法修改 1 518 字节报文分片功能，后在路由器设备出端口(流量出去的三层口)配置强制分片命令：clear ip df，配置好后测试通过。

```
interface GigabitEthernet0/0/0
clear ip df
```

总结和建议

网络上传输的数据包大小不一，一般的数据包允许分片，所以即使大于 1 500 字节也可以通过，有的特殊应用发送的数据包不允许分片且发送的包比较大，这样会导致以上问题。对此类网络层面能互通、业务层面不能互通的问题，最好的方法是利用抓包工具对数据进行抓包分析。

案例 32 CE-PE 之间运行 OSPF 协议导致学习不到路由

故障现象

在 AR01 的 OSPFLSDB 表中能够看到 2. 2. 2. 2 的 ASE_LSA 信息，但是在 vpn-instance1 路由表中没有去往 2. 2. 2. 2 网段路由。

```
<AR01>display ospf lsdb
OSPF Process 1 with Router ID 12. 1. 1. 1
Link State Database
Area:0. 0. 0. 0
Type LinkState ID AdvRouter Age Len Sequence Metric
Router 12. 1. 1. 2 12. 1. 1. 2 54 36 80000004 1
Router 12. 1. 1. 1 12. 1. 1. 1 250 36 80000005 1
Network 12. 1. 1. 1 12. 1. 1. 1 250 32 80000002 0
AS External Database
Type LinkState ID AdvRouter Age Len Sequence Metric
```

External 2. 2. 2. 2 12. 1. 1. 2 10 36 80000001 1

<AR01>dis ip routing-table vpn-instance 1

Route Flags:R - relay,D - download to fib

Routing Tables:1

Destinations:3 Routes:3

Destination/Mask Proto Pre Cost Flags NextHop Interface

2. 2. 2. 2/32 O_ASE 150 1D 12. 1. 1. 2 GigabitEthernet0/0/1

12. 1. 1. 0/24 Direct 0 0 D 12. 1. 1. 1 GigabitEthernet0/0/1

12. 1. 1. 1/32 Direct 0 0 D 127. 0. 0. 1 GigabitEthernet0/0/1

组网情况

1. 如图 3-30 所示,AR01 和 AR02 运行 OSPF 协议。R2 将直连路由 2. 2. 2. 2 引入 OSPF 中。

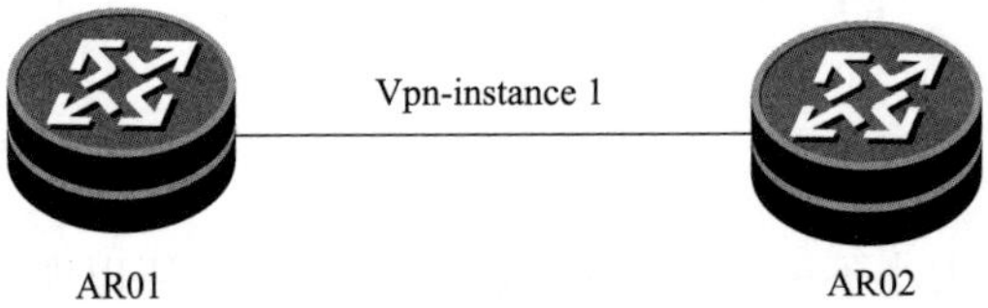

图 3-30

2. AR01 的 Gi0/0/1 在 vpn-instance1 中,且与 AR02 建立 OSPF 邻居。

原因分析

观察 AR01 的 OSPF LSDB 表 ASE 信息,发现该 LSA 携带的 TAG(VPN-Route-Tag)字段为 0;

<AR01>display ospf lsdbase

OSPF Process1 with Router ID 12. 1. 1. 1

LinkStateDatabase

Type:External

Lsid:2. 2. 2. 2

Advrtr:12. 1. 1. 2

Lsage:102

Len:36

Options:E

seq#:80000002

chksum:0x7b1

Netmask:255. 255. 255. 255

TOS0Metric:1

Etype:2

Forwarding Address:0.0.0.0

Tag:0//VPN-Route-Tag 字段为 0

Priority:Medium

观察 AR01 的 OSPF 配置如下:

ospf1 vpn-instance1

area 0.0.0.0

network 12.1.1.10.0.0.0

观察发现设备关于 VPN-Route-Tag 字段为默认配置,该交换机 AR01 将对收到的 ASE_LSA 中带有的 Tag 与本地 AS 号进行比较,如果相同,为防止路由环路将不会在 vpn-instance 路由表中生成该路由;

由于 AR01 没有 BGP 相关配置,本地设备的 Tag 为 0,与收到的 ASE_LSA 相同,因此不会将路由加入路由表。

故障定位及处理过程

在 AR01 的 OSPF 添加 vpn-instance-capabilitysimple 配置,忽略 ASE_LSA 中的 Tag 字段。LSA 中的 Tag 不与本地 AS 号进行比较。

#

ospf1 vpn-instance1

vpn-instance-capability simple

area0.0.0.0

network12.1.1.10.0.0.0

配置后,观察 vpn-instance 路由表,发现已生成 2.2.2.2 的路由,问题解决。

<AR01>disiprouting-tablevpn-instance1

RouteFlags:R-relay,D-downloadtofib

RoutingTables:1

Destinations:3Routes:3

Destination/MaskProtoPreCostFlagsNextHopInterface

2.2.2.2/32 O_ASE150 1D 12.1.1.2 GigabitEthernet 0/0/1

12.1.1.0/24 Direct 00D 12.1.1.1 GigabitEthernet 0/0/1

12.1.1.1/32 Direct 00D 127.0.0.1 GigabitEthernet 0/0/1

总结和建议

如果设备收到的 LSA 中均在 Tag 字段,默认情况下将与本地的 AS 进行计算比较,如果发现数值相同,为防止路由环路,将不把该路由在路由表中生成。如果希望忽略该比较动作,可以在 OSPF 中配置 vpn-instance-capability simple。

案例 33　MPLS VPN 下 AS 号重复导致学习不到路由

故障现象

SW01 和 SW02 分别与 AR01 和 AR02 建立 BGP 邻居关系，SW01 和 SW02 无法学习到铁路总公司发布过来的电报路由，AR01 和 AR02 学习路由正常。

组网情况

组网如图 3-31 所示。

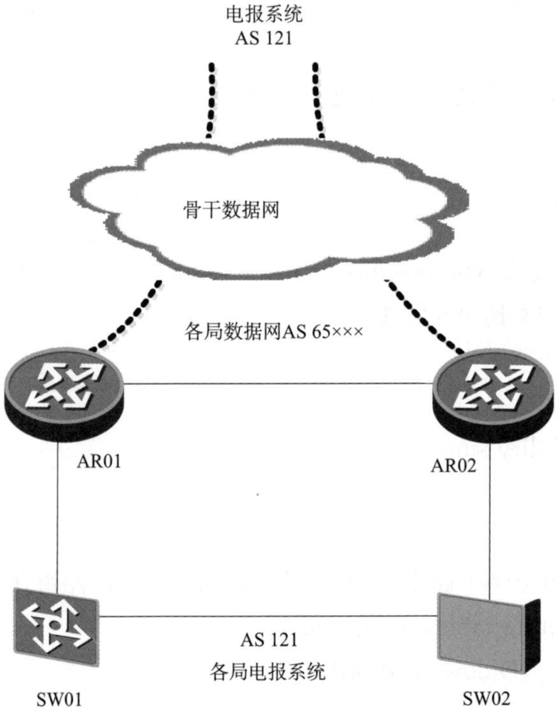

图　3-31

原因分析

通过在 AR01 使用命令 displaybgprouting-table＋电报路由网段得出铁路总公司电报路由网段的 PATH 路径中包含 AS121，由于 SW01 上使用的 BGP 也是 AS121，所以 SW01 bgp 拒绝收此路由（bgp 的防环机制），后面得知电报业务全局规定要求使用 AS121，SW01 和 SW02 作为 CE 和各局的 PE 路由建立 BGP 邻居关系，使用的也是 AS121，所以正常情况下 SW01 和 SW02 无法从 AR01 和 AR02 处学习到路由。

故障定位及处理过程

使用 AS 替代，各局的 PE 路由器从铁路总公司处收到电报的路由将路由的 AS 属性替换成自己的AS后发布给各局的CE设备SW01和SW02，这样SW01和SW02就不认为AS号重复而拒收路由；

Peer substitute-as

命令功能

Peer substitute-as命令用来配置用本地AS号替换AS_Path属性中指定对等体AS；

undo peer substitute-as命令用来取消此设置；

缺省情况下，禁止AS号替换功能；

命令格式

peer{group-name|ipv4-address|ipv6-address}substitute-as

总结和建议

注意BGP的防环机制：

1. AS-PATH：当收到的BGP路由信息中AS-PATH列表中包含自己的AS号，会丢弃该路由。

2. IBGP水平分割：不把从IBGP邻居学到的路由信息发送给其他IBGP邻居。

3. cluster_list：是一种可选非传递性属性，用于记录簇ID，就像AS-PATH记录AS号一样，当RR将来自客户的路由反射给给客户时，同时将其簇ID附加到cluster_list中，如果cluster_list为空，则RR将创建一个cluster_list。RR接收到update消息后，就会检查cluster_list，如果发现其簇ID位于簇列表中，则知道已经出现了路由环路，从而忽略该update消息。

4. BGP同步：开启同步时，BGP路由器不会把从IBGP邻居收到的路由信息放入自己的路由表或发送给其他EBGP邻居，除非该路由信息已经存在于IGP路由表中。

案例34　RR设计不当造成路由环路

故障现象

AR08上无法访问AR01的X网段。

组网情况

组网如图3-32所示。

1. AR01处于AS100，其余所有路由器在AS200中。AS200内部运行OSPF，各路由器将直连网段发布进OSPF。AR01有一个X的网段发布到AS100中。

2. AR05与AR06是路由反射器RR设备，AR05与AR07之间没有对等体关系，AR06与AR08之间没有对等体关系，AR07与AR08之间没有对等体关系；AR05与AR08之间跨越R7建立客户端对等体关系；AR06与AR07之间跨越AR08建立客户端对等体关系。

原因分析

1. AR01向AR03和AR04发送X网络前缀。

2. AR03、AR04收到，修改下一跳后向自己的RR发送。

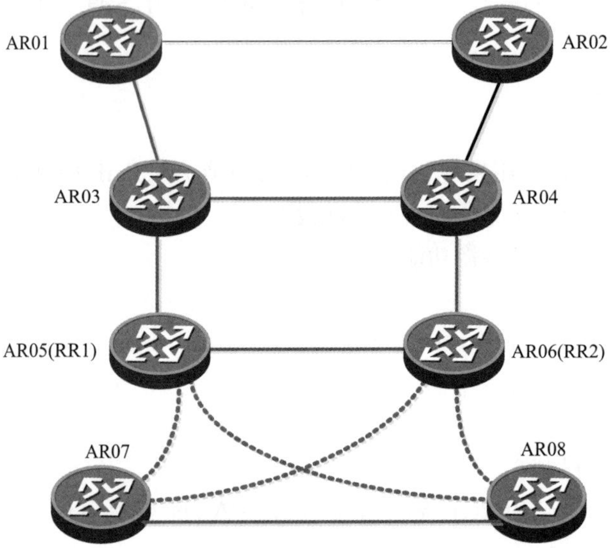

图　3-32

3. 这里分析 AR05 的情况。AR05 收到后会有一个路径决策过程，这里 AR06 也会向它发 X 的络的前缀，根据 BGP 路径决策的 13 个原则，AR05 最终选择 IGP 度量值最小的，即选择 AR03 作为下一跳。然后它将这个最佳路径发往 AR06 和 AR08。

4. 同理，AR06 最终选择的下一跳是 AR04。

5. 关键在于 AR07 和 AR08。因为 AR07 只能收到 AR06 发来的更新，所以，它去往 X 网络的下一跳也是 AR04；同理 AR08 去往 X 网络的下一跳是 AR03。如图 3-33 所示。

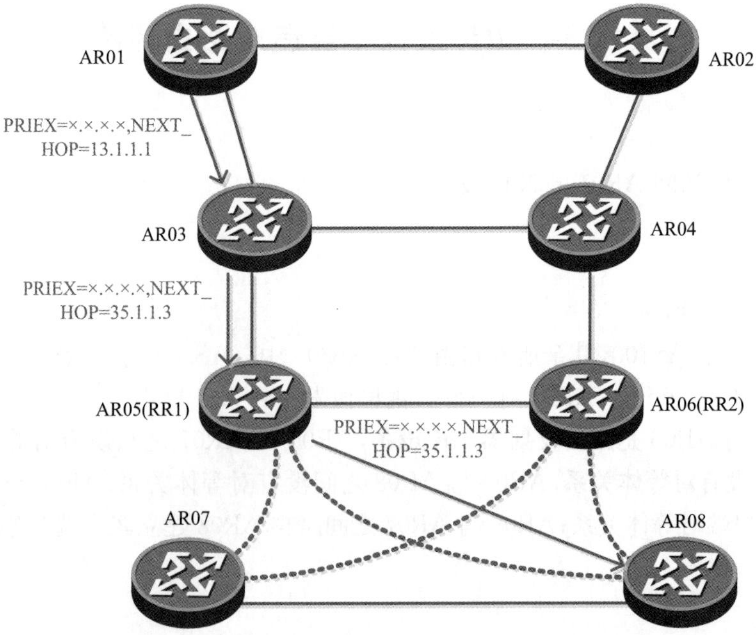

图　3-33

6. 这时要看 IGP 了。

7. AR07 去往 X 网络的下一跳是 46.1.1.4，即 AR04；IGP 去往 46.1.1.4 的下一跳是 AR08。

8. AR08 去往 X 网络的下一跳是 35.1.1.3，即 ARR3，IGP 去往 35.1.1.3(AR03)的下一跳是 AR07；AR07 去往 X 网段的数据包发给 AR08，AR08 把去往 X 网段的数据又发给 AR07，数据包就在 AR07 和 AR08 之间来回倒腾，直到 TTL 超时。

下面用 tracert 命令可以比较直观地看出来数据是如何倒来倒去的：

AR08#traceroute×.×.×.×

traceroute to×.×.×.×(×.×.×.×)，max hops:30，packet length:38

178.1.1.72 ms2 ms2 ms

278.1.1.82 ms2 ms2 ms

378.1.1.72 ms2 ms2 ms

478.1.1.82 ms2 ms2 ms

578.1.1.72 ms2 ms2 ms

678.1.1.82 ms2 ms2 ms

778.1.1.72 ms2 ms2 ms

878.1.1.82 ms2 ms2 ms

978.1.1.72 ms2 ms2 ms

1078.1.1.82 ms2 ms2 ms

故障定位及处理过程

1. AR07 和 AR05 建立 bgp，将 AR07 设置成 AR05 的 RR client；

2. AR08 和 AR06 建立 bgp，将 AR08 设置成 AR06 的 RR client。

总结和建议

RR 的设计建议：

1. 不要跨越非客户端建立客户端；

2. 不要跨越客户端建立非客户端对等体；

3. 客户端与非客户端之间不要建立 IBGP 会话。

案例 35　启用 MPLS VPN 业务传输 MTU 原因导致业务不通

故障现象

AR01、AR02 都作为 PE，PC1 接入 AR01，PC2 接入 AR02，PC Server 接入 AR03，PC1、PC2 和 PC Server 在同一个 MPLS VPN 里，并且允许相互访问；用户反馈，PC2 可以正常访问 PC Server，PC1 不能正常访问 PC Server。现场测试发现，在 PC2 Ping PC Server 时，大包可以通过，但是 PC1 Ping PC Server 时，为 1 468 的报文。

组网情况

组网如图 3-34 所示。

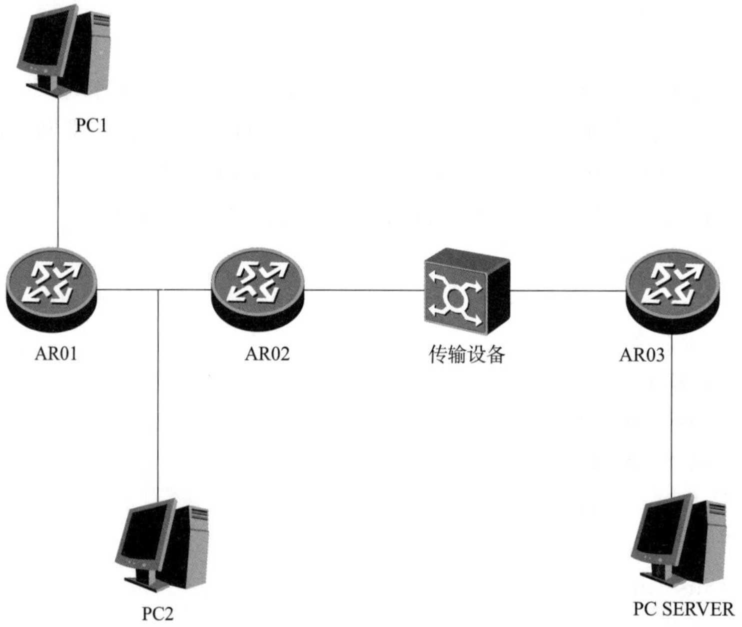

图　3-34

原因分析

1. Ping 超过固定大小的报文完全不通，可以判定是某台设备和某条链路不允许超过固定大小的报文通过，这一般是与 MTU 的设定有关；咨询客户传输维护人员得知，AR02 到 AR03 之间的传输 MTU 设置为 1522；

2. 当 PC2 Ping PC Server 时，对于 ICMP Request 报文 AR02 为倒数第二跳，对于 ICMP Reply 报文，AR03 为倒数第二跳，由于 MPLS 支持倒数第 2 跳弹出公网标签，经过传输设备前 AR02 和 AR03 都会弹出公网标签；允许通过的最大 IP 报文长度为 1 522-MPLS 私网标签(4)-以太网开销(18)＝1 500，因此 PC2 可以正常访问 PC Server；

3. 当 PC1 Ping PC Server 时，对于 ICMP Request 报文 AR02 为倒数第二跳，进入传输设备前会弹出公网标签，但是对于 ICMP Reply 报文，AR03 并不是倒数第 2 跳，AR03 进入传输前会保留 MPLS 公网和私网标签，因此允许通过的最大 IP 报文长度会少 4 个字节，为 1 496。去掉 20 字节 IP 头部，8 字节 ICMP 报文头部，能够通过的最大 ICMP 净荷为 1 468，这就是当 PC1 Ping PC Server 时，超过 1 468 字节的报文无法通过的原因。

故障定位及处理过程

协调传输维护人员将传输设备的 MTU 值改为 1 526 后，PC1 Ping PC Server 时，可以通过超过 1 468 的报文，此时 PC1 也能正常访问 PC Server。

总结和建议

1. 对于纯 MPLS 网络(没有 VPN 业务)，要保证路径 MTU 值＞最大用户报文＋一层标签长度(4)；

2. 对于三层 VPN 业务，要保证路径 MTU 值>最大用户报文＋两层标签长度(8)；

3. 对于二层 VPN 业务，要保证路径 MTU 值>最大用户报文长度＋两处标签长度(8)＋二层帧头长度(18)。

案例 36　手工链路聚合导致无法访问

故障现象

如图 3-35 所示，PC1 和 PC2 用户与 PC3 和 PC4 用户业务不通。

组网情况

组网如图 3-35 所示。

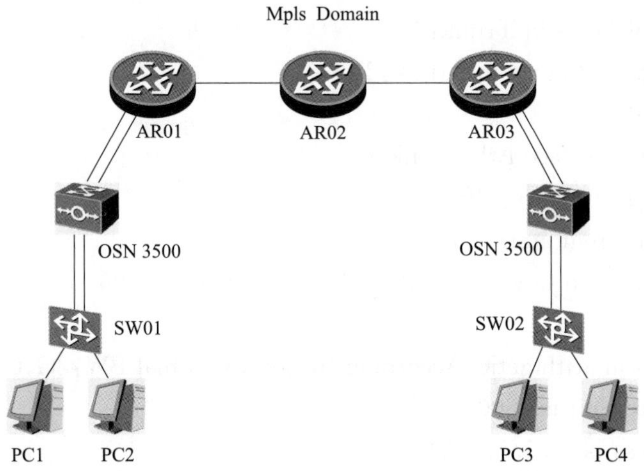

图　3-35

1. AR01 和 SW01 之间做链路的聚合，AR03 和 SW02 之间做链路的聚合；

2. AR01 和 SW01 与 AR03 和 SW02 之间链路通过传输相连；

3. 考虑业务层面的冗余可靠性，AR01 和 SW01 与 AR03 和 SW02 之间链路采用双链路的方式，将两个链路进行聚合；

4. PC1 和 PC2、PC3 和 PC4 用户的网关分别放在 SW01 和 SW02。

原因分析

首先分析 VPN 是不是存在问题，经检查 CE 上指定源(私有网段)Ping 对方的 CE 都是可以通的，其实两私有网段之间有通的，就说明 VPN 是没有问题的，经检查，SW 和路由器之间配置了链路的聚合：

```
<SW01>display interface Eth-Trunk 1
Eth-Trunk1 current state:UP
Line protocol current state:UP
Description:
```

Switch Port，PVID： 100，Hash arithmetic：According to DIP，Maximal BW：2G，Current BW：2G，The Maximum Frame Length is 9216

IP Sending Frames' Format is PKTFMT_ETHNT_2，Hardware address is 4c1f-cc1f-8002

Current system time：2016-02-18 21：01：21-08：00

Input bandwidth utilization ： 0%

Output bandwidth utilization ： 0%

PortName Status Weight

GigabitEthernet0/0/1 UP 1

GigabitEthernet0/0/2 UP 1

The Number of Ports in Trunk：2

The Number of UP Ports in Trunk：2

在 AR01 上查看：

[AR01]display interface Eth-Trunk 1

Eth-Trunk1 current state：UP

Line protocol current state：UP

Last line protocol up time：2016-02-16 22：14：46 UTC-08：00

Description：

Route Port，Hash arithmetic：According to flow，Maximal BW：2G，Current BW：1G，The Maximum Transmit Unit is 1500

Internet Address is 10. 1. 1. 2/24

IP Sending Frames' Format is PKTFMT_ETHNT_2，Hardware address is 5489-9896-256c Physical is ETH_TRUNK

Current system time：2016-02-18 21：03：25-08：00

Last 300 seconds input rate 432 bits/sec，0 packets/sec

Last 300 seconds output rate 0 bits/sec，0 packets/sec

Realtime 29 seconds input rate 456 bits/sec，0 packets/sec

Realtime 29 seconds output rate 0 bits/sec，0 packets/sec

Input：35945 packets，4267074 bytes

136 unicast，67 broadcast，35742 multicast

0 errors，0unknownprotocol

Output：196 packets，13272 bytes

174 unicast，22 broadcast，0 multicast

0 errors

Input bandwidth utilization ： 0%

Output bandwidth utilization ： 0%

```
PortName                          Status        Weight
--------------------------------------------------
GigabitEthernet0/0/1            DOWN            1
GigabitEthernet0/0/2            UP            1
--------------------------------------------------
The Number of Ports in Trunk:2
The Number of UP Ports in Trunk:1
```

通过命令查看 Eth-Trunk 1 下没有配置任何的分担方式。

```
[AR01]display current-configuration interface Eth-Trunk 1
#

interface Eth-Trunk1
ip binding vpn-instance vpna
ip address 10.1.1.2 255.255.255.0
```

默认情况下 SW01 以 src-dst-ip 作为负载分担 hash 算法的参数。

综上所述:部分的流量走到了 AR01 接口 DOWN 的链路上,最终导致部分业务不通。

某天又出现相关问题,经过查看,路由器和交换机之间 Trunk 没有问题,Trunk 接口都是 UP;

```
<SW01>display interface Eth-Trunk 1
Eth-Trunk1 current state:UP
Line protocol current state:UP
Description:
Switch Port,PVID:   100,Hash arithmetic:According to DIP,Maximal BW:2G,Current BW:2G,The Maximum Frame Length is 9216
IP Sending Frames' Format is PKTFMT_ETHNT_2,Hardware address is 4c1f-cc1f-8002
Current system time:2016-02-18 21:01:21-08:00
Input bandwidth utilization   :     0%
Output bandwidth utilization:     0%
--------------------------------------------------
PortName                          Status        Weight
--------------------------------------------------
GigabitEthernet0/0/1            UP            1
GigabitEthernet0/0/2            UP            1
--------------------------------------------------
The Number of Ports in Trunk:2
The Number of UP Ports in Trunk:2
```

最后检查硬件发现光纤单通,后配置 lacp 解决。

故障定位及处理过程

1. 找到 AR01 接口 down 的原因,恢复链路,业务正常;

2. 配置 lacp 的聚合方式。

总结和建议

1. 不建议采用手工的链路聚合方式；

2. 同一厂家设备之间通过 GE 光口互联时，建议将端口设置为自协商模式，这样当单根光纤故障时，两台设备的互联端口都会 DOWN 掉，不会存在一侧设备端口 DOWN，另一侧设备端口 UP 的情况，流量就不会往该端口进行转发。

案例 37　华为设备和其他厂商设备 MPLS BGP 邻居无法建立

故障现象

AR01 和 AR02 的 BGP 邻居无法建立。

组网情况

客户反馈华为设备其他厂商设备组网中应用 MPLS BGP 建立邻居失败，AR02 是其他厂商设备，如图 3-36 所示。

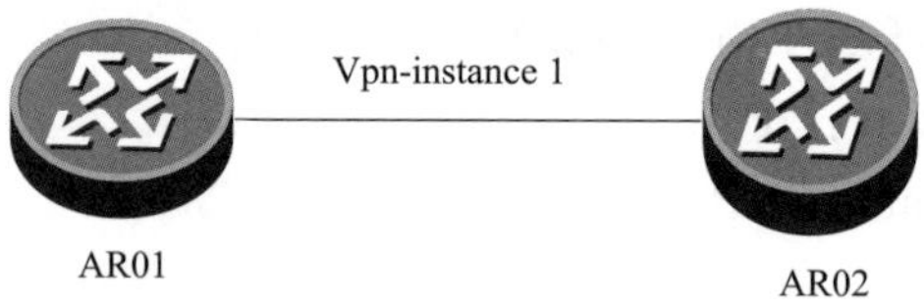

图　3-36

问题描述

在路由器互联接口上配置相应的 IP 地址，并将互联接口地址宣告到 OSPF 进程中。在其他厂商路由器上配置互联接口地址并启用 OSPF 进程。

查看两台路由器的 OSPF 邻居关系，并测试两台路由器 Loopback 地址之间的互通性，测试正常。

<AR01>dis ip routing-table 10.237.136.1

Destination/Mask　Proto　Pre　Cost　NextHop　Interface

10.237.136.0/10　Static　60　0　59.255.203.97　GE1/0/4.2

10.237.136.1/32　OSPF　10　2　59.219.251.174　GE1/0/3.21

启用 BGP 协议，在 AR01 路由器及其他厂商 AR02 路由器相应接口上启用 MPLS 协议并增加 BGP/VPNv4 的相应配置，检查两台路由器上的 BGP 邻居关系。

AR02(其他厂商设备)：

Router bgp 65025

address-family ipv4

neighbor 10.237.136.1 activate

```
exit-address-family
!
address-family vpnv4 unicast
neighbor10. 237. 136. 1 activate
neighbor10. 237. 136. 1 send-community extended
exit-address-family
```

查看 BGP 邻居状态发现未建立邻居状态：

```
<AR01>dis bgp peer 10. 237. 136. 2 verbose
Peer:10. 237. 136. 2    Local:10. 237. 136. 1
Type:IBGP link
BGP version 4,remote router ID 10. 237. 136. 1
BGP current state:No neg
BGP current event:RecvKeepalive
BGP last state:OpenConfirm
Port:    Local - 1604       Remote - 179
Configured:Active Hold Time:180 sec   Keepalive Time:60 sec
Received    :Active Hold Time:180 sec
Negotiated:Active Hold Time:180 sec   Keepalive Time:60 sec
```

故障定位及处理过程

查看 debug BGP 交互信息：

```
*Dec 30 20:22:44:654 2011 R1 RM/6/RMDEBUG:
BGP. :10. 237. 136. 2Recv KEEPALIVE
Length:19
*Dec 30 20:22:44:654 2011 R1 RM/6/RMDEBUG:
BGP. :10. 237. 136. 2 Current event is RecvKeepAliveMessage.

*Dec 30 20:22:55:213 2011 R1 RM/6/RMDEBUG:
BGP. :10. 237. 136. 2 Current event is KATimerExpired.
```

发现其他厂商设备发出一个 Notification 报文导致邻居建立过程中断。继续研究中断原因，发现我司设备发送报文时使用的是 4 字节的 AS，而其他厂商设备使用的是 2 字节的 AS，导致协商握手不通过，报文被丢弃。

在设备上尝试修改为抑制 4 字节，可使用下面的命令进行操作。

【命令】

peer { group-name | ip-address } capability-advertise suppress-4-byte-as。

【视图】

BGP 视图/BGP-VPN 实例视图。

【参数】

group-name：对等体组的名称，为 1～47 个字符的字符串；

ip-address：对等体的 IP 地址；

设备支持 4 字节 AS 号，在建立 BGP 对等体时，会将该能力通知给对端。如果对端不支持该能力，可能会导致连接不能建立。此时，使用 4 字节 AS 号抑制功能，重新建立连接，能避免该情况的发生；

需要注意的是，如果对端设备支持 AS 号的最大取值为 4 字节时，不要使用该功能，否则会导致对等体无法建立。

总结和建议

与其他厂商设备对接时注意保持协商参数的一致性。

案例 38　常见二层环路问题的产生与处理

故障现象

由于业务交换机 B 与综合交换机对接产生环路，导致业务交换机 A 业务中断。

组网情况

组网如图 3-37 所示。

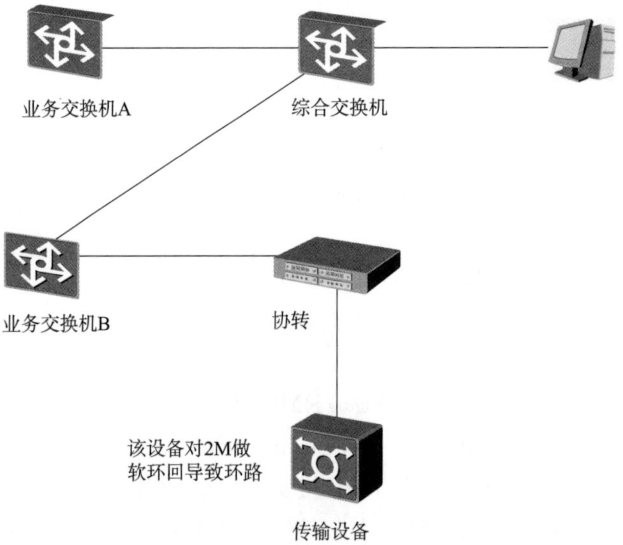

图　3-37

原因分析

由故障现象，怀疑产生了二层环路，导致交换机 A 业务中断；

1. 一般两个二层网络对接，造成全部业务不通的问题，基本可以定位为二层环路问题。产生二层环路大多是因为物理环路或者传输侧软环回引起。首先要确定网络中是否存在环路，这时要查看交换机端口的状态，从设备上查看交换机如果产生环路，会造成交换机的端口指示灯有节奏的闪烁，甚至狂闪不停，即端口存在大量广播报文。

2. 当一个交换机端口指示灯快闪，这时可以怀疑交换机产生了环路。可以用电脑登录到交换机上输入命令查看，检查交换机对命令的响应是否敏感，一般交换机产生了环路时处理速度会变慢。

3. 查看端口下报文统计 Broadcast：11101 packets 中的数值短时间增长是否很快，是端口的 Input 方向还是 Output 方向。如果端口下短时间广播报文增长很快，可以确认业务不通是由于环路导致。

故障定位及处理过程

1. 交换机端口统计清零，查看哪个端口下 Input 方向广播流量短时间增长过快，可以临时先 shut down 该端口，看环路是否消除。如果没有则把端口 undo shut down 恢复原状，然后接着查找与该端口在同一 VLAN 的其他端口，依次 shut down，按照这个方法可以确定某个端口 shut down 后环路解除，由此断定环路来自该端口下所带设备或者由于该端口线路所导致的环路；

2. 当一个交换机端口的 Input 方向与 Output 方向数据报包收发数值大小相等，也可以认为该端口已经形成环路。

总结和建议

1. 在组网时尽可能避免二层网络过大，最好的办法是通过 VLAN 的划分来缩小二层网络规模；

2. 交换机配置时，TRUNK 端口避免使用 port trunk allow-pass vlan all 命令允许所有 VLAN 通过，否则可能会使该端口不需要的流量引过来，而且还容易造成环路；

3. 要避免交换机上设置一些冗余 VLAN，或者不规范数据；

4. 在处理环路问题时，需要对整个网络结构了解清楚，避免通过中断物理链接查找环路，否则会造成标签不清楚导致不能按照原样恢复，业务中断；

5. 环路一般是由于物理上被人为连接成环路，所以在二层网络对接时一定要熟悉二层网络的结构，出现环路后找到产生环路的链路，分析环路产生的原因，中断冗余链路；

6. 一般导致环路的原因有：以太网光接口通过尾纤和法兰盘进行了自环，或者设备自身或对端接口故障，造成收发自环；以太网电接口下接入了光电转换器，光电转换器设置了自环或通过尾纤进行了自环；以太网电接口下接入了协议转换器，协议转换器设置了自环或通过 2 M 线进行了自环；接口所连的网线短路造成接口收发自环，或端口下接入的网络存在环路；接口对端如果是 MSTP 设备，MSTP 设备内部针对 E1 的自环也可能会造成以太网环路的出现。

案例 39　PE 设备子接口 ARP 代理未打开导致下挂 ONU 之间无法互打电话

故障现象

某铁路局高速铁路系统采用 Z 厂家 GPON 设备进行语音电话业务开通，通过华为 S5700

接入交换机下挂到华为 PE NE20E 设备下。在业务开通中发现，在同一台交换机下的两台 GPON 设备电话无法互打。其他局向电话拨打正常。

组网介绍

组网如图 3-38 所示。

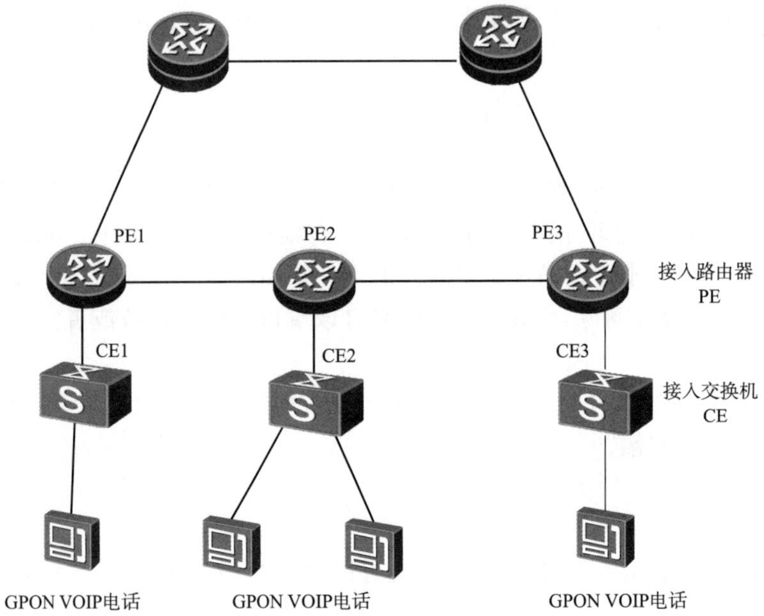

图　3-38

如图 3-38 所示，CE2 交换机下挂两台 GPON VOIP 电话业务，通过 CE2 设备网关在 PE2 上。测试发现 CE2 下挂 GPON VOIP 电话拨打 PE1、PE3 下挂电话业务正常，唯独相邻的同一交换机下的 VOIP 业务不通。

原因分析

1. 可能 GPON 设备关于 VOIP 业务配置错误，导致业务不通；
2. 可能路由器交换机配置不正确，导致业务不通；
3. 可能路由学习不正确导致业务不通。

故障定位处理过程

1. 重新配置 GPON VOIP 业务，重新激活 VOIP 电话，故障依旧；
2. 更换设备到其他交换机下，重新配置激活后，发现依旧有同一交换机不能互通的故障，判断为网络问题；
3. 检查网络，发现业务路由正常，配置与其他路由器一样；
4. 确定为路由器到 GPON VOIP 间数据问题，检查发现在两台 GPON VOIP 设备上相互无法 Ping 通；
5. 经检查路由器配置，在 VOIP 业务子接口下开启 ARP 代理功能后，两台设备 Ping 测正常，电话互打业务正常。

总结和建议

ARP-PROXY：

1. 路由式 Proxy ARP 是使那些在同一网段却不在同一物理网络上的主机或路由器能够相互通信的一种功能；

2. VLAN 内 Proxy ARP 是使那些处于相同的 VLAN，但是相互之间配置了端口隔离的主机或路由器能够相互通信的一种功能；

3. VLAN 间 Proxy ARP 是使那些处于不同的 VLAN 的主机或路由器能够相互通信的一种功能。

在本案例中使用的是 VLAN 内的 proxy，使用 arp-proxy inner-sub-vlan-proxy enable 命令打开，默认是未使能的，所以在同一接口下相同 VLAN 间不能进行直接通信。

案例 40　某铁路局 NE40E 设备 SNMP 问题

故障现象

1. 某日接到客户电话说某 PE 在 U2000 网管上不上传任何告警；

2. 组网分析：数据网网管是采用图 3-39 组网，首先 U2000 网管和终端通过一台交换机做汇聚，交换机通过 GE 互联到 PE 设备，所有路由器通过 U2000 服务器 IP 地址实现 SNMP 告警上传到 U2000 网管上，实现监控、管理网元。

组网介绍

组网如图 3-39 所示。

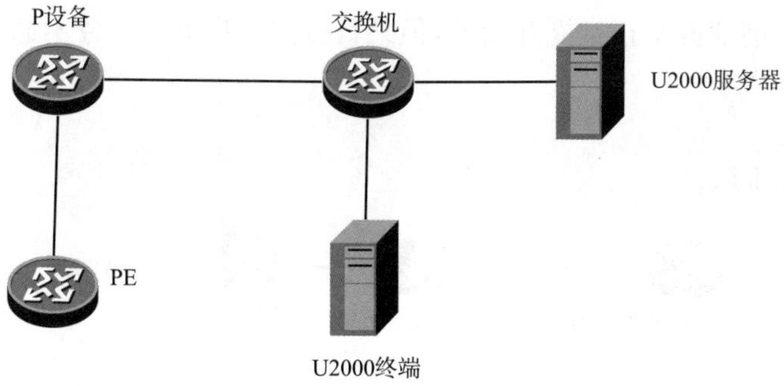

图　3-39

原因分析

客户在 PE 设备上误操作关闭 SNMP 上传告警到 U2000 网管的命令，导致 PE 设备无法上传告警到 U2000 网管。

故障定位处理过程

上述故障可以通过如下操作步骤解决问题：

1. U2000 网管 SNMP 配置参数定位：在 U2000 网管上对应的 SNMP 参数里面，针对 PE 设备测试 SNMP 互通性。经过一序列测试 U2000 网管与 PE 设置的 SNMP 参数匹配，SNMP 测试正常无异常；

2. PE 路由 SNMP 参数核实：在 PE 设备上查找 SNMP 参数，并带 LOOKBACK 地址 Ping U2000 管理地址，测试正常可以 Ping 通；

3. PE 路由上 debug 调试采集信息，发现无相关信息上传，并查看设备配置命令，发现设备配置上把上传 U2000 网管的告警信息通过命令：undo info-center enable。重新开启 info-center enable，PE 设备上传告警信息到 U2000 网管正常。

总结和建议

本次问题是 PE 上传到 U2000 网管告警不正常，造成此问题的根本原因是误操作，删除了设备命令，导致设备关闭上传 U2000 告警信息命令，从而造成设备故障，建议每次配置命令时一定要谨慎，并操作前后核实设备未修改部分配置是否一致。

案例 41　某铁路局信息网业务中断问题

故障现象

1. 背景：某铁路局既有网络如图 3-40 所示，数据网和信息网互联，信息网 CE 借用数据网通道建立 GRE 隧道实现互通，某日突然接到客户电话说信息网业务中断，业务不通；

2. 组网分析：数据网-PE01 和数据网-PE02 作为接入信息网 CE01、信息网 CE2，同时信息网 CE01、信息网 CE2 分别下挂 TEDS 业务，业务网关在信息网 CE 上，信息网 CE01、信息网 CE02 与数据网-PE01 和数据网-PE02 通过 30 位掩码地址互联，互联地址被数据网-PE01 和数据网-PE02 Isis 引入到 ISIS 内，FZ-信息网 TEDS 和 NC-信息网 TEDS 通过 GRE 隧道建立的业务地址互通，之前业务是正常能互通的，但某日接到客户电话业务不通。

组网介绍

组网如图 3-40 所示。

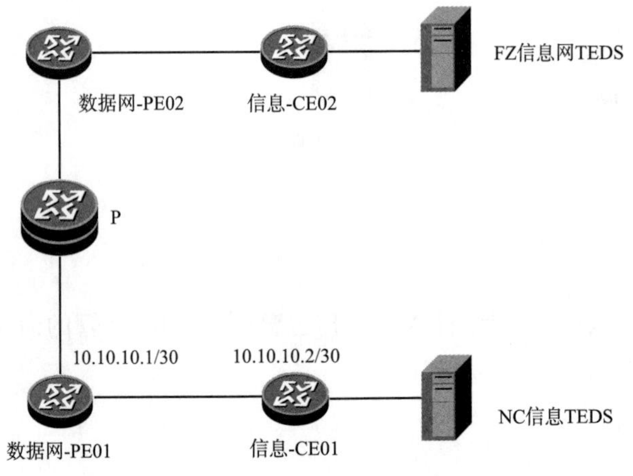

图　3-40

原因分析

误操作在另外一台 PE 设备引入一个 10.10.10.2/32 地址，导致信息网 TEDS 业务不通。

故障定位处理过程

上述故障可以通过如下操作步骤发现，当发现 FZ-信息网 TEDS 和 NC-信息网 TEDS 业务不通，同时从信息网-CE01 和数据网-PE01 互联地址不通；

1. 硬件故障排除：建议客户更换两边互联尾纤，更换尾纤业务地址还是不通，更换设备互联端口，但还是不通，同时彼此挂 PC 互联能通，则排除设备问题和尾纤问题；

2. 路由定位查找：在数据网-PE01 设备上查看对应的 10.10.10.0/30 网段路由，发现存在直连路由 10.10.10.0/30 和 10.10.10.2/32 两条路由，其中 10.10.10.0/30 来自信息网-CE01 和数据网-PE01 互联地址，10.10.10.2/32 来自另外一台 PE 设备通告过来的地址，因为根据路由表优先规则首先匹配明细路由最长匹配，再匹配路由优先级，则因为数据网-PE01 访问 10.10.10.2/32，正常是往信息网-CE01，但实际往另外路由而去，因为此路径更优选(匹配明细路由最长匹配)，从而导致互联不通，再而导致 GRE 隧道建立不起来，于是业务不通；

3. 再次定位故障点：再次登入通告 10.10.10.2/32 的 PE 设备，并从此 PE 上 CF2 导出对应的 LOG 日志，通过 LOG 日志发现，某日有人误操作，在 BGP 单播里面引入一条直连路由导致故障的发生，在此 PE 删除此发布路由 10.10.10.2/32，业务恢复正常。

总结和建议

本次问题当发现 FZ-信息网 TEDS 和 NC-信息网 TEDS 业务不通，造成根本原因是存在 PE 误操作，导致业务不通。所以在配置业务地址，并引入到路由表中时，一定要先在设备上查找此业务地址是否在现网中存在，如存在则地址冲突，需重新申请新的业务地址，以确保使用地址在现网业务中的唯一性。

案例 42　接口 MTU 不一致导致 Ping 大包丢失

故障现象

某铁路局有两个厂家设备组成数据网网络，分别使用华为 NE40E-X8 和 C 厂家路由器作为汇聚路由器与核心路由器 NE40E-X16 设备互联，并各自下接 AR 路由器设备。对接入网完成，发现下挂接入交换机开通综合视频业务后，Ping 测试发现 Ping 大包时不通。

组网介绍

如图 3-41 所示，核心 CR 设备为华为 NE40E-X16 设备，下挂有华为汇聚路由器和 C 厂家汇聚路由器设备。各汇聚路由器分别接入各自接入路由器。视频业务下挂在各接入路由器上。在华为接入路由器下挂视频业务 Ping 测试 C 厂家接入路由器下的视频业务地址时发现 Ping 测试大包 1472 后不通。

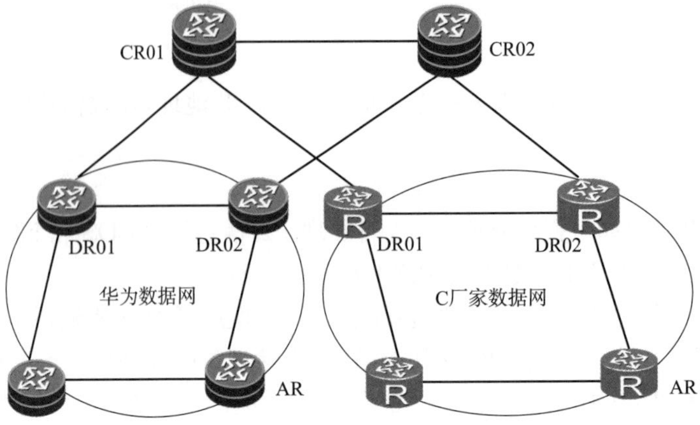

图 3-41

原因分析

根据 Ping 测试情况分析，判断故障为 MTU 设备问题。

故障定位处理过程

1. 根据业务流向路径检查发现设备接口配置 MTU 值一致，都是 1500；

2. 判断可能为对接 C 厂家时，两边对 MTU 的定义分片机制不一致导致；

3. 查询相应资料显示：华为设备 MTU 值只计算 IP 包头（20）＋ICMP 包头（8）＋data＝1500；而 C 厂家对于 MTU 的定义是：系统自带帧头（14）＋MPLS 标签（4×2）＋IP 包头（20）＋ICMP 包头（8）＋data＝1500，定义的是整个数据包的长度；

4. 判断为对端 MTU 问题后，修改 C 厂家汇聚设备与核心对接端口 MTU 为 1522 后故障解除。

总结和建议

在与别的厂家对接时，如果无法得知某厂家设备接口 MTU 的确切定义，可以采用二分法 Ping 测试，找出 Ping 通和 Ping 不通的包长临界值，再分析 Ping 包的结构，即可得出 MTU 的定义。

案例 43　设备收光过强，导致数据网下挂电力 SCADA 业务时常中断

故障现象

1. 某铁路局新建高速铁路数据网系统中，需要接入电力 SCADA 业务，业务接入过程测试正常，运行一段时间后，发现有部分业务故障；

2. 在进行 SCADA 系统调测过程中发现，电力 SCADA 小站里面控制机经常出现死机现象，在调度楼平台无法进行数据采集。主备通道都有这种情况，经现场重启设备或中断光纤等即可恢复，但过一段时间又无法采集。牵引 SCADA 业务正常。

组网介绍

组网如图 3-42 所示。

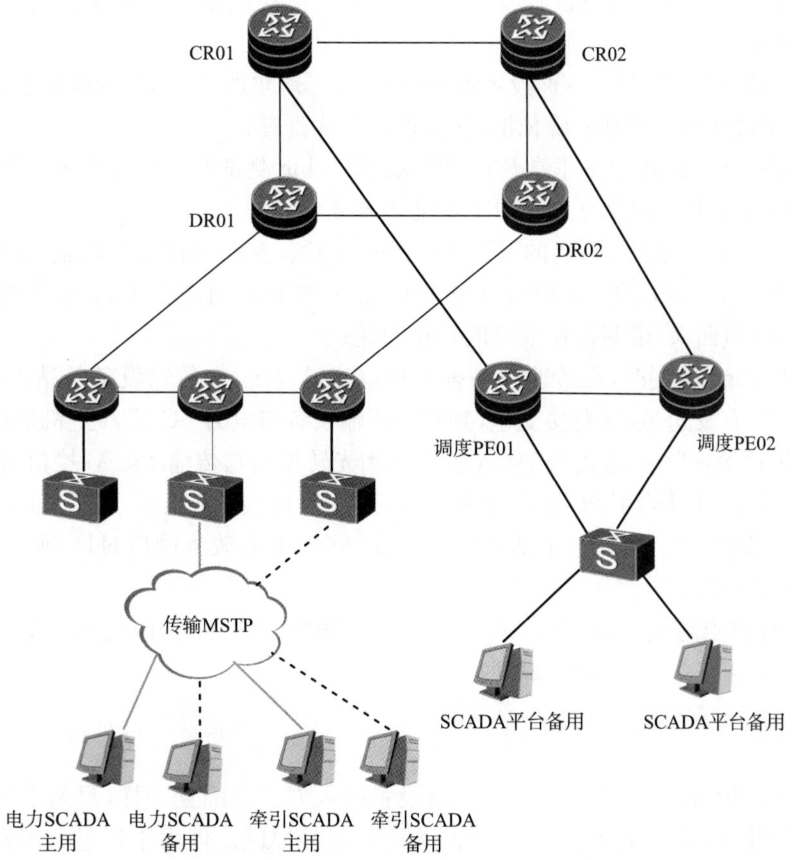

图　3-42

1. 接入路由器为华为 NE20E-S8 设备作为设备接入 PE 设备，分别通过 2×POS 155 M 接口，通过 IP-TRUNK 方式互联接入既有汇聚设备。下挂 S7703 交换机，进行各系统业务的接入。

2. SCADA 业务分为电力 SCADA 和牵引 SCADA 两种，分别通过传输 MSTP 网络接入站点交换机。为了实现主用通道和备用通道的分离，使用 MSTP 设备分别将主、备用通道开通在不同的站点下。在下层传输设备下，电力 SCADA 业务使用光口互联、牵引 SCADA 业务使用网口互联。SCADA 系统在 CR 设备下挂两台 PE 设备，PE 设备启用 VRRP 协议作为平台中心 SCADA 业务服务器网关。

原因分析

1. 可能网络产生二层环路；
2. 坑内网络存在问题，产生环路；
3. 可能下层与传输设备硬件对接产生错误。

故障定位处理过程

1. 由于是经过数据网传输发现问题，数据网需要首先排除自己的问题；

2. 分析电力厂家网络设备设置及配置情况，发现下层设备并未出现物理环路现象，转至数据网网络处理；

3. 怀疑为设备间 IP-TRUNK 设置不正确导致问题，更改 IP-TRUNK 关于数据包的处理方式，并进行单链路测试发现故障依旧，转至网络层面处理；

4. 根据牵引 SCADA 业务正常及在 PE 端进行 Ping 测试发现网络正常不存在路由环路；

5. 检查调度楼平台端设备及 VRRP 状态发现正常；

6. 从平台服务器对下层不通的设备进行 Ping 测试，并在交换机下行接 MSTP 设备接口进行 Ping 包统计，检查发现，在 Ping 不通的情况下，交换机有正常 Ping 包发送给 MSTP 设备，但没有 Ping 包回来，说明传输端可能存在问题；

7. 在平台 Ping 的同时，在传输设备查看接口流量发现，在传输设备与站点电力 SCADA 主机对接接口只有发送包，没有接受包，判断为传输设备与电力 SCADA 主机对接问题；

8. 经过传输检查发现，电力 SCADA 主机使用光转换器与传输 155 M 接口对接，且传输侧收光超过其过载点，由于牵引 SCADA 业务使用网口进行对接业务正常，判断为光口对接问题；

9. 为进一步进行定位，将一个站点的电力 SCADA 业务改为网口对接，观察测试几天，发现没有出现相关问题；

10. 将其他站点与电力 SCADA 业务对接的传输接口增加光衰，使光功率达到正常范围后，观察几天，业务正常，未出现故障现象。

总结和建议

1. 在本案例中，由于两种业务在数据网设备接入方式及配置一样，只是下层接入传输方式不一样。牵引 SCADA 业务正常，可判断为下层对接原因。但由于经过数据网网络承载业务，作为数据网技术人员首先要拿出证据排除自身问题。

2. 在网络设备故障处理中，应该具备数据包统计分析及流量抓包分析能力。

3. 在本次故障处理过程中，因为涉及不同的设备及设备厂家，不同的集成商人员，在故障判断处理中，需要先充分排除自身问题，再积极地分析网络，协助其他厂家进行故障定位处理。

案例 44 ISIS 的 network-entity 地址冲突问题

故障现象

背景：现在的问题是在 DR 上 dis ip rou aaa. bb. 10. 100 时，有时能够显示出来，有时又没有该信息，有时从 AR1 学到，有时又从 CR 学到。

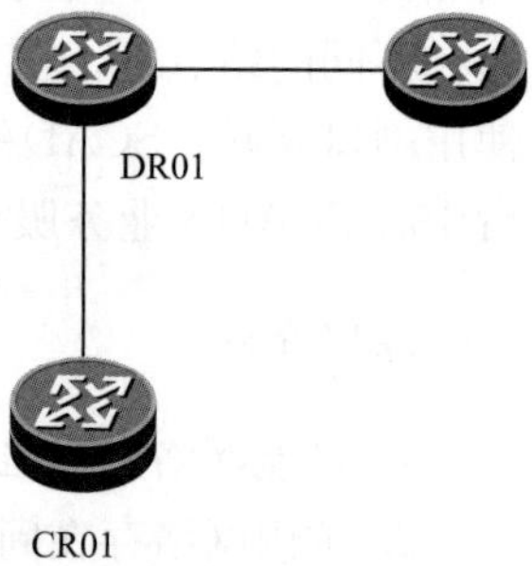

图 3-43

组网介绍

组网如图 3-43 所示。

原因分析

由于 ISIS 的 network-entity 地址配置和其他设备冲突导致路由震荡和环路。

故障定位处理过程

```
1. [XX]disp ip rout aaa. bb. 10. 100
Routing Table:Public
Summary Count:1
Destination/Mask      Proto  Pre  Cost        NextHop          Interface
aaa. bb. 3. 27/32ISIS    15    1000          aaa. cc. 165. 226   Pos10/0/1
[XX]disp ip rout aaa. bb. 10. 100
[XX]
[XX]
[XX]
[XX]disp ip rout aaa. bb. 10. 100
[XX]
[XX]disp ip rout aaa. bb. 10. 100
Routing Table:Public
Summary Count:1
Destination/Mask      Proto  Pre  Cost     NextHop   Interface
aaa. bb. 3. 27/32ISIS    15    5500          aaa. bb. 7. 1        Pos3/0/0
[XX]trace aaa. bb. 10. 100
traceroute to   aaa. bb. 3. 27(aaa. bb. 3. 27)30 hops max,40 bytes packet
1 aaa. cc. 165. 226 10 ms   8 ms   9 ms
[XX]trace aaa. bb. 10. 100
traceroute to   aaa. bb. 3. 27(aaa. bb. 3. 27)30 hops max,40 bytes packet
1 aaa. bb. 7. 34 3 ms   2 ms   2 ms
2 aaa. bb. 7. 17 2 ms   1 ms   4 ms
3 aaa. cc. 165. 1 4 ms   3 ms
4 aaa. bb. 7. 1 4 ms   3 ms   3 ms
5 aaa. bb. 7. 6 8 ms   6 ms   6 ms
6 aaa. cc. 165. 1 6 ms   5 ms   6 ms
7 aaa. bb. 7. 1 6 ms   6 ms   6 ms
8 aaa. bb. 7. 6 9 ms   9 ms   8 ms
9 aaa. cc. 165. 1 8 ms   8 ms   7 ms
10 aaa. bb. 7. 1 9 ms   7 ms   8 ms
11 aaa. bb. 7. 6 11 ms   10 ms   10 ms
12 aaa. cc. 165. 1 12 ms   10 ms   10 ms
13 aaa. bb. 7. 1 10 ms   10 ms   11 ms
```

14 aaa. bb. 7. 6 14 ms 13 ms 13 ms
15 aaa. cc. 165. 1 13 ms 12 ms 12 ms
16 aaa. bb. 7. 1 13 ms 12 ms 13 ms
17 aaa. bb. 7. 6 15 ms 14 ms 14 ms
18 aaa. cc. 165. 1 47 ms 15 ms 14 ms
19 aaa. bb. 7. 1 15 ms 15 ms 21 ms
20 aaa. bb. 7. 6 18 ms 17 ms 17 ms
21 aaa. cc. 165. 1 17 ms 16 ms 16 ms
22 aaa. bb. 7. 1 17 ms 20 ms 19 ms
23 aaa. bb. 7. 6 20 ms 19 ms 19 ms
24 aaa. cc. 165. 1 19 ms 18 ms 18 ms
25 aaa. bb. 7. 1 19 ms 19 ms 18 ms
26 aaa. bb. 7. 6 22 ms 22 ms 25 ms
27 aaa. cc. 165. 1 21 ms 20 ms 20 ms
28 aaa. bb. 7. 1 21 ms 21 ms 20 ms
29 aaa. bb. 7. 6 24 ms 23 ms 23 ms
30 aaa. cc. 165. 1 23 ms 25 ms 22 ms

2. 从 tracert 的结果来看，应该是有环路；

3. 应该不是与其他地方 IP 配置冲突，如果冲突的话，也应该一直优选其中一个，而不是频繁变来变去；

4. 为什么会频繁变动，思路不是很清晰。只能仔细查看下配置和 ISIS 的 LSDB 信息。

总结和建议

在解决 ISIS 的疑难问题时，利用 ISIS 的 LSDB 信息能够很好地解决这些问题。

案例 45　设备单板故障导致设备 Ping 测试丢包严重

故障现象

某铁路局高铁及本地数据网系统使用华为设备进行组网，运行一段时间后，在 U2000 网管经常出现网元脱管现象，通过网管服务器对网元 Ping 测发现有严重丢包现象。

组网介绍

如图 3-44 所示，核心 CR 设备为华为 NE40E-X16 设备，两台设备使用 GE1/2/0 和 GE4/2/0 两条连接进行 ETH-TRUNK 捆绑互联。下挂有华为汇聚路由器 NE40E-X8 和接入路由器 NE20E-S 设备，按照铁路局典型组网进行组网部署。局调度楼接入 AR01 设备下接入 U2000 网管服务器，在其他车间汇聚路由器接有网管复示终端设备。在 U2000 网管服务器对网元进行 Ping 有大量丢包，但在复示终端 Ping 测试则没有丢包。

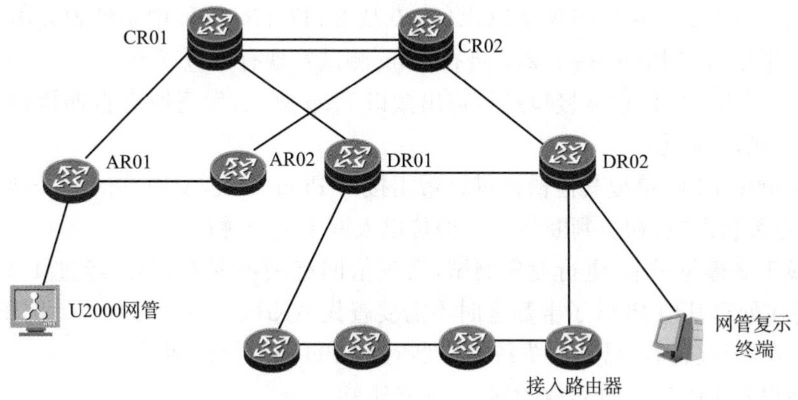

图　3-44

原因分析

根据 Ping 测试情况分析，无法判断丢包现象出现的具体位置，分析原因如下：

1. U2000 网管问题，与网元兼容有问题，导致脱管；

2. 网元设备软件版本问题，与网管版本不匹配，导致脱管；

3. 服务器网卡处理网络问题，导致发送数据包错误，设备丢弃，引起丢包；

4. 网络规划不合理，路由环路，导致部分数据包丢弃；

5. 网络设备接口故障，引起丢包。

故障定位处理过程

1. 对网元及 U2000 网管进行补丁更新操作，排除 U2000 网管及网元软件配套问题；

2. 在 U2000 服务器对直连接口进行 Ping 测试，发现没有丢包现场，更换网管网卡接口到其他网卡接口，测试故障依旧，排除网卡问题；

3. 根据铁路总公司文件要求对设备路由设置进行检查，修改 ISIS COST 值，使网管服务器路径为 U2000→AR01→AR02→CR02→CR01→DR01→AR 网元，故障依旧，排除网络引起丢包；

4. 在 AR01 及对端 DR AR 设备上分别进行 Ping 测试 icmp 报文匹配统计分析，发现 AR01 设备发送包正常，但接受包有丢失，同时在对端 DR AR 设备上分析，发现 DR AR 设备接受和回应包数一致，说明故障发生在 CR 侧；

5. 在 CR 侧端口进行 Ping 测试 icmp 报文匹配统计分析，发现 CR01 设备接受 DR01 设备方向包数正常，但通过 ETH-TRUNK 链路发送回应报文给 CR02 时，发生丢包，并且丢包数量和测试结果一致，判断故障发生在 CR01 和 CR02 之间，主要发生在 CR01 设备；

6. 由于 CR01 CR02 间互联链路使用 eth-trunk 捆绑方式，修改负载分担方式为逐包方式，故障依旧；

7. 关闭 eth-trunk 其中一条链路进行测试发现，当关闭 GE1/2/0 接口单独使用 GE4/2/0 接口时，Ping 测试正常，关闭 GE4/2/0 接口单独使用 GE1/2/0 接口时，Ping 测试发现丢包现象发生；

8. 定位为 GE1/2/0 端口问题，将 GE1/2/0 从 ETH-TRUNK 中单独脱离出来，分别配置 IP 地址，进行带出接口 Ping-si g1/2/0 进行 Ping 测试发现有丢包现象；

9. 对 1/2 子卡下所以业务接口进行带出接口 Ping 测试，发现所有直连接口 Ping 测试都有丢包，定位为单板问题；

10. 对 1 槽位 LPU 单板其他槽位进行带出接口 Ping 测试，发现其他 POS 类型子卡业务 Ping 测试没有丢包发生，初步判断为 1/2 槽位以太网子卡问题；

11. 更换 1/2 槽位子卡，进行业务测试，发现依旧有丢包现象，再次经过 400 专家定位分析，发现设备在处理其他 POS 子卡数据时不需要查找 ARP 表，但在处理以太网子卡业务时需要查找 ARP 表，但设备有 ARP 丢失统计，判断为 LPU 业务母板问题；

12. 更换设备 LPU 母板后，故障解决，业务正常。

总结和建议

在本案例处理中，使用了 Ping 丢包最常用的 icmp 数据统计分析功能。在流量经过的各个设备的上下行后的出入方向都进行 icmp 统计匹配分析，能很快地判断丢包发生的位置在哪个链路、哪台设备，能更精准地定位故障，配置方法：

```
#
acl number 3000
rule 5 permit icmp source 10.123.224.250 0 destination 10.123.224.124 0
rule 10 permit icmp source 10.123.224.124 0 destination 10.123.224.250 0
#
traffic classifier icmp operator or
if-match acl 3000
#
traffic behavior icmp
#
traffic policy icmp
statistic enable
classifier icmp behavior icmp
#
interface GigabitEthernet0/0/1
traffic-policy icmp inbound
traffic-policy icmp outbound
#
disp traffic policy statistics interface GigabitEthernet 0/0/1inbound
disp traffic policy statistics interface GigabitEthernet 0/0/1 outbound
#
```

针对本案例中 eth-trunk 捆绑链路，首先进行负载分担方式更换测试，然后进行逐个中断链路处理，使用单个链路承载业务，快速定位出故障发生在哪条链路。

案例 46　路由器 ISIS 路由失效

故障现象

背景：既有 AR01 路由器接入 DR01。在 AR01 设备上线入网之后，检查设备状态，包括 CPU、内存、ISIS 邻居等状态，与入网前的状态对比，一切正常。邻居的 ISIS 正常，但集成商在检查业务后发现业务中断。

组网介绍

组网如图 3-45 所示。

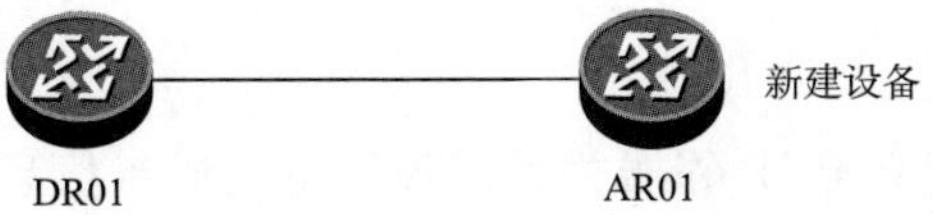

图　3-45

原因分析

domain-authentication-mode md5 ####################命令的描述：

通过这条命令，可以丢弃与此命令设定的路由域验证密码不符的 Level-2 路由报文；同时也会以指定的方式在本节点发送的所有 Level-2 路由信息报文中插入所设定的路由域验证密码。配置 domain-authentication-mode 命令后，本地 LSDB 中所有未通过认证的 Level-2 LSP 报文都将被丢弃，并且会丢弃新收到的没有通过认证的 Level-2 LSP 报文和 SNP 报文。

也就是说如果 domain-authentication-mode 不配置，或者配置不正确，不会影响 ISIS 路由协议邻居的建立，也就解释了这次故障中，ISIS 路由邻居状态一直正常，邻居的数量也与迁移前一致。

故障定位处理过程

DR01 设备的 ISIS 路由命令如下：

```
isisXX
graceful-restart
is-level level-2
cost-style wide
timer lsp-generation 2 1 200 level-2
flash-flood level-2
bfd all-interfaces enable
network-entity 49. yyyy. yyyy. yyyy. yyyy. 00
is-name ber1002ainp001
timer spf 1 50 50
```

log-peer-change

通过对比 DR、AR 两边配置后。发现新设备中缺失了一条命令：

domain-authentication-mode md5 ＃＃＃＃＃＃＃＃＃＃＃＃＃＃＃＃＃＃

补齐后路由恢复，故障排除。

总结和建议

该故障的原因主要是对 ISIS 的不熟悉导致的。以为 ISIS 邻居状态正常，无报错，相对应的 ISIS 路由条目就一定正常，从而在检查的时候遗漏这个故障点。

案例 47　路由过滤后不生效问题

故障现象

背景：PE01 和 CE01 建立 BGP 邻居关系，CE01 将只通告信息网路由（10. A. A. 0/24）给 PE01，在 PE01 中配置路由策略，过滤路由，限制非信息网路由（10. B. B. 0/24）进入数据网后，发现配置没有生效，与 PE01 相连的其他设备能学到除了 10. A. A. 0/24 网段的路由，还有学习到来自 CE01 的非信息网路由（10. B. B. 0/24）。

组网介绍

组网如图 3-46 所示。

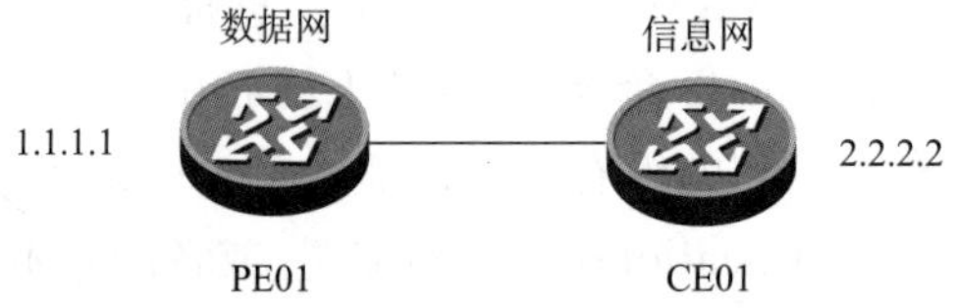

图　3-46

原因分析

route-policy 的节点间是或的关系，acl 返回 deny 给 route-policy，route-policy 会尝试下一个 route-policy 的 node，而下一个 node 200 下没有配置任何 if-match，所以默认返回 permit 给 ISIS，所以路由没有被屏蔽掉。

故障定位处理过程

1. PE 配置过程如下：

配置 ACL：

acl number 2100

rule 0 deny source10. B. B. 0 0. 0. 0. 255

rule 10 permit

2. 路由策略：

```
#
route-policy route1 permit node 100
if-match acl 2100
route-policy route1 permit node 200

bgp 300
peer 2.2.2.2 as-number 200 route-policy route1 import
```

3. 将策略改为：

```
#
route-policy guolu permit node 100
if-match acl 2100
```

即将最后的 permit 节点删除，问题解决。

总结和建议

在做路由策略的时候一定了解相关路由策略属性，熟悉与或关系，不要混淆。

案例 48 数据网设备 NTP 无法同步案例

故障现象

当使用 Windows 作 NTP 服务器时，设备同步 NTP 时间有问题，不同步或者持续震荡。使用其他设备作为 NTP 服务器时，可以正常同步时间。

组网介绍

无。

原因分析

Windows 操作系统 NTP 设置无法成功与华为路由器对接成功。

故障定位处理过程

1. 确认 NTP 服务器的版本，通常是 Windows 2003 或者 Windows 2008 存在此问题，其他版本的 Windows 很少有此问题；

2. 在设备上打开 debugging ntp all，查看从服务器收到的响应报文

packet from *.*.*.*(服务器地址)to *.*.*.*(本机地址)on Vlanif1
leap:0,version:3,mode:4
stratum:1,poll:64,precision:2^6
rdel:0.000,rdsp:10110.870,refid:LOCL

该报文中 rdsp 的值为 10110.870，即约为 10 000 ms，可以判断是来自 Windows 的响应。报文中 rdsp 过大，导致 NTP 功能不正常。

3. 在 Windows 服务器设备上，输入 regedit 下进入注册表，修改 HKEY_LOCAL_MACHINE\SYSTEM\CurrentControlSet\services\W32Time\Config\LocalClockDispersion 这个字段，从 10 修改成 0；

4. 在 Windows 下输入 w32tm /config /update，重新启动 NTP 服务；

5. 打开 debugging ntp all，再次查看从服务器收到的响应报文，收到报文中 rdsp 值较小，则 NTP 可以正常同步。

总结和建议

1. Windows 2003 和 Windows 2008 这两个版本，默认的 NTP rdsp 值为 10 s，导致华为设备认为该报文不正常，影响了 NTP 的同步；

2. 其他 Windows 版本，默认值都是 0，华为设备可以正常处理，但不排除被修改成非 0 值的可能性。

案例 49　NE20E-S8 与 NE40E-X3 改小互连端口 MTU 值 is-is 邻居无法建立

故障现象

1. NE20E-S8 与 NE40E-X3 通过两个以太网光口做 ETH-TRUNK 链路聚合，中间进行传输互连，由于 NE20E-S8 下挂某业务发送的数据包太大，又由于是 BGP/MPLS VPN 业务，先分片再封装标签等导致出端口的数据包大小超过了传输通道的默认 MTU 值 1522 而被丢弃；

2. 为了改变这一状况，决定将路由器侧的端口 MTU 值改为 1400，这样出端口的数据包就不会大于传输侧 MTU 值 1522；

3. 将 eth-trunk 逻辑接口和物理口的 MTU 值改小后，发现两台设备 isis 邻居无法建立；

4. 更改 isis 报文模式：接口改为 isis small-hello 后仍然无法建立邻居。

组网介绍

组网如图 3-47 所示。

图　3-47

原因分析

1. isis 在建立邻居时会检查物理口的 MTU 值并与产生的 lsp 的长度进行比较，对于广播接口需要保证 MTU 值减去 lsp 长度大于或等于 3；

2. 由于改变接口 MTU 值为 1400，isis 在建立邻居过程中，检查物理口 MTU 值得时候无法满足 isis 在建立邻居时对接口 MTU 的要求，所以两端设备 isis 邻居无法建立；

3. 检查两端设备配置无误：isis 配置正确，端口启用正确，isis small-hello 配置无误；检查 isis 接口状态：dis isis interface

```
<Huawei>dis isis interface
                          Interface information for ISIS(1)
                          ---------------------------------
 Interface       Id       IPV4.State            IPV6.State      MTU  Type  DIS
 Eth-Trunk1      001 Mtu:Dn/Lnk:Up/IP:Up           Down         1397 L1/L2 No/No
```

发现状态为“Mtu：Du/Lnk：Up/IP：Up”；

4. 正常建立邻居时状态：

```
[Huawei]dis isis interface
                          Interface information for ISIS(1)
                          ---------------------------------
 Interface       Id       IPV4.State            IPV6.State      MTU  Type  DIS
 Eth-Trunk1      001         Up                    Down         1497 L1/L2 No/No
```

5. 查看 isis 的缺省配置参数：

```
<Huawei>dis default-parameter isis
                      Default Configurations For Process
                      ----------------------------------
  Cost-Style                                : Narrow
  Circuit-Cost <IPv4>                       : L1 10 L2 10
  Circuit-Cost <IPv6>                       : L1 10 L2 10
  IS-Level                                  : L12
  LSP-Originate-Length                      : 1497
  LSP-Receive-Length                        : 1497
  LSP-Max-Age <s>                           : 1200
  LSP-Generation-IntelliTimer <s,ms,ms>     : L1 Max 2 Init 0 Incr 0
```

发现 isis 缺省配置 lsp 的产生长度和接收长度均为 1497。

故障定位处理过程

1. 将路由器侧端口 MTU 值恢复默认值 1500，通过更改传输侧通道 MTU 值：将 MTU 值改大为 1550（大于 1522 即可）来解决；

2. 在全局 is-is 视图模式下将 isis 的 lsp 产生和接收长度改掉：lsp-length，本次故障均改为 1397 即可。

总结和建议

对于使用 isis 路由协议的网络，有关 MTU 跟传输对接问题的最好修改传输侧通道的 MTU 值。

案例 50　NE20E-S8 经传输与 NE40E-X3eth-trunk 链路捆绑对接 lacp 模式不能对接成功

故障现象

NE20E-S8 与 NE40E-X3 中间通过传输 OSN3500 对接，做以太网端口的链路聚合，采用默认手工负载分担模式。结果数据做完后对接不成功。

组网介绍

组网如图 3-48 所示。

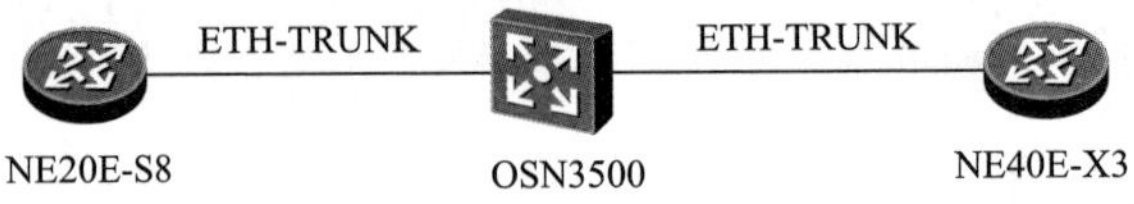

图 3-48

原因分析

通过现象分析传输侧设备没有进行链路聚合配置，并且不支持跨板链路聚合和静态 lacp 模式链路聚合。

故障定位处理过程

1. 在更改两端设备互连 eth-trunk 接口工作模式为 lacp 模式后，两端设备不能通信，无法 Ping 通；

2. 在两端设备上查看 eth-trunk 接口状态：display interface eth-trunk 1，显示两个成员接口的状态为 down；

3. 查看两端设备成员物理接口的实际状态：display interface，物理接口均为 up；

4. 在两端设备上查看 eth-trunk 接口详细信息：display eth-trunk 1 verbose，活跃链路状态两个成员接口均为 unslected；

5. 在两端设备上查看 lacp 报文收发情况：display lacp statistics eth-trunk，发现两端都是只有发报文(LacpSentPdu)而收报文(LacpRevPdu)数量为 0；

6. 通过 400 一块进行分析。经过分析得知在数据设备之间通过链路捆绑进行传输互连时，传输设备侧端口也需要进行链路捆绑配置才能对接成功。当时传输侧并未进行链路聚合配置，导致 lacp 报文被丢弃。

总结和建议

1. 在链路聚合通过传输设备进行对接时，一定要考虑将 eth-trunk 工作模式修改为静态 LACP 模式，或者通过自带协议检测的 pos 端口进行互连；

2. 在链路聚合通过传输设备进行对接时，一定要考虑传输侧设备对链路聚合的支持情况，以免发生不支持导致不能进行对接；

3. 在链路聚合通过传输设备进行对接时或其他情况下不单单涉及本专业设备，修改数据配置时需要将所有设备的支持情况考虑进去，不能只关注本专业设备。

第四篇　GSM-R

案例 1　基站两条 2 M 接反导致基站无法初始化

故障现象

某铁路局 BSC6000 GSM-R 下挂基站 BTS3012 采用环型组网，故障基站××02，为该基站环的第二个基站，该基站环的所有基站全部加电，且 2 M 电路与传输对接完成，但××02 基站无法完成初始化，上报 E1 本地告警和 E1 远端告警，两个告警频繁闪现。

组网情况

组网如图 4-1 所示。

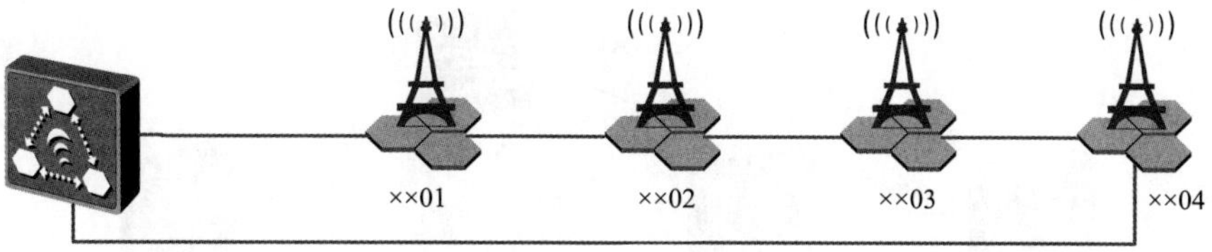

图　4-1

原因分析

1. 传输故障：传输接头问题，传输接地问题，传输线问题，基站 2 M 电路接错；

2. 基站问题：基站 2 M 线或接头故障，2 M 对接故障，基站 E1 防雷接口板故障，基站主控板 DTMU 故障。

故障定位及处理过程

1. 检查传输设备问题，在传输网管，从××02 站点对××01 基站做软环回，基站××01 的 2 M 告警恢复，说明××01 到××02 的传输正常；从××02 站点对××03 基站做软环回，基站××03 的 2 M 告警恢复，说明××03 到××02 的传输正常。排除站点间传输问题，故障应该发生在××02 站点的传输设备和基站设备之间。

2. 现场对基站的 2 个 2 M 进行自环，并观察基站的 DTMU 的 LIU1 和 LIU2 指示灯，指示灯在 2 M 环、断状态下都指示正常，说明 DDF 到基站的 2 M 线没有问题。

3. 对传输的 2 个 2 M 进行环回测试，发现传输的 2 个 2 M 和基站的 2 个 2 M 接反。对 2 M 电路进行调整，基站正常初始化，加载成功后，设备运行正常。

总结和建议

1. 基站或 BSC 的 2 M 电路故障，采用逐段环回的方法定位故障；

2. 基站开通前，需要与传输侧配合，对传输侧和基站侧的 2 M 进行环回，确保 2 M 电路正确连接。

案例 2　Ater 口鸳鸯线导致新建 BSC6000 出现单通和不通

故障现象

某铁路局新建 BSC6000，包括 1 个 GMPS，1 个 GTCS。A 口使用 16 个 2 M 与华为 MSC 对接，8 条 ATER 口，4 条 A 口 64 K 信令链路。BSC 与 MSC 的业务完成对接后，采用两个新建基站做拨打测试，拨测时出现单通和不通的现象。

组网情况

组网如图 4-2 所示。

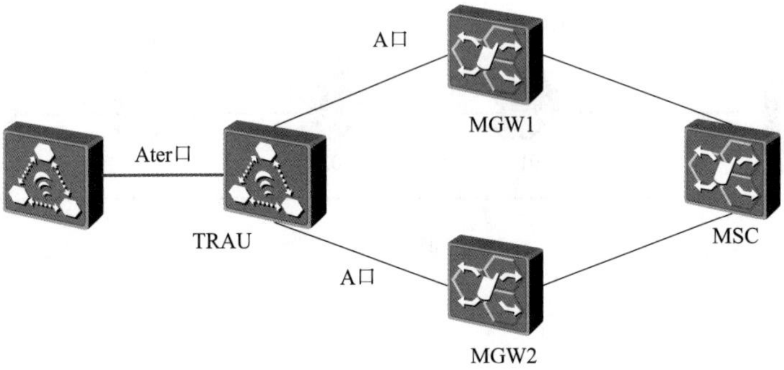

图　4-2

原因分析

1. 基站侧硬件问题；
2. Ater 接口问题，可能出现鸳鸯线造成单通；
3. A 口故障，BSS 和 NSS 两端 CIC 配置不一致；
4. 某块语音处理单板 DPUC 故障。

故障定位及处理过程

1. 对问题进行定位，多次拨打测试捕捉到一个单通的情况，然后进行单用户环回测试，向 BTS 侧环回，发现被叫仍然听不到声音，定位问题主要是 BSS 侧的问题；

2. 核对基站的软件版本，与使用版本一致，检查基站的天馈系统，未发现接反和鸳鸯线的情况；

3. 进行单用户跟踪拨测，对 DPUC 单板进行指定 DSP 拨测，未发现问题；

4. 仔细检查 DDF 架接地及 2 M 接头是否拧紧、有无虚焊现象，未发现问题；

5. 对 Ater 接口进行误码率测试，发现其中两条电路测试异常，锁定异常的电路进行单用户跟踪拨测，连续拨打多次都出现单通或不通情况，删除存在问题的 E1 电路后进行多次拨打测试再没出现单通现象，故障解决；

6. 对 Ater 接口电路进行硬件检查，发现两条问题电路存在鸳鸯线，重新连接后再次进行拨测未发现单通现象，处理完成。

总结和建议

在 BSC6000 新建和扩容过程中，应对 2 M 电路的硬件进行仔细检查，并对所有接口做充分测试。在遇到问题的时候要有清晰的思路，根据信令或者语音的流程来排查。

案例 3　基站防雷接口板损坏导致基站无法启动

故障现象

某铁路局 BSC6000 GSM-R 下挂基站 BTS3512 采用环型组网，该基站由于机房漏雨导致机柜损坏，使用了备用 BTS3512 基站机柜进行替换，替换完成后发现基站 2 M 闪断，OML 故障告警反复出现，基站无法初始化。

组网情况

组网如图 4-3 所示。

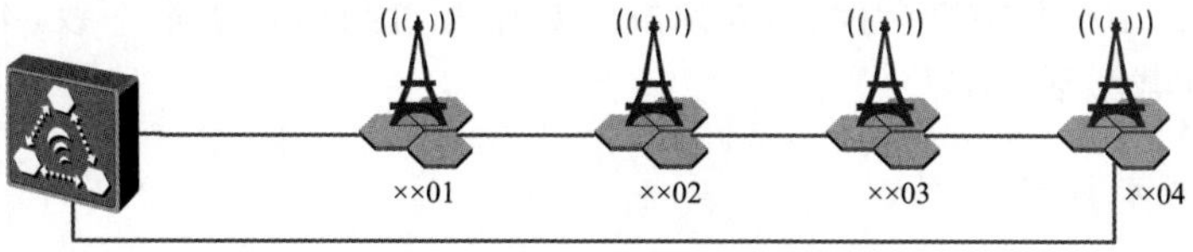

图　4-3

原因分析

1. 传输 2 M 故障，2 M 接头问题，2 M 接地问题，2 M 线问题，基站 2 M 接错；

2. 基站问题：基站 2 M 线或接头故障，2 M 对接故障，基站 2 M 防雷接口板故障，基站主控板 TMU 故障。

故障定位及处理过程

1. 检查传输设备问题，在传输网管，从××02 站点对××01 基站做软环回，基站××01 的 2 M 告警恢复，说明××01 到××02 的传输正常；从××02 站点对××03 基站做软环回，基站××03 的 2 M 告警恢复，说明××03 到××02 的传输正常。排除站点间传输问题，故障应该发生在××02 站点的传输设备和基站设备之间。

2. 到现场，对基站的两个 2 M 进行自环，并观察基站的 DTMU 的 LIU1 和 LIU2 指示灯，指示灯在 2 M 环断状态下指示正常，说明 DDF 到基站的 2 M 线没有问题。

3. 对传输的两个 2 M 进行环回测试，传输的 2 M 没有接反。

4. 对传输和基站的 4 条 2 M 进行接地测试，传输的两个 2 M 没有问题，发现基站的两个 2 M 没有接地，测试发现基站的 E1 防雷接口板故障。

5. 更换基站的 E1 防雷接口板，基站正常启动，测试正常，故障处理完成。

总结和建议

基站和传输的 2 M 电路接地问题是导致基站传输故障的主要原因之一，2 M 电路接地主要包括：传输的 2 M 接地，基站的 2 M 接地，DDF 的接地以及基站的防雷接口板故障引起的接地问题。

案例 4　因数据配置错误导致基站上报软件自动激活告警

故障现象

某铁路局在巡检时发现，每天凌晨 2:00 时都有部分基站出现“TMU 版本自动激活”的告警。BSC32 版本为 V320R002C07SP01，基站类型为 BTS3012，版本为：BTS3000V100R008C11SP20。

组网情况

无。

原因分析

基站软件版本不一致，一般上报此类告警是由于基站运行版本与自激活开关配置的版本不一致造成，每天 2:00 基站进行检查，如果发现数据配置与运行版本一致，不做任何操作；如果不一致，自动加载激活版本。

故障定位及处理过程

1. 检查数据配置，发现出现这些问题的基站“自动加载激活开关”都是打开的；
2. 检查配置的版本号，发现版本号没有配置，为空；
3. 确认故障原因为基站 TMU 激活信息的版本自动激活功能开关为打开的状态，但是 TMU 的版本号为空，没有填写版本号，导致 BSC 在每天凌晨 2:00 的资源核查过程中，按照 TMU 激活信息的版本号核对基站的实际运行版本，但是基站的 TMU 版本号为空，无法正常核对基站的版本号，所以产生一个 TMU 版本自动激活的告警，但是不对基站的版本进行激活，不影响基站的运行和业务；
4. 在 BSC 上正确配置这三个基站版本信息，后期观察，每天凌晨 2:00 不再出现此类告警，故障处理完成。

总结和建议

基站软件加载告警，主要是由于基站的运行版本和配置的版本不一致造成。

案例 5　BTS3012 设备功分器与天线连接错误导致一侧无法起呼

故障现象

某铁路局新建线路，采用华为 BTS3012 设备，天馈连接方式如图 4-4 所示。设备开通后从 A 侧到 B 侧进行测试，到达 B 侧天线范围立即出现掉话现象，而且在 B 侧无法进行起呼。

组网情况

天馈连接示意图如图 4-4 所示。

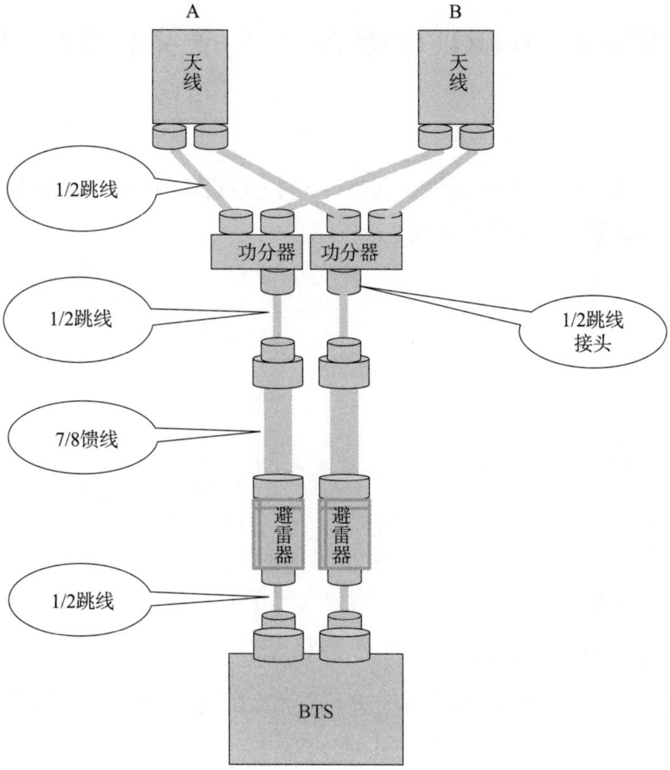

图　4-4

原因分析

1. 设备B侧天馈系统存在严重告警导致无法起呼；
2. 天馈系统、射频连线错误；
3. 基站设备硬件故障。

故障定位及处理过程

1. 检查基站设备告警，没有异常告警；
2. 检查基站数据配置和小区参数配置均未发现错误；
3. 检查设备的载频连线，所有接头都已拧紧且连线正确；
4. 检查DDPU与跳线的连接也未发现问题；
5. 怀疑功分器与天线之间连线存在错误，安排塔工上塔，按照正确连线图进行排查，发现连线未粘贴标签且与正确连线不符，现场修改天馈连线后测试正常，问题解决。

总结和建议

1. 在基站故障定位的过程中，要理清思路采取逐步排查的方法进行故障定位；
2. 新建线路安装时，要严格按规范粘贴标签，避免发生连线错误。

案例 6　DTRU 单板 ALM 灯长亮故障处理

故障现象

基站近端观察发现某线路 HC-GS01 基站 1 槽位 DTRU 单板 ALM 灯红色长亮，但是网管后台没有上报相关告警，业务测试正常。

组网情况

无。

原因分析

1. 软件故障；
2. 单板硬件故障。

故障定位及处理过程

1. 检查基站载频软件版本正常；
2. 后台通过维护软件对基站的载频板进行复位，故障未恢复；现场拔插载频板，故障未恢复；
3. 提取分析 HC-GS01 站点的 TRX 载频可用率，全部为 100％，如图 4-5 所示；

1	起始时间	周期	对象	可信度	CELL_TRX_CFG_AV_RATE
19648	2015-04-16 18:00:00 -08:00	60	11	可信	100
19725	2015-04-16 17:00:00 -08:00	60	11	可信	100
19802	2015-04-16 16:00:00 -08:00	60	11	可信	100
19879	2015-04-16 15:00:00 -08:00	60	11	可信	100
19956	2015-04-16 14:00:00 -08:00	60	11	可信	100
20033	2015-04-16 13:00:00 -08:00	60	11	可信	100
20110	2015-04-16 12:00:00 -08:00	60	11	可信	100
20187	2015-04-16 11:00:00 -08:00	60	11	可信	100
20264	2015-04-16 10:00:00 -08:00	60	11	可信	100
20341	2015-04-16 09:00:00 -08:00	60	11	可信	100
20418	2015-04-16 08:00:00 -08:00	60	11	可信	100
20495	2015-04-16 07:00:00 -08:00	60	11	可信	100
20572	2015-04-16 06:00:00 -08:00	60	11	可信	100
20649	2015-04-16 05:00:00 -08:00	60	11	可信	100
20726	2015-04-16 04:00:00 -08:00	60	11	可信	100
20803	2015-04-16 03:00:00 -08:00	60	11	可信	100
20880	2015-04-16 02:00:00 -08:00	60	11	可信	100
20957	2015-04-16 01:00:00 -08:00	60	11	可信	100
21034	2015-04-16 00:00:00 -08:00	60	11	可信	100
21111	2015-04-15 23:00:00 -08:00	60	11	可信	100
21188	2015-04-15 22:00:00 -08:00	60	11	可信	100
21265	2015-04-15 21:00:00 -08:00	60	11	可信	100
21342	2015-04-15 20:00:00 -08:00	60	11	可信	100
21419	2015-04-15 19:00:00 -08:00	60	11	可信	100
21496	2015-04-15 18:00:00 -08:00	60	11	可信	100
21573	2015-04-15 17:00:00 -08:00	60	11	可信	100
21650	2015-04-15 16:00:00 -08:00	60	11	可信	100
21727	2015-04-15 15:00:00 -08:00	60	11	可信	100
21804	2015-04-15 14:00:00 -08:00	60	11	可信	100
21881	2015-04-15 13:00:00 -08:00	60	11	可信	100
21958	2015-04-15 12:00:00 -08:00	60	11	可信	100
22035	2015-04-15 11:00:00 -08:00	60	11	可信	100
22112	2015-04-15 10:00:00 -08:00	60	11	可信	100
22189	2015-04-15 09:00:00 -08:00	60	11	可信	100
22266	2015-04-15 08:00:00 -08:00	60	11	可信	100
22343	2015-04-15 07:00:00 -08:00	60	11	可信	100
22420	2015-04-15 06:00:00 -08:00	60	11	可信	100
22497	2015-04-15 05:00:00 -08:00	60	11	可信	100
22574	2015-04-15 04:00:00 -08:00	60	11	可信	100
22651	2015-04-15 03:00:00 -08:00	60	11	可信	100
22728	2015-04-15 02:00:00 -08:00	60	11	可信	100

图　4-5

提取分析 HC-GS01 站点的“指配请求次数”、“指配命令次数”、“指配成功次数”，从结果上看无异常现象，如图 4-6 所示；

起始时间	周期	对象	可信度	CELL_ASS_REQ_TIMES	CELL_ASS_SUCC_TIMES	CELL_ASS_CMD_TIMES	
2015-04-16 23:00:00 -08:00	60	11	可信	7	7	7	0
2015-04-16 22:00:00 -08:00	60	11	可信	7	7	7	0
2015-04-16 21:00:00 -08:00	60	11	可信	4	4	4	0
2015-04-16 20:00:00 -08:00	60	11	可信	5	5	5	0
2015-04-16 19:00:00 -08:00	60	11	可信	4	4	4	0
2015-04-16 18:00:00 -08:00	60	11	可信	5	5	5	0
2015-04-16 17:00:00 -08:00	60	11	可信	10	10	10	0
2015-04-16 16:00:00 -08:00	60	11	可信	1	1	1	0
2015-04-16 15:00:00 -08:00	60	11	可信	3	3	3	0
2015-04-16 14:00:00 -08:00	60	11	可信	3	3	3	0
2015-04-16 13:00:00 -08:00	60	11	可信	6	6	6	0
2015-04-16 12:00:00 -08:00	60	11	可信	3	3	3	0
2015-04-16 11:00:00 -08:00	60	11	可信	0	0	0	0
2015-04-16 10:00:00 -08:00	60	11	可信	1	1	1	0
2015-04-16 09:00:00 -08:00	60	11	可信	5	5	5	0
2015-04-16 08:00:00 -08:00	60	11	可信	5	5	5	0
2015-04-16 07:00:00 -08:00	60	11	可信	4	4	4	0
2015-04-16 06:00:00 -08:00	60	11	可信	6	6	6	0
2015-04-16 05:00:00 -08:00	60	11	可信	5	5	5	0
2015-04-16 04:00:00 -08:00	60	11	可信	5	5	5	0
2015-04-16 03:00:00 -08:00	60	11	可信	3	3	3	0
2015-04-16 02:00:00 -08:00	60	11	可信	5	5	5	0
2015-04-16 01:00:00 -08:00	60	11	可信	4	4	4	0
2015-04-16 00:00:00 -08:00	60	11	可信	2	2	2	0
2015-04-15 23:00:00 -08:00	60	11	可信	5	5	5	0
2015-04-15 22:00:00 -08:00	60	11	可信	6	6	6	0
2015-04-15 21:00:00 -08:00	60	11	可信	4	4	4	0
2015-04-15 20:00:00 -08:00	60	11	可信	3	3	3	0
2015-04-15 19:00:00 -08:00	60	11	可信	5	5	5	0
2015-04-15 18:00:00 -08:00	60	11	可信	6	6	6	0
2015-04-15 17:00:00 -08:00	60	11	可信	6	6	6	0
2015-04-15 16:00:00 -08:00	60	11	可信	2	2	2	0
2015-04-15 15:00:00 -08:00	60	11	可信	6	6	6	0
2015-04-15 14:00:00 -08:00	60	11	可信	4	4	4	0
2015-04-15 13:00:00 -08:00	60	11	可信	6	6	6	0
2015-04-15 12:00:00 -08:00	60	11	可信	6	6	6	0
2015-04-15 11:00:00 -08:00	60	11	可信	0	0	0	0
2015-04-15 10:00:00 -08:00	60	11	可信	1	1	1	0

图　4-6

4. 提取基站日志提交研发分析，未发现任何告警和异常；

5. 现场更换 DTRU 单板后，故障现象消失。

总结和建议

设备长时间运行，单板可能存在隐性的故障或误告警。对于类似出现频率低的故障，虽然不影响业务，但可能存在其他隐性问题及影响维护人员的判断，所以需要更换故障单板。

案例 7　BTS3012 基站属性设置错误导致基站软件回退和升级失败

故障现象

某铁路局点进行 BTS3012 软件升级，从 BTS3000V100R001C07B416 升级到 BTS3012 V301R008C01SPC002，升级后第二天发现基站版本回退，再次进行升级发现 DTMU 单板可以加载新版本软件，但是激活后始终为旧版本的软件，升级失败。

组网情况

无。

原因分析

1. 基站软件版本错误导致回退；
2. 配置基站软件错误导致无法激活；
3. DTMU 单板故障导致软件回退；
4. 基站属性设置错误。

故障定位及处理过程

1. 对比升级前后的基站软件版本，版本正常；
2. 重新核对基站软件配置，配置正常；
3. 软件回退后基站运行正常，说明 DTMU 单板没有问题；
4. 通过 BSC 网管检查基站属性配置，发现"TMU 软件自动加载激活"状态为打开，而下面的软件版本号 V、R、C 为旧版本号，将"TMU 自激活"软件版本号改为新版本号 V301R008C01 后，再次激活 DTMU 单板软件，软件版本成功激活为新版本。

总结和建议

实施升级前将基站属性中"TMU 自激活"开关关闭，然后进行升级。但是基站软件升级完成后，"TMU 自激活"开关打开，同时下面的软件版本号一定要设置成新版本的版本号，否则会引起基站版本自动回退。

案例 8　基站数据配置错误造成 GPRS 业务中断

故障现象

1. 某铁路局 H 市南环线基站突发 GPRS 业务中断，列车无法接收无线链路进度预告；
2. BSC 设备及 SGSN 设备均未发现异常告警。

组网情况

组网如图 4-7 所示。

原因分析

1. BSC 设备单板隐性故障；
2. BSC 或 BTS 版本软件存在缺陷；
3. SGSN 设备存在隐性故障或数据改动，造成与 BSC 数据配置不一致；
4. BSC 配置数据存在与 SGSN 协商不一致现象。

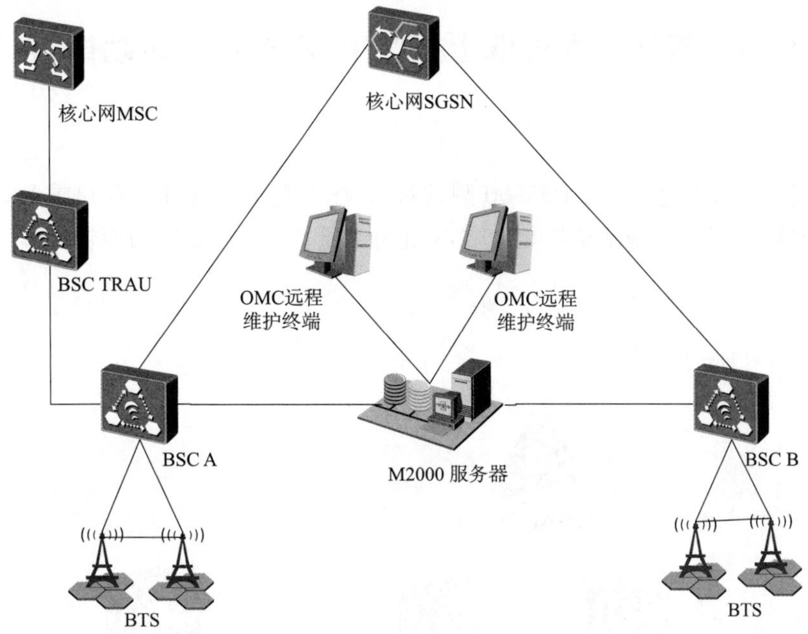

图　4-7

故障定位及处理过程

1. 检查 BSC 和基站设备告警，未发现有硬件告警，通过提取单板日志及工作日志也未发现任何异常现象，排除由于 BSC 或 BTS 隐性故障引起；

2. 通过研发分析 BSC 及 BTS 版本软件，排除因版本软件问题引起；

3. 联系 SGSN 工程师，分析 SGSN 运行日志及告警未发现异常且与 BSC 核对协商数据都无异常；

4. 检查 BSC 及 SGSN 侧操作记录及配置数据，未发现有过改动及与 SGSN 协商数据不一致现象；

5. 通过与机房维护人员及现场工程师沟通发现，这几个站点现在挂在 BSC A 下，但第二天要割接至 BSC B 下，工程师提前将割接数据已经加载到 BSC B 下，核对发生问题时间与数据加载时间相同，因此立即对 BSC B 下的割接数据进行检查发现割接数据的 LAC、CI、RAC 与现网运行的完全一致。由于这两台 BSC 挂接在同一 SGSN 下，造成 SGSN 与 BSC 数据协商混乱引起，在删除割接数据后故障恢复。

总结和建议

铁路线小区数据一旦规划好后，数据是固定的，在割接至其他 BSC 时也不会发生改变，同时铁路所有 BSC 都是挂接在相同 MSC 和 SGSN 下，当不同的 BSC 下同时存在相同的基站数据时，与核心网侧数据协商就会发生混乱，从而导致无法语音通话及产生 GPRS 业务故障现象，因此割接前要仔细制作方案并审核，所有数据的加载要等到天窗点内实施避免影响线路运行。

案例 9　基站版本过低上报“BTS 不支持设定功能”告警

故障现象

某铁路局 GK 线新建一套 DBS3900 测试基站，挂接在某市设置的双归属 BSC6000 下，基站开通时传输链路正常但基站初始化失败，并上报“BTS 不支持设定功能告警”。

组网情况

组网如图 4-8 所示。

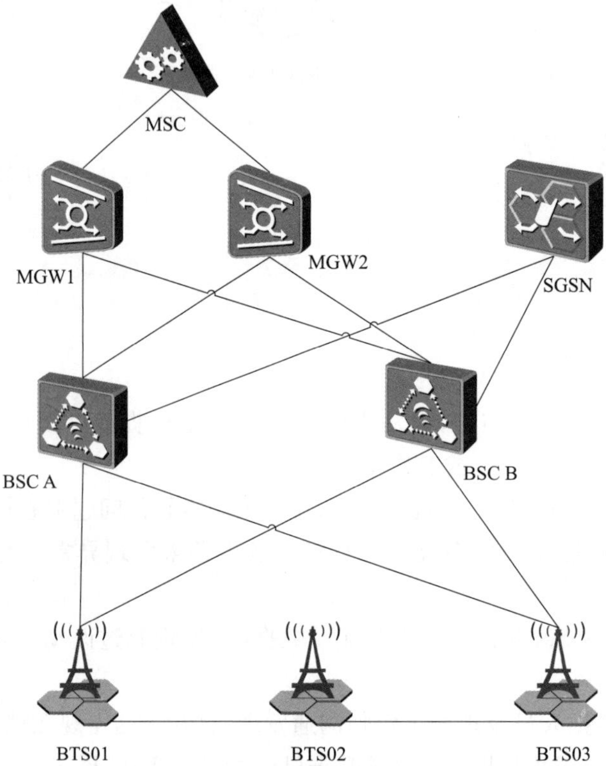

图　4-8

原因分析

1. 基站上报“BTS 不支持设定功能告警”，原因值为“基站不支持双归属 BSC”；
2. 基站数据配置错误，数据配置不支持双归属 BSC；
3. CME 版本过低导致配置数据不支持双归属 BSC；
4. 基站版本过低导致不支持双归属 BSC。

故障定位及处理过程

1. 检查基站数据，没有发现问题；

2. 检查 CME 版本说明，支持双归属 BSC 下基站数据的配置；

3. 复位基站故障依旧；

4. 检查基站版本与现网基站版本比较，两个版本不一致所以断定是基站版本问题导致，基站版本升级后，告警消失，设备运行正常。

总结和建议

最初依照告警的解释和建议去处理，走了很多弯路。需要总结经验，在出现"BTS 不支持设定功能告警"告警时，首先要核查的就是基站版本是否过低，快速定位故障。

案例 10　两基站之间传输闪断故障处理

故障现象

某铁路局 GSM-R 线路，基站类型为 BTS3012，基站 58 和基站 59 两个基站处于同一个基站环，如图 4-9 所示，58 号基站与 59 号基站之间出现 2 M 闪断告警。

组网情况

组网如图 4-9 所示。

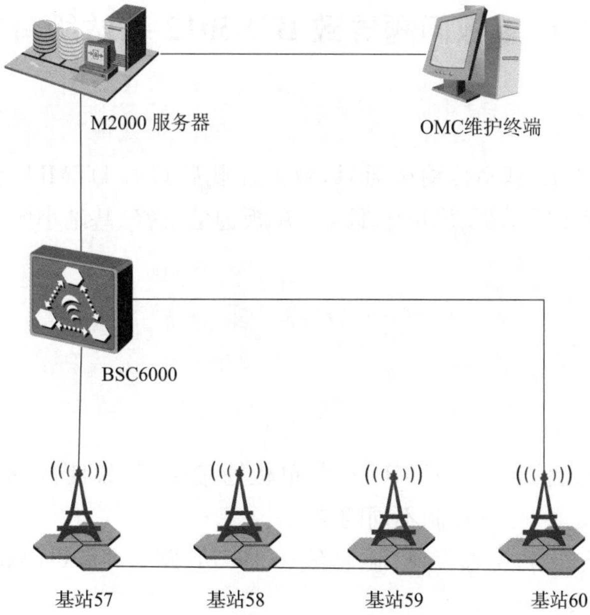

图　4-9

原因分析

1. 58 号站点的第 2 对 2 M 到传输之间有故障；

2. 59 号站点的第 1 对 2 M 存在故障；

3. 传输设备 2 M 有故障；
4. 58 号站或 59 号站点的单板或者 2 M 线故障。

故障定位及处理过程

1. 传输网管在 58 号基站传输设备上分别往 58 号基站和 59 号基站做软件环回，发现 59 号基站 2 M 告警恢复，58 号基站 2 M 告警未恢复，说明 58 号站传输设备到 59 号基站之间的传输通道正常；
2. 到现场，在 58 号基站将第 2 条 2 M 在设备侧自环，观察基站传输指示灯 LIU2 显示不正常，初步确定为 DDF 架到基站之间存在故障；
3. 现场检查 58 号基站第二条 2 M 线 2 M 接头，并重新制作 2 M 头，故障未恢复；
4. 传输网管更改端口数据，现场更换传输端口，故障未恢复，排除 DDF 端子问题；
5. 申请 2 M 线缆及 DELC 单板，首先更换 2 M 线缆，告警未恢复，更换 DELC 单板后告警恢复。

总结和建议

基站出现 2 M 传输类告警概率比较大，日常维护中经常出现。该类故障需要与传输工程师共同定位，并通过逐段换回的方法准确判断或排除故障因素。

案例 11　DEMU 单板问题导致 BTS3012 基站所有单板通信告警

故障现象

某铁路局点 BTS3012 基站传输调通后，数据加载后只有 DTMU 和 DEMU 单板显示正常，但 DTRU 单板、DDPU 单板、风机盒都存在单板通信告警，基站小区不能开工。

组网情况

无。

原因分析

1. 由于出现单板通信告警，DTMU 和各单板通信中断，说明问题出在控制总线 CBUS 上。CBUS 总线共有 3 条，分别控制不同的单板；
CBUS1—DTMU 间相互通信控制总线，CBUS1 路径为：DTMU—DCMB—DCCU—DCTB—副机柜 DTMU；
CBUS2—DTMU 与 DTRU 单板之间通信总线，CBUS2 路径为：DTMU—DCMB—DSCU—DTRB—DTRU；
CBUS3—DTMU 与风扇、DAFU 等单板间通信控制总线，CBUS3 路径为：DTMU—DCMB—DEMU；
DTMU—DCMB—DCCU—NFCB；
DTMU—DCMB—DCSU—DCTB—DAFU 框；

2. 主机柜所有单板通信告警，说明 CBUS2、CBUS3 都有问题，CBUS1 由于是与副机柜 DTMU 通信的总线，基站没有副机柜，故暂不能判断是否有问题。

故障定位及处理过程

1. 检查 DSCU、DCCU、DCTB 等线缆接口，并重新连接，问题未解决；
2. 拔出 DCSU 单板，NFCB 单板运行还是不正常；
3. 插入 DCSU 单板、拔出 DCCU 单板，DTRU 及 DDPU 单板故障，说明 CBUS 总线在基带框就已经有问题；
4. 更换 DTMU 单板，问题依旧；
5. 拔出 DEMU 单板，所有单板通信都正常；说明问题出在 DEMU 单板，DEMU 单板导致 CBUS 总线吊死，更换 DEMU 单板后基站正常。

总结和建议

建议处理总线问题时，应对总线上所有的单板进行逐一排查，避免看似正常的单板（本次 DEMU 单板监测正常）的影响导致问题处理走很多的弯路。

案例 12　因更换单板导致基站维护告警

故障现象

某线路基站载频单板故障，更换基站载频单板后，网管上报基站维护告警（基站设备为 BTS3512，BSC 设备为 BSC6000）。

设备面板

设备面板如图 4-10 所示。

原因分析

1. 更换的单板存在硬件故障；
2. 基站背板出现异常；
3. 基站数据与现场硬件配置不一致；
4. 基站误告警；
5. 更换的单板与现使用单板型号不一致。

故障定位及处理过程

1. 查看基站历史告警，排除基站之前存在的硬件问题；
2. 复位基站，重新加载基站软件，排除基站因更换硬件导致的软件问题、误告警等；
3. 与现场工程师核查确认更换前后的单板型号，检查发现现场更换的单板与故障单板硬件型号不一致（更换前单板为 RETR，更换后的单板为 ETRX），修改载频类型数据后告警消失。

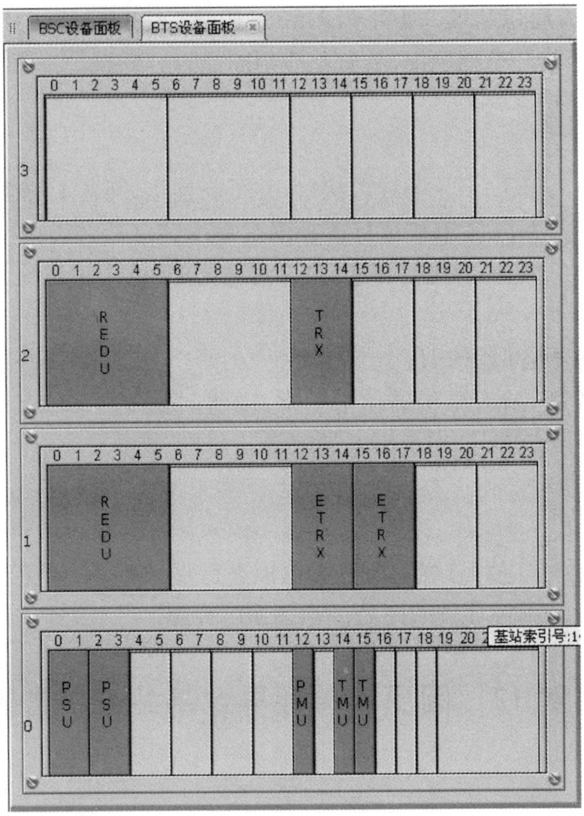

图　4-10

总结和建议

在处理 BTS3512 基站的载频单板故障时，要及时与现场工程师核对单板型号，尽量用同型号的单板进行更换。在紧急处理中，只有兼容单板时，需要与网管中心联系，适时调整数据配置，以避免告警产生。

案例 13　载频支路驻波后未发生主 B 互助导致小区退服

故障现象

某线路 BTS3012 基站设备上报载频支路驻波告警，致使载频关功放。由于载频未发生主 B 互助，导致小区退服。

设备面板

设备面板如图 4-11 所示。

原因分析

1. 硬件问题：单板存在故障，导致主 B 不能互助；
2. 数据配置问题：未配置相关功能参数；

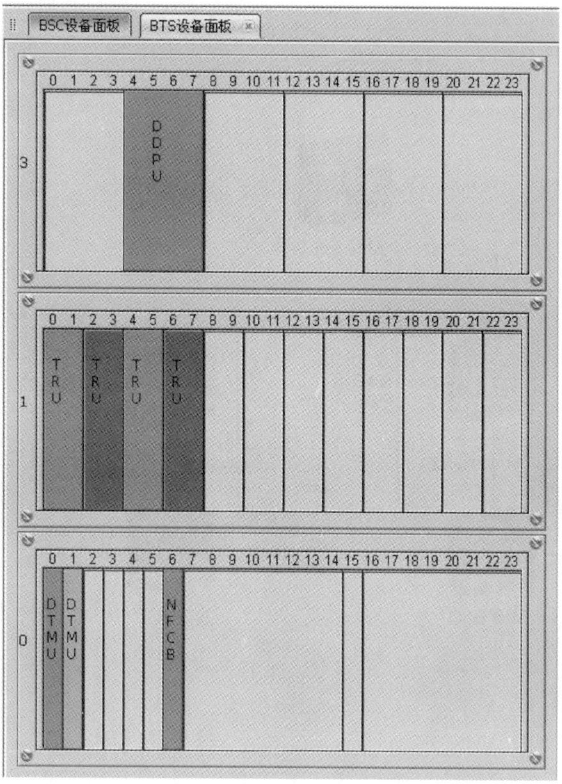

图　4-11

3. 软件问题:基站软件功能异常,设备吊死。

故障定位及处理过程

1. 查看单板运行状态和告警,未发现另一块载频单板故障;
2. 对数据配置进行查询,功能参数配置允许载频互助,参数配置正常;
3. 现场对基站设备进行掉电复位,业务恢复正常。

总结和建议

在处理基站告警故障时,由于基站运行时间比较长,单板软件吊死,导致单板的运行状态和终端显示单板状态有可能不一致,网管不能对故障网元进行操作,需要及时现场处理。

案例 14　核心网参数配置错误导致 A 接口信令闪断

故障现象

某铁路局 BSC A 接口配置 4 条 7 号信令链路,其中一条信令经常出现闪断告警,每次告警出现 15 s 左右后就会自动恢复。

组网情况

组网如图 4-12 所示。

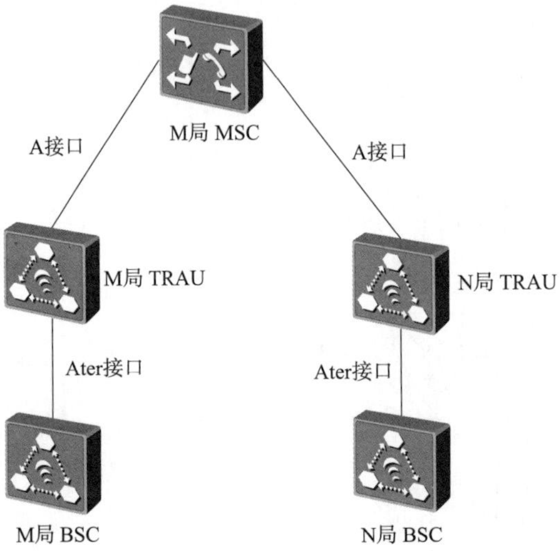

图　4-12

原因分析

1. 故障 A 接口信令链路所对应的 2 M 线接头问题；
2. 故障 A 接口信令链路所对应 2 M 电路存在误码。

故障定位及处理过程

1. 查询历史告警在 A 口信令中断的同时未出现 E1 故障告警，排除 2 M 线接头问题；

2. 联系网管维护人员查询，核心网侧在 BSC 侧出现信令链路中断告警时，未出现信令链路中断告警，核心网侧也未修改过相应的数据；

3. BSC 到核心网之间的电路都在同一机房，不存在长途电路，基本上排除 2 M 电路误码；

4. 提取 BSC 相关日志经研发分析，发现还是 A 接口的 2 M 电路出现中断导致信令闪断，但是由于 2 M 电路中断时间太短，未出现 E1 中断告警，这是因为 2 M 电路中断时间没有达到 BSC 的告警检测时间门限而告警已经恢复，所以 BSC 不上报 E1 中断告警；

5. 经过询问另外一个局点 N 局，N 局与 M 局挂接在同一套核心网下，N 局的 A 口信令也经常出现闪断，对 M 局和 N 局的 BSC 历史告警进行对比分析，发现 M 局和 N 局出现故障的时间基本一致，因此怀疑应该是核心网侧问题；

6. 联系核心网工程师进行排查，发现是由于核心网侧的一块板子中参数设置错误导致这块板子上的业务出现闪断，核心网修改参数后问题解决。

总结和建议

处理故障时要保持跟相应的局点及核心网侧进行沟通，找出问题的共同点来定位故障。

案例 15　调测 ATAE 平台 M2000 设备故障

故障现象

某铁路局新建一套 ATAE 平台的无线 M2000 网管，网管硬件安装完毕，设备内部线缆连接完成后设备加电，各单板指示灯状态正常。但通过 WEB 登录 OSMU 单板时，无法登录。

组网情况

无。

原因分析

1. M2000 的线缆连接错误；
2. 登录 OSMU 的方法和个人电脑设备问题；
3. OSMU 单板硬件故障。

故障定位及处理过程

1. 检查 M2000 设备内部线缆连接和各个网口的指示灯状态均正常，排除线缆连接错误和网线问题；

2. 检查登录 OSMU 单板的登录网址和个人电脑 IP 地址的设置（登录 OSMU 单板的内网 IP 和外网 IP 均无法登录），与指导书配置一致，但是仍无法登录；

3. 检查 OSMU 和各块 OGPU 单板，发现 OSMU 和 OGPU 单板上无对应的槽位标签，一般 M2000 单板出厂时单板上标有槽位标签，因此怀疑可能是单板的硬件问题；

4. 设置调测电脑 IP 为 192.168.128.48，通过 7 槽单板来进行登录，网址为 https://192.168.128.25，使用 SMM 单板的用户名密码登录到各个单板，发现每块单板都在不停地重启，如图 4-13 所示；

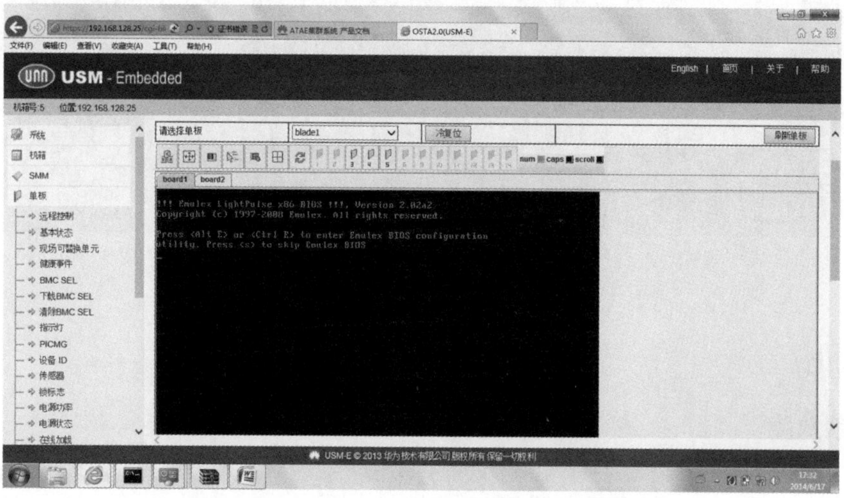

图　4-13

5. 经过研发分析，现场发货的 OSMU 和 OGPU 单板中，均未安装操作系统，需要安装 OSMU 单板的操作系统后才可以登录；

6. 申请 OSMU 操作系统软件和安装指导书，重新安装 OSMU 单板的操作系统后，OSMU 单板登录正常。

总结和建议

M2000 调试人员在设备调试过程中应该严格按照相应指导书进行操作，尤其是调测前的检查工作必须执行，有助于快速定位故障原因。

案例 16　BSC6000 V901 版本网卡模式错误产生 OMU 硬件故障

故障现象

BSC6000 调测完成后上报 OMU 单板故障告警，告警 ID：20708，但是可正常操作维护。

设备面板

设备面板如图 4-14 所示。

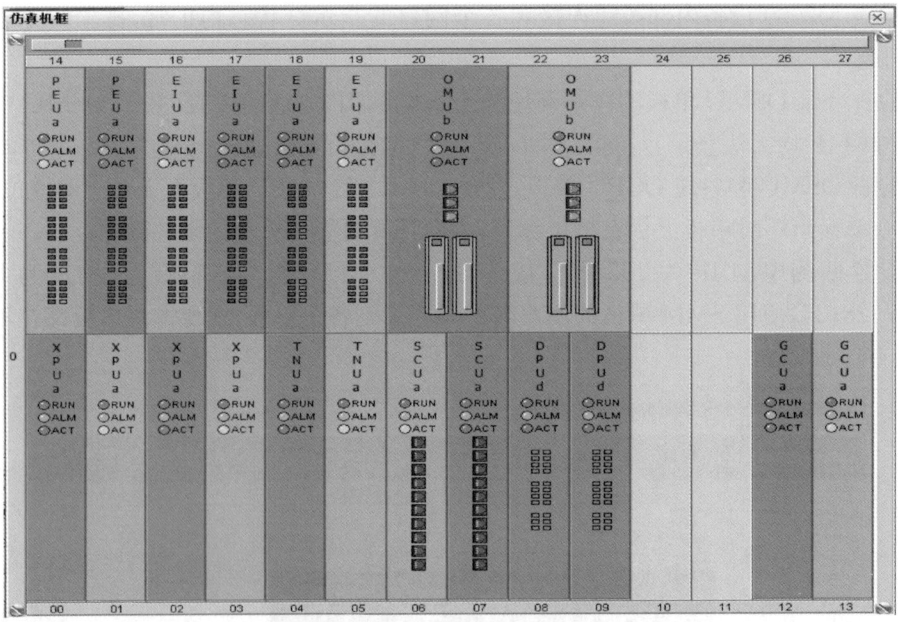

图　4-14

原因分析

1. 网线故障；
2. 网卡故障；
3. 网卡双工模式和交换机侧的设置不一致。

故障定位及处理过程

1. 检查网线，没有问题；

2. 近端测试都正常，能正常登录 weblmt，网卡正常；

3. 现场检查所有的端口，排除设备连接问题；

4. 检查网卡的双工模式，是自动协商模式，协商的结果是半双工，两边一致；

5. 通过咨询 OMU 网卡检测机制得知：只有当网卡协商为全双工模式的时候，才不会出现告警，修改交换机侧的双工模式后（半双工到全双工），问题解决，告警消失。

总结和建议

BSC6000 V901 版本加强了对网卡的双工模式的检测，在半双工模式下，虽然对业务没有任何影响，但有告警，只有在全双工模式下，OMU 单板不会出现 OMU 故障的告警。

案例 17　光缆中断导致基站配置数据下发错误

故障现象

某铁路局城际铁路中 GSM-R 设备采用华为 BTS3012 基站，基站组网使用Ⅱ代环网进行组网。A、B、C、D 4 个 BTS3012 基站组成的一个基站环，由于地方建筑施工，导致 A 到 B 间的光缆中断。光缆中断后，传输侧 B 基站传输设备脱管，BSC 中 A 基站出现脱管，而 B 基站处于正常工作状态，导致传输侧和 BSC 侧出现故障上报不一致问题，对基站 B 进行复位，B 基站重启后无法正常工作，而 A 基站经过几分钟后重启运行正常。

组网情况

组网如图 4-15 所示。

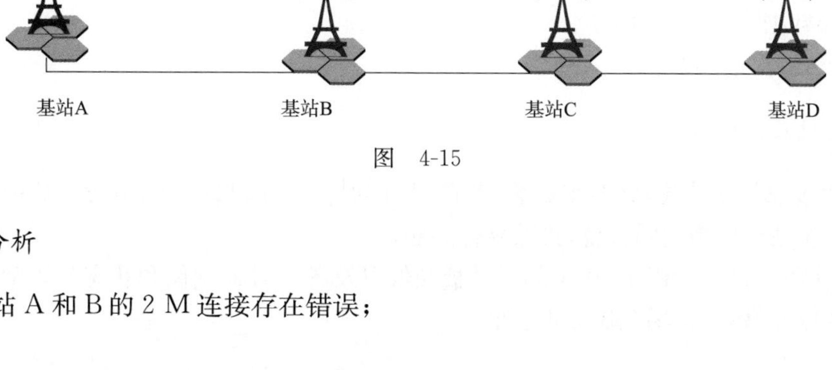

图　4-15

原因分析

1. 基站 A 和 B 的 2 M 连接存在错误；

2. BSC 侧和传输侧的组环数据不一致。

故障定位及处理过程

1. 对基站和传输对接的 2 M 进行核查，发现基站的 2 M 连接正确，排除 2 M 硬件连接问题；

2. 检查 BSC 侧和传输侧数据，发现两边基站的组环顺序一致，排除数据问题；

3. 再次模拟 A 和 B 之间光缆中断，经过几次模拟后，又出现上述相同的现象；

4. 采集相关日志和告警信息给研发分析定位，发现当传输使用环性复用段保护机制时，基站环中某个基站出现上下行传输双断情况，就有几率导致 BSC 将配置数据错误下发到其他基站。

总结和建议

铁路 GSM-R 系统使用的是环型组网，BSC 和基站对接时硬件连接一定要注意与传输的数据配置保持一致，在出现这种情况时，可以对问题基站进行环网倒换，在进行环网倒换后，BSC 将配置数据重新下发至基站，基站状态就会显示正确的顺序。

案例 18 传输 DDF 架接地不良导致站点出现时钟参考源异常告警

故障现象

1. 某铁路局某个站点突然出现时钟源异常告警；
2. 业务暂未受影响；
3. 网元版本：
BSC6000(BSC6000V901R008C01SPC316)，BTS3012(BTS3000V100R008C11SP96)。

组网情况

无。

原因分析

1. 基站软件、硬件原因；
2. BSC 上级时钟源以及 BSC 本身故障；
3. 传输数据或传输质量问题；
4. E1 传输接地问题。

故障定位及处理过程

1. 查询基站历史告警，无其他告警，排除硬件问题；由于基站已经运行一段时间，且其他同版本软件基站未出现相同告警，排除软件问题；

2. 监测 BSC 设备 0 框 12 槽位的时钟板频偏以及各框时钟频偏和状态都正常，排除 BSC 上级时钟源以及 BSC 本身故障的可能性；

3. 与传输工程师沟通，传输数据配置正常，同时现网其他基站未出现过相同告警，排除传输数据配置以及传输质量存在问题的可能性；

4. 通过跟客户了解到近期对此基站的 DDF 架进行过施工，经过检查发现该 DDF 架接地线破环，将接地线重新连接后，基站时钟参考源告警消失，问题解决。

总结和建议

现网出现时钟参考源异常，可能的原因有：

1. BSC 的上级时钟源频偏过大，导致基站无法得到足够精度的时钟；

2. BSC 的时钟分配通道出现问题，导致其上级时钟无法正确分配到各接口单板；

3. 传输数据问题，传输设备的相关数据配置等原因导致时钟同步信号无法正确传递到站点；

4. 传输质量相关问题，传输质量过差，无法将时钟同步信号高质量的传递到基站；

5. 基站硬件问题，基站主控板无法同步时钟信号；

6. 基站软件缺陷等问题。

在解决类似时钟源问题的过程中，主要思路是将故障现象汇总，并用排除法逐一排除不可能的原因，逐步将问题范围缩小最终定位。

案例 19　G_b 接口 2 M 电路故障

故障现象

某铁路局 BSC6000 G_b接口其中一个 2 M 电路出现故障，导致 BC 和 NSVC 故障。查看 2 M 端口状态显示为劣化，查看历史告警，故障端口曾出现过误码超限告警。

组网情况

组网如图 4-16 所示。

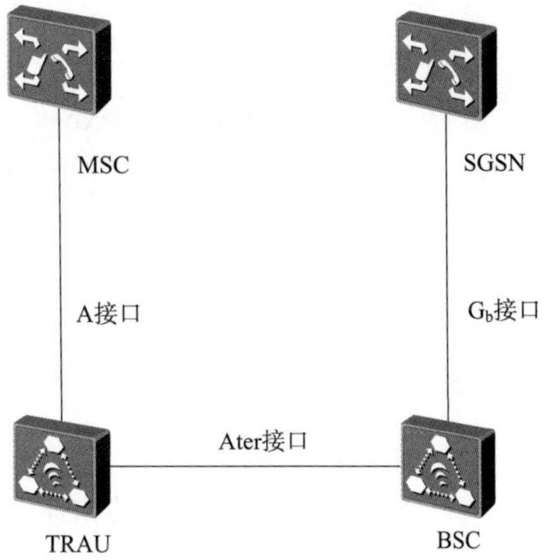

图　4-16

原因分析

1. 2 M 端口接头问题；

2. G_b接口 2 M 电路是长途电路，存在误码。

故障定位及处理过程

1. 检查 BSC 侧至 DDF 架 2 M 线缆和 2 M 接头，重新制作 2 M 接头，问题依然存在；

2. 经过逐段环回，BSC 端口状态正常，放通后端口状态依然是劣化，怀疑可能是误码引起的；

3. 挂表测试误码，中间传输未发现误码；

4. 协调 SGSN 侧工程师，SGSN 存在时钟告警，在 BSC 侧重新删除和增加 SGSN 时钟，端口状态恢复正常，G_b接口业务也恢复正常。

总结和建议

与核心网对接相关故障，处理时应与对端设备工程师进行沟通，查看两边的告警，结合现场进行问题定位。

案例 20 BTS 基站单板连线与 BSC 配置不一致导致驻波比查询为 0

故障现象

某铁路局 GSM-R 点，基站为 BTS3012，站点开通后，部分站点使用 LMT 网管（STR VSWRTEST）检测基站驻波，两个通道驻波比测试结果都为 0。

设备连线如图 4-17 所示。

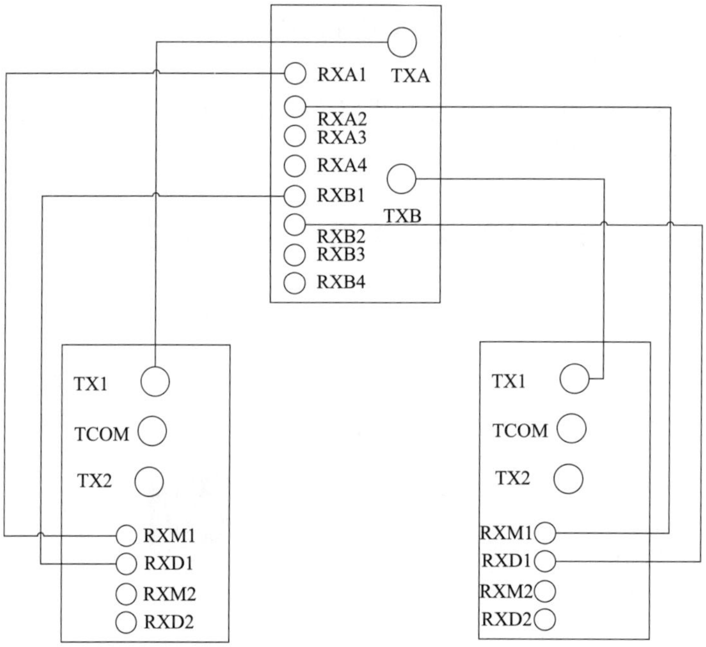

图 4-17

原因分析

1. DDPU 故障；
2. DTRU 和 DDPU 连接错误。

故障定位及处理过程

1. 由于基站为新开站点，怀疑 DDPU 单板运行不稳定，导致检测不到前向功率值，重启基站后使用 MML 命令 STR VSWRTEST 和基站性能测试查询驻波比，查询结果还是为 0；

2. 检查站点的射频连线发现，基站的连线与 LMT 配置不一致，LMT 配置为基站第一块物理载频的 TX1 口连接 DDPU 的 TXA 口，第二块物理载频的 TX1 口连接 DDPU 的 TXB

口，单板连线刚好与 LMT 的配置相反，怀疑 LMT 数据配置与现场连线不一致，导致驻波比查询为 0；

3. 在 BSC 上进行数据修改，将 LMT 数据修改为与现场连接一致，基站第一块物理载频的 TX1 口连接 DDPU 的 TXB 口，第二块物理载频的 TX1 口连接 DDPU 的 TXA 口；

4. 修改后启动基站驻波比测试，两个通道驻波比返回结果恢复正常，不再为 0。

总结和建议

在基站开局之前，技术工程师需要重点关注 DDPU 与 DTRU 之间的连线，督促现场督导检查基站现场连线是否与 BSC 后台数据配置一致，避免后续类似问题再发生。

案例 21　天馈合路器支持最大功率过小导致基站出现驻波告警

故障现象

某 GSM-R 线路，站点开通后，部分挂接直放站的基站上报基站驻波告警(一级驻波告警、二级驻波告警)。

天馈连接示意图如图 4-18 所示。

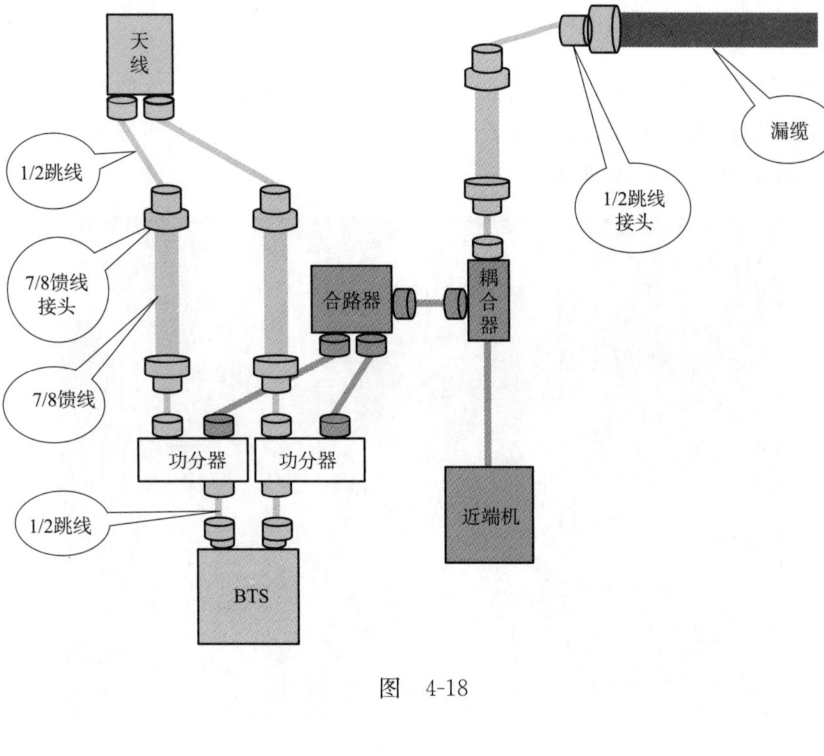

图　4-18

原因分析

1. 天馈连接问题；
2. 连接器件故障；

3. DDPU 故障。

故障定位及处理过程

1. 检查天馈连接处是否有松动，检查接头制作工艺是否发现问题；
2. 使用驻波表测试天馈驻波比，定位故障点为基站机顶接直放站前经过合路器处驻波过高，初步判断为合路器问题；
3. 闭塞小区后更换新的合路器，更换完成后测试驻波比正常，但过一段时间又出现驻波告警；
4. 检查合路器发现合路器最大支持发射功率为 10 W，基站配置机顶发射功率为 40 W，导致新更换的合路器烧毁；
5. 更换 40 W 合路器后驻波测试正常。

总结和建议

在基站开局之前，需要重点关注天馈连接方式，连接方式发生变化导致器件不能满足需求，GSM-R 交付过程中天馈问题重点排查无源器件。

案例 22　新建站频点与既有站邻频造成 C3 降级

故障现象

1. 某铁路局既有线路为 C3 线路，在 A 站点覆盖区域出现多次 C3 降级现象；
2. 通过接口监测数据分析，A 站点的 1 个频点存在连续的 7～8 级质差。

线路交叉示意图如图 4-19 所示。

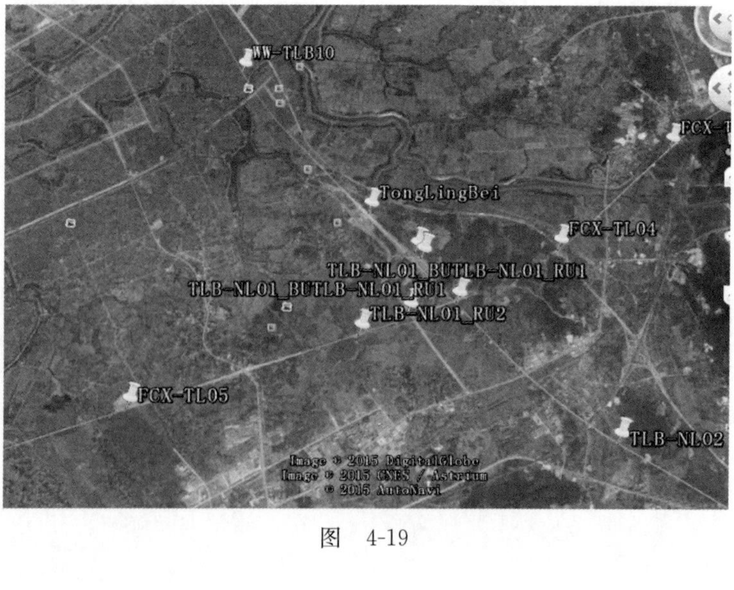

图　4-19

原因分析

1. 设备硬件故障；

2. 天馈系统存在连接松动或者馈线头工艺差；
3. 基站存在外界或内部干扰；
4. 小区参数设置不合理。

故障定位及处理过程

1. 检查基站设备告警及基站日志未发现有硬件告警；
2. 测试天馈驻波为 1.2，驻波正常；
3. 检查设备天馈接头制作工艺，都已拧紧，连线正确，未发现异常；
4. 检查小区参数设置，符合规范；
5. A 基站现场使用扫频仪进行干扰排查未发现明显干扰源；
6. 通过 A 基站所在地理位置分析，A 站附近有新建线路正在单站调试阶段，核查 A 站附近新建站点的工参，发现新建线路 B 站和既有线路 A 站的两个小区存在邻频现象，将新建 B 站点小区进行锁闭。观察 A 站小区质差提升为 2～3 级，再未出现 C3 降级现象，最后重新规划 B 站的频点后一切恢复正常。

总结和建议

1. 铁路 C3 降级的分析，要学会借助接口监测数据辅助分析，排查干扰要分内部干扰和外部干扰来区别定位；
2. 新建线路调试时，要严格核查频点、编号方案数据，尤其是与现网交叉区域要严格与现网数据进行核对避免发生相互干扰。

案例 23　基站数据配置与单板连线不一致造成乒乓切换

故障现象

铁路总公司动检车测试某铁路局 HF 线 A 基站与 B 基站间有乒乓切换现象。
配置单板连线如图 4-20 所示。

原因分析

1. 基站周围存在外部干扰；
2. 小区切换参数设置不当；
3. 基站间场强覆盖存在问题；
4. 天馈系统驻波不达标，馈线制作工艺不好；
5. 基站单板连线松动或存在错误。

故障定位及处理过程

1. 检查 BSC 和基站设备告警，未发现有硬件告警，现场检查天馈驻波值正常；
2. 利用扫频仪现场排查干扰，未发现干扰源存在；
3. 通过接口监测数据及现场测试场强未发现异常；

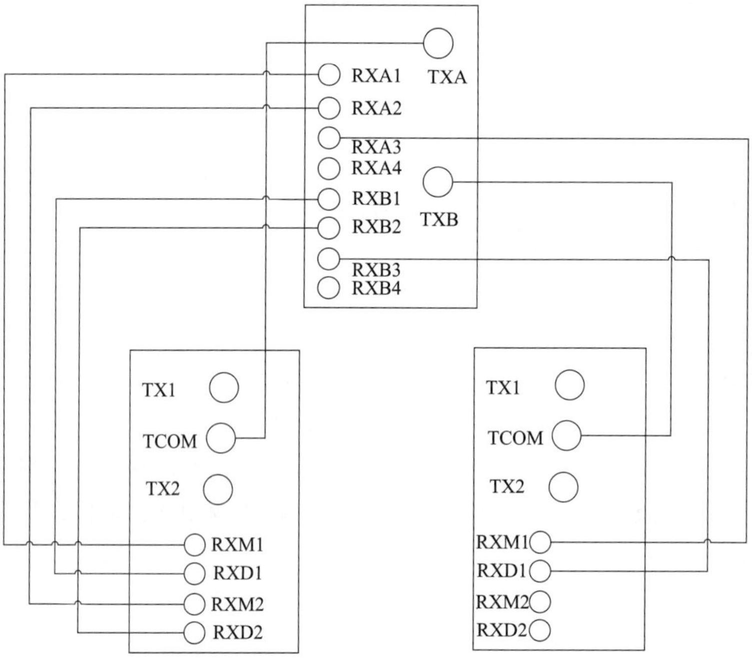

图　4-20

4. 现场检查单板连线接头连接牢固，同时与网管核对单板连线，发现单板连线与基站配置数据不一致，数据配置第二块载频是发送模式“不合路”，而现场连线为“宽带合路”方式，于是更改单板连线，在后续测试中再未发现乒乓切换现象。

总结和建议

1. 在处理切换类问题时，要根据现场的网络环境、参数的设置、覆盖情况、数据配置、基站设备硬件情况等进行具体分析，找出影响切换问题的具体原因；

2. 在基站开局时，工程师要严格按照数据配置规范进行数据配置，并与基站督导保持良好沟通，保证数据配置与现场连线一致。

案例 24　载频单板老化导致上行质差

故障现象

某铁路局，通过接口监测软件跟踪机车上下行的电平和质量情况，其中某基站出现上行质量差的现象，其他基站上行电平良好。故障截图如图 4-21 所示。

原因分析

1. 覆盖问题，弱覆盖、过覆盖或上下行不平衡等；
2. 网内频率干扰，频率规划不合理；
3. 网外干扰（移动、联通、电信或其他无线电设备）；

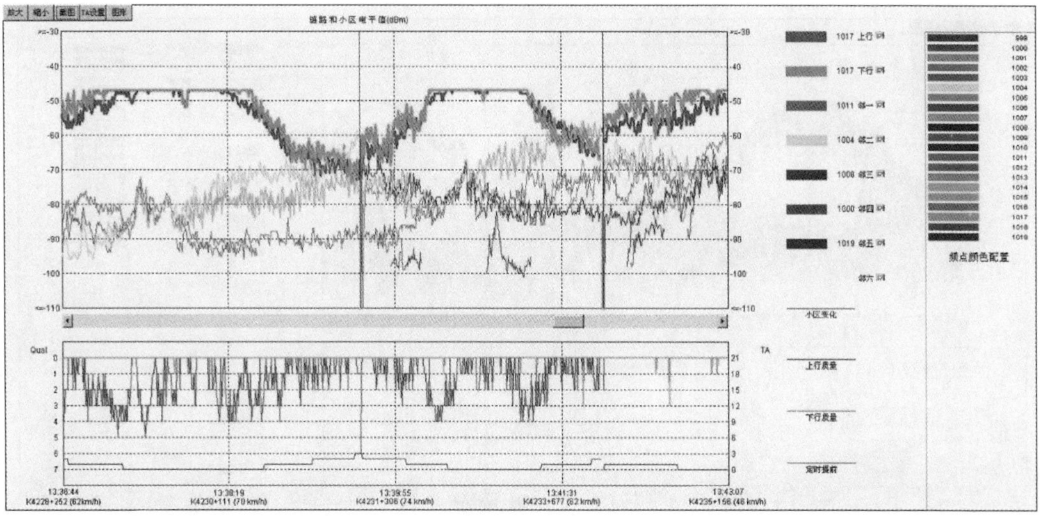

图 4-21

4. 天线系统问题，如互调干扰、接口进水等；
5. 基站硬件问题。

故障定位及处理过程

1. 通过对接口监测软件采集到的数据进行分析，可以排除覆盖问题；
2. 对使用的频率进行核查，按照频率规划使用原则排除网内频率干扰；
3. 通过扫频仪现场进行扫频，排除外网干扰；
4. 通过接口监测观察，所有机车在占用该小区时都会出现上行质量差现象，只是不同机车出现问题的程度不同。通过调整小区频率优选，让机车占用另外 1 块载频时，电平质量正常没有发现质差现象，而占用此载频时就会出现质差；
5. 判断为载频单板出现隐性故障，更换新载频单板后，基站上行质量差问题得到解决。

总结和建议

在进行网络优化分析工作中，设备硬件的隐性故障也是很常见的问题，处理起来也比较棘手。需要现场工程师有丰富的经验，通过相关的指标分析，从根本上找原因，进而解决问题。

案例 25 机车 OCU 模块不兼容 1019 频点

故障现象

某铁路局，部分机车在行驶过程中无法正确测量到邻小区的 BCCH 频点信息，导致出现不切换、弱电平、质差的现象，甚至出现掉话、机车中断等问题。故障截图如图 4-22 所示。

原因分析

1. 相邻小区覆盖问题；
2. 相邻小区硬件故障；

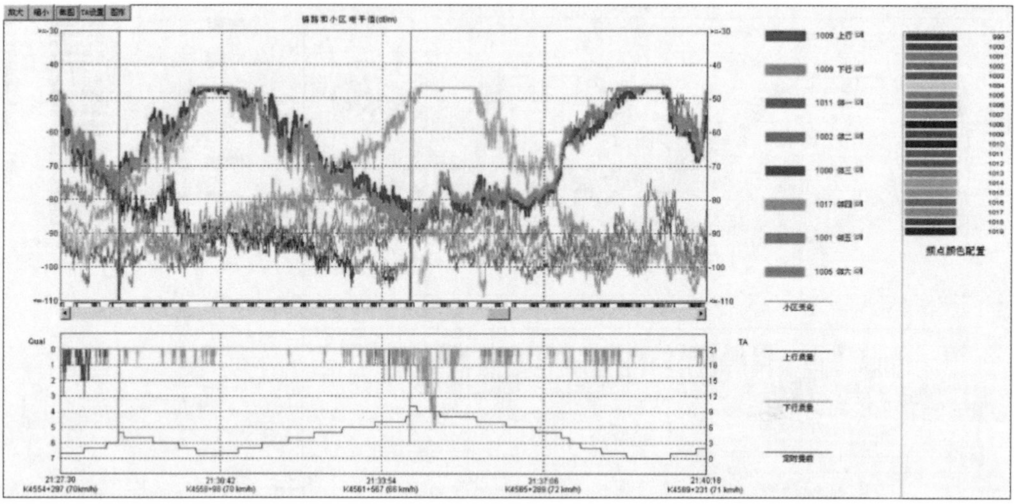

图　4-22

3. 未添加邻区关系。

故障定位及处理过程

1. 通过采集相关小区的告警和 KPI 关键指标发现，基站没有异常告警，业务正常；

2. 通过 BSC 跟踪单小区相关信令信息，未发现异常；

3. 观察其他机车在同时段通过该区段时的信令和测量报告消息未发现异常，初步判断为非网络原因导致；

4. 收集出现该现象的机车和出现的时间和小区，整理后发现出现该问题的机车 OCU 模块是刚安装的一批新设备，测量不到小区的 BCCH 频点都为 1 019；

5. 通过更换小区的 BCCH 频点进行验证，确认只有 1 019 号频点在新的 OCU 模块就会出现测量不到 BCCH 频点的问题。

总结和建议

1. 铁路系统可以使用的 G 网频段为 885～889 MHz，对应 1 000～1 019 共计 20 个频点。由于部分 OCU 设备对 1019 号频点的识别存在问题，将当前网络中所有 BCCH 频点为 1 019 的小区都进行优化调整。调整后，跟踪观察，测量不到邻区，不切换等问题消失。

2. 在处理铁路系统中 GSM-R 网络优化问题时，需要收集整理故障现象和故障信息，从中找到规律从而帮助判断问题原因。

案例 26　天线老化导致有效覆盖距离缩短

故障现象

某铁路局线路采用双网覆盖，在分析接口监测数据时，发现同站址的 A 网基站和 B 网基站的同一方向下行覆盖偏差比较大，两个基站的同向覆盖电平相差超过 20 dB。

电平覆盖如图 4-23 所示。

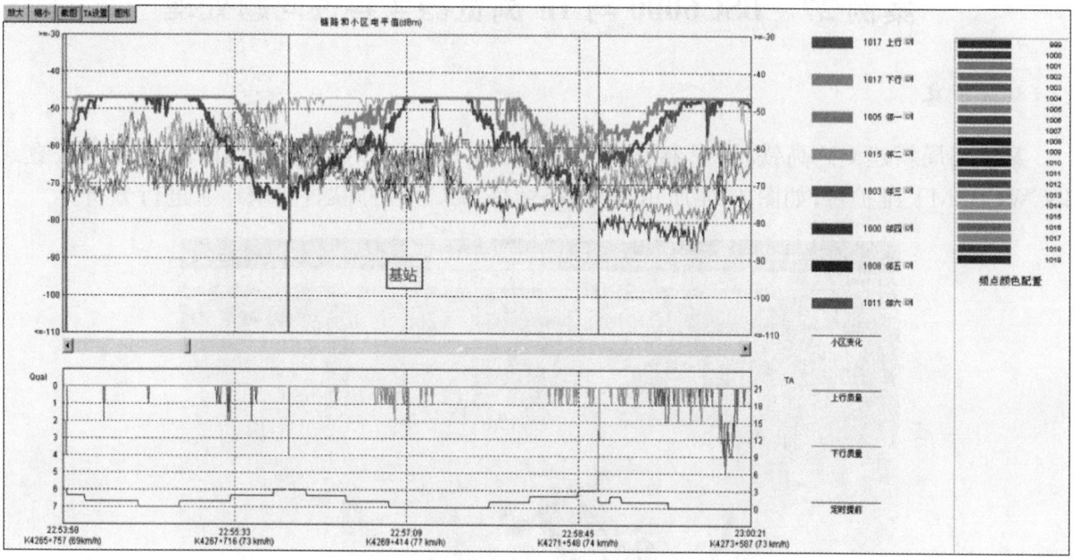

图　4-23

原因分析

1. 基站载频的发射功率；
2. 天馈线系统的损耗；
3. 天线的性能参数；
4. 天线的工程参数，包括挂高、方位角、下倾角等。

故障定位及处理过程

1. 通过与现场工程师联系，沟通后得知同站址的两个基站设备位于同一机房，天线挂在同一铁塔的同一平台；

2. 两个基站的设备型号相同，功率参数设置相同、天馈系统使用的器件也相同；

3. 现场通过与塔工确认，两个基站同向天线的方位角和下倾角是相同的；

4. 排除天馈系统的原因后，判断为天线老化导致的覆盖性能下降；

5. 安排更换基站故障天线后，两个基站的覆盖基本相同，通过接口监测采集的数据，基站覆盖电平相差 5 dB 以内，故障排除。

总结和建议

在 G 网中，下行覆盖主要是通过天线来是实现的，天线也同样有使用期限。超期服役就有可能会出现上下不平衡、覆盖性能下降等问题。在优化过程中，判断问题原因时，也要参考设备在网时间。

案例 27　BSC6000 与 IE 浏览器兼容性问题处理

故障现象

某铁路局新建 CY 高铁，BSC 接入核心网后，发现通过 PC 机上的 IE 浏览器无法登录 BSCWEBLMT 维护台，如图 4-24 所示，客户怀疑是 BSC 设备问题，要求厂家进行分析。

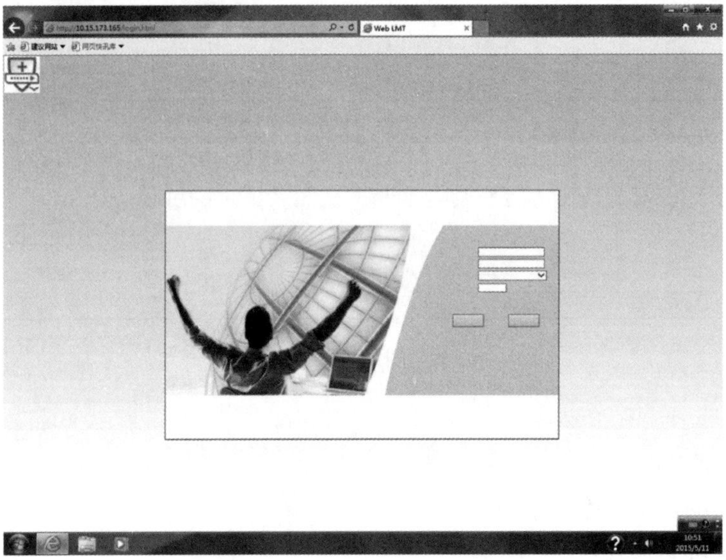

图　4-24

组网介绍

无。

原因分析

1. BSC 硬件存在故障或数据配置错误；
2. PC 机 IP 配置错误；
3. PC 机和 BSC 服务器之间的链路故障；
4. IE 浏览器版本不匹配。

故障定位处理过程

1. 不使用交换机，近端登录 BSC，发现登录正常；
2. 远端 PC 机 Ping BSC 维护 IP，能正常 Ping 通，如图 4-25 所示；
3. 使用既有其他线路能正常登录的 PC 机，更换网线，修改 IP 配置后，登录 CY 高铁 BSCWEBLMT 能正常登录；
4. 怀疑 CY 高铁维护 PC 机上自带 IE 浏览器版本不兼容导致 BSC 不能正常登录，查询 IE 浏览器版本为 IE11，其他能正常登录的 IE 浏览器版本为 IE8 至 IE10；

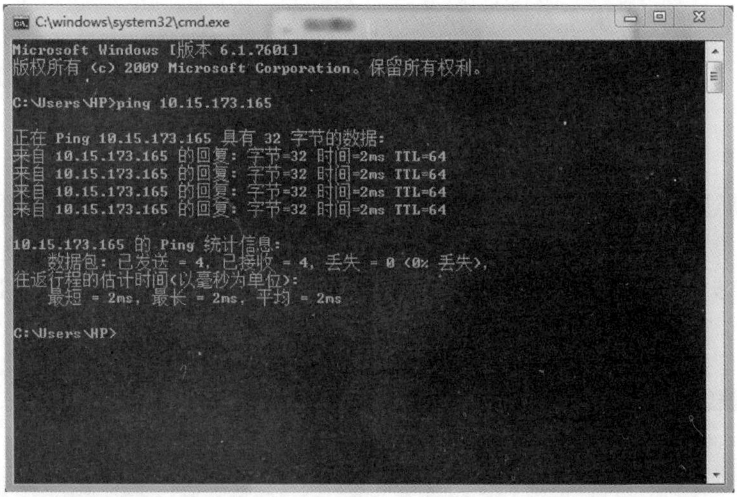

图　4-25

5. 将 CY 维护 PC 机上 IE 浏览器向下卸载至 IE8，如图 4-26 所示，BSC 正常登录，问题解决。

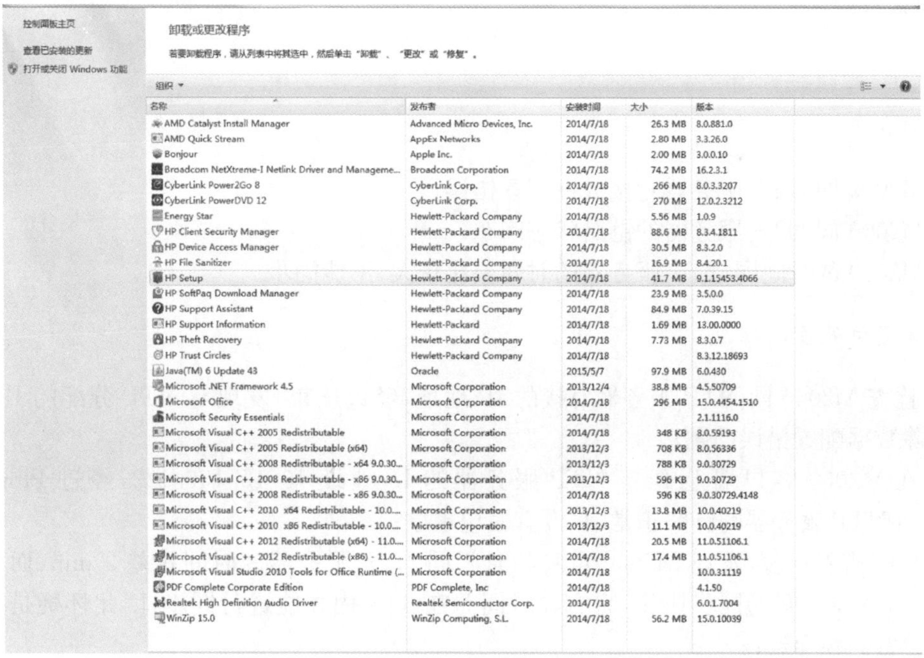

图　4-26

总结和建议

由于浏览器类的互联网软件更新非常快，而 BSC 版本不可能随着 IE 浏览器版本的更新而更新兼容性包，因此，在 BSC 入网后，需要确认 IE 浏览器是否与 BSC 存在兼容性问题。

同时，在和客户交流中，需要引导客户，不是所有的问题都是 BSC 配置或硬件问题，配套设备问题同样可能会引起 BSC 一些故障，针对此类问题，需要逐一排查，最终定位问题，解决问题。

案例 28　M2000NTP 同步失败告警处理

故障现象

某铁路局新建铁路一套 ATAE 平台的无线 M2000 网管设备一套，在开通运行一段时间后，通过网页登录 OSMU 后，发现 OSMU 单板的状态显示为红色，经过查看单板的健康信息，原因为 NTP 同步失败引起，在查看上级 NTP 服务器信息时显示同 NTP 对接的状态为连接异常。如图 4-27 所示。

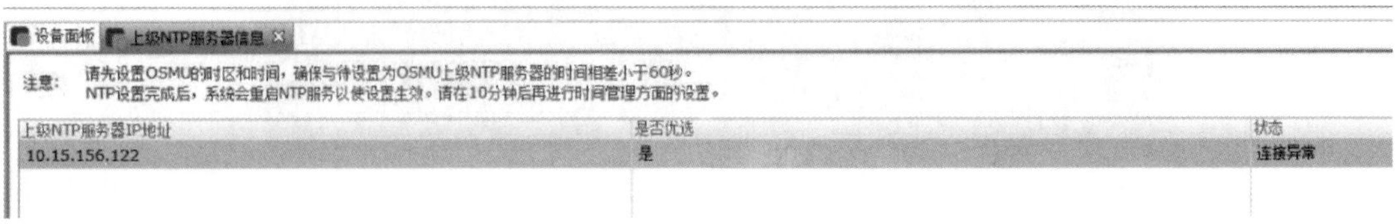

图　4-27

组网介绍

无。

原因分析

1. M2000 同 NTP 服务器对接数据配置错误；
2. M2000 同 NTP 服务器的链路状态问题；
3. M2000 的时间同 NTP 服务器的时间差比较大，不能同步。

故障定位处理过程

1. 检查 M2000 同 NTP 服务器对接的 IP 地址，经过核查，发现与 NTP 分配的 IP 一致，因此排除数据配置错误问题；

2. 在 M2000 客户端上 Ping NTP 服务器的 IP 地址 10.15.156.122，经过 Ping，发现 M2000 到 NTP 服务器的链路正常，且没有丢包现象；

3. 经过查看比较，发现 M2000 自身的时间同 NTP 服务器的时间相差 2 min，而 M2000 同 NTP 服务器之间的同步协议，只有在时间差在 60 s 内才能进行同步，因此怀疑是 M2000 的时间设置问题导致；

4. 按照指导书，修改 M2000 的时间，将其时间修改为同 NTP 服务器的时间差在 60 s 之内，经过查看，M2000 同样无法同 NTP 服务器进行同步；

5. 经过查看 NTP 服务器的配置，NTP 服务器已打开 123 端口，通过抓包工具分析，如图 4-28 所示，发现 M2000 发给 NTP 消息后，NTP 未进行回复，经过查看，发现 M2000 发给 NTP 服务器的消息类型为 4，而 NTP 只能接收和发送消息类型为 1～3 的消息，所以导致 NTP 无法发送回复 M2000；

6. 经过华为技术支持指导，将 M2000 发送的消息类型修改为消息类型 3 后，M2000 同 NTP 服务器同步正常，告警恢复。

```
#
interface Vlanif4
 ip address 192.168.4.1 255.255.255.0
#
interface Vlanif7
 ip address 192.168.7.1 255.255.255.0

[time_syn]ntp-service unicast-server 192.168.168.1
  authentication-keyid  Specify authentication keyi
  preference            Prefer to this remote host
  version               Specify NTP version
  vpn-instance          Specify vpn-instance of MPL
  <cr>

[time_syn]ntp-service unicast-server 192.168.168.1
  INTEGER<1-3>  NTP version number
```

图　4-28

总结和建议

在遇到这种故障时，一定要同对端进行数据核查，确保两端的配置数据一致，而且确保两端协商的对接参数必须一致。

案例 29　M2000 网管服务器内存占用率过高告警处理

故障现象

某铁路局新建一套 ATAE 平台的无线 M2000 网管，在入网使用 3 个月后，出现“内存占用率过高告警”，经过查看系统内存占用情况，如图 4-29 所示。

服务监控　进程监控　硬盘监控　数据库监控　服务器监控　操作日志

服务器名	服务器状态	操作系统	物理内存容量(MB)	可用物理内存(MB)	虚拟内存容量(MB)	可用虚拟内存(MB)	CPU占用率(%)	物理内存占用率(%)
SR5S2	在用	Linux2.6.16.6...	48,149	752	86,444	39,047	9	99

图　4-29

组网介绍

无。

原因分析

1. M2000 中内存占用率告警门限设置有误；
2. M2000 单板的物理内存不足。

故障定位处理过程

1. 检查 M2000 中内存占用率告警门限设置，如图 4-30 所示，发现物理内存占用率告警的产生门限为 95%，清除门限为 85%，经过查看当前物理内存占用率已为 99%，出现告警属正常现象。

2. 当前内存占用已达 99%，初步怀疑可能是 M2000 的内存不足引起。查看相关资料，此告警属于华为预警，产生的原因为 OSMU 软件运行过程中，频繁调用 sed 命令，对文件进行修改操作，触发了操作系统的内存统计缺陷。操作系统缓存 cache 释放过程中，计数值虽然释放，但是此时变量文件还没有写入磁盘。active 链表中计数没有减掉，导致已经释放的 cache

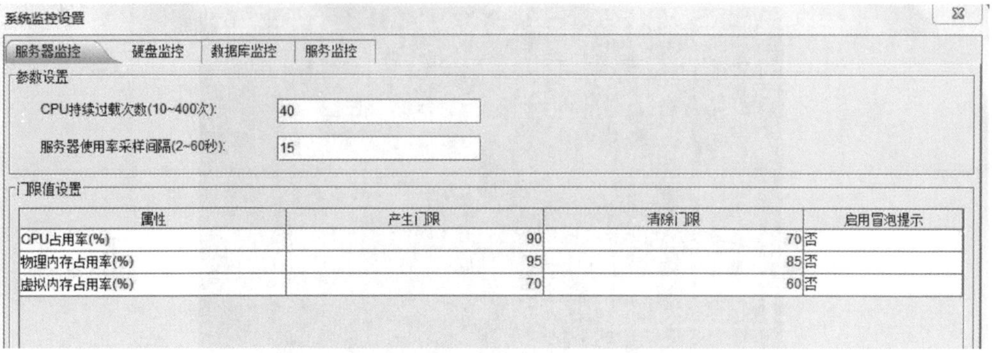

图　4-30

保留在了 active 计数中，从而出现内存使用率过高的表象，导致单板上报内存使用率过高的告警，而单板实际的内存使用率并不高，不影响业务正常使用。

3. 按照预警指导书进行操作，将 M2000 中的内存进行回收操作，如图 4-31 所示。

图　4-31

4. 经过内存回收操作，M2000 的物理内存占用率降低至 50％左右，如图 4-32 所示，告警恢复。

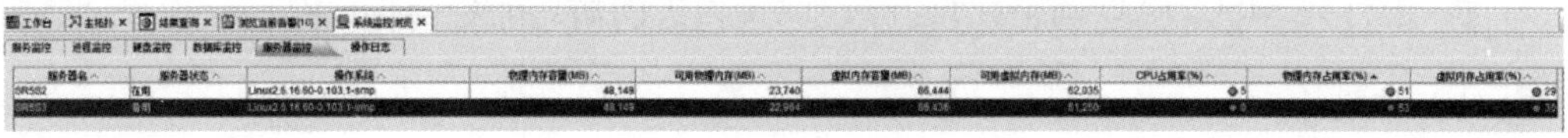

图　4-32

总结和建议

在处理这种故障时，可以根据告警先查看告警的设置参数是否正确，同时可咨询相关专业工程师，对于此告警是否有相关的预警操作。

案例 30　参数设置不合理导致跨 MSC 不能触发 PBGT 切换

故障现象

M 线路 A 局与 B 局交接区域，在列车从 A 局行驶至 B 局过程中，不能正常触发 PBGT 切换到 B 局，但由 B 局驶向 A 局方向 PBGT 切换正常。

组网介绍

组网如图 4-33 所示。

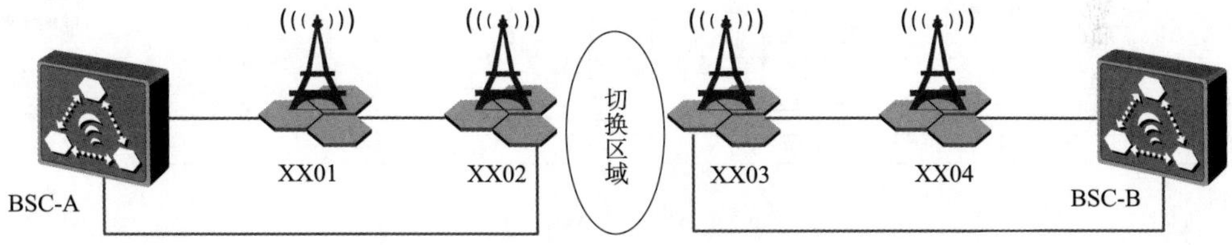

图　4-33

原因分析

1. BSC 外部小区描述中 LAC、CI、BCCH、BSIC 等基本参数添加错误；
2. 核心网侧数据未添加及参数设置不合理；
3. 邻区、切换参数设置不合理。

故障定位处理过程

1. 提取 B 局的小区基本参数，将 A 局的外部小区描述参数和提取的 B 局基本参数进行核对，未发现异常现象；

2. 通知 A 局和 B 局两个核心网厂家对核心网参数进行核查，无异常现象；

3. 核查 A 局交接点小区的邻区参数，A 局和 B 局邻区添加完善，BA1 表和 BA2 表均添加正常；

4. 核查 A 局的小区级切换参数，发现该小区下的参数“进行共 MSC/BSC 调整允许开关”打开，按照华为一代切换算法 16 bit 排序，该开关打开后影响跨局的 PBGT 切换；

5. 将“进行共 MSC/BSC 调整允许开关”设置为关闭后，切换一切正常。

总结和建议

在 GSM-R 业务中，“进行共 MSC/BSC 调整允许开关”参数一般默认设置为关闭，若设置为开启，则在跨局的两个基站间影响 16 bit 排序，使跨局的 PBGT 切换滞后。

案例 31　乒乓切换问题分析

故障现象

某铁路局检测车在测试的过程中，行驶在 HY-QHDB01A 和 BDH-QHD06A 区间时，发生乒乓切换，具体现象如图 4-34 所示。

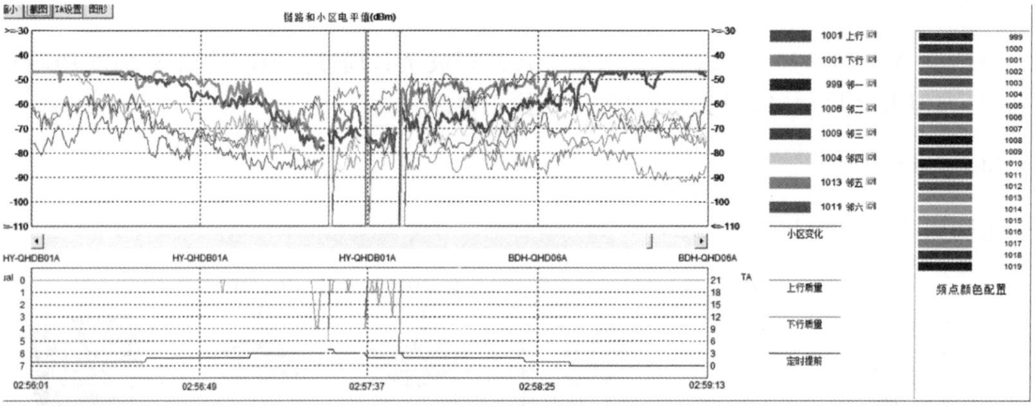

图　4-34

组网介绍

无。

原因分析

通过铁路局接口监测的采集数据分析，列车在由 HY-QHDB01A 驶向 BDH-QHD06A 时，系统检测到邻区 BDH-QHD06A 小区的主 B 载频的电平满足 PBGT 切换的条件，于是触发 PBGT 切换(业务被分配到 TCH 的载频)，切换成功后，TCH 载频上的接收电平相对于 BCCH 下降 10 dB，导致又重新切换回 HY-QHDB01A 小区，在随后行驶至 BDH-QHD06A 基站时，HY-QHDB01A 又重新切换至 BDH-QHD06A，造成乒乓切换问题。

故障定位处理过程

1. 由于 BDH-QHD06A 小区中的主 B 载频和 TCH 载频的电平存在差异，首先在 BSC 上修改小区载频的频率复用模式，将以前 TCH 载频的复用模式修改为紧密，主 B 载频的复用模式修改为宽松，让接入 BDH-QHD06A 小区的用户优先占用主 B 载频；

2. 修改载频频率复用模式后，通过接口监测跟踪，没有出现乒乓切换的现象，因此怀疑可能是 TCH 载频的问题，导致主 B 和 TCH 载频的电平存在差异；

3. 检查 BDH-QHD06A 基站的 TCH 载频通道是否存在驻波，经过测试检查，TCH 载频的通道无驻波，检查 TCH 载频的连线，发现连线无异常；

4. 对 TCH 载频进行更换，更换后，将载频频率复用模式进行修改，问题得到解决。

总结和建议

无。

案例 32　频点规划不合理导致的质差问题处理

故障现象

列车在 M 线路的 A 基站覆盖区段行驶，终端占用该基站的 TCH1000 频点时出现下行质差现象，持续的 6、7 级质差导致掉话现象。

组网介绍

无。

原因分析

1. 该区域下行频段存在较强的网外干扰；
2. 设备问题及天馈系统异常造成下行质差问题；
3. 网内频点规划不合理或周围基站过覆盖造成频率干扰。

故障定位处理过程

1. 将该小区闭塞后对在该小区进行扫频，发现下行频段的底噪在－100 dBm 以下，无外部干扰源，但是可以收到网内使用的部分频点高电平信号；

2. 查询网管告警，近期该基站没有出现告警信息及自然灾害造成的天馈系统故障；

3. 通过对现场无线环境勘察，M 线路在 A 站周围 40 km 处于平原地区，基站均采用 45 m 四角塔，覆盖较远，且周围线路较多，频率资源较紧张，复用度较大；

4. 通过频率规划分析，和 A 站隔站的 C 站主 B 使用的是 1000 频点，且在该区域内覆盖电平达到了－70 dBm 左右，同频干扰造成了严重的质差问题，但频率资源受限已不能通过修改频点来解决；

5. 查询 A 站的频率复用模式，发现 A 站主 B 频点为“紧密”，TCH 频点 1000 频点设置的为“宽松”，将主 B 和 TCH 复用模式互换后使终端优先占用主 B，质差问题解决。

总结和建议

在平原线路交织复杂区域，由于频率资源紧张，频点已不能保证有足够距离复用度，可借助于调整“频率复用模式”参数将问题进行规避。

案例 33 普速列车占用高速铁路信号导致切换失败问题处理

故障现象

M 高铁 1 号站至 2 号站频繁出现切换失败现象，造成整条线路的越区切换成功率不达标。

组网介绍

组网如图 4-35 所示。

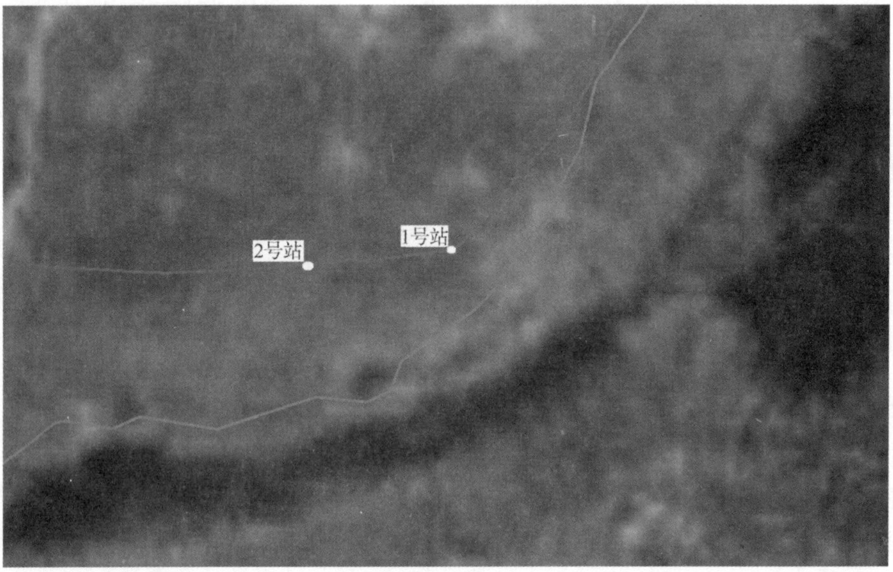

图 4-35

原因分析

列车在普速线路行驶的过程中，由于普速线路和高速铁路线路在 1 号站区域距离较近，在普速线路列车可占用到高速铁路的 1 号站进行业务，且服务质量良好，但在行驶至 2 号站方向时，由于在 2 号站附近普速线路与高速铁路线路距离开始拉远，覆盖不连续、信号波动造成 1 号站触发紧急切换至 2 号站失败现象。

故障定位处理过程

1. 提取一个月内 1 号站和 2 号站切换指标进行分析，发现 1 号站切换至 2 号站更好小区切换占用 73%，紧急类切换占用 27%，其中切换失败次数均分布在紧急类切换（包括上下行强度、上下行质量）；

2. 通过铁科院提供的测试数据分析，1 号站和 2 号站覆盖正常，无越区覆盖现象，且每次铁科院测试中切换均为更好小区切换，无紧急切换发生；

3. 对 1 号站和 2 号站的 TA 指标进行提取分析，发现两个站 TA 分布在 25 至 30 之间有 20%；通过数据网接口监测系统进行分析，发现 1 号站和 2 号站均有普速列车占用现象；

4. 现场在普速线进行 CQT 锁频测试，发现 1 号站和 2 号站均能覆盖到普速线路，且接收电平在 −80 dBm 左右；

5. 根据高速铁路线实际的覆盖距离将 1 号站和 2 号站的 TA 最大允许参数调整由之前的 63 调整为 20，TA 超限掉话调整为 20，调整后问题解决。

总结和建议

450 MHz 普速线路和高速铁路线路并线时，由于列车的 CRH 未关闭，在行驶中占用上客专信号，信号覆盖不连续造成掉话、切换失败等 KPI 指标恶化现象。

案例 34　BSC6000GEIUT 板端口故障导致部分呼叫双不通

故障现象

某铁路局新开通线路无线部分采用华为设备，BSC6000 安装在 A 地（BM 和 TC 分离配置），TRAU 和 M2000 无线网管设在 B 地；BSC6000 版本为 BSC6000V900R008C15SPC300，基站开通时发现多次出现双不通现象，同时无串话、单通或杂音问题，问题集中在三个 BTS3012 基站 K、L、M 下。

组网介绍

组网如图 4-36 所示。

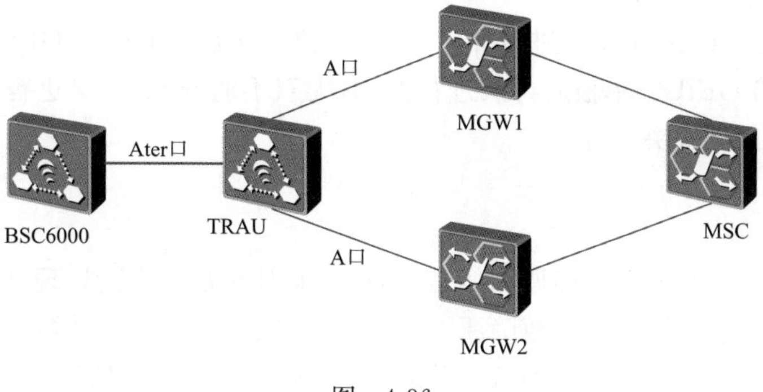

图　4-36

原因分析

1. MSC 与 BSC 对接配置数据配置错误；
2. BSC 接口板有问题；
3. E1 连线故障，TRX 载频板部分时隙故障；
4. GTNU 部分交换时隙故障，GDPUC 中某块 DSP 故障，ATER 资源吊死。

故障定位处理过程

1. 检查 BSC 数据配置，查看 E1 交换时隙、七号信令链路、ATER 连接通道是否有问题，查看 BSC 时钟参考源状态与基站时钟模式是否一致，结果一切正常。

2. 检查该基站所在 0 框 GEIUB 接口板端口状态，TC 框 GEIUT 接口板端口状态，GEIUA 接口板端口状态，均一切正常。

3. 用测试手机将频点锁定在 K 站下进行拨测，同时启动“单用户呼叫资源查询”，并对其进行记录。1 h 后，出现双不通现象，保存“单用户呼叫资源查询”信息，并对该双不通进行用户消息跟踪，并保存记录，接着对其进行外部语音环回测试：A 手机处在问题站点下，B 手机处在另一运行正常的基站下，先向 MSC 侧环回，A 什么也听不到，B 能听到自己的回音，再向 BTS 侧环回，A 和 B 均什么也听不到，由此可判断出问题发生在 BSS 侧。接着进行 DSP 语音通道环回，无论从 A 接口还是 ABIS 接口，B 均能听到自己的回音，A 什么也听不到，由此可知 TC 在语音处理上也没有问题。对该双不通进行同基站下跨小区切换，双不通依旧，再进行跨基站切换，仍然是双不通，再切回原小区，还是双不通，由此可判断 BTS 没有问题。

4. 接着拨测，又先后出现 3 次双不通，进行跨小区、跨基站切换，双不通依旧，保存“单用户呼叫资源查询”结果。

5. 对四次双不通进行比较分析，发现出现四次双不通时，皆为同一块 GEIUT 板同一端口 17，而关于 GDPUC 没有明显规律，怀疑是该 GEIUT 板 17 链路故障，查询该 GEIUT 接口板端口状态，均一切正常，查询 ATER 连接通道，发现该 GEIUT17 端口对应 BM 模块 1 框的 GEIUT1 号端口，而该端口 E1 故障，故初步定位为是该问题所致双不通。

6. 对出现双不通的 TC 框 GEIUT 单板进行用户资源绑定再进行拨测，双不通概率为百分之百，从而证实了上述判断。

7. 在 DDF 架上对 ATER 口进行环回，最后定位出问题是 BM 框 GEIUT 板 1 号端口内部故障。更换故障 GEIUT 单板后再次进行拨测，无双不通现象，后又进行了大量拨测，再无双不通出现，至此问题解决。

总结和建议

该案例从最后结果来看，故障原因似是很简单，但对问题的诊断处理却花费了大量时间，主要原因是双不通问题涉及面广，故障原因众多，但一般思路还是先从数据配置着手，再对基站硬件进行检查，最后通过大量拨测将问题定位至具体链路、载频、信道或时隙上，再对其进行分析。总之，进行大量拨测收集足够信息是最重要的，故建议故障处理人员拨测时要不厌其烦，要有技巧，要善于对拨测数据进行分析，从而找出问题所在。

案例 35　传输网络调整导致 BSC 大量上报站点时钟参考源异常告警

故障现象

某铁路局已开通线路无线部分采用华为 BSC6000GSM-R 无线系统，某日突然大量上报站点时钟参考源告警，涉及站点占了整个 BSC6000 的 40%左右。

组网介绍

组网如图 4-37 所示。

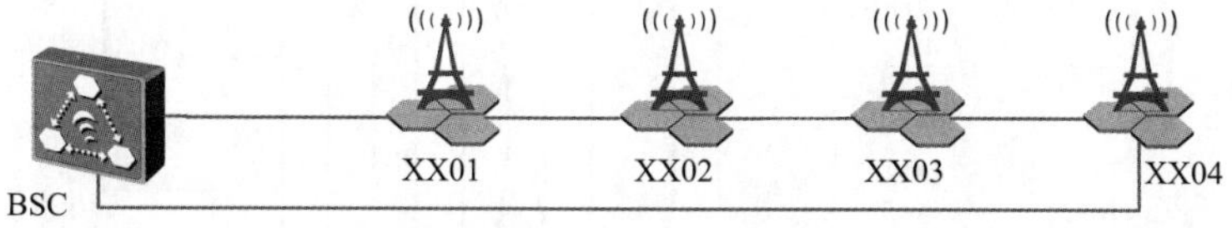

图　4-37

原因分析

1. BSC6000 的时钟数据或基站数据被修改；
2. 传输故障引起。

故障定位处理过程

1. 检查 BSC 时钟正常，基站时钟参数设置正常；
2. 检查 ABIS 口传输端口正常；
3. 检查单板(TMU)版本有无异常回退，现场检查版本运行正常；
4. 通过询问网管人员发现，前一天晚上天窗点进行了传输割接操作，检查发生告警站点的传输组网情况，发现基本都在一个传输环内，因此判断此告警跟传输的割接有关；
5. 联系传输工程师检查传输数据，发现传输侧时钟数据配置错误，修改传输数据后，在 BSC 网管设置告警基站重新跟踪 BSC 时钟，时钟参考源告警消失。基站观察一段时间后，告警没有再次产生。

总结和建议

无。

案例 36　BTS3012 设备 E1 端口告警

故障现象

某铁路局新建 GSM-R 项目单个基站 E1 端口故障，查看传输状态正常。DCTB 背板结构如图 4-38 所示。

组网介绍

无。

原因分析

1. 基站传输线或接头故障；
2. 基站 2 M 接口板 DELC 单板故障；

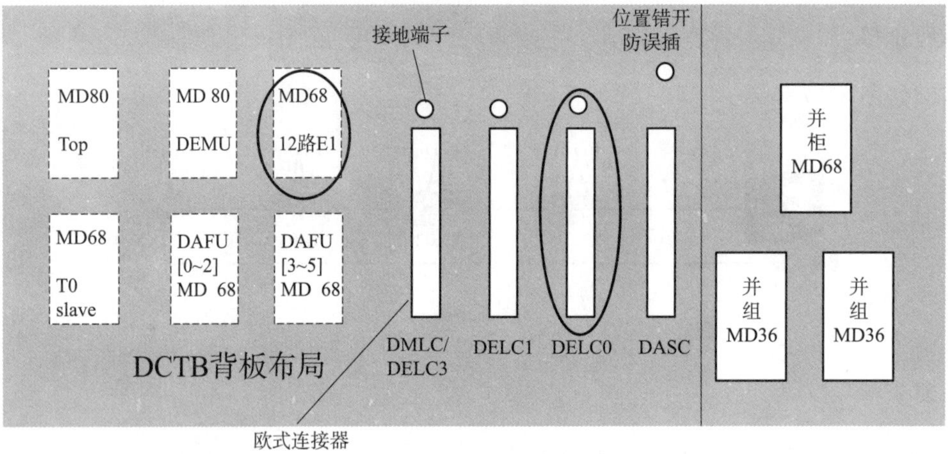

图 4-38

3. 基站其他硬件故障。

故障定位处理过程

1. 现场在 DDF 架上对基站进行自环，查看 DTMU 面板 LIU1、LIU2、SWT 指示灯状态，在 SWT 灯灭状态下，LIU1 指示灯亮，LIU2 指示灯灭，也就是基站的第一对 E1 处于不通状态，第二对 E1 处于通状态；

2. 初步判断为基站顶部到 DDF 架的 E1 线单个纤芯故障导致第一对 E1 故障，协调 E1 线并进行更换，告警未恢复；

3. 现场使用万用表对连接 E1 线缆的 DELC 单板插针进行测量，发现第一对 E1 的插针电阻是无穷大，也就是机顶到主控板 DTMU 不通，排除 E1 线缆故障；

4. 把 DELC 单板从 0 槽位挪到 1 槽位，再次测量电阻，均正常；

5. 拨打公司热线确认，信号流走向 DELC—DCTB—DCTBMD68E1—DCCUTran—DCMB—DTMU，因现场只有第一对 E1 故障，怀疑故障是由 DCTB 背板引起；

6. 协调 DCTB 单板现场更换，告警恢复。

总结和建议

现场基站自环如果 E1 存在告警，建议使用万用表在基站顶部 DELC 单板上进行电阻测试，不要急于判断为 E1 线缆故障。

案例 37　高铁 C3 线路外网互调干扰

故障现象

某铁路局高铁线路采用 C3 列控系统，某区段多次出现质差导致 C3 降级，但现场测试未发现干扰源。

组网介绍

无。

原因分析

1. 基站存在硬件故障；
2. 问题区段存在较强的外部干扰；
3. 天馈系统的非线性问题导致存在互调干扰问题。

故障定位处理过程

1. 通过网管告警和M2000话务统计分析，问题区段基站无显性告警，排查分析无隐性故障；
2. 通过分析问题区段频率规划分析，问题区段不存在网内同邻频干扰；
3. 组织人员现场测试，发现干扰区段附件存在移动专网基站，现场测试情况如图4-39～图4-41所示。

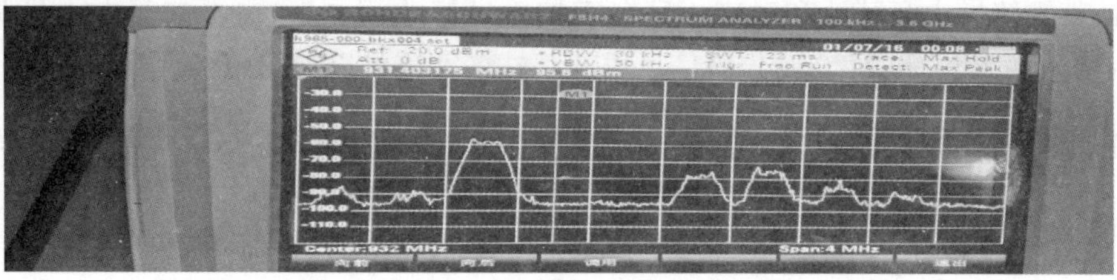

频谱仪关预测试情况（范围930～934 MHz）

图　4-39

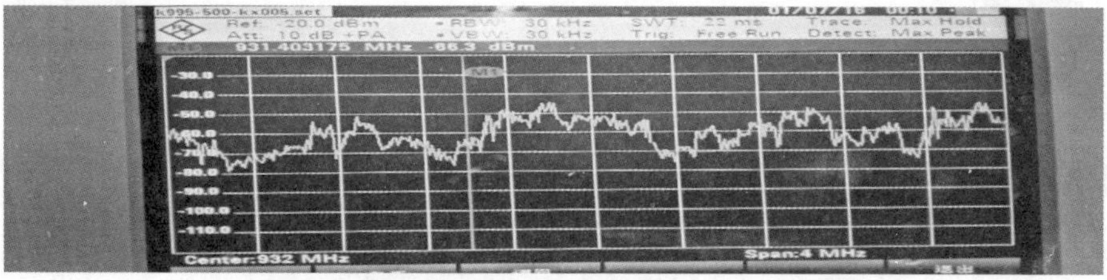

频谱仪开预放测试情况（范围930～934 MHz）

图　4-40

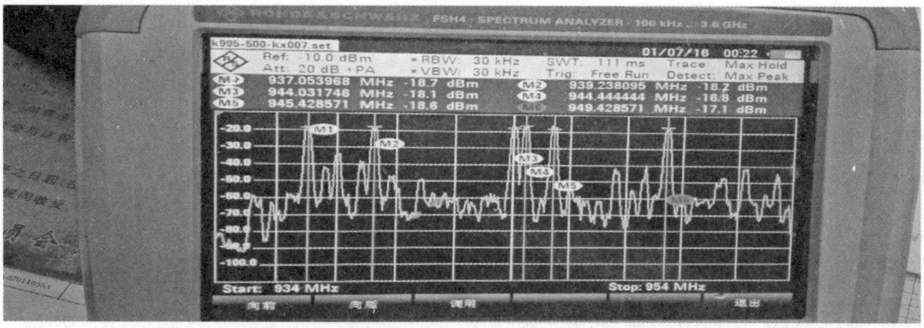

移动频段测试情况（范围934～954 MHz）

图　4-41

4. 干扰区段测试，当频谱仪未开启预放功能时，底噪均控制在－100 dBm 左右，可以判断空间无实际干扰信号存在，GSM-R 网无问题；

5. 当频谱仪开启预放功能后下行频段存在全频段抬升现象，通过对移动频段测试数据发现移动高铁专网 RU 设备信号强度高达－19 dBm，若终端 MT 设备非线性会引起终端设备内部互调，产生干扰，引起通信质量降低；

6. 通知移动降低移动专网的基站功率后该区段质差问题明显改善，无 C3 降级情况。

总结和建议

现场使用频谱仪进行干扰测试时，可以在开启预放功能进行测试，更高效地发现问题。

案例 38　修改基站名后 BSC 告警信息站名未同步处理

故障现象

某日，某铁路局 4 套基站和对应小区名字按设计修改而更新，更新前其中 1 号基站存在 2M 告警，修改后 BSC 和 M2000 告警信息里的基站名字还是以前的站名。

组网介绍

基站环网组网，1 号到 4 号站点组成环网，如图 4-42 所示。

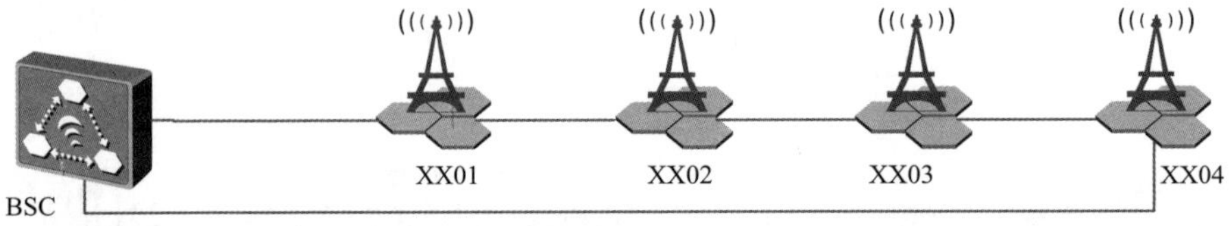

图 4-42

原因分析

1. 数据未生效；
2. 前后台数据不一致；
3. 告警信息的产生是读取发生时的数据信息。

故障定位处理过程

1. 刷新 BSC 导航树信息，发现基站名已经更新；
2. BSC 上用 MML 命令查询基站和小区信息，显示结果为名字已修改；
3. 查询 BSC 告警信息，告警源和告警定位信息里的基站名未更新；
4. 在 M2000 同步网元配置数据，网元拓扑显示基站名已经修改；
5. 在 M2000 同步监控，同步告警信息，查询告警信息，告警信息里的告警源显示基站名称已经更新，但告警定位信息里基站名未更新；
6. 执行数据一致性检查，结果显示数据一致：

(1)数据修改已经生效。BSC 告警产生的所有信息上报是告警当时的信息。如果基站名修改后，期间告警未重新上报那么告警信息不会更新；

(2)M2000 告警信息，其中告警源的网元信息，M2000 会同步拓扑网元；但告警定位信息是 BSC 上报给 M2000，所以跟随 BSC 信息状态。

总结和建议

基站出现 2M 传输类告警概率比较大，日常维护中经常出现。基站和小区名修改的操作很少发生，在修改前要关注告警信息和设备运行状态。对于客户询问修改后的各种信息，要及时分析说明。

案例 39　电源空开引起 BBU 状态不正常处理

故障现象

某铁路局新建线路采用 BTS3900 双 BBU 基站，在某机房安装有 3 套基站，设备已开通。三方测试基站天馈和功率的时候，后台网管发现测试过程中 1 号基站的 BBU1 处于中断，BBU 频繁复位。

组网介绍

基站环网组网，如图 4-43 所示，该故障站点处于基站环的中间位置。

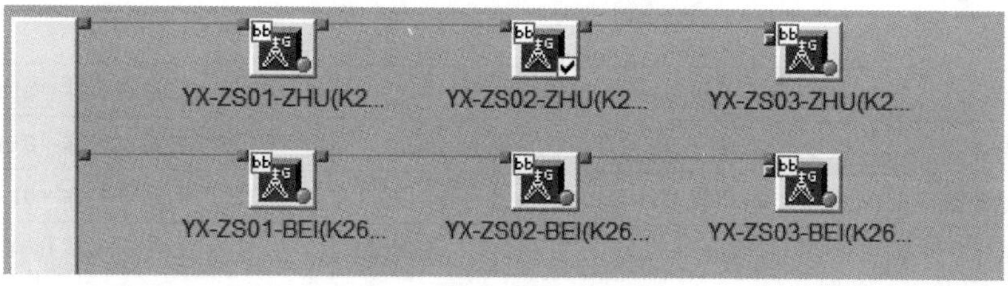

图　4-43

原因分析

1. 2M 传输问题，基站到 DDF 架之间 E1 问题或者是传输设备故障；
2. 基站软件版本加载不成功故障；
3. 数据配置问题；
4. BBU 或者主控板故障；
5. 其他问题。

故障定位处理过程

1. 在 DDF 架分别向基站和传输侧进行环回，基站侧通过现场在 BBU 的主控板 LIU 指示灯观察环回状态，显示正常，DDF 架到基站的 2 M 没有问题，传输侧在传输网管观察端口状态和告警状态，现场环回和网管观察到的情况符合，设备无异常告警；

2. 检查和回顾设备软件加载过程，BBU1 中断前已经成功加载软件版本；

3. BSC 网管检查配置数据，核对无误；

4. 现场重启基站，BBU1 中断，BBU2 正常，推断可能是 BBU1 或者主控板问题；

5. 现场对调 BBU1 和 2 号基站的 BBU1，更换后 1 号、2 号基站的双 BBU 正常。在随后的功率测试过程中，由于机房的双路电源切换，1 号基站电源柜空开跳闸。现场检查电源空开发现，该 3 个站点 1 号和 3 号站空开为 6 A，2 号站为 16 A，根据该站设备功耗计算，需要更换电源空开，现场更换为 32 A 空开后，设备运行正常。

总结和建议

在新建线路硬件安装前，先进行示范站安装，对安装规范、技术，包括电源空开等的说明和要求要明确。在安装时要求督导进行检查，对施工队的执行要跟踪，在加电前要认真自检。该站在安装过程中由于特殊原因没有按照规范和要求进行电源空开的更换和使用，导致了基站 BBU 无法正常开工。

案例 40　传输数据错误加载导致基站 2 M 告警处理

故障现象

某日，某铁路局 BSC 网管上 1 号基站产生 2 M 告警。告警见表 4-1。

表 4-1

告警名称	定位信息	告警来源
AIS 告警	站点号=32，单板 ID=DTMU，支路号=0，站点类型=BTS3012，站点名称=01 站	01 站
E1/T1 远端告警	站点号=32，单板 ID=DTMU，支路号=0，站点类型=BTS3012，站点名称=01 站	01 站
E1/T1 本地告警	站点号=32，单板 ID=DTMU，支路号=0，站点类型=BTS3012，站点名称=01 站	01 站
E1/T1 告警指示信号告警	插框号=0，槽位号=24，E1/T1 端口号=8，BTS 名称=01 站&02 站&03 站&04 站	BSC

组网介绍

基站环网组网，如图 4-44 所示，该故障站点处于基站环首位置。

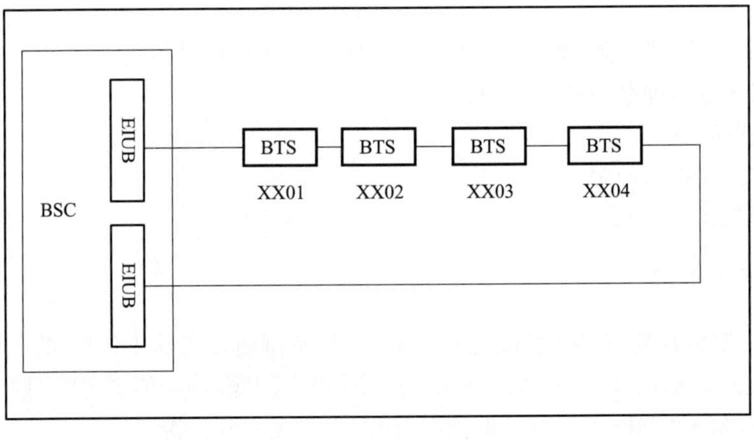

图　4-44

原因分析

1. BSC 到基站间传输线路故障；
2. 基站端 2 M 线或头子故障；
3. 传输数据问题；
4. 基站的主控板故障；
5. 其他原因。

故障定位处理过程

1. 由于 BSC 到基站间的传输路径很长，中间传输设备很多，第一步是判断通过传输打软环来判断故障点。传输网管侧在 BSC 侧传输设备软环，BSC 侧 2 M 端口可用，说明 BSC 近端 2 M 正常；

2. 传输网管侧在基站侧传输设备的相应端口软环，BSC 侧显示端口不可用，说明 BSC 到基站间某处确实不通；

3. 由于传输网管侧技术原因，无法实现在整个传输路径中间节点做软环操作，中兴传输厂家工程师赶到网管核查数据，发现由于传输多个网管终端和多个维护地点的人员交叉操作，导致部分数据未下发，而未下发数据的端口后来被占用，原数据未生效，传输工程师重新下发数据后，告警恢复；

4. 重新在 BSC 侧和基站侧传输设备端口分别进行向 BSC 侧和基站侧的环回操作，告警出现和传输环回时的状态一致，确认 2 M 传输确实恢复正常。

总结和建议

基站的 2 M 传输告警是经常出现的主要告警，针对路径较长的情况，通常是传输网管侧逐段环回，判断故障点，该案例的原始目的是通过逐段环回定位故障点，在处理的过程中发现了传输数据问题，最终重新验证得以解决和确认。

案例 41 GSM-R 网络传输连接错误导致掉话问题分析

故障现象

某项目无线设备采用华为 BTS3012 基站、BSC6000 组网，如图 4-45 所示，项目验收测试过程中，测试轨道车占用×××小区信号行驶至 CSQ-SBS01 附近时出现 1 次掉话败。

测试轨道车从×××向 CSQ-SBS01 行驶过程中占用×××通话电平下降为－90 dBm，质量为 7 级时没有及时切换导致掉话，掉话后重选至 CSQ-SBS03 小区重新起呼，而该区域属 CSQ-SBS01 小区覆盖范围，正常情况下掉话后应该重选至 CSQ-SBS01 小区起呼。

组网介绍

无。

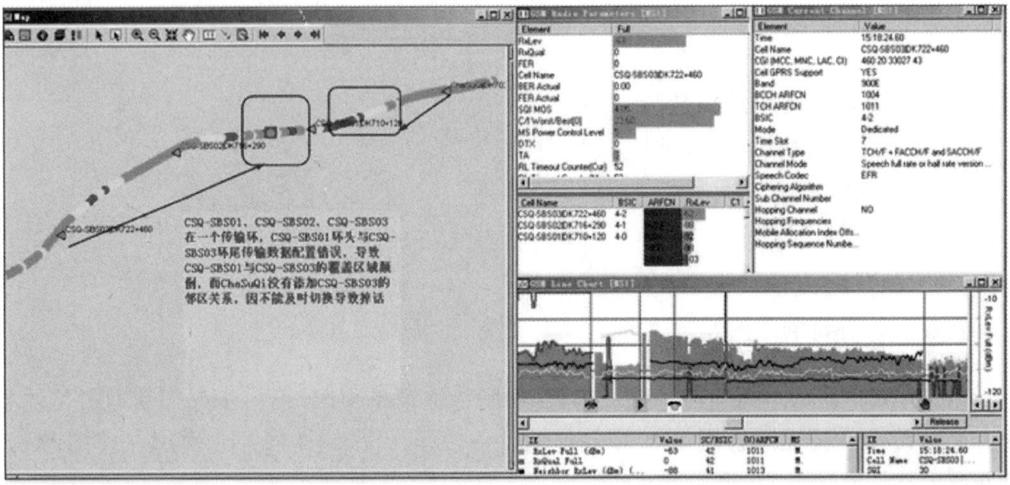

图 4-45

原因分析

1. 小区邻区数据有误；
2. 基站硬件故障；
3. 基站 2 M 传输连接有误。

故障定位处理过程

1. 后台网管检查基站运行状态和告警，检查结果基站运行正常，无告警；
2. 检查邻区数据，配置正确且没有遗漏；
3. 到机房检查传输连线发现环首基站 CSQ-SBS01 与环尾基站 CSQ-SBS03 的传输交叉，导致在环首基站 CSQ-SBS01 下收到环尾基站 CSQSBS03 的信号，问题原因找到，现场将环首、环尾传输数据重新对调后现场测试切换正常，问题解决。

总结和建议

在新基站开通时进行拨打测试，没有确认是否为测试基站的信号，能够打通电话就确认没有问题，导致在第一环节没有发现问题。在优化测试过程中额外增加了工作量，需要在后续的开站测试过程中引起重视，严格按照每一个基站的小区数据进行测试确认，发现问题，及时排查。

案例 42　BSC 与 N 厂家 MSC 对接时手机打通无话音处理

故障现象

某铁路局新开 BSC 与局方运行的 N 厂家 MSC 对接 A 口中继，拨打测试的时候虽然手机可以接续，但是出现双不通情况（能够正常振铃和送回铃音，接起后主被叫都听不到任何声音）。

组网介绍

组网如图 4-46 所示。

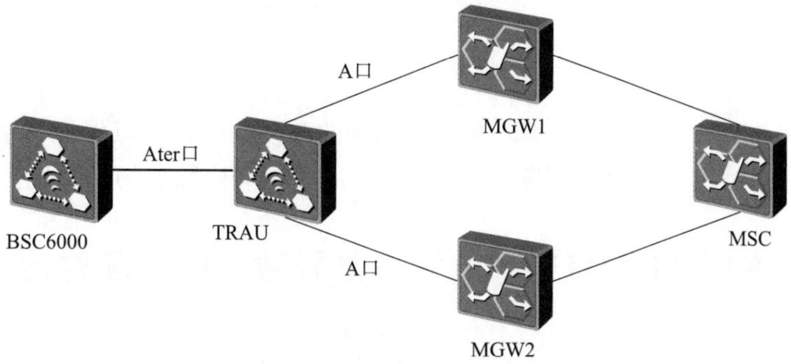

图　4-46

原因分析

1. A 接口电路时隙“是否可用”造成单通；
2. A 接口电路 CIC 对应错误；
3. A 接口电缆接成鸳鸯线；
4. 网板时隙故障；
5. TRX 信道故障。

故障定位处理过程

1. 在硬件安装中对于信号线(光纤和中继电缆)进行了完全地检测，每条电路都经过测试，排除鸳鸯线等接线错误。

2. 跟踪信令，信令流程完全正常，话路也已接续，说明 TRX 信道故障排除。

3. 查看 A 口中继的话路状态为空闲，也都正常，说明 A 接口电路时隙可用。

4. 根据以往与 N 厂家 MSC 对接经验，设备数据中 CIC 号中要去除同步时隙号，在设备的调测数据中 CIC 编码为每个 E1 只编 31 个 CIC 号码，从 TS1 开始编码编为 0～30，下一个 E1 也是从 TS1 开始编码，编为 31～61，认真检查 MSC 数据，MSC 的 CIC 的确没有对同步进行编码，与 BSC 侧核查 CIC 也未找到问题。

5. 信令的流程和话路的流程区别在于信令的流程寻址不需要用到 CIC，而话路的流程寻址需要 CIC 编码。

6. 经过以上分析和处理，考虑到通话双方均不能听到对方声音，怀疑是由于 CIC 对接错误造成的。这是否与 CIC 的编码方式有关，所以对话路的接续过程进行分析。MSC 与 BSC 之间的话路均由 MSC 进行指配，即在 MSC 占上某个时隙后，发消息给 BSC，让 BSC 也占用相同的时隙。从问题的现象看，可能 BSC 在占用时隙时出现错误。MSC 和 BSC 是靠 CIC 识别电路的，所以相同中继线两端的电路对应的 CIC 也必须一致。MSC 侧检查 CIC 编码，注意到 MSC 的 TS0 虽然没有编 CIC 号，但是相应的 CIC 号是空出来的，BSC 侧也应按相同方式进行调整，即对同步时隙和信令时隙都进行 CIC 编码，但是在电路时隙设置成为“不可用”。

7. 修改中继电路表中的 CIC 编号和电路可用与否，修改 CIC 模块表中相应的 CIC 范围。即每个 E1 的 CIC 编码从 TS0 开始编码，编为 0～31，下一个 E1 也是从 TS0 开始编码，编为 32～63。核实数据后转换加载，再次拨打测试系统正常，双不通现象消失。

总结和建议

由于 A 接口电路一般比较多，所以在硬件调测的时候就应该重点保证 A 接口电路在物理和数据上都能一一对应。在数据配置上注重保证与上级 MSC 数据的一致性。

案例 43 DTMU 单板异常导致小区反复重启

故障现象

某铁路局某线基站上报小区退服告警，同时传输侧上报基站传输中断告警。告警上报一段时间后自动消除，传输侧也恢复正常。但是经过一段时间基站复位重启，再次上报小区退服，传输侧上报传输中断，然后自动恢复。如此反复多次，影响业务。设备面板如图 4-47 所示。

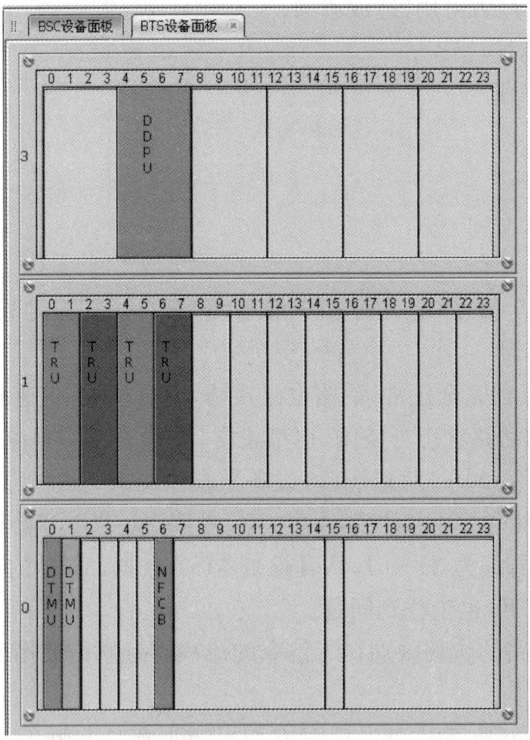

图 4-47

组网介绍

无。

原因分析

1. 传输链路故障；
2. 基站传输相关单板故障；
3. 基站主控板故障；
4. 基站主控板倒换异常。

故障定位处理过程

1. 检查基站和传输的告警上报时间，排除传输故障原因；

2. 核查基站告警发现，在每次小区退服告警上报时，还会有小区复位告警、小区 DTMU 单板倒换告警，判断为 DTMU 单板倒换导致小区复位、退服；

3. 核查在 DTMU 单板倒换记录发现，没有成功倒换，主用单板在基站复位重启后还是主用；

4. 因此确认为主用 DTMU 单板出现异常触发倒换，但是没有倒换成功，导致基站反复复位、退服；

5. 在基站复位重启后的正常时间，对基站进行 4 级复位并手动倒换 DTMU 单板，基站恢复正常。

总结和建议

华为 BTS3012 型无线基站配置主备用 DTMU 单板是为了当主用 DTMU 单板出现异常时能够实现自动倒换，尽快恢复基站业务缩短影响时间。但是在某些时候也会出现倒换异常，详细原因尚不清楚。因此在出现基站反复复位情况时，应及时进行人工倒换操作恢复业务。再对异常单板进行更换。

案例 44　边缘频点导致载频上报无线链路提示告警

故障现象

某铁路局某线基站频繁上报无线链路提示告警支路号为 1(字段意思就是信道激活后异常释放比例超过告警门限触发告警)，影响正常使用。

组网介绍

无。

原因分析

1. 基站单板故障导致异常释放比例高；
2. 小区采用直放站+漏缆进行覆盖，直放站设备存在隐性故障；
3. 小区覆盖范围内存在网内外干扰，影响无线链路质量导致异常释放；
4. 小区参数配置不合理；

5. 其他问题。

故障定位处理过程

1. 通过小区 KPI 指标统计发现在告警上报时段，该小区掉话次数为 0，没有出现异常释放情况；

2. 明确告警机制是信道激活后异常释放的比例超过告警门限上报告警；

3. 统计小区信道激活、占用、释放相关统计指标，发现 TCH 载频在告警时段出现大量信道激活但没有成功占用的情况；

4. 核查小区参数发现该载频配置的频点为 1019，是铁路系统中的边缘频点；

5. 前期已经发现该线路部分机车终端不支持 1000、1019 这些边缘频点，所以虽然基站激活分配但是不能成功占用；

6. 重新规划频率使用，调整边缘频点为其他非边缘频点问题解决。

总结和建议

在维护线路设备告警时，除了考虑无线相关原因外，也应该结合其他多方面原因综合排查原因（如终端问题、公网基站问题、直放站问题等）。

案例 45　多经干扰影响业务质量

故障现象

某铁路局某线在铁路总公司巡检测试过程中发现在某隧道中总是出现严重质差问题，长期影响正常的行车。

组网介绍

组网如图 4-48 所示。

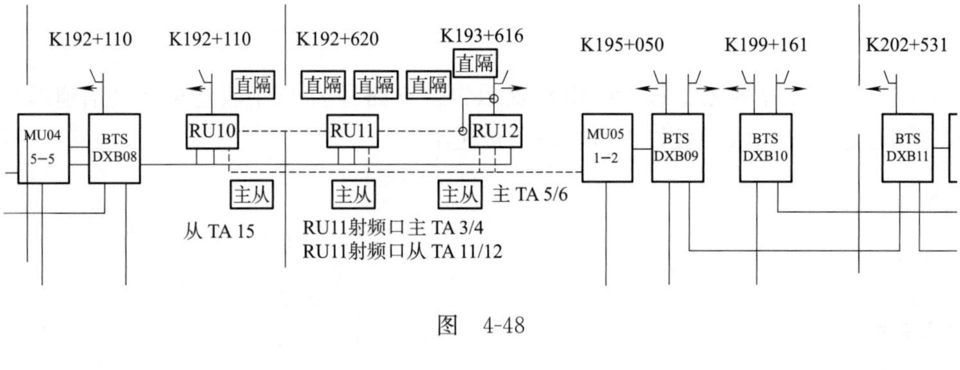

图　4-48

原因分析

1. 区域范围内存在网内频率干扰；

2. 直放站设备存在故障；

3. 服务小区以及相邻小区的参数设置不合理；
4. 其他问题。

故障定位处理过程

1. 由于质差区段为隧道内，基本可以排除网外干扰；
2. 协调直放站厂家分析直放站设备，结果是直放站无异常；
3. 核查小区参数及频点，没有发现异常；
4. 直放站设备采用主从双信号设备，在质差区段根据测试数据分析可以发现存在相邻 2 个小区的信号，而且电平相差在 10 dB 左右，通过锁频分别测试到主信号 TA＝3、4，从信号 TA＝11、12，TA 存在较大差异；
5. 根据相关标准国内终端接收机对于 TA 在 4 以内同一信号可以通过算法进行区分识别并获得多经的增益，但是对于 TA 大于 4 的相同信号则不能识别，从而造成同频干扰的事实；
6. 最终通过降低从信号强度，使同频载干比达到 12 dB 以上，降低干扰影响。

总结和建议

由于现在直放站都是主从信号模式，如果主从信号 TA 相差较大而电平强度相差不大的情况下很容易是参数由于时延色散产生的同频干扰，影响业务质量。

案例 46　BSC6000 已配置未连接 E1 线导致单板倒换

故障现象

BSC6000 单板频繁发生倒换，通过 LMT 查询发现设备发生以下告警：
告警 1：21211 单板倒换事件告警；
告警 2：20081E1/T1 信号丢失告警(LOS)。

组网介绍

无。

原因分析

1. BSC6000 单板故障；
2. BSC6000 单板软件异常；
3. 单板未连接线缆，触发倒换。

故障定位处理过程

1. 将倒换单板与其他好的单板互换，现象依旧，排除单板异常；
2. 检查单板软件版本，正常，与其他正常单板版本一样，排除版本问题；
3. 经过咨询确认，E1 接口板物理上没有连线，但是配置了数据，会导致设备检测到该端口故障，上报 20081 告警，该告警对于主备模式配置的接口板，系统会尝试进行倒换，于是上报 21211 单板倒换事件告警，而且通常此倒换 5～6 min 会循环倒换；

4. 删除没连接 E1 线的端口配置，倒换现象消失，告警消除。

总结和建议

单板端口有物理连线后再配置，然后将 E1 线在 DDF 架上环回。

案例 47　传输误码过大导致基站上报支路号 1 的无线链路提示告警

故障现象

某铁路局 GSM-R 网络，BTS3512 基站上报无线链路提示告警，支路号为 1，导致经过该基站列车 CSD 业务中断次数突增，影响行车业务。

组网介绍

无。

原因分析

无线链路提示告警支路号 1，信道异常释放，包含 SDCCH 异常释放和 TCH 异常释放。当上行或者下行链路出现故障时，体现在无线接口上将无法实现正确的双向交互，信激活后，该信道上将无法进行正常的 U_m接口上的通信，最终 BSC 将释放该信道，造成该问题的可能原因有：

1. 设备问题(TRX 单板故障)引起告警；
2. 空口无线环境存在上行或下行干扰导致信道异常释放；
3. 数据配置不当，SDCCH、TCH 异常释放引起无线链路告警；
4. Abis 接口传输误码大，导致 Lapd 信令丢失或延时导致信道异常释放。

故障定位处理过程

1. 现场更换载频单板，告警随之消除，但 2 天之后该告警再次上报；
2. 收集话统：随机接入性能测量、TCH 性能测量、小区频点扫描、接收电平性能测量、上下行平衡性能测量，指标均正常；
3. 检查 SDCCH 数据配置：小区接入最小接收电平、小区重选滞后参数、载频静态功率等级，参数正常；
4. 检查 TCH 数据配置：查看与指配相关数据是否配置，参数正常；
5. 查看告警，在同一 E1 端口有大量的 LAPD 拥塞告警；
6. 如图 4-49 所示，分析基站日志，有大量 I 帧被拒绝的 LAPD 消息；
7. 协调传输网管人员，现场对传输线路进行挂表测试，发现确实存在误码。更换传输单板后误码消失，该站点告警清除。

Alarm ID	Alarm Name	Type	Severity	ResType	SPU	INT	ode Nam	Start Time	Restore Time	
21511	LAPD Link Congestion	Fault Alarm	minor	ResTypeNorma				2011-01-17 18:1	2011-01-17 18:1	Subrack No.=1, Slot No.=3, Subsystem No.=3, Link No.=2992, Port No.=25, B
21511	LAPD Link Congestion	Fault Alarm	minor	ResTypeNorma				2011-01-17 18:1	2011-01-17 18:1	Subrack No.=1, Slot No.=3, Subsystem No.=3, Link No.=2996, Port No.=25, B
21511	LAPD Link Congestion	Fault Alarm	minor	ResTypeNorma				2011-01-17 18:1	2011-01-17 18:1	Subrack No.=1, Slot No.=3, Subsystem No.=3, Link No.=2988, Port No.=25, B
55037	SRAN Custom Environment Alarm4	Fault Alarm	critical	ResTypeNone				2011-01-17 18:1	2000-01-01 00:0	Cabinet No.=0, Subrack No.=40, Slot No.=0, Port No.=4, Board Type=EMU, S
21511	LAPD Link Congestion	Fault Alarm	minor	ResTypeNorma				2011-01-17 18:1	2011-01-17 18:1	Subrack No.=1, Slot No.=3, Subsystem No.=3, Link No.=2992, Port No.=25, B
21511	LAPD Link Congestion	Fault Alarm	minor	ResTypeNorma				2011-01-17 18:1	2011-01-17 18:1	Subrack No.=1, Slot No.=3, Subsystem No.=3, Link No.=2996, Port No.=25, B
21511	LAPD Link Congestion	Fault Alarm	minor	ResTypeNorma				2011-01-17 18:1	2011-01-17 18:1	Subrack No.=1, Slot No.=3, Subsystem No.=3, Link No.=2988, Port No.=25, B
21511	LAPD Link Congestion	Fault Alarm	minor	ResTypeNorma				2011-01-17 18:11	2011-01-17 18:1	Subrack No.=1, Slot No.=3, Subsystem No.=3, Link No.=2992, Port No.=25, B
21511	LAPD Link Congestion	Fault Alarm	minor	ResTypeNorma				2011-01-17 18:1	2011-01-17 18:1	Subrack No.=1, Slot No.=3, Subsystem No.=3, Link No.=2992, Port No.=25, B
21511	LAPD Link Congestion	Fault Alarm	minor	ResTypeNorma				2011-01-17 18:1	2011-01-17 18:1	Subrack No.=1, Slot No.=3, Subsystem No.=3, Link No.=2988, Port No.=25, B
21511	LAPD Link Congestion	Fault Alarm	minor	ResTypeNorma				2011-01-17 18:1	2011-01-17 18:1	Subrack No.=1, Slot No.=3, Subsystem No.=3, Link No.=2996, Port No.=25, B
21511	LAPD Link Congestion	Fault Alarm	minor	ResTypeNorma				2011-01-17 18:1	2011-01-17 18:1	Subrack No.=1, Slot No.=3, Subsystem No.=3, Link No.=2988, Port No.=25, B
21511	LAPD Link Congestion	Fault Alarm	minor	ResTypeNorma				2011-01-17 18:1	2011-01-17 18:1	Subrack No.=1, Slot No.=3, Subsystem No.=3, Link No.=2988, Port No.=25, B
21511	LAPD Link Congestion	Fault Alarm	minor	ResTypeNorma				2011-01-17 18:1	2011-01-17 18:1	Subrack No.=1, Slot No.=3, Subsystem No.=3, Link No.=2992, Port No.=25, B
21511	LAPD Link Congestion	Fault Alarm	minor	ResTypeNorma				2011-01-17 18:1	2011-01-17 18:1	Subrack No.=1, Slot No.=3, Subsystem No.=3, Link No.=2996, Port No.=25, B
21511	LAPD Link Congestion	Fault Alarm	minor	ResTypeNorma				2011-01-17 18:1	2011-01-17 18:1	Subrack No.=1, Slot No.=3, Subsystem No.=3, Link No.=2992, Port No.=25, B
21511	LAPD Link Congestion	Fault Alarm	minor	ResTypeNorma				2011-01-17 18:1	2011-01-17 18:1	Subrack No.=1, Slot No.=3, Subsystem No.=3, Link No.=2996, Port No.=25, B
21511	LAPD Link Congestion	Fault Alarm	minor	ResTypeNorma				2011-01-17 18:1	2011-01-17 18:1	Subrack No.=1, Slot No.=3, Subsystem No.=3, Link No.=2992, Port No.=25, B
21511	LAPD Link Congestion	Fault Alarm	minor	ResTypeNorma				2011-01-17 18:1	2011-01-17 18:1	Subrack No.=1, Slot No.=3, Subsystem No.=3, Link No.=2988, Port No.=25, B
21511	LAPD Link Congestion	Fault Alarm	minor	ResTypeNorma				2011-01-17 18:1	2011-01-17 18:1	Subrack No.=1, Slot No.=3, Subsystem No.=3, Link No.=2992, Port No.=25, B
4124	TRX Hardware Prompt Alarm	Fault Alarm	warning	ResTypeNorma				2011-01-17 18:1	2011-01-17 18:1	Site No.=109, Board Type=MRFU, Board No.=1, PassNo=1, SubLink No.=1, Cel
21511	LAPD Link Congestion	Fault Alarm	minor	ResTypeNorma				2011-01-17 18:1	2011-01-17 18:1	Subrack No.=1, Slot No.=3, Subsystem No.=3, Link No.=2996, Port No.=25, B
21511	LAPD Link Congestion	Fault Alarm	minor	ResTypeNorma				2011-01-17 18:1	2011-01-17 18:1	Subrack No.=1, Slot No.=3, Subsystem No.=3, Link No.=2992, Port No.=25, B
21511	LAPD Link Congestion	Fault Alarm	minor	ResTypeNorma				2011-01-17 18:1	2011-01-17 18:1	Subrack No.=1, Slot No.=3, Subsystem No.=3, Link No.=2992, Port No.=25, B
21511	LAPD Link Congestion	Fault Alarm	minor	ResTypeNorma				2011-01-17 18:1	2011-01-17 18:1	Subrack No.=1, Slot No.=3, Subsystem No.=3, Link No.=2996, Port No.=25, B
29000	Radio Link Failure	Fault Alarm	warning	ResTypeNone				2011-01-17 18:1	2000-01-01 00:0	Cabinet No.=0, Subrack No.=4, Slot No.=3, Carrier No.=13, Specific Problem=F
21511	LAPD Link Congestion	Fault Alarm	minor	ResTypeNorma				2011-01-17 18:1	2011-01-17 18:1	Subrack No.=1, Slot No.=3, Subsystem No.=3, Link No.=2992, Port No.=25, B
21511	LAPD Link Congestion	Fault Alarm	minor	ResTypeNorma				2011-01-17 18:1	2011-01-17 18:1	Subrack No.=1, Slot No.=3, Subsystem No.=3, Link No.=2996, Port No.=25, B
21511	LAPD Link Congestion	Fault Alarm	minor	ResTypeNorma				2011-01-17 18:1	2011-01-17 18:1	Subrack No.=1, Slot No.=3, Subsystem No.=3, Link No.=2988, Port No.=25, B
21511	LAPD Link Congestion	Fault Alarm	minor	ResTypeNorma				2011-01-17 18:1	2011-01-17 18:1	Subrack No.=1, Slot No.=3, Subsystem No.=3, Link No.=2992, Port No.=25, B
21511	LAPD Link Congestion	Fault Alarm	minor	ResTypeNorma				2011-01-17 18:1	2011-01-17 18:1	Subrack No.=1, Slot No.=3, Subsystem No.=3, Link No.=2992, Port No.=25, B
21511	LAPD Link Congestion	Fault Alarm	minor	ResTypeNorma				2011-01-17 18:1	2011-01-17 18:1	Subrack No.=1, Slot No.=3, Subsystem No.=3, Link No.=2996, Port No.=25, B
21511	LAPD Link Congestion	Fault Alarm	minor	ResTypeNorma				2011-01-17 18:1	2011-01-17 18:1	Subrack No.=1, Slot No.=3, Subsystem No.=3, Link No.=2992, Port No.=25, B
21511	LAPD Link Congestion	Fault Alarm	minor	ResTypeNorma				2011-01-17 18:1	2011-01-17 18:1	Subrack No.=1, Slot No.=3, Subsystem No.=3, Link No.=2988, Port No.=25, B
21511	LAPD Link Congestion	Fault Alarm	minor	ResTypeNorma				2011-01-17 18:2	2011-01-17 18:2	Subrack No.=1, Slot No.=3, Subsystem No.=3, Link No.=2992, Port No.=25, B
21511	LAPD Link Congestion	Fault Alarm	minor	ResTypeNorma				2011-01-17 18:2	2011-01-17 18:2	Subrack No.=1, Slot No.=3, Subsystem No.=3, Link No.=2988, Port No.=25, B

图　4-49

总结和建议

导致信道异常释放的原因有很多，一般有以下情况：

1. 设备问题(如 TRX 单板故障)引起告警，需要排查相关告警或更换载频单板；

2. 设备正常，干扰引起告警，需要排查干扰；

3. 设备正常，外界无干扰时，数据配置不当 SDCCH 异常释放引起无线链路告警，如小区接入相关数据配置不当导致的 SDCCH 异常释放；

4. 设备正常，外界无干扰时，数据配置不当 TCH 异常释放引起无线链路告警；

5. TCH 指配成功率低导致 TCH 异常释放；

6. 入小区切换成功率(包含 BSC 内入小区切换成功率低、BSC 间入小区切换成功率低)低导致 TCH 异常释放；

7. 切换数据配置不当以及广覆盖基站的 TA 值配置错误都可能引起入小区切换成功率低，从而导致 TCH 异常释放；

8. 传输部分 Abis 传输误码大，导致 Lapd 信令丢失或延时导致信道异常释放。

案例 48　载频 LAPD 链路中断问题处理

现象描述

某铁路线 C 基站下反馈电话无法起呼，查询告警发现基站近期无告警上报，客户更换载频后有“载频 LAPD 链路中断告警”。

组网介绍

基站环网组网，如图 4-50 所示，该故障站点处于基站环尾位置。

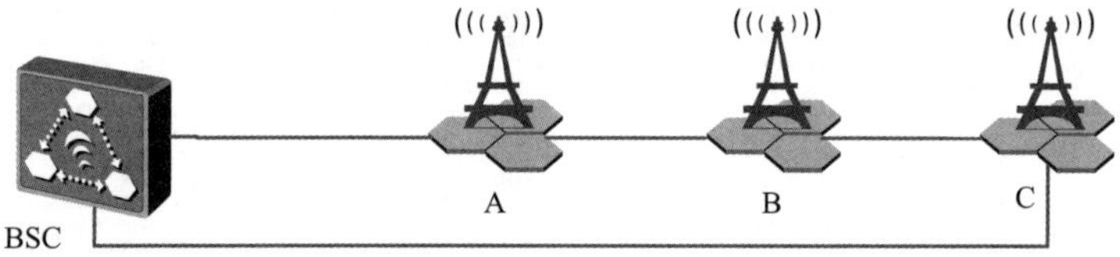

图 4-50

原因分析

1. 载频硬件故障；
2. 载频射频线连接错误；
3. 基站主控板故障；
4. 传输存在故障。

故障定位处理过程

1. 现场首先怀疑载频板故障，更换载频板后出现“载频 LAPD 链路中断告警”，复位、重启无法恢复，似乎问题越弄越大；

2. 检查载频射频连线，无连接错误问题；

3. 现场携带有 DTMU 板，更换后加载现网版本后故障依旧；

4. 现场工程师判断为传输相关问题，随后联合网管人员做以下操作：

(1)现场拔掉基站 0 号端口自环头，维护台显示为环尾中断，说明上、下行端口可能接反；

(2)现场拔掉基站 1 号端口自环头，维护台无任何告警，说明传输侧在该位置为自环；

(3)现场 0、1 号端口互换后，“载频 LAPD 链路中断告警”恢复，C 基站下可正常起呼；

(4)传输侧取消该位置的自环后，基站环可正常倒换，问题解决。

总结和建议

从以往维护经历中发现，GSM-R 项目上基站环经常环网不能倒换问题，绝大多数问题传输类故障。此类问题在工程阶段就应该进行倒环测试，源头上控制此类问题发生。

案例 49　某铁路局高铁车载台问题引起 C3 降级

故障现象

某铁路局高铁 C3 线路无线通信采用 GSM-R 系统，某日某车次发生 C3 降级，通过接口监测系统判断为通信原因。

组网介绍

无。

原因分析

1. C3 降级区段基站故障；

2. C3 降级区段存在干扰质差；

3. 其他原因(车载台或 RBC 问题)。

故障定位处理过程

1. 通过 BSC 维护台查看故障区段基站的当前告警和历史告警，未发现基站告警，通过 M2000 话务统计查看故障区段基站的话务量和干扰带情况未发现指标异常；

2. 查看该车次的 Abis 接口监测数据，如图 4-51、图 4-52 所示，发现 C3 降级区段存在上下行质差，但对比当天通过该区段的其他车次未发现该区段通信质差；

触发时间	MSISDN/IMSI	机车号	车次号	线路	小区	LAC	CI	公里标	当前速度(km/h)	ARFCN	MR序号	上行电平值	上行通信质量	下行电平值	下行通信质量	TA值	NBO
2016-05-10 12:12:34.9240	14984073456	30757471	G61	杭长	YW-TYXLS11	16655	38	K304+483	305	1001	86	-85	4	-61	4	1	-59
2016-05-10 12:12:35.3990	14984073456	30757471	G61	杭长	YW-TYXLS11	16655	38	K304+483	305	1001	87	-84	4	-59	4	1	-56
2016-05-10 12:12:35.8740	14984073456	30757471	G61	杭长	YW-TYXLS11	16655	38	K304+483	305	1001	88	-86	4	-64	4	1	-59
2016-05-10 12:12:36.3510	14984073456	30757471	G61	杭长	YW-TYXLS11	16655	38	K304+483	305	1001	89	-88	5	-64	4	1	-60
2016-05-10 12:12:36.8250	14984073456	30757471	G61	杭长	YW-TYXLS11	16655	38	K304+483	305	1001	90	-88	5	-64	4	1	-62
2016-05-10 12:12:37.3520	14984073456	30757471	G61	杭长	YW-TYXLS11	16655	38	K304+483	305	1001	91	-86	6				
2016-05-10 12:12:37.8060	14984073456	30757471	G61	杭长	YW-TYXLS11	16655	38	K304+483	305	1001	92	-88	6	-65	4	1	-61
2016-05-10 12:12:38.2820	14984073456	30757471	G61	杭长	YW-TYXLS11	16655	38	K304+985	305	1001	93	-89	6	-66	4	1	-59
2016-05-10 12:12:38.8100	14984073456	30757471	G61	杭长	YW-TYXLS11	16655	38	K304+985	305	1001	94	-89	6				
2016-05-10 12:12:39.2840	14984073456	30757471	G61	杭长	YW-TYXLS11	16655	38	K304+985	305	1001	95	-90	6				
2016-05-10 12:12:39.7070	14984073456	30757471	G61	杭长	YW-TYXLS11	16655	38	K304+985	305	1001	96	-92	7	-68	4	1	-58
2016-05-10 12:12:40.1820	14984073456	30757471	G61	杭长	YW-TYXLS11	16655	38	K304+985	305	1001	97	-90	6	-67	4	1	-60
2016-05-10 12:12:40.6570	14984073456	30757471	G61	杭长	YW-TYXLS11	16655	38	K304+985	305	1001	98	-90	6	-65	4	1	-56
2016-05-10 12:12:41.1650	14984073456	30757471	G61	杭长	YW-TYXLS11	16655	38	K304+985	305	1001	99	-90	6	-63	4	1	-53
2016-05-10 12:12:41.6910	14984073456	30757471	G61	杭长	YW-TYXLS11	16655	38	K304+985	305	1001	100	-88	5				
2016-05-10 12:12:42.1660	14984073456	30757471	G61	杭长	YW-TYXLS11	16655	38	K304+985	305	1001	101	-90	7				
2016-05-10 12:12:42.6410	14984073456	30757471	G61	杭长	YW-TYXLS11	16655	38	K304+985	305	1001	102	-89	6				
2016-05-10 12:12:43.1170	14984073456	30757471	G61	杭长	YW-TYXLS11	16655	38	K304+985	305	1001	103	-89	6				
2016-05-10 12:12:43.5930	14984073456	30757471	G61	杭长	YW-TYXLS11	16655	38	K304+985	305	1001	104	-94	7				

图　4-51　C3 降级区段 Abis 接口监测数据

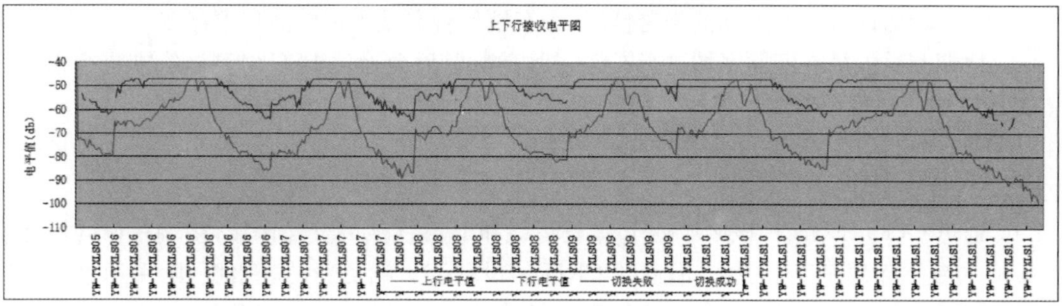

图　4-52　C3 降级车次上下行电平情况

3. 通过 Abis 接口监测数据发现该车次从发车直到发生降级，上下行电平相差 20 dB 左右(上行电平比下行电平高 20 dB，最高 27 dB)，判断造成 C3 降级的主要原因为该车次机车的车载通信设备存在问题；

4. 随后该列车在通过检修车载台后问题得到解决。

总结和建议

高铁线路的 C3 区段的 CSD 超时和降级问题，除了基站故障、干扰覆盖问题外，还有可能是 RBC 或车载台问题导致，需要从无线通信系统整体考虑，排查故障问题。

案例 50　跨 LAC 区域重选参数设置不合理导致出现呼叫失败问题

故障现象

某铁路局在季度巡检测试中，列车在 A 货运线路进行巡检测试，巡检车在行驶至 A 货运线和 B 客高铁专线交叉区域时，主叫终端出现连续呼叫失败现象。

组网结构

无。

原因分析

1. 呼叫失败区域存在严重的弱覆盖现象；
2. 呼叫失败区域频点存在严重的网内或网外干扰；
3. 基站设备硬件系统及天馈系统存在故障；
4. 车载台 CRH 存在故障；
5. 该基站参数设置不合理。

故障定位处理过程

1. 分析测试车采集的数据，发现主叫终端在该区域下行接收电平在－60 dBm 左右，接收质量良好，可判断不可能是由于下行的电平波动和质差问题造成；

2. 通过 M2000 网管提取该区域小区的感知类指标，发现未有上行干扰、质差及上下行不平衡问题存在，指标良好；

3. 提取覆盖区域基站近期的告警情况，未有硬件告警及天馈驻波现象存在；

4. 协调测试人员在问题区域进行 CQT 拨打测试，后台通过 BSC 对测试终端进行信令跟踪，发现呼叫失败现象依旧存在；

5. 通过分析信令发现，终端在呼叫完一次后，手机会进行位置更新现象，更新的具体字段为跨 LAC 位置更新；

6. 通过 GOOLE 查看，该区域处于 A 货运线和 B 高铁线的交叉区域，终端在该区域触发跨 LAC 位置更新属于正常现象，但参数 CRH 的设置会影响更新的频繁度，随后通过网管查看发现，原小区和目标小区 CRH 设置为 2，会非常容易导致触发跨 LAC 重选，根据现场的无线环境分析，将该参数 CRH 设置为 10，设置后复测正常。

总结和建议

随着铁路 GSM-R 无线系统在各条铁路线的广泛应用，线路的交叉随之越多，在后期的 GSM-R 交叉区域，尽量合理在空闲态和专用态设置参数。

第五篇　电　　源

案例1 稳压器输出高压引起UPS设备输出掉电

故障现象

一台 UH31-0200L UPS设备输出断电。

原因分析

1. UPS设备逻辑板故障；
2. 电池故障或旁路开关坏；
3. 市电问题。

故障定位及处理过程

1. 到达现场，UPS设备已正常开启。经了解，机房UPS设备输入1路市电稳压器输出高压，倒换到2路市电后UPS设备正常启动。UPS设备正常启动一段时间后，为确定是否是电池逆变故障，同时考虑到主要负载没有开启，断开市电以检测电池能否正常放电，确认正常后接通负载，同时查看UPS设备参数，UPS设备各项运行参数正常，确认整个系统恢复正常。同机房各UPS设备系统概况为：

(1)一台UH31单机运行，配置电池容量为65 Ah，负载率约为70%；

(2)两台UH31串联热备份运行，单机配置电池容量为54 Ah，负载率约为48%。

2. 根据现场了解的情况，1路市电稳压器产生高压，大约为450 V(据反映，万用表不太准确)，这样某相电压就有可能超过276 V。

3. 根据UH31 UPS设备的软件控制逻辑，当UPS设备检测到输入市电超限，即三相中任何一相电压超出276 V时，为保护设备自身的安全，UPS设备关闭内部整流器，转电池逆变供电，直至电池放空。在电池接近临界电压时，UPS设备进入自动关机倒计时状态，同时检测旁路电源是否满足条件，作切换旁路的准备，旁路电源的正常工作范围为120～253 V。当旁路电源满足要求时，UPS设备将切换到旁路，由旁路供电；当旁路电源超出此范围时，旁路保护，即封锁旁路静态开关，以保证负载设备的安全。

4. 此UPS设备单机主路输入和旁路输入为同一路市电，主路电压超限时旁路电压亦超限，所以旁路、逆变均封锁，UPS设备输出完全断电，造成负载掉电。

5. 整个过程可以作如下简述：市电过压超限，UPS设备整流器关闭，电池逆变供电直至电池放空关机，同时转旁路，由于旁路电压超限导致旁路封锁，最终旁路逆变均不供电，负载掉电。

6. 该台单机UH31所配的电池容量是65 Ah，根据其功率等级，可估算其设计的后备时间是1 h左右。电池已运行了两年，由于UPS设备电池很少放电或放电时间极短，长期处于浮充状态，而一旦转电池逆变时又是大电流放电，因此其寿命及容量均会有较大程度地下降，实际后备时间亦会减少。由于该系统单机运行，做电池放电试验风险较大，具体的后备时间较难确定。

7. 同机房的其他UPS设备是采用两机串联热备份工作方式，串联热备份的特点是：从机的输出接在主机的旁路上，在主机工作异常时可切换到旁路上，也就是切换到从机输出，其供电可靠性相对于单机有较大幅度的提高，且整个系统的电池后备时间可以理解为单机的两倍，因此在遇到类似市电异常导致电池放电的情况时，其输出断电的风险要小得多。

总结和建议

1. 经过现场调查和过程分析，本次故障应为偶发性的外因所致。由于前端输入市电稳压器故障，产生持续的高压导致 UPS 设备整流器保护，从而导致电池放空转旁路，旁路超限保护封锁，最终旁路、逆变均不供电，导致 UPS 设备输出掉电。

2. 为提高系统的可靠性，建议适当调整后备电池的配置及拟制有效的应急预案。

案例 2　UPS 设备并机系统“逆变限流”告警引起 UPS 设备中断输出

故障现象

Liebert 80 kVA UPS 设备 1+1 并机系统，市电转油机供电时出现“逆变限流”告警，UPS 设备中断输出。

原因分析

1. 逆变器故障；
2. 信号检测故障。

故障定位及处理过程

1. 经了解，该并机系统在一年前出现过供电中断（UPS 设备配置的蓄电池老化所致），将蓄电池组更换后，运行正常；此次因市电停电，UPS 设备的输入转油机供电，运行几分钟后又发生了 UPS 设备供电中断现象。

2. 到达现场，UPS 设备已切换到市电供电，且运行正常。调取运行记录进行分析，并对相应的板件进行检测，没有发现导致 UPS 设备输出中断的直接原因。

3. 对 UPS 设备进行全面测试分析：在 UPS 设备输入、输出端加装示波器，进行跟踪测试试验，将市电供电转油机供电，发现在低压主配电屏电源转换几分钟后，UPS 设备有输出中断现象（逆变器输出继电器没有动作，是逆变器自身关断十几秒后又自动恢复）。

4. 由以上测试得知，UPS 设备在转换时输出没有中断，几分钟后才出现中断，故障的定位应该在并机系统的信号干扰这一节点；由于 UPS 设备与许多设备（空调和高频开关电源）均在一个交流屏上，一起启动，冲击电流较大，市电或油机到 UPS 设备的输入电压在几分钟后均有 15 s 左右的电压下跌，电压大约为 120 V。

5. UPS 设备的辅助电源分别从主路输入、旁路输入、直流母线（电池组电压）处取电，电池正常时，停电后辅助电源由直流母线供电。由于输入电压在上电时异常波动，导致 UPS 设备的辅助电源工作异常，从而导致并机板工作不正常，两台 UPS 设备之间的并机板正常时有通信信号来进行同步和环流的控制，UPS 设备并机板的异常工作影响到另一台 UPS 设备的并机板的状态侦测，导致有“逆变限流”的误告警，致使逆变器保护，中断输出。

6. 经与用户沟通，建议从根本上对 UPS 设备的输入线路进行整改，与空调和高频开关电源等用电设备分屏配电，用户采纳了建议并对 UPS 设备的输入线路进行了整改，整改后，UPS

设备一直工作正常，在市电与油机切换供电的情况下，再未出现过供电中断现象。

总结和建议

无。

案例 3　UH31-0150L UPS 设备逆变单元引起“整流器故障”

故障现象

一台 UH31-0150L UPS 设备报“整流器故障”，设备转旁路运行。

原因分析

UH31-0150L UPS 设备报“整流器故障”，可能是整流和 PFC 升压部分出现了问题，与整流 M4 板、主功率板 M1、PFC 控制板、DSP 板及整流可控硅等器件有关。

故障定位及处理过程

1. 到达现场，设备运行在旁路。闭合维修旁路开关，负载转由维修旁路供电。按“开机”键，设备逆变运行正常，测量母线电压，380 V 正常；测量逆变输出，220 V 正常；电池开启逆变，输出也正常。

2. 关逆变，将维修旁路断开，此时系统由旁路供电；按“开机”键，系统转到逆变状态，设备立刻跳回旁路，并出现“整流器故障”告警。此时，故障现象已经明确，设备不带负载时，逆变输出正常；一旦带载，就报“整流器故障”，并转旁路运行。

3. 系统空载时，一切参数又正常，但不能带负载，从这个现象来看，应该是逆变部分出了问题。

4. 闭合维修旁路开关，负载此时由维修旁路供电。找来一个灯泡，将其一端连接在逆变输出静态开关后端，另一端连接在零线上，开启逆变，灯泡亮度很暗，测量逆变输出静态开关后端与零线间电压，只有 130 V 左右，而逆变输出静态开关前端与零线电压是 220 V 正常。由此，可以确定故障出在逆变板与逆变输出静态开关上。

5. 更换新的逆变板和逆变静态开关(注意对应好静态开关的驱动管脚)。

6. 更换完毕，设备加电，闭合旁路，关闭维修旁路，按“开机”键，系统转逆变正常，测试电池逆变，正常。设备恢复正常。

总结和建议

系统提示的设备故障只为维修指点方向，不能局限于此，应该综合考虑故障现象，分析故障原因，进行准确的定位从而顺利排除故障。

案例 4　UH31-0200L UPS 设备报“电池故障”

故障现象

接用户反馈，一台 UH31-0200L UPS 设备设备报“电池故障”，面板显示充电电压 1 为

DC 124 V，故障灯亮。

原因分析

设备报“电池故障”可能原因有多个，最直接的就是电池电压确实过低，或电池空开未接入，或充电器输出电压不正常，或电池电压检测电路故障，误报“电池故障”。

故障定位及处理过程

1. 测量电池接线端子电压，电压正常；
2. 断开电池组空开，测量两块充电板的输出电压，电压正常；
3. 测量每一组电池的电压，电压正常，电池无漏液现象；
4. 面板显示电池的充电电压 1 为 DC 124 V，而两块充电板工作正常，怀疑电池电压检测电路出现问题，电池检测电路在 M4 板上，其从充电板过来的信号通过 M1 板，接入到 M4 板上；
5. 更换 M4 板，重新开机，设备正常。

总结和建议

UH31 型 UPS 设备设备发生“电池故障”告警，应该从多个方面考虑，依次排除，整体原则是从易到难，从外到内。

案例 5　UH31-0150L UPS 设备报“电池故障”

故障现象

一台 UH31-0150L UPS 设备，出现故障灯亮，无告警音，显示屏显示“电池故障”。查看运行参数，充电电压 1 为 190 V(此电压值不固定)，充电电压 2 为 270 V，电池容量显示为零。

原因分析

1. 电池方面的问题；
2. 检测线路或功能板件故障。

故障定位及处理过程

1. 通过检测，电池电压基本正常，充电器输出电压正常。下电重新上电后，有时会报“电池故障”，有时则不会，这取决于面板显示充电电压 1。如果电压低于 200 V，则报“电池故障”，反之则不报故障。电池自检不执行，断开市电，转电池逆变，设备很快就下电，单独用电池开机，设备自检后下电。

2. 怀疑是检测的问题，或采样过程出现故障，更换 DSP 板以及 M1 板后，故障现象依旧。

3. 根据线路结构，两组电池接入 M4 板，分别经过电池保险后送到 M1 板进行检测。M1 板上 D854 的“＋”端对零电压为 180 V，D853 的“＋”端对零电压为 270 V，但是 M4 板电池保险端测量电池电压基本为 270 V，由于电池保险端子 J1328 是通过 M4 板的一个连接排线

JP1301，将电池电压送到 PFC 板(M1 板)的 D854，因此故障定位在电池保险端子 J1328 到 D853、D854 这一段范围内。直接用线将这一段进行短接后上电，设备正常，因此确定 M4 板故障。

4. 更换 M4 板后，UPS 设备开机运行正常。

总结和建议

在这个故障的处理过程中，以往的经验没有起到太大作用，查看换下的 M4 板，发现有一个焊点接触不良，这就是导致设备检测电池组 1 电压低，从而报“电池故障”的原因。

案例 6 单体蓄电池引起 UPS 设备输出瞬间中断

故障现象

市电中断转油机供电，UPS 设备切换不成功，自动转到旁路，输出瞬间中断。

原因分析

在 UPS 设备交流输入正常的情况下，可以提供交流电输出，说明 UPS 设备的逆变工作正常，而在交流输入中断期间，UPS 设备就没有交流输出，可能是蓄电池的问题。

故障定位及处理过程

1. 将蓄电池组与 UPS 设备断开；

2. 将一个 12 V 灯泡接到单体蓄电池的两极，同时在两极并接万用表，查看单体蓄电池在给负载供电时，单体电池电压变化情况；

3. 发现其中一个单体蓄电池在给负载(灯泡)供电时，电压从 12 V 降低到 3 V，且 12 V 灯泡变暗；

4. 更换这个单体蓄电池后，问题解决。

总结和建议

系统日常维护工作中，要定期对电池的充放电性能进行检测，确保在线电池能起到后备带载的作用。

案例 7 Hipulse 120 kVA UPS 设备系统报“母线电压高”

故障现象

UPS 设备充电电压 451 V，不稳定，UPS 设备报“母线电压高”告警。

原因分析

1. 查看故障告警后，对 UPS 设备进行检查，经分析判断可能是参数漂移所致；

2. UPS 设备整流部分故障。

故障定位及处理过程

1. 对 UPS 设备整流逻辑板上的 R21 进行调节，将母线电压调到 432 V，但没过多久电压又往上爬升，针对此现象分析，确认不是参数漂移，应该是 UPS 设备整流部分出现问题，即高压接口板与整流逻辑板出现故障；

2. 因为是 1+1 并机系统，可以将故障机退出，更换高压接口板与整流逻辑板，向用户汇报并征得同意后，将并机系统改为单机带载（单机负载 21%）；

3. 将 UPS 设备故障机隔离退出并机系统，改为单机带载；

4. 将故障机完全下电，由并机改为单机设置；

5. 更换好板件后，将 UPS 设备单机上电开机，检测运行参数正常；

6. 将维修好的单机 UPS 设备并入系统（连接 W12 排线及 X6 跳线按照并机设置），UPS 设备并机系统工作正常，对 UPS 设备的各参数进行检测，未发现异常。

总结和建议

对于 UPS 设备的故障处理，要对 UPS 设备故障现象及 UPS 设备故障前的情况了解清楚，这样才能对故障进行一个比较准确地定位，同时准备好充足的备品备件，也是保障设备安全的有效措施。

案例 8　UH31-0200L UPS 设备报“逆变器故障”

故障现象

UPS 设备报“逆变器故障”，工作在市电旁路状态下，按“开机”键开启逆变，UPS 设备内部打火。

原因分析

UPS 设备一开始报“逆变器故障”，可能是因为逆变功率器件故障，从而使逆变桥臂导通短路保护，当重新开启逆变时，由于母线短路，强大的短路电流直接流过逆变电感，使得逆变电感起火损坏。

故障定位及处理过程

1. 拆开 UPS 设备机盖，发现两个逆变电感安装板（UHK2L41M5）已经被烧得漆黑，电感护罩上散落着一些熔化的铜粒，测量逆变功率器件，发现有一个功率管损坏，初步判断故障点在此；

2. 更换两个逆变电感安装板和逆变功率管，同时对另外两个 PFC 电感安装板（UHK2L41M5）以及主功率板进行检查，确认没有问题后用电池启机，逆变正常开启；

3. 以为 UPS 设备故障排除，关逆变，断开电池开关，重新合上 UPS 设备上的市电空开，但空开立即打火跳闸，测量整流桥的功率器件，发现其中有一个晶闸管已经损坏；

4. 重新检查主功率板和逆变板，重点测量各个功率器件，发现负半周 PFC 上一个 IGBT

单管损坏，更换这个损坏的器件后，闭合市电开关，测量整流板输出为 590 V，正常；

5. 按“开机”键，几秒钟之后逆变开启，通过 LCD 查看输出为 220 V，用万用表测量 UPS 设备的输出端子电压，实际为 220.1 V，正常；系统恢复正常。

总结和建议

设备发生故障时，在没有找到根本原因或故障没有真正排除前，不要盲目地对设备进行操作，以免扩大故障范围。

案例 9 PS48600-3/2900 系统报“输出电压异常”

故障现象

一基站使用的 PS48600-3/2900 电源系统，报“输出电压异常”告警，高频开关电源启动后会导致前级总负载开关跳闸。

原因分析

1. 整流模块故障；
2. M500F 监控模块故障；
3. 市电配电零地电压异常。

故障定位及处理过程

1. 经了解，该基站的市电是从邻村配电房中一个 160 A 三相空开引来的，空开的前级总输入端有漏电保护装置，漏电动作电流已调到 500 mA；

2. 取消漏电保护装置，开关电源工作正常，监控模块显示系统运行参数也正常，但系统一直有“输出电压异常”告警；

3. 更换 M500F 监控模块，故障依旧；

4. 用万用表测量开关电源输入端的三相交流电压均正常，检查 C 级防雷器也正常；

5. 用万用表测量零地电压时，发现测量值超过 220 V，初步判断是零线有问题，检查后没有发现异常情况；

6. 在交流配电箱内，用万用表测量相电压、线电压以及各相对地的电压时，发现 B 相对地电压接近 0 V，其他两相电压正常；

7. 经过仔细排查终于找到故障点：B 相配电电缆绝缘破损，接触交流配电箱箱体，更换电缆后故障消除，恢复漏电保护装置后系统也运行正常。

总结和建议

虽然此案例并非因开关电源正常工作而引起的前级开关跳闸，但通信用高频开关电源属于大漏电流设备，为提高通信电源供电的可靠性，建议前级不要采用漏电保护开关作为高频开关电源设备的保护。

案例 10　油机供电时 PS48300/30 电源系统不能工作

故障现象

1. PS48300/30 电源系统配置 4 个 HD4830-3 模块，当用 YAMAHA 1300EF 汽油机供电时，频繁出现模块保护。测量电压、频率都在整流模块工作范围内。

2. 当系统只开 3 个以下模块时，油机可以正常使用。

3. 将此油机拉到其他机房带 5 个中达 30 A 整流模块，油机、电源设备都能正常工作。

原因分析

1. 整流模块在油机供电情况下频繁出现保护，通常因为油机容量过小，带载能力不强等原因造成，但 1300EF 油机可以提供 10 kW 以上功率，而 4 个模块只有 6 kW 左右。另外，同样的油机带中达电源没问题，排除油机带载能力差的可能；同样容量 HOND 油机带该型号的整流模块也没问题，排除电源适应能力差的可能。

2. YAMAHA 油机空载时用示波器测试波形正常，当带配置为 HD4830-3 型整流模块的系统时，用示波器测试电压波形，发现 5 次谐波和 7 次谐波非常高，超出标准值 3 倍以上。经厂家确认：HD4830-3 型 30 A 的整流模块与 YAMAHA 油机配套时，产生谐波共振，叠加后导致模块交流输入过压，频繁保护。

故障定位及处理过程

分析整流模块保护是由于油机波形失真导致，结合电力低压配电功率补偿的原理，采用三相三角形接线方法，把 UPS 设备使用的 AC 450 V-66μF+5%的金膜电容器(电力)并联到油机输出端，油机带载能力有较大改观。

总结和建议

1. 油机供电，电源系统不能正常工作，通常为油机功率不够或油机空载时波形很差，带载后波形变好；或者空载波形很好，但带载后谐振导致波形很差。对于前者，可以让油机带 200～300 W 负载，再接入电源系统；对于后者，可以加装滤波电容，消除谐振或者更换油机。

2. 当使用油机供电，电源系统不能正常工作时，一定要详细了解油机的品牌、功率、三相还是单相油机等信息。

3. 对于单相输入的电源系统，如果油机是三相的，实际上只能利用油机功率的 1/3。

4. 对于 HD4830-3 模块交流过/欠压采用峰值检测时，通常用万用表测得的电压(有效值)正常，而实际上峰值已超过了模块过压保护点，HD4830-3 型整流模块的电压保护点是 290 V，对应的电压峰值是 410 V，所以万用表测量电压正常并不能说明问题，通常需要测量油机输出电压波形。

5. 当油机距电源系统过远、输电距离过长、线路压降过大时，会导致电源系统整流模块欠压保护。

案例 11　PS481000-5/100 系统“电流不平衡”故障

故障现象

PS481000-5/100 系统，监控单元 PSM-A 显示“电流不平衡”告警，直流屏上的电压为 53.5 V，电流为 280 A，监控单元显示直流屏电压为 53.5 V，电流为 232 A。

原因分析

1.“电流不平衡”告警的定义如下：

直流屏电流(负载电流加电池电流)之和与整流模块输出电流之和相差大于 5%，此状态持续 180 s 以上。

2. 报“电流不平衡”告警可能的原因有：

(1)整流模块个数设置比实际个数少；

(2)负载电流检测错误(B14C3U1 板故障、分流器故障或者分流器检测线路故障)；

(3)系统的负载分流器系数或电池分流器系数设置错误；

(4)电池组数设置错误。

3. 因为直流屏上显示电流为 232 A，同时用万用表毫伏挡测量分流器正常，故判断为 B14C3U1 板和系统连接错误，但在监控单元里直流柜电压检测正常，电流却为 0 A。

故障定位及处理过程

1. 打开直流屏的前门板背面的盒盖，检查 B14C3U1 板，地址为 72，与监控单元里面的地址一致；

2. 检查 B14C3U1 板上的三个发光二极管，发现指示电源的二极管和指示收发的二极管中的一个二极管亮；

3. 更换 B14C3U1 板上的芯片 B14C3U111，故障依旧；

4. 排除板件损坏，检查板件到监控单元的通信电缆连接，两个 DB9 针的通信线内部连接为 1 到 1、2 到 2，连接正常；

5. 检查监控模块设置：直流屏地址 72，通信端口 5，模块端口也是 5，即模块与直流屏同时用的是一个端口，实际上直流屏用的是端口 7；

6. 更改直流屏通信端口号为 7，系统正常。

总结和建议

1. 出现“电流不平衡”告警，首先要了解产生该告警的条件，然后逐个条件进行检查；

2. 由于监控单元内设定的直流屏端口号为 5，监控单元从端口 5 读取直流屏数据，同时也读取整流模块的电压、电流等数据，由于模块与 B14C3U1 的通信协议基本一致，导致监控单元从整流模块的协议里面读取的电压数据，误以为是直流屏数据。从而能够读到电压数据为 53.5 V，读不到电流数据(电流数据为 0 A)，由于出厂时系统已经调试正常，故直流屏本身能够显示电压、电流。

3. 分析故障不能只看问题的表象就认定设备或板件有故障，有可能只是一个参数设置错误导致。

案例 12　NetSure 801 系统“电池组 2”一直有充电电流

故障现象

一套 NetSure 801 电源系统，“电池组 2”在无放电并且处于浮充状态一个多月的情况下，仍有 20 A 的充电电流。

原因分析

验证这 20 A 电流是实际值还是检测错误；如果检测错误，就按照设备问题来检查配电监控和监控模块部分；如果是实际值，就可能是电池或其他问题。

故障定位及处理过程

1. 用钳表测量电源系统到电池组 2 负极的电缆电流，确实有 20 A 电流，而客户反映这组电池在线使用情况和离线放电实验都没有明显问题，电源系统的配置和参数都没有变化；

2. 对比“电池电流＋负载电流”和“所有整流模块输出电流”，两者基本一致；

3. 检查电源系统的电池 2 熔断器的连接，没有问题；到电池室查看，也没有明显问题；再次查看电源系统和电池，发现电池 2 熔断器端接了 3 根电缆，而电池组负极端却有 4 根电缆，电源系统正极端和电池端都是 4 根电缆；

4. 打开电源室的地板核对电缆走向，发现有一根电缆从电池负极连接到一个下级直流配电柜（直流电源来自电源系统的一个 400 A 负载熔断器），这根电缆上正好有 20 A 电流；

5. 在电池单体间测量电流，发现电流几乎为零；经分析，这 20 A 的电流是经过电池 2 熔断器到电池组负极端子，又到了这个下级直流配电柜；

6. 经了解，这个直流配电柜和电源系统是一起安装的，当时这个配电柜的负载很小，监控模块显示电池组 2 总是有 1 A、2 A 的电流，未引起注意，而近期增加了一百多安的负载，这个 20 A 电流就把问题显现出来；

7. 因为该电源所接的负载设备非常重要，后来按照割接流程，指导客户把电缆连接整改正确。

总结和建议

1. 对于电池充电电流，通过电池组电缆的测量是不可靠的，准确的测点应该是电池单体间的连接电缆；

2. 电源安装完毕，显示值的检查核对要仔细。

案例 13　电池保护接触器不闭合

故障现象

PS48300/25 系统电池电压正常，但是电池保护接触器不闭合。

原因分析

电池保护接触器是常闭的;若处于断开状态,线圈可能有电,或接触器坏。

可能的原因有:

1. 直流配电单元门板上的电池控制开关设置错误;
2. 监控单元发生误保护动作;
3. 直流控制板 B64C2C1 故障;
4. 直流接触器坏(可能性极小)。

故障定位及处理过程

1. 先检查并保证直流配电单元门板上的 S1(“电池Ⅰ接通/断开”开关)、S3(“电池Ⅱ接通/断开”开关)都拨到“接通”的位置;

2. 关闭监控单元,查看是否由监控单元引起电池保护,如果电池保护接触器闭合,则是由监控单元引起,更换监控单元的 CPU 板 M3464U1;

3. 如果不正常,拔去直流控制板 J-POT1、J-POT2 口(即断开接触器线包供电电源),如果接触器还不闭合,直流接触器坏,更换直流接触器(可能性极小);

4. 如果直流接触器良好,则接触器的确是由直流控制板控制其断开的,直流控制板 B64C2C1 工作不正常(可能是内部的电池电压比较电路不正常,引起误保护),更换 B64C2C1 板;

5. 按照上述步骤处理,结果为直流控制板 B64C2C1 坏,更换该板后,系统正常。

总结和建议

在处理电池保护接触器故障时,要清楚了解接触器正常工作时的状态及相关各部件的控制原理。

案例 14　Ⅰ路交流接触器吸合异常

故障现象

PS48300/25 系统,合上交流Ⅰ路空开,交流Ⅰ路接触器不吸合,将两路交流均合上(两路交流均有电),交流Ⅰ路接触器能吸合。

原因分析

1. 两路都合上时,Ⅰ路能吸合,说明接触器正常,市电采样也正常;这时仍表现出Ⅰ路优先,说明市电控制板过、欠压比较电路工作正常。

2. 单独合上Ⅰ路时,交流接触器不吸合,说明Ⅰ路控制电路要依赖于Ⅱ路市电的输入,很可能市电控制板由Ⅰ路市电提供的辅助电源不正常。

故障定位及处理过程

测量市电控制板上的电阻 R1(辅助电源保护电阻),发现已烧断,证明前面的推测是正确的;更换市电控制板(A64C2C2 板),系统恢复正常。

总结和建议

无。

案例 15　PS48300-3B/2900 系统防雷器异常损坏

故障现象

PS48300-3B/2900 电源系统 C 级防雷器多次损坏,防雷空开跳闸,而该段时间无雷雨天气。

原因分析

防雷器异常损坏的原因主要有:过压;尖峰电压的逐渐破坏作用。

C 级防雷器正常工作的电压范围是相电压低于 385 V。如果相电压持续几秒超出这个电压范围,防雷器有可能损坏;多次大能量尖峰电压也会逐渐损坏防雷器(即尖峰被防雷器吸收,起尖峰抑制,保护电源设备的作用)。

故障定位及处理过程

1. 更换防雷器中损坏的压敏电阻;
2. 经检测,防雷空开也损坏,更换后闭合防雷空开,系统恢复正常。

总结和建议

无。

案例 16　零线接错导致交流接触器不吸合

故障现象

PS48300-3B/1800 系统,交流市电引入正常,但合上电源柜内主空开,交流接触器不吸合,电源系统无任何显示。

原因分析

用万用表测得交流市电有变化,量得此时三相对零线电压为:AN,323 V;BN,108 V;CN,297 V;NG,114 V;说明零线对地电压严重漂移。

故障定位及处理过程

1. 经检查发现:市电外线路上的零线错接在机房的地线排上,而不是零线排上,导致接入机柜的零线不通(悬空);
2. 用户重接零线后,系统正常。

总结和建议

工程安装实施中，一定要对每条电缆仔细核对，线缆及机房的零地排的标示一定要清楚明了、准确无误。

案例 17 PS48300/25 系统二次下电误动作

故障现象

PS48300/25 系统，在电池电压为 46 V 时就二次下电。

原因分析

二次下电接触器断开，可能的原因有：
1. 在监控单元中，"电池自动保护方式"设置为"时间"；
2. 在监控单元中，"负载下电电压"设置为 46 V(如果是这样，则系统无故障)；
3. 监控单元发生误保护动作；
4. 直流控制板 B64C2C1 故障；
5. 直流接触器坏。

故障定位及处理过程

1. 检查监控单元参数设置中的电池参数"电池自动保护方式"，如果设为"时间"，则二次下电动作在后面设定的"负载下电保护时间"到时发生，而与电池电压无关("电池自动保护方式"建议不要设为"时间")。如果"电池自动保护方式"设为"电压"，再检查后面的"负载下电电压"是否为 46 V，如果是，则系统无故障。否则系统有故障，需要进行下一步定位。

2. 关闭监控单元，如果二次下电接触器吸合，则故障是由监控单元误动作引起，更换监控单元的 CPU 板 M3464U1。

3. 如果二次下电接触器仍不吸合，拔去直流控制板 B64C2C1 的 J-POT3 口插接线(即断开接触器线圈供电电源)，如果接触器还不闭合，则直流接触器坏，否则接触器良好。

4. 如果直流接触器良好，则接触器的确是由直流控制板 B64C2C1 控制的，直流控制板 B64C2C1 工作不正常(可能是内部的电池电压比较电路不正常，引起误保护)，更换 B64C2C1 板。

5. 按照上述步骤处理，结果发现是直流控制板 B64C2C1 坏，更换该板后，系统正常。

总结和建议

1. 在拆直流控制板 B64C2C1 时，应先拨去 J-POT3、J-POT1、J-POT2 口，即断开接触器线包供电电源，保证接触器闭合，防止更换过程中误动作；

2. 在安装直流控制板 B64C2C1 时，要在其他口都插好后，再插 J-POT3、J-POT1、J-POT2 三个口，以免在安装过程中发生误动作。

案例 18　PS48300/25 系统监控单元误告警

故障现象

PS48300/25 系统，监控单元显示电池断，并告警。

原因分析

经检查，电池 1 连接正确，直流配电单元面板开关设置正确。用万用表检测发现直流接触器吸合，电池 1 熔丝正常。再查看监控单元显示电池 1 电压为 0，但充电电流不为 0，是误告警。

误告警（电池断）可能的原因有：

1. 监控单元采集板 M3464S1 故障；
2. 电池检测线接插不良或断线；
3. 信号转接板 B64C2A1 坏。

故障定位及处理过程

1. 检查电池检测线是否连接正常，按紧信号转接板 B64C2A1 板各插口，查看故障是否由于接插不良造成；
2. 如果故障仍未排除，打开监控单元，更换采集板 M3464S1，尝试运行；
3. 如果故障仍未排除，则可能是连接电缆断线，也可能是信号转接板故障，连接线缆断的可能性相对较小，先换信号转接板 B64C2A1 板，查看故障是否排除；
4. 如果仍未排除，换 50 芯电缆；
5. 按照上述步骤处理，更换 M3464S1 板，系统正常。

总结和建议

无。

案例 19　PS48300/25 系统监控单元未保存历史告警

故障现象

PS48300/25 系统停电后，在监控单元的历史告警查不到相应的故障记录。

原因分析

1. 关闭一个模块，查看当前告警信息，发现监控单元显示“告警显示禁止”，说明“告警显示允许”设置为“否”；
2. PS48300/25 系统的监控单元，可以保存 5 条历史告警，这里的历史告警必须是经确认的。这里就“经确认”作以下说明：

(1)前提：系统设置中，“告警显示允许”需要设置为“是”；

(2)确认方法一：出现告警时，查看当前告警，按“确认”键确认；

(3)确认方法二:告警持续 2 min,由监控单元自动确认。

经过这两种方法确认的告警,在告警消失后,存入历史告警记录。

故障定位及处理过程

"告警显示允许"设置为"是":按菜单键进入"参数设置",进入"8. 告警显示",将"告警显示允许"设置为"是"。

总结和建议

在进行设备日常维护巡检时,加强对监控模块所设置参数的检查、确认。

案例 20　PS48400-3/2900 系统上电监控模块无显示

故障现象

PS48400-3/2900 系统新开局,市电输入正常,整流模块前面板绿灯亮,黄灯闪亮;监控单元没有任何显示,前面板上的绿灯不亮。

原因分析

1. 监控单元供电线路有问题;
2. 监控单元 M500F 故障。

故障定位及处理过程

1. 检查监控的供电线路,其中监控单元供电由 W74C5X1 板的 J1 提供,来源于 W74C5X1 板上的 J21 口(J21 四个脚分别连接到正母排、负母排、电池 1、电池 2,由这几路经过反向二极管形成一个工作电源)。现场对各个点的电压值进行测量:母排电压、电池 1/电池 2 电压、W74C5X1 板上的 J21 输入电压;经测量,上述测量点的电压均正常。

2. 怀疑为监控单元 M500F 故障,现场更换 M500F 后,新监控单元仍然无显示,故障现象依旧。

3. 怀疑为监控转接板 W74C5X1 板故障,W74C5X1 板是系统的转接板,板件本身不对负载上下电和电池保护进行控制,且直流接触器为常闭型,因此需先将直流接触器的驱动线圈端子断开,做好绝缘;然后将转接板拆下(按照操作指导),发现转接板有烧坏的痕迹,其中一条铜箔被烧断,没有明显的器件损坏。

4. 将该铜箔用导线焊接后,重新安装到系统,监控单元启动,系统运行正常。

总结和建议

1. 在处理监控单元的问题时,除了考虑监控单元本身故障,还需要考虑到相关的供电线路,重点检查板件;

2. 对板件的操作有可能导致直流接触器误动作,在处理板件时需要对直流接触器的驱动线圈断开,以防止负载断电。

第六篇　产 品 应 用

案例 1 铁路传输网基于 SDH 的以太网业务应用——SCADA 类汇聚业务

一、基于 SDH 的以太网业务优势

通过 SDH 来作为数据的直接接入承载层有着巨大的优势:投入成本低、开通效率高、接入简单兼顾传统业务、有完善的保护方案。

二、在铁路基于 SDH 的以太网业务应用概况

基于 SDH 的以太网在铁路常见的应用包括:SCADA 业务、动环业务、防灾业务、视频业务、调度录音仪、维修调度管理系统、数据网业务、其他单点对单点的常用业务。

基本可以把上述以太网业务分为两类:点对点的 EPL 业务(纯透传业务);点对多点的汇聚业务(网桥业务)。

三、两种以太网业务适用性分析

1. 点对点的 EPL 业务(纯透传业务)

对于铁路来说,这种点对点的专线支持有着较强有力的优势,点到点 QoS 高,充分利用网络带宽资源,而且其配置简单、维护方便。业务适用于各种点对点监控通道、承载数据网干线业务连接等。

2. 点对多点的汇聚业务(网桥业务)

点对多点汇聚类业务可分为两种:纯网桥业务;虚网桥业务。

在铁路常见的点对多点汇聚业务包括:SCADA 业务、动环业务、防灾业务、视频业务、调度录音仪等。

四、点到多点的汇聚业务探讨(以 SCADA 业务为例)

1. 具体组网分析

组网如图 6-1 所示。

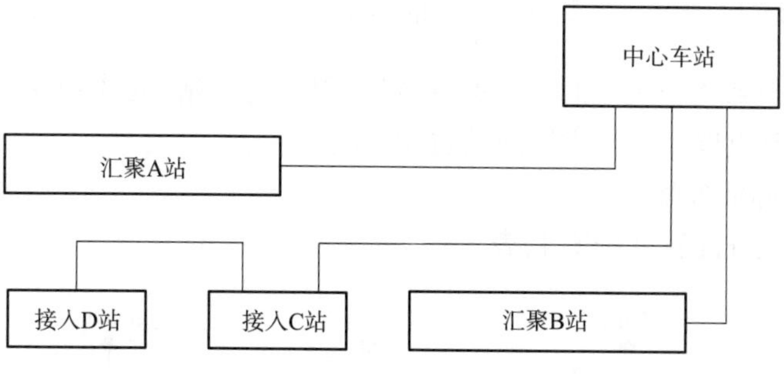

图 6-1

首先分析一下图中的网络结构,是一个点到多点汇聚业务,将所有业务链直接汇聚到中心车站,从业务角度来说只要硬件满足,数据配置不存在任何问题。但是应该考虑到,就铁路的组网结构来说,一条铁路有很多个区间,每个区间又有多个区间环,如果每个区间环都是直接

汇聚到核心站点,那么必然会造成核心节点以太网单板 VCTRUNK 占用过多甚至出现不够用的情况。

组网如图 6-2 所示。

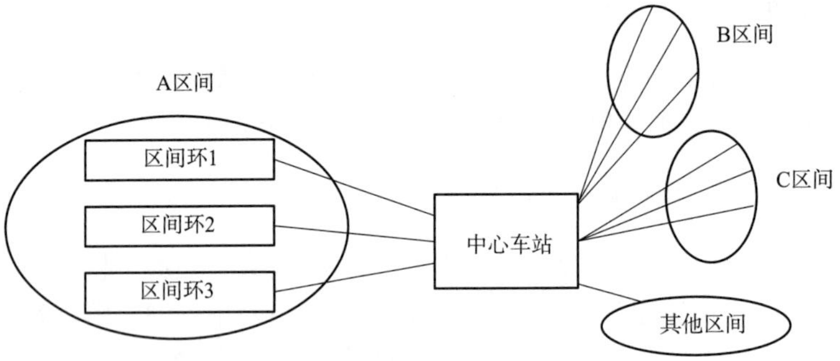

图 6-2

一目了然,上图 CIC 集团(类似于铁路传输网络中的最终汇聚站点)设备的以太网板虚通道(VCTRUNK)占用过多,成为整个组网最大瓶颈。

那么有没有什么办法能解决这个瓶颈呢?结合工程实践采用两级汇聚的办法,也就是大区间先汇聚然后再到核心站点,即采取区间基站环—汇聚大区间车站—汇聚核心节点的方法。

组网如图 6-3 所示。

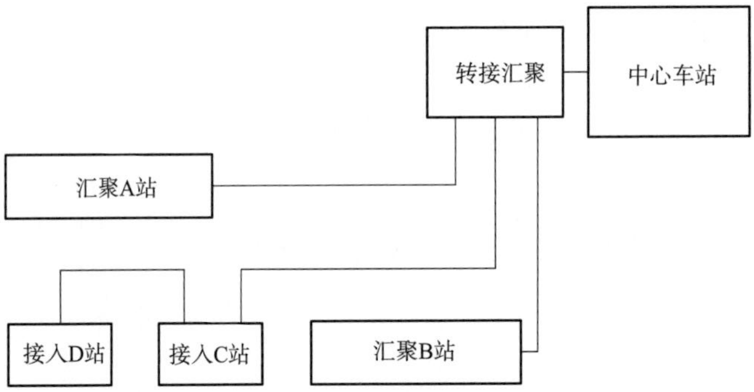

图 6-3

“转接汇聚”是起到这个两级汇聚节点(铁路应用中的大站)的作用,按照上图组网无疑会大大减轻核心汇聚节点以太网板虚通道的占用情况。

2. 铁路现网实际业务配置

铁路现网实际业务配置如图 6-4、表 6-1 所示。

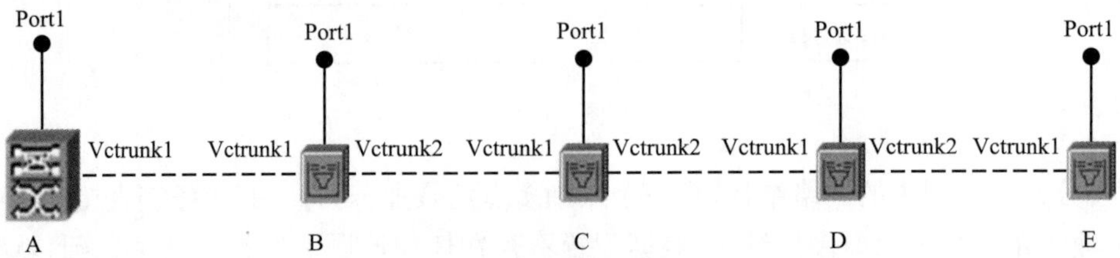

图 6-4

表　6-1

网元端口属性	A	B/C/D	E
外部端口属性	Port1/Access (缺省 VLAN ID 为 1)	Port1/Access	Port1/Access (缺省 VLAN ID 为 1)
内部端口属性	Vctrunk1/Tag Aware	Vctrunk1&2/Tag Aware	Vctrunk1/Tag Aware
网桥类型	虚网桥(802.1q)	虚网桥(802.1q)	虚网桥(802.1q)
VLAN 过滤表	VLAN ID= 1 Port1&Vctrunk1	VLAN ID= 1 Port1&Vctrunk1,2	VLAN ID= 1 Port1&Vctrunk1
端口 HUB/SPOKE 属性	不涉及(默认 HUB)	不涉及(默认 HUB)	不涉及(默认 HUB)

现网 SCADA 业务配置情况如下：

(1)所有涉及 SCADA 业务的网元都配置为虚网桥的业务，通过创建 VLAN 过滤表将内/外部端口绑接在一起；

(2)由于各站点相关内/外部端口都绑接在一起，任意两个网元都可以互通，若一个网元硬件等原因形成环回，广播包将在各个网元间转发，致使全网 SCADA 业务中断；

(3)SCADA 业务只要求中心站(如上图中的 A)与下面小站点(如上图中的 B、C、D、E)互通，下面两个小站点之间不必互通。

由上面的配置可知，类似 SCADA 这种汇聚业务，在铁路上往往都是通过虚网桥业务来实现汇聚功能，其全网内同类业务都会互通，一旦某个站点出现广播将导致全网相关业务中断。由于铁路某些业务并没有要求所有站站互通，那么可以考虑采用相关方法规避各站点的互相影响。

3. 业务解决方案

业务解决方案如图 6-5、表 6-2 所示。

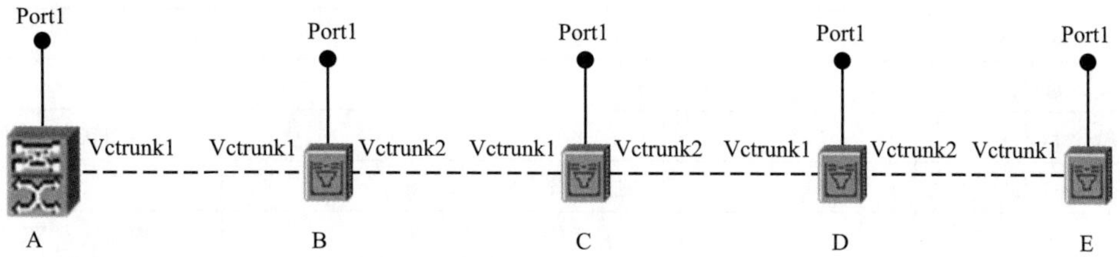

图　6-5

表　6-2

网元端口属性	A	B/C/D	E
外部端口属性	Port1/Access (缺省 VLAN ID 为 1)	Port1/Access (缺省 VLAN ID 为 1)	Port1/Access (缺省 VLAN ID 为 1)
内部端口属性	Vctrunk1/Tag Aware	Vctrunk1&2/Tag Aware	Vctrunk1/Tag Aware
网桥类型	纯网桥(802.1d)	纯网桥(802.1d)	纯网桥(802.1d)
VLAN 过滤表	不涉及	不涉及	不涉及
端口 HUB/SPOKE 属性	Port1:hub Vctrunk1:spoke	Port1:spoke Vctrunk1:hub Vctrunk2:spoke	Port1:spoke Vctrunk1:hub

针对铁路 SCADA 类汇聚业务的要求及前面分析的原因，采取以下技术方案解决：

(1)网桥类型改为纯网桥(802.1d)，此网桥类型下，业务在各端口的转发关系不通过 VLAN 过滤表，而是通过定义端口的 Hub/Spoke 属性。

(2)中心站点外部端口属性设置为 Hub，向下面站点方向的内部端口设置为 Spoke；下面小站外部端口朝向中心站方向的内部端口设置为 Hub，其他方向的内部端口及外部端口设置为 Spoke。

(3)通过以上设置，即可形成中心站与下面站点互通，而下面任两个站点之间无法互通的效果，从而避免单站点成环影响全线的问题。

五、相关知识说明

网管以太网业务创建界面，“网桥类型”有 802.1q(虚网桥)和 802.1d(纯网桥)两个选项。

1. 纯网桥业务和虚网桥业务有如下 3 点区别：

(1)虚网桥业务需要创建 VLAN 过滤表，纯网桥则没有；

(2)纯网桥业务中的各端口是直接互通，虚网桥是靠过滤表来完成隔离和绑定；

(3)纯网桥中的 Hub/Spoke 可以完成各个端口的通连设置，而对虚网桥来说没有作用。

2. 纯网桥类型下，端口 HUB/SPOKE 属性对应的转发原则：

(1)Spoke 属性端口与 Spoke 属性端口之间不能转发业务(包括广播、单播)；

(2)Spoke 属性端口与 Hub 属性端口之间可以转发业务；

(3)Hub 属性端口与 Hub 属性端口之间可以转发业务 。

传输以太网业务端口 VLAN 属性处理见表 6-3。

表 6-3　传输以太网业务端口 VLAN 属性处理

	Tag	Untag
Tag aware(入)	透传	丢弃
Tag aware(出)	透传	—
Access(入)	丢弃	增加缺省 VLAN
Access(出)	去掉 VLAN	—
Hybrid(入)	透传	增加缺省 VLAN
Hybrid(出)	如果端口缺省 VLAN 相同，则去掉 VLAN 传送，否则，透传	—

案例 2　铁路传输中时钟同步网组网分析

一、传输网频率同步(时钟同步)的作用

频率同步，即时钟同步，是指信号之间的频率或相位上保持某种严格的特定关系，其相对应的有效瞬间以同一平均速率出现，以维持通信网络中所有的设备以相同的速率运行。

若两套数字交换设备之间的时钟频率不一致，或者由于数字比特流在传输中因干扰损伤，而叠加了相位漂移和抖动，就会在数字交换系统的缓冲存储器中产生码元的丢失或重复，导致在传输的比特流中出现滑动损伤。

二、常见的定时源

1. 铯原子钟：长期频率稳定度 $1\times10^{-13}\sim1\times10^{-14}$，价格昂贵，短期稳定度差；

2. 受控铷原子钟：体积小，预热时间短，短期稳定度高，价格便宜，但长期稳定性低于铯原子钟；

3. GPS：与大楼综合定时源（BITS）内部时钟和 GPS 接收机内部时钟综合，才能长期和短期都能满足要求的定时信号；

4. 晶体钟：可靠性高，寿命长，价格低，频率稳定度范围很宽，但长期频率稳定度不好 。

三、传输网常见的同步方式

1. 主从同步方式：网络中所有时钟最终跟踪到唯一的主基准时钟源；

2. 伪同步方式：网络中的时钟分别跟踪两个或以上的主基准源；

3. 准同步方式：网络中的一个或多个节点参考时钟不可用时，节点进入自由振荡或保持模式；

4. 异步方式：网络节点时钟出现大的频率偏差时，网络工作在异步方式。

四、相关时钟标准

1. ITU-T G. 811：基准主时钟应具有长期的频率稳定度，精确度高于 $1.0\times1\times10^{-11}$，可分为主基准参考钟（PRC）和本地参考时钟（LPR）；

2. ITU-T G. 812：建议转接局时钟和终端局从时钟，精确度高于 4.0×10^{-7}，其中 TNC（1×10^{-10}）；

3. ITU-T G. 813：建议 SDH 网元时钟（SEC），对于可跟踪 G. 811 的时钟基准来说在自由运行状态下其精度应高于 4.6×10^{-6}。

NTP 功能：NTP 功能不存在所谓的时间精度标准，BITS V2 的 NTP 时间精度可以达到 10～100 ms，BITS V3 的 NTP 时间精度可以达到 10 ms，这个精度是指每次同步时间时的平均误差。

参考源的 SSM 级别及其各自的含义：

（1）PRC：G. 811 时钟信号；

（2）TNC：G. 812 转接节点时钟信号；

（3）LNC：G. 812 本地节点时钟信号；

（4）SETS：SDH 设备时钟源信号；

（5）unknown：同步质量未知；

（6）DNU：不应用作同步。

五、时钟规划及 SSM 功能特点

1. 时钟配置规划的一般规则

（1）尽量跟踪较高等级的时钟源；

（2）尽量减少基准定时信号传输链；

（3）基准定时信号传输链要控制在 G. 803 要求之内；

(4)通过采用 SSM 保护协议和相关规划,实现多时钟源的保护倒换;

(5)SDH 承载的 2 M 业务不能作为同步时钟使用;

(6)未启动 SSM 保护协议的情况下,不建议配置备用时钟源;

(7)组网时应尽量避免多个 PDH/SDH 同步岛级联。

如图 6-6 所示,时钟传递网元数最差不能超过 20 个。

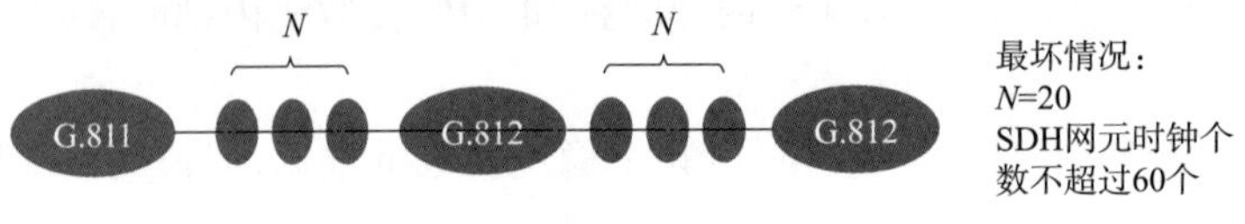

图 6-6

2. SSM 功能特点

(1)时钟环和互锁

基于时钟源优先级的时钟源选择有形成时钟环和时钟互锁的可能。通过回送不可用同步 SSM 信息,避免时钟互锁。通过子网同步时钟源图,不会出现时钟环。

(2)与网络拓扑结构无关

基于 SSM 协议的时钟同步,与网络拓扑结构无关,支持各种网络拓扑。

(3)SSM 信息的可控性和可知性

在任意网络故障下,子网的时钟同步方案唯一,同步源的选择结果是可预知的,不存在二义性。

六、铁路时钟同步网的组网现状

组网如图 6-7 所示。

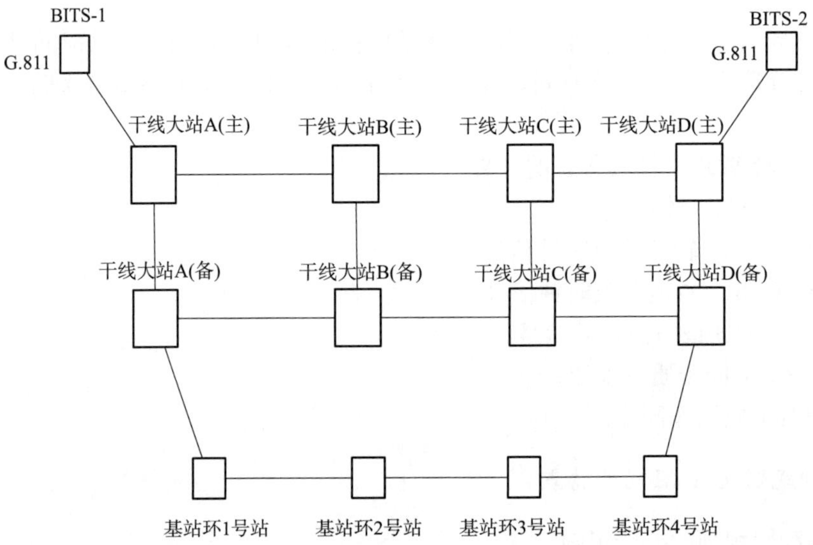

图 6-7

铁路时钟大部分现状如上图所示,全部网元主用跟踪 BITS-1(G. 811),备用跟踪 BITS-2(G. 811),全网开启标准 SSM 协议。各站时钟优先级设置如下:

1. 干线大站 A(主):外接时钟、线路时钟、内部时钟;

2. 干线大站 D(主):线路时钟、外接时钟、内部时钟;

3. 其余各站:线路时钟 1、线路时钟 2、内部时钟。

上述配置存在如下隐患:

1. 假如干线大站 C(主)和干线大站 D(主)之间一旦断纤,可能导致部分站点跟踪 BITS1、部分站点跟踪 BITS2(另一方向链路过长导致时钟劣化的情形会出现这种状况),同一时钟网内设备跟踪不统一;

2. 如果接入基站环站点也开启 SSM 协议,将导致时钟网过大(超过 60 个),风险过高;

3. 铁路网络比较特殊,往往都是一条长链路,干线站点会比较多(超过 20 个),不符合规范要求。

七、解决思路

1. 针对 A 问题(断纤可能会造成同一时钟网内设备跟踪不统一),建议按照主从同步的方式设置时钟。将 BITS-2 的输出信号人为降级到 G. 812。具体组网如图 6-8 所示。

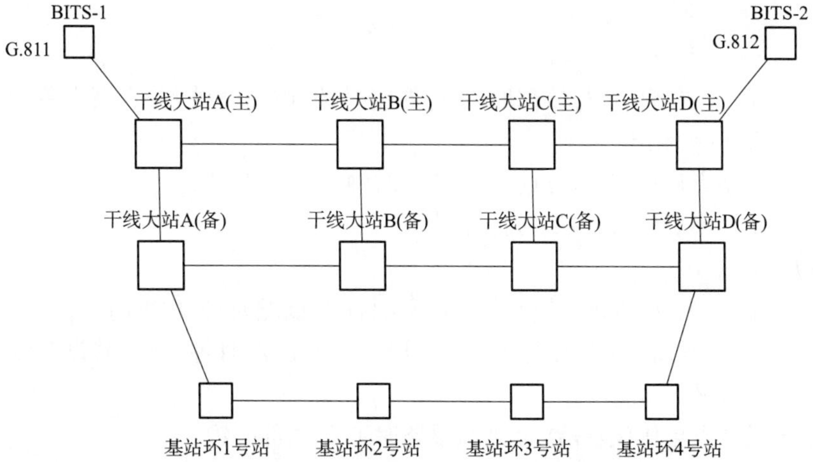

图　6-8

2. 针对 B 问题(接入基站环划入时钟网开启 SSM 协议),建议骨干线路设备启协议跟踪主备时钟,接入环设备不启协议跟踪单方向时钟。具体配置如下:

(1)干线大站 A(主)启协议:外接时钟、线路时钟 1、线路时钟 2、内部时钟;

(2)干线大站 D(主)启协议:线路时钟 1、线路时钟 2、外接时钟、内部时钟;

(3)其余干线站点启协议:线路时钟 1、线路时钟 2、内部时钟;

(4)接入环基站不启协议:线路时钟、内部时钟。

3. 针对 C 问题(干线链路过长)中间站点不会有过多的 BITS 设备中继,而且干线站点的主备基本都在同一机房。建议将时钟网合理进行分割,如图 6-9 所示。

上图中在干线大站 C 站点的两套设备之间布放两根时钟线,互连外部时钟输入、输出。各个关键站点设置如下:

1. 时钟环 1

(1)干线大站 A(主)启协议:外接时钟、线路时钟 1、线路时钟 2、内部时钟;

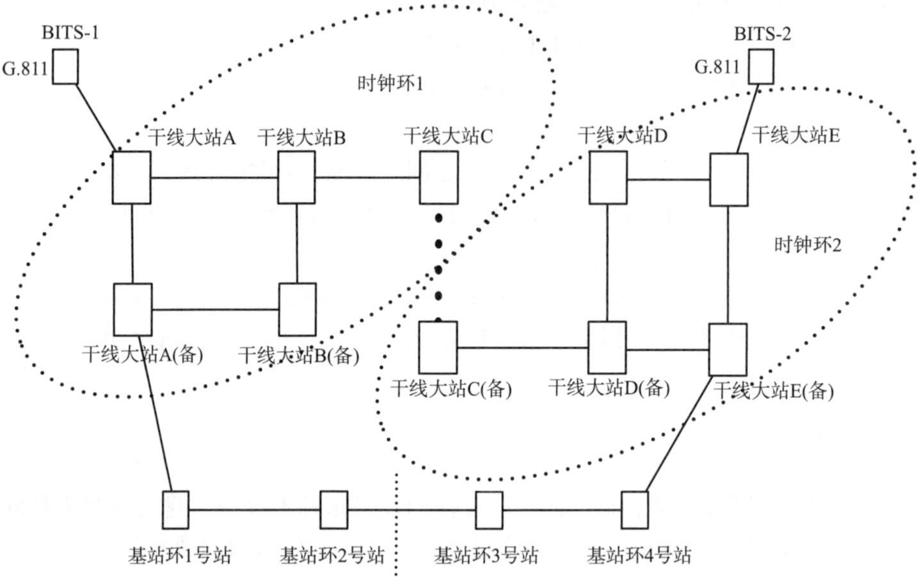

图 6-9

(2)干线大站 C(主)启协议:线路时钟 1、外接时钟、内部时钟,并且其设备输出时钟设置为:低于 G. 812 级别不输出;

(3)其余干线站点启协议:线路时钟 1、线路时钟 2、内部时钟;

(4)接入环基站不启协议:线路时钟、内部时钟。

2. 时钟环 2

(1)干线大站 E(主)启协议:外接时钟、线路时钟 1、线路时钟、内部时钟;

(2)干线大站 C(备)启协议:线路时钟 1、外接时钟、内部时钟,并且其设备输出时钟设置为:低于 G. 812 级别不输出;

(3)其余干线站点启协议:线路时钟 1、线路时钟 2、内部时钟;

(4)接入环基站不启协议:线路时钟、内部时钟。

案例 3　HONET FA16 在铁路专网中的特殊应用

一、铁路专网应用

HONET 综合业务接入网在传统的 OLT-ONU 星型逻辑组网基础上增加了适用于专网的一些特性之后(HV20A005 版本),满足专网用户的需求。应用于专网时,HONET 也称为 HONET- FA16 或简称为 FA16,即 FA16 是应用于专网的 HONET,或 HONET 的一个版本。

专网的基本特点是多站点、中小业务量、多业务种类,铁路也不例外,其业务种类主要有:

(1)POTS 业务,V5 接口或 FXO 接口(Z 接口延伸)(ASL、CDI 板提供);

(2)ISDN 2B+D 业务(DSL 提供);ISDN 30B+D 业务(E1);

(3)2/4 线音频业务(VFB 提供);

(4)子速率数据业务(SRX 板提供)。

(5)$N\times64$ kbit/s V35 数据业务(HSL 板提供);

(6)DSL+MTA 数据业务(V. 24/V. 35);

(7)2B+D(6B+D)视频数据业务(DSL 板提供);

(8)Internet(IP)的接入或 LAN 互连;

(9)闭塞电话;

(10)共线电话。

FA16 应用于铁路专网中往往根据铁路系统特殊的地理分布和应用要求采用星型和链形混合组网。

1. 基本组网

铁路专网应用中的基本组网如图 6-10 所示。

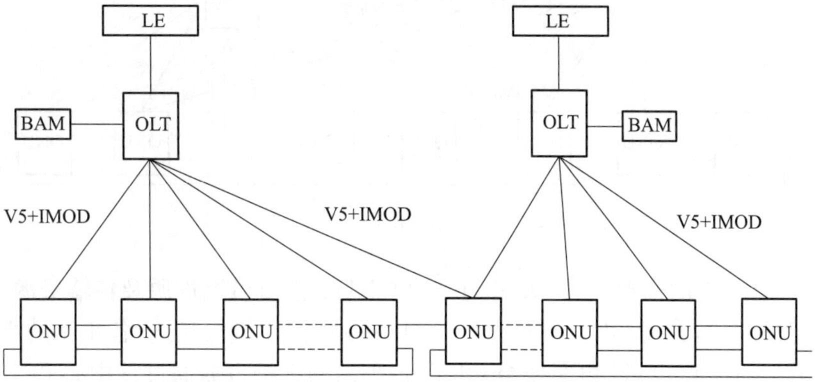

图 6-10

(1)根据行政区域的划分,一个 FA16 系统一般分成几段,设多个 OLT 、多个 BAM,接多个交换机(LE);

(2)每个 BAM 管理各自行政区内的站点;

(3)每个 OLT 与各自管辖的站点(ONU)通过一到多个 E1 连接,建立 V5 接口,并同时复用模块间互连接口,承载自动电话业务及半永久连接业务,V5 接口支持两级级连,即 LE 与 OLT、OLT 与 ONU-V(V 系列 ONU,即 PV8 框)间两级,或者 LE 与 ONU-V、ONU-V 与 ONU-V 间两级级连;

(4)BAM 对 OLT 中 GV5 的维护采用串口直连或 FCP 卡直连,对其他各站点的维护采用消息转发方式维护,也可以通过半永久连接以直连方式维护;

(5)各小站相邻站之间一般有两个 E1 连接,分为主用和备用,建立模块间互连接口,承载共线电话及闭塞电话业务。备用 E1 应通过其他传输设备(如 PDH、微波、卫星通信等)构成环形,以便主用 E1 故障时,业务自动倒向备用 E1。注意:用于 E1 保护环的备链路,不能用作其他用途(如 V5 链路、2 M 租用线 DE1 等)。

2. 其他常见组网

在上述组网中,ONU 之间的 E1 保护环可选。当不需要建立 E1 保护环或条件不允许时,可以不配置 E1 保护环。

在铁路专网中，有时要求一些小站的自动电话通过附近较大的通信站直接进入本地交换机，且不另设 OLT 及 BAM；同时要求这些小站有音频业务至 OLT。

为便于各小站的自动电话能够就近进入本地交换机，图 6-11 是一个常见的组网方式。图中右边的数个小站要求自动电话通过图示中的 ONU 进本地交换机，所以在该 ONU 与各小站间通过 E1 建立 V5 接口，承载自动电话业务。这几个小站与 OLT 之间通过 E1 建立模块间互连接口，承载半永久连接业务及提供维护通道。

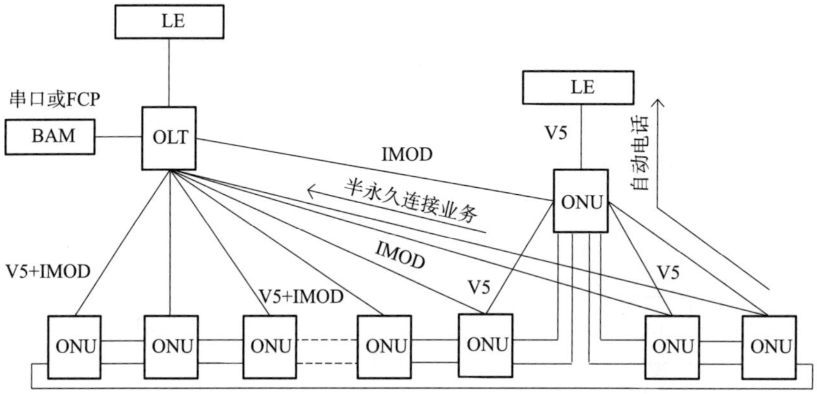

图　6-11

在上述应用中，有时需要节省 OLT 与右边 ONU 之间的 E1 资源及传输资源，演变成如图 6-12 所示的组网结构，此时 OLT 与右边各 ONU 小站无 E1 直接相连，各小站的半永久连接业务需通过图示中的中心 ONU 再交换至 OLT，各小站的维护也需通过该中心 ONU 转发进行。

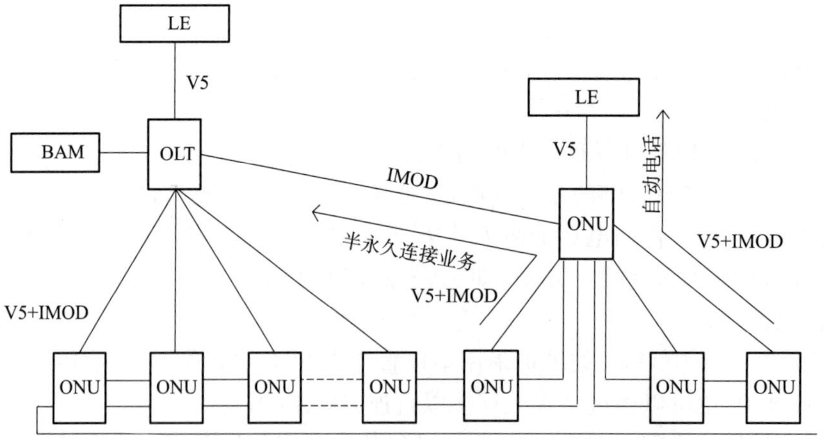

图　6-12

二、音频专线

为支持铁路专网中调度系统的业务需求，设计了能提供音频专线业务接口的二/四线音频接口板。该板提供二线和四线音频共线电话业务和专线业务，可与 MODEM 相连，是 HONET 接入网为支持铁路通信提供全面解决方案而设计的专用用户板。

(一)VFB(VB02VFB)板功能

CB02VFB 板与模拟用户接口板相比,减少了用户接口电路的 BORSCHT 中的 B(馈电)、R(振铃)、S(监视)功能,保留了 O(过压保护)、C(编解码)、H(二/四线变换)、T(测试)功能。

具体功能如下:

1. 每块 VFB 板提供 16 路二线端口或者八路四线端口

VFB 板可同时提供二线和四线端口,一个四线端口是由两个二线端口组成的。在数管台的音频接口描述表中,每块 VFB 板上两线和四线端口可以混合配置,一块 VFB 板上可以某几路是两线,某几路是四线。但需要注意的是,在配置四线端口时,只能是由相邻的一个偶数端口和一个奇数端口($2n$,$2n+1$)组成一个四线端口,并且偶数端口固定为发送端,奇数端口固定为接收端。

具体如图 6-13 所示。

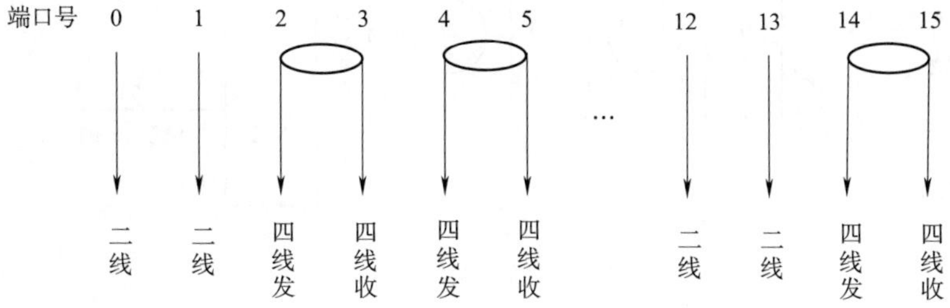

图 6-13

2. 接口阻抗可调

VFB 板目前支持两种接口阻抗,一种为 600 Ω,另一种为 1 650 Ω。接口阻抗通过数管台的音频接口描述表来配置。在软件改变接口阻抗的同时,单板上的拨码开关也要相应改动。VFB 板上每两路间有一个双路拨码开关,共有 8 个双路拨码开关,控制 16 路的接口阻抗。因此,若要改变接口阻抗,在改变描述表的同时,再改动对应路的拨码开关即可。拨码开关"ON"态为 600 Ω 阻抗,"OFF"态为 1 650 Ω 阻抗。

3. 单板接收、发送电平软件可调

由于铁路上的特殊需求,VFB 板的接收、发送增益与模拟用户板有很大差异,调节范围比较大。可调节范围具体如下:

二线发送电平:−5～0 dB,缺省:0 dB;

二线接收电平:−7～2 dB,缺省:−3.5 dB;

四线发送电平:−14～+1 dB,缺省:−14 dB;

四线接收电平:−11～+4 dB,缺省:+4 dB。

软件调节步距为 1 dB。

电平的调节也是由数管台中的音频接口描述表来设定。其中,二线电平必须要设定在合法范围内,否则对所设数据单板将不予执行。

(二)CB02VFB 板应用

1. CB02VFB 板在设计上与模拟用户板槽位兼容,插于 ONU 中的用户框内,所引用户线与 ASL 板相同;

2. VFB 板主要用户点对点的音频专线;

3. VFB 板与 ASL 板主要区别是接口阻抗不通(VFB 的接口阻抗是 600 Ω 和 1 650 Ω 两挡可选),VFB 板没有馈电,接口电平可以调节,调节的范围比较大,可以提供四线接口。

在具体应用中,在用户使用的终端设备不固定(可以带馈电,也可以不带馈电)的情况下,首先考虑使用 ASL 板的可用性,ASL 板通过半永久连接也可以实现专线功能。除非是用户所使用的终端设备室不需要馈电,接口阻抗 600 Ω 的情况,才考虑使用 VFB 板。

HONET-FA16 系统为用户提供 2/4 线音频专线业务的一个例子如图 6-14 所示。

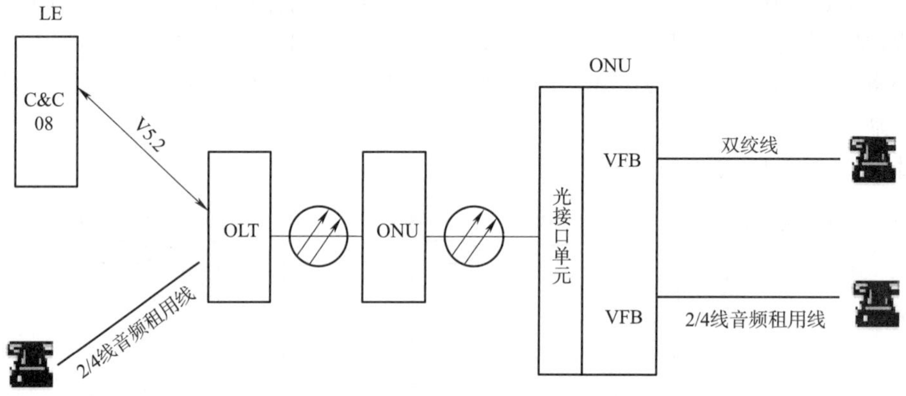

图　6-14

三、共线电话调度系统

(一)共线电话

共线电话至铁路调度电话系统,由调度总机、传输信道(包括配套设备)和分机组成。

在传统的铁路通信系统中,总机和所有分机并接在一对共用回线上,是集中式多点专用系统,即多点共线系统。总机和分机之间能进行通话,分机之间不允许通话。通常,一组共线电话包含 10～20 个站,分机数 15～25 个,有的站点一对回线上要并 2～3 部分机。

列车、货运、电力调度每种都有各自的传输回线,都采用共线汇接方式的网络。传输线路有实线信道,也有载波回路,应用最多的是钢实线回路,另外也有铜实线回路和加感电缆信道。

光线通信进入铁路以后,数字通道代替实回线实线共线电话业务是用户的必然要求。传统的共线电话系统是在一对实回线上挂接多个终端,所以必须使用高阻话机(或集中机选号盘)。目前,高阻话机(铁路集中机选号盘)种类较多,端口特性也不完全相同,但均采用模拟技术、分立元件设计,技术落后,端口为高阻,阻抗离散性大且非纯阻(阻抗随音频频率的变化而变化),摘机和挂机时阻抗变化范围大(摘机阻抗约 8.8～16 kΩ,挂机阻抗约 15～25 kΩ)。再加上外线距离的长短的变化,整个负载阻抗变化很大。而普通音频接口的匹配阻抗为 600 Ω,所以阻抗匹配的好坏,直接关系到共线系统的性能。阻抗匹配不好时,会产生较大的回波,势必造成通话音量小、音质差、容易自激(振鸣)等问题。

因此,共线电话解决难度很大,是专网应用的难点,需要解决两个关键技术:端口阻抗匹配和音频数字叠加。FA16 采用特殊接口电路解决阻抗匹配问题,采用特殊算法完成数字叠加。

此外,共线电话对可靠性要求较高。为了保证铁路运营的安全,完成音频叠加不能集中在 OLT 一个点上,否则这个点出现故障则整个调度系统就会瘫痪。在 FA16 共线电话系统中,采用分级叠加方式，也称为数字共线。每个 ONU 具有 64 k 交叉能力，所以可以将音频叠加分散到多个 ONU 上完成。同时，FA16 还提供对共线电话的保护。

基本配置如图 6-15 所示。

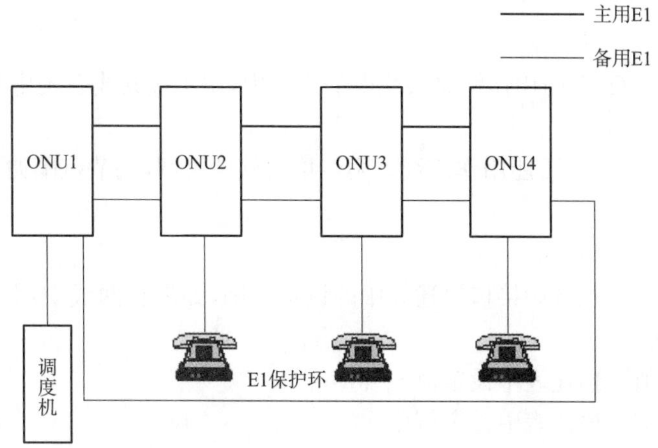

图 6-15

共线电话由音频端口(VFB)、音频数字叠加板(VDM)和系统的数字交叉连接(PV8)配合起来共同完成。VFB 完成 A/D 转换、PCM 编码、增益调整和阻抗匹配功能。VDM 完成数字共线的音频叠加功能，PV8 完成交叉连接和控制功能。

VDM 配置原则：一块 VDM 可提供 16 个叠加通道(CH0-CH15)，典型情况下，按一组共线电话在一个站占 3 个通道计算(来自上一站中继的一个时隙、下一站中继的一个时隙、本站一个音频端口)，可提供 5 组共线电话。如果超过 5 组，则需配两块。

VFB 板采用 CB03VFB。CB03VFB 在原 CB02VFB 基础上开发完成，专用于铁路专网共线/音频业务。该板共 16 个端口，其前 8 路与 CB02VFB 从实现原理上有很大不同，为半双工工作方式(CB02VFB 为双工方式)，用于接高阻共线调度分机。CB03VFB 的后 8 路为普通音频端口，兼容 CB02VFB 端口功能，可用于接四线 600 Ω 的调度总机及普通的 2/4 线音频专线。

CB03VFB 的 16 路端口均支持共线电话在接入网系统与原实回线系统之间的倒换(光电倒换)功能，即接入网系统出现故障时，共线系统可自动倒换到老实回线系统，故障排除后，自动倒回到接入网系统。也可以进行人工倒换或不启用倒换功能。

CB03VFB 支持端口环回和外线测试功能，以便于维护。

(二)音频接口板(CB03VFB)

音频高低阻阻抗接口板(CB03VFB)是专门为铁路应用设计的，提供铁路共线调度系统中高阻终端接口和二/四线音频话路和链接 MODEM 等功能，可插在用户框的任意用户板槽位中。

1. 主要功能

音频高低阻阻抗接口板(CB03VFB)通过软件实现二/四线转换，增益调整功能，没有馈电、振铃、摘挂机检测等功能，同时，增加了一些新特性。CB03VFB 板的接口电路部分有两种实现方式，因此具有两种功能。板子的上 8 路采用半双工的工作方式，是专门为铁路的共线调度系统终端提供接口，专门用来接电话集中机、音频分机以及调度总机等，不能用作普通的点对点音频业务，包括连接 MODEM 传送数据。板子的下 8 路则为普通的音频接口，具有二/四线软件调节功能，用作上 8 路所不能完成的普通点对点音频业务，包括连接 MODEM 传送数据等。具体特性如下：

(1)上八路特性(1～8 路)

①接口阻抗 600 Ω，专门用作铁路共线电话系统中，用于接共线系统中电话集中机等终端设备；

②固定用作两线使用，不能用作四线。两线增益软件可调，调节范围如下：

接收增益：－11～＋4dB；

发送增益：－1～＋14dB。

上面的调节范围是在音频接口描述表中的设定范围，如果在两线中用 600 Ω 终端进行测试，实际测试接口为：

接收增益实际值＝描述表中设定值＋5 dB；

发送增益实际值＝描述表中设定值。

③具有极强的终端适应能力。无论终端开路、短路以及阻抗如何变化，回波始终在－40 dB 以下；

④并线能力。每并一条 3 km 的线路，增益会降低 2 dB。

(2)下八路特性(9～16 路)

①二线和四线接口通过软件直接可调。可以提供 8 个二线端口或者四个四线端口。在数管台的音频接口描述表中，每块板上两线和四线可以混合配置，即板上可以某几路是两线，某几路是四线。但需要注意的是，在配置四线数据时，只能是由相邻的一个偶数端口和一个奇数端口组成一个四线端口，并且偶数端口固定为发送端，奇数端口固定为接收端。具体如图 6-16 所示。

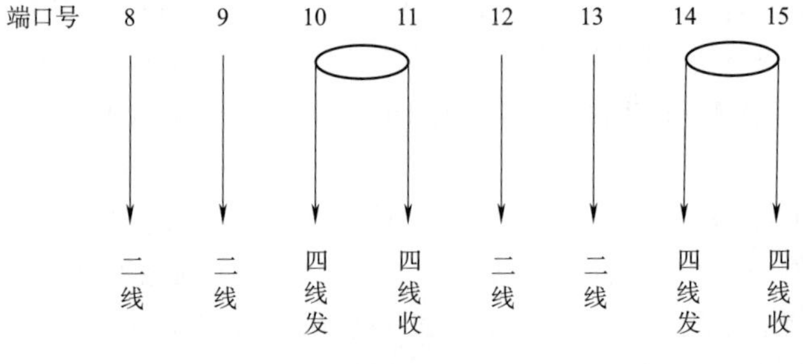

图　6-16

在配置四线端口时，若把端口 13 与端口 14 配置成一个四线端口是不正确的。

②接口阻抗为 600 Ω。

③接收、发送增益软件可调，通过数管台的音频接口描述表可以进行电平调节，增益调节范围为：

二线：发送增益：0～＋5 dB；

　　　接收增益：－7～－2 dB；

四线：发送增益：－1～＋14 dB；

接收增益：－11～＋4 dB。

注意：由于两线增益的设置范围与四线增益的设置范围不同，如果两线的接收增益或者发送增益设置值超出范围，单板将执行缺省增益配置，机发送增益为 0 dB，接收增益为－3 dB。

（三）音频叠加原理

A005B 系统 VDM 单板对音频信号进行数字叠加来完成共线电话这项功能。对每一路音频来说，都有输入和输出两个信号，音频叠加的基本方法是：将所有输入信号相加后，减去各自的输入信号作为各自的输出信号。

如图 6-17 所示的共线电话系统来详细说明其叠加原理。

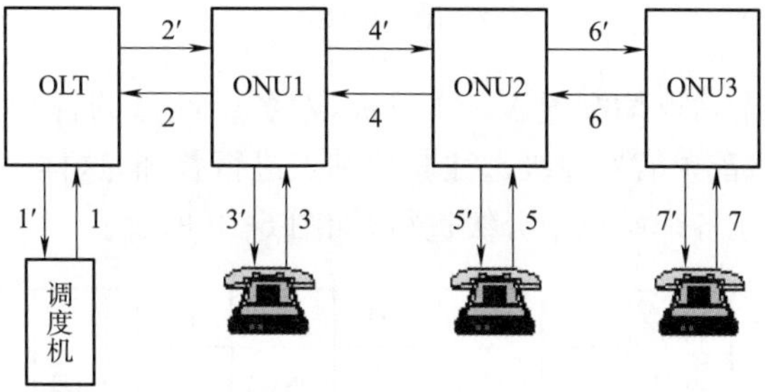

图　6-17

根据基本叠加方法可以得到：

$1'=2$

$2'=1$

$2=3+4$

$3'=2'+4$

$4'=2'+3$

$4=5+6$

$5'=4'+6$

$6'=4'+5$

$6=7$

$7'=6'$

代入计算得：

$1'=2=3+4=3+5+6=3+5+7$

$3'=2'+4=1+5+6=1+5+7$

$5'=4'+6=2'+3+7=1+3+7$

$7'=6'=4'+5=2'+3+6'=1+3+5$

可见，通过这种叠加方式，可以使每一个站点的用户都可以听到该共线组内其他任一站点用户的语音。

根据实现方式的不同，音频叠加可以分为集中叠加和分级叠加两种。

集中叠加是指在一个站点的一块 VDM 单板上对一个共线电话系统中的所有音频信号进行叠加，如图 6-18 所示。

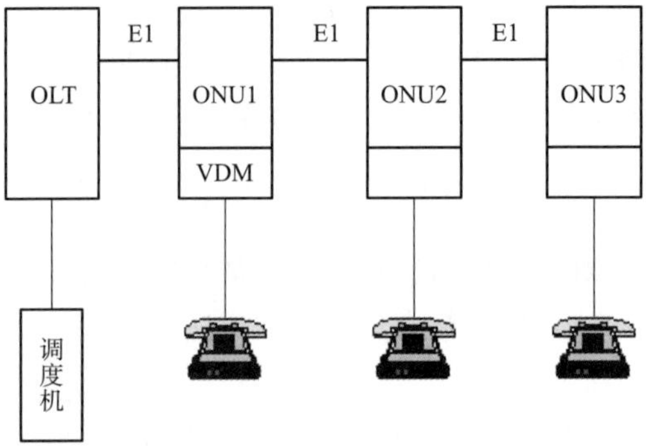

图　6-18

分级叠加是指在每个站点均配置 VDM 单板，对各个站点的音频信号首先在本站点进行叠加，然后再将叠加后的音频信号逐级送往其他站点进行叠加，这样一个共线电话系统中的所有音频的叠加过程分散在各个站点中分级进行，如图 6-19 所示。

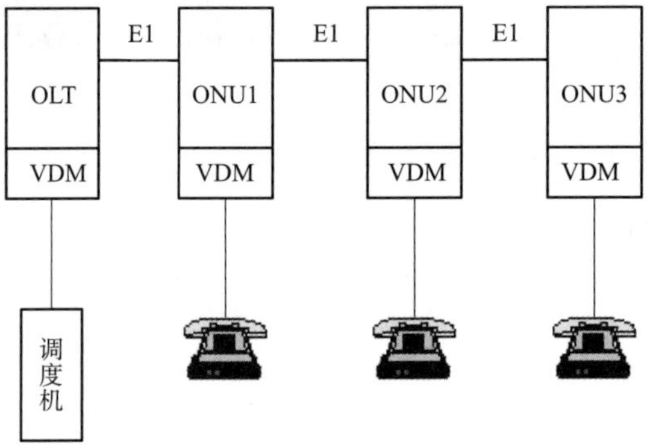

图　6-19

VDM 单板是 HONET 系统中用来对音频信号进行叠加的单板，插在用户框内，与用户板（如 ASL、DSL、VFB 等单板）槽位兼容。其性能指标如下：

(1)VDM 单板每板十六个信道，可最多支持对 16 路音频信号的叠加；

(2)VDM 单板与 ASL、DSL、VFB 单板槽位兼容，插在用户框内，与用户板共用用户框内的 HW；

(3)VDM 单板每个信道对应一个时隙，采用固定方式分配，即信道 0 占用 0 时隙，信道 5 占用 5 时隙；

(4)VDM 单板十六个信道最大可分为八个共线电话组，每组两个共线用户，共线电话组之间的用户互相独立，互不干扰；

(5)VDM 单板不仅支持对 VFB 接入的音频话机的信号进行叠加，而且可以对 ASL 接入的用户话机的信号进行叠加；

(6)VDM 单板进行 16 路集中叠加后的话音清晰度、可懂度、自然度较高，并有较好的柔和度；进行 16 级分级叠加时，由于分级叠加会引入更多的回声，它的叠加效果稍逊于集中叠加，但也有较好的可懂度、清晰度、通话质量较高，可满足话音通信调度系统的使用要求；

(7)VDM 单板叠加处理能达到通信质量要求，音频信号经过叠加处理后，失真较小，可准确传输 DTMF 信号。

(四)FA16 系统的共线电话保护功能

共线电话的可靠性对于铁路系统来说,是至关重要的。HONET 在共线电话的可靠性方面做了大量的工作,除了在软件上做了大量的保护措施外,还对由于硬件设备的故障造成的共线电话的中断进行了保护。

1. 对 VDM 单板故障的保护

VDM 单板在每个 ONU 内实现音频叠加,当 VDM 发生故障时,如果不对其进行保护,不仅会造成本 ONU 音频无法实现叠加,而且还会造成共线电话在本 ONU 前后断成两段,所以有必要对 VDM 的故障进行保护。

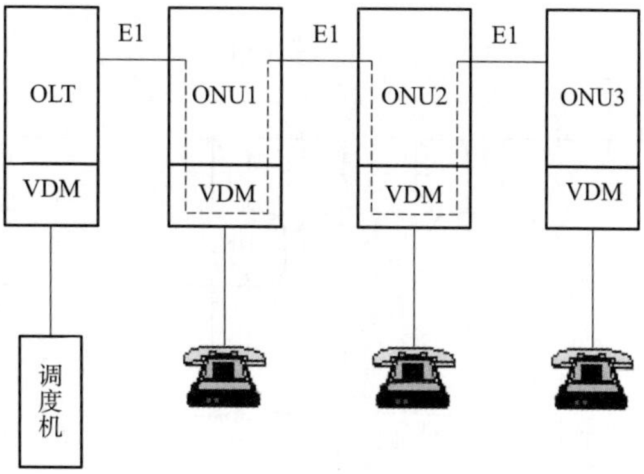

图 6-20

图 6-20 是 VDM 单板正常时的叠加情况,此时从前后 ONU 过来的音频信号经过网版交换后在 VDM 单板下进行叠加。当 VDM 发生故障时,HONET 将把通往前后 ONU 的 E1 直连,即把前后 ONU 过来的音频信号直接透传过去,而不在本站进行叠加,如图 6-21 所示。这样就把 VDM 故障的影响只限制在对本 ONU 内,而不对其他站点产生影响。

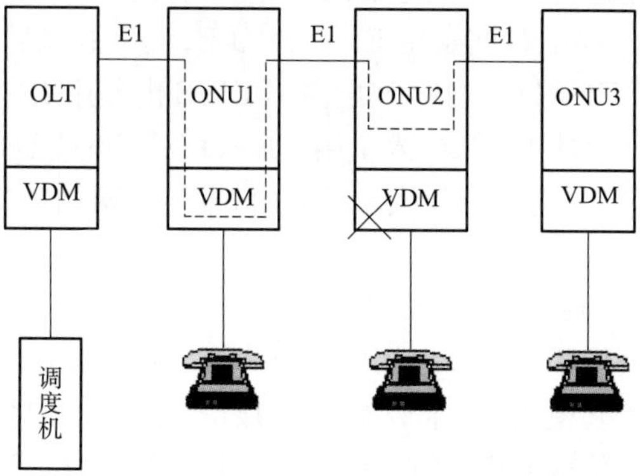

图 6-21

2. 对 E1 故障的保护

各站间的 E1 起到将共线电话的音频信号在各站间进行传送的重要作用。当站间的 E1 发生故障时,将造成共线电话在故障处断成两段,这显然是不能接受的。HONET 对此种情况也提供了保护机制。

保护方式有两种：E1 保护环方式和光系统/实回线倒换方式。其中，光系统/实回线倒换方式需要 CB03VFB 和 A005I 版本支持。根据实际情况，两种保护方式选其一，不能同时使用。

(1)E1 保护环方式

为了保证在 E1 故障时，共线电话业务不中断，需要在 ONU 之间配置主、备用两条 E1，在调度机与最后一个 ONU 指尖配置环回 E1。当主用 E1 正常时，共线电话业务通过主用 E1 在站间进行传递。而当主用 E1 发生故障时，HONET 将发生 E1 故障的两站主、备用 E1 直接接通，如图 6-22 所示。

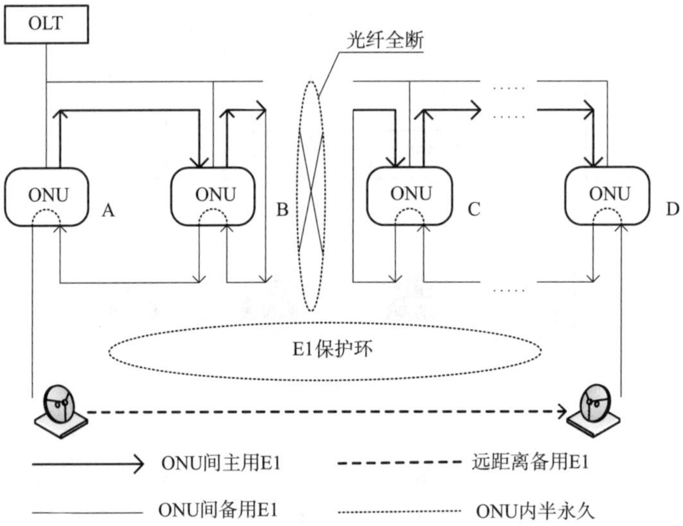

图 6-22

由上图可见，在未发生故障前，共线电话的业务流向为：ONU→A、B 间主用 E1→ONU B→B、C 间主用 E1→ONU C→C、D 间主用 E1→ONU D；发生故障后，共线电话的业务流向则为：ONU A→A、B 间主用 E1→ONU B→B 出主用 E1、B 出备用 E1→B、A 间备用 E1→E1 保护环→D、C 间备用 E1→C 如备用 E1、C 入主用 E1→ONU C→C、D 间主用 E1→ONU D。

由上述业务流向图可以看出，在 E1 发生故障时，发生的两站间(图中分别为站 B、C)的共线电话业务，通过 E1 保护环受到了保护。

常见 E1 保护环组网示意图如图 6-23 所示。

组网说明：模块 1 和模块 2、3、4、5 之间的接口为模块级连接口。模块 2 和模块 3 之间、模块 3 和模块 4 之间、模块 4 和模块 5 之间为模块间接口。连线上的数字表示 PCM 编号。

注意：模块之间采用的传输通道(如模块 2 和模块 3 之间)和 E1 保护环采用的传输通道(如模块 2 和模块 5 之间的 36PCM 通过的传输通道)尽可能不要采用同一传输设备。在实际的共线电话保护方式中，一般都采用 E1 保护环的方式。

(2)光系统/实回线倒换方式

CB03VFB 上每路增加了一个倒换控制继电器，并同时引入连到调度总机/分机的外线和连到实回线的外线。

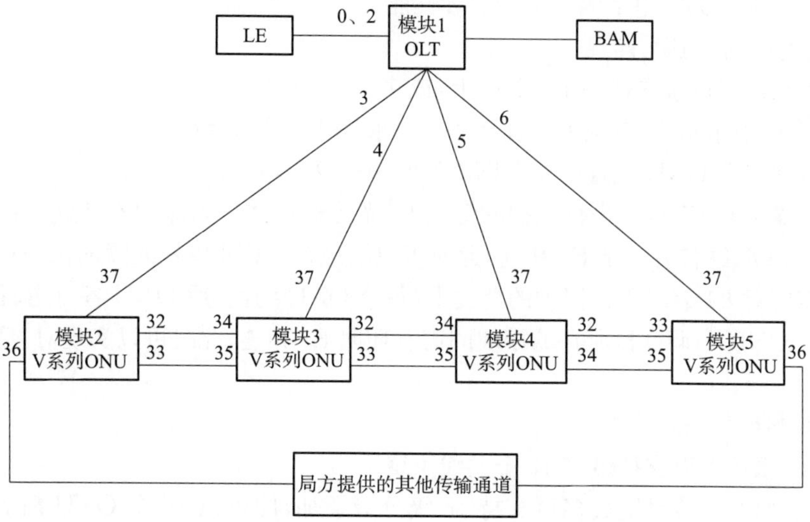

图　6-23

根据网管配置,共线系统可以工作在以下三种工作方式:

①启用光系统;

②启用实回线系统;

③启用光系统/实回线自动倒换系统。

启用自动倒换系统时,若系统运行正常,则共线电话工作在光系统。当某个 E1 发生故障时,与之相连的模块(站点)确认后迅速将该消息通过模块间接口或 V5 接口扩散到其他模块,各模块对与发生故障的 E1 相关联的共线电话进行分析,找出与之相关的音频端口,在保护延时之后,控制 VFB 板上的倒换继电器动作,将原来连到光系统上的调度分机/总机外线端子倒换到实回线系统的外线端子。

当 E1 故障恢复时,保护延时之后,由网管指定的主控模块控制各模块倒换回光系统。倒换原理如图 6-24 所示。

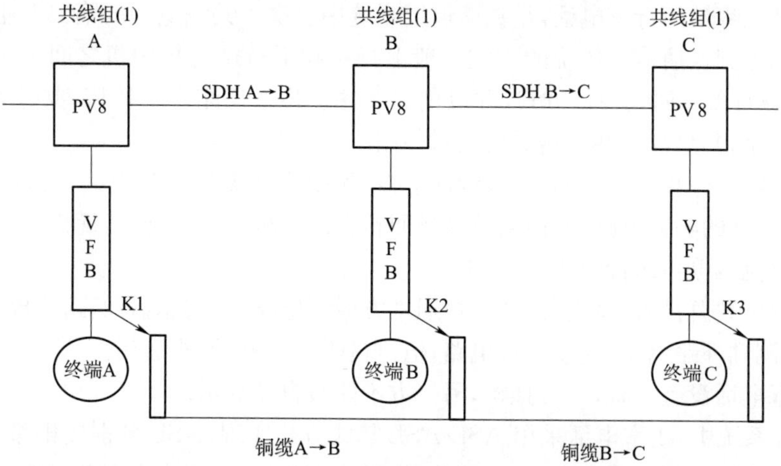

图　6-24

(五)FA16 系统共线电话的一般配置和性能

1. 共线电话的一般配置

(1)调度系统可以接在任一个 ONU 上,或接在 OLT 上;

(2)OLT 可采用 GV5 系统来实现,ONU 一般采用 PV8 系统;

(3)一般在每个 ONU 配置一块 VDM 单板,进行音频叠加;

(4)在不需要对 E1 故障进行保护的情况下(光传输环网自动保护不在此讨论之列),每个 ONU 与前、后 ONU 各有一条 E1 相连,此时可以实现在 VDM 单板故障的保护;

(5)在需要对 E1 故障进行保护的情况下,每个 ONU 与前、后 ONU 各有主、备两条 E1 相连,最后一个 ONU 与调度机所在的模块间需有环回 E1 相连,此时可以实现对 VDM 故障、E1 故障的保护。

2. FA16 共线系统的性能

(1)FA16 系统可以支持最多 15 个共线系统;

(2)FA16 每个共线系统最多可支持 16 级分级叠加,即可以 16 个 ONU 内的 VDM 单板组成一个共线系统;

(3)FA16 每个共线系统内可以承载达 24 个共线用户,用户可以根据叠加的级数灵活配置在每个 ONU 上叠加的用户数目;

(4)每个 ONU 可以配置一块到多块 VDM 单板实现音频叠加功能;每块 VDM 单板最多可提供 16 路叠加通道,多个 VDM 单板间可以组成同一共线系统;

(5)FA16 共线系统具有对 VDM 单板故障、E1 故障的保护功能;

(6)FA16 系统在 OLT 业务中断或 OLT 与各 ONU 之间的光纤连接中断的情况,仍能正常工作;

(7)FA16 的共线系统不会给话音传输带来时延,可传输调度总机发出的单个呼叫、组呼、全呼等选频信号,使调度分机能接收到正常的选频信号,保证铁路调度传输系统正常工作。

四、闭塞电话/热线电话

(一)概　　述

闭塞电话也称站间行车电话,是铁路调度系统中仅次于共线电话的第二大业务,主要完成相邻站之间的点到点通信。传统的方式一般上行站和下行站的集中机之间采用共总盘-共分盘或磁石盘-磁石盘实回线通信方式,并以前者为主。共总盘能产生铃流,共分盘有铃流检测电路和振铃电路,共总盘和共分盘需要成对使用。

共总盘呼叫共分盘时,把共总盘扳键向上扳,振出交变振铃信号至共分盘,共分盘检测到铃流后,启动自己的响铃电路,并向共总盘送回铃音。值班员听到铃响,摘机通话,同时共总盘检测到环路电流后停止送铃流。

共分盘呼叫共总盘时,将扳键上扳,接通本方通话电路;对共总盘而言,构成外线的直流通路,共总盘检测到环路电流,启动响铃电路,值班员听到铃响,摘机通话。

传统闭塞电话没有忙音,一方挂机,另一方不能被自动提示。

在 FA16 系统中,闭塞电话采用 ASL-ASL 热线方式实现,ASL 分别接相邻站集中机的共分盘。这会改变局方目前的“共总盘+共分盘”模式,但局方并不会太在意,对于原实回线系统来说,只是必须采用“共总+共分”而已。采用 ASL-ASL 方式,可简化单板种类,节省投资,用户板基本上每站都有(如果用共总盘+共分盘方式,则需采用 CDI+ASL)。

通话过程为(以 A 呼叫 B 为例):

1. A 摘机,B 振铃,A 同时听回铃音;

2. B 摘机,B 振铃停止,同时 A 停送回铃音,话路通,正常通话;

3. 一方 A(B)挂机,另一方 B(A)听忙音,B(A)挂机。

除 ASL-ASL 热线方式外,有时也采用磁石接口方式。

(二)HONET FA16 系统中的具体实现

1. ASL-ASL 热线方式

热线电话业务是实现两个固定用户之间通信的一种专线业务,主要特征为两个指定用户 A 和 B 通过软件设定为半永久连接关系,A 摘机,则 B 听振铃,A 听回铃音,B 摘机后双方通话,任意一方挂机后另一方听忙音。当 A、B 之间的业务承载通路存在故障时,任意一方摘机都会听到忙音提示。

HONET FA16 将热线电话应用于铁路专网,用数字通道代替实线。由于模拟用户板 ASL 能够向终端送铃流,所以实现闭塞电话不再需要共总盘,两站都用共分盘,除能完成原有的功能外,还能用忙音提示用户对方挂机或业务承载通道故障。典型组网方式如图 6-25 所示。

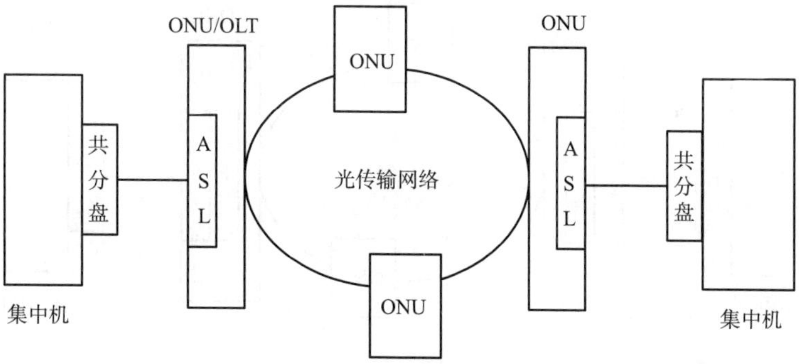

图　6-25

2. 磁石接口方式

磁石接口方式采用磁石信令转换板(MST,Magnetic Signal Transformation)。该板与 CB02VFB 板配合使用,也可以与 CB03VFB 的后 4 路 4 线端口配合使用(CB03VFB 的前 8 路为高阻 2 线端口,专用于共线电话)。MST 和 VFB 之间通过母板配线相连。

(1)MST 接口板

在磁石话机之间的呼叫信令为 25 Hz 铃流,当信令通过 PCM 数字通道传输时,需要磁石信令转换接口进行 2 100 Hz/25 Hz 信令转换。该接口电路具有双向转换功能,作为主叫侧完成 25 Hz/2 100 Hz 的转换,作为被叫侧完成 2 100 Hz/25 Hz 的转换。该板不含单板软件,不纳入网管,无数据配置,可看作 VFB 的延伸接口板。该接口板每板 4 路,磁石接口侧为 4 路 2 线接口,PCM 侧为 4 路 4 线端口。

单板的主要技术指标如下:

①单频通路接口电平,缺省时按接入衰减网络设置(板内跳线设置);

②端口标称阻抗:600 Ω;

③25 Hz 接收电路:信号的频率为 25 Hz±10 Hz,电压在 30～105 V 范围内,接收电路应正常工作。

④2 100 Hz 信号接收器及发送器信号发送器:

信号频率:2 100～2 955 Hz;输出绝对功率电平为－6 dBm0±2 dB;

信号接收器:接收电平:－6 dBm 0～29 599 dB;信号频率 2 100～19 525 Hz 以内动作;信号频率 2 100～295 100 Hz 以外不动作;

⑤动作延时:0.5～0.7 s

单板有 9 个指示灯,自上而下为 RUN(运行灯,红色,1 s 亮 1 s 灭均匀闪烁),LO1(CH1 呼出指示灯,绿色,即接收磁石侧 25 Hz 铃流并发送 PCM 侧 2 100 Hz 时点亮),LI1(CH1 呼入指示灯绿色,即接收 PCM 侧 2 100 Hz 信令并发送磁石侧 25 Hz 铃流时点亮),LO2,LI2,LO3,LI3,LO4,LI4。

(2)磁石接口方式用于站间电话

其工作原理如图 6-26 所示,即 25 Hz 铃流信令经 MST 板转换成 2 100 Hz 带内信令后,通过母板配线送到 VFB 板,由 VFB 板进行 D/A 转换和编解码为 64 kbit/s 的一个时隙,通过系统交叉连接及光传输系统传送到对端。对端接收到 2 100 后,再转换成 25 Hz 铃流信令。

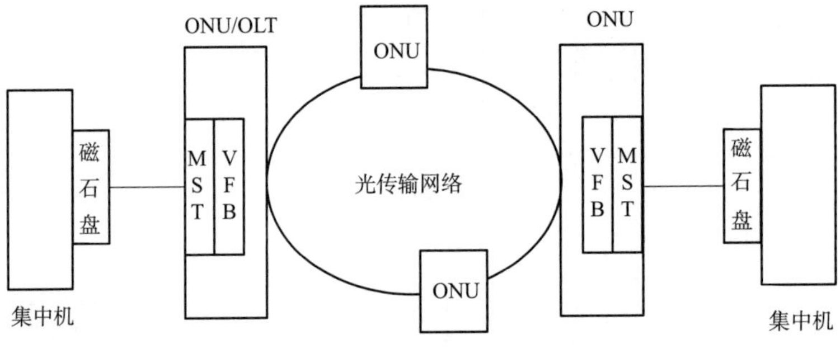

图　6-26

(3)应用场合

磁石接口将逐渐被淘汰,只用在某些特殊场合,需求较少,维护也不方便。尽可能采用 ASL-ASL 方式解决站间电话。只有在不得已的情况下,才采用磁石接口方式。

五、Z 接口延伸业务

(一)Z 接口延伸

1. 概念

HONET FA16 系统提供的 Z 口延伸业务可以将交换机的本地用户环路通过光纤延伸到很远的地方,使 HONET FA16 系统用户能直接享用交换机的提供的各种业务,而不需要建立 V5 接口,这为许多无法提供 V5 接口的交换机的业务延伸提供了手段。在远端用户比较少时,利用 Z 接口延伸业务而不用 V5 接口也是一种经济可行的方法。在 HONET FA16 接入网系统中,Z 接口延伸由 CDI 接口板和 ASL 用户板配合完成,CDI 靠近交换机提供 FXO 接口,ASL 靠近用户,提供 FXS 接口,如图 6-27 所示。

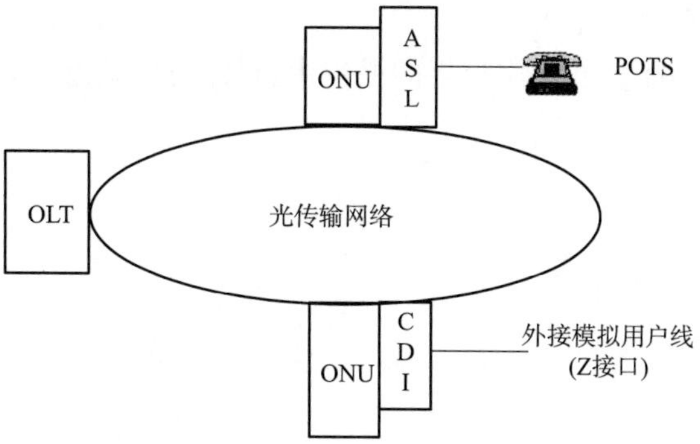

图 6-27

另外在 CC08 交换机电脑话务台的配合下，还可以利用 Z 接口延伸业务实现一个接入网电话拨打两个地区的电话均作为市话而非长途看待，该功能在铁路专网比较适用，组网结构如图 6-28 所示。

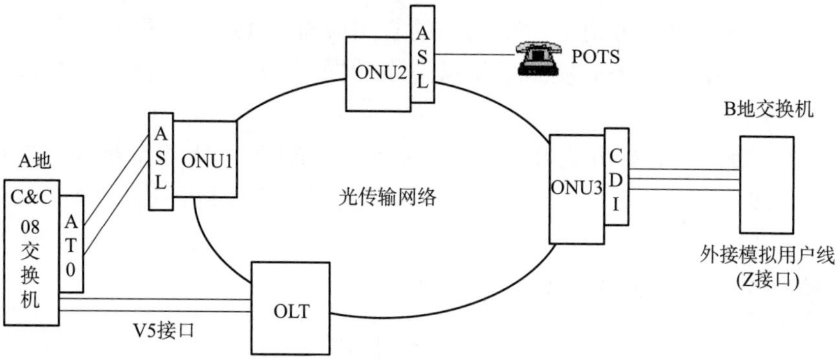

图 6-28

2. 相关单板

在接入网中用 CDI 板实现 Z 接口延伸，CDI 板与模拟中继中的用户环路中继(AT0)很相似。AT0 一般应用在用户机中，用来实现与交换机用户线路的对接，而在接入网中由 CDI 单板提供 CDI 端口与交换机相连。借助接入网的传输系统，以半永久连接的方式将环路中继拉远。CDI 的这个接口也称为 FXO 接口，其主要功能是实现模拟用户端口(Z 接口)在 HONET 内部的透明延伸。如图 6-29 所示。每块 CDI 板有 16 个 CDI 端口，符合 ITU-T G.712 标准，话音编码方式有 μ 律和 A 律两种。在槽位上，CDI 板与 ASL、DSL 等用户板槽位兼容。

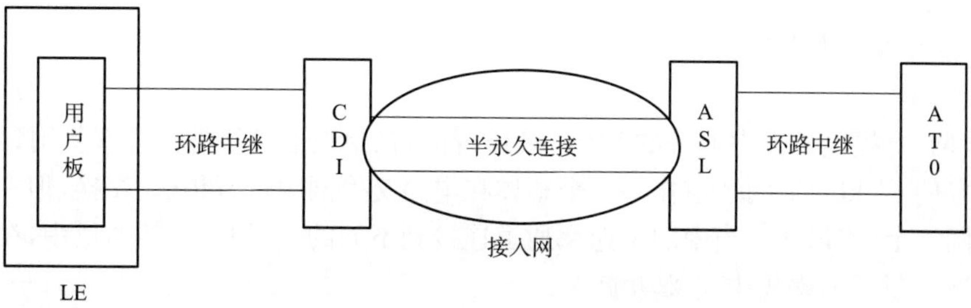

图 6-29

（二）CDI 板基本原理及功能

它完成直接拨入的功能。插在用户板的槽位中，每路可以动态占用两条 HW 中的任意一个时隙。可完成如下功能：

1. 检测极性；
2. 检测馈电；
3. 拨号功能（双音、脉冲）；
4. 动态占用时隙；
5. 检测铃流；
6. 检查信号音；
7. 拍叉转移等。

六、子速率及子速率交叉业务

（一）子速率业务

数据通信中（特别是 DDN 中），小于 64 kbit/s 的数据通信速率称为子速率。各子速率的电路复用到 64 kbit/s 的数字通道上。子速率的复用应符合 ITU-T 建议 X.50 和 X.58 的规定。在专网应用中，子速率业务其实是提供低速率的同/异步 V.24 物理层通道，使系统得到较高的带宽利用率。

SRX 是实现子速率的较好方式，H301SRX 板是 HONET 接入网系统的子速率数据接口板，可提供五路同步或三路异步子速率数据端口，其速率从 2.4 kbit/s、4.8 kbit/s、9.6 kbit/s、19.2 kbit/s 和 48 kbit/s 可变，整个 SRX 板占用一个 64 kbit/s 的时隙。H301SRX 板与普通用户板槽位兼容。常见组网方式如图 6-30 所示。

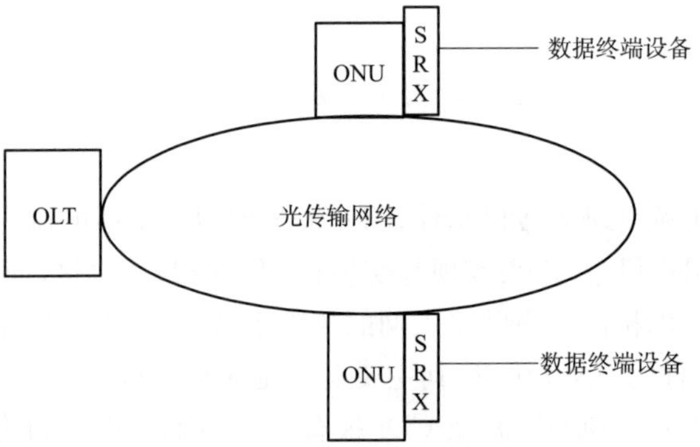

图 6-30

（二）子速率交叉业务

1. 业务概述

在接入网中，提供子速率业务的 SRX、MTA 都是在单板上直接把子速率复用到 64 kbit/s 的通道当中，使 64 kbit/s 的通道作为一个整体在电路交换网中进行传送、交换，但在某些情况下，需要将同一个 64 kbit/s 当中的子速率通道连接到不同的 64 kbit/s 的通道中，在接入网中用 H301SCS 提供子速率集中交叉功能。

H301SCS 是为了解决子速率数据业务中存在带宽共享，通道复用问题而设计的单板，特点如下：

(1)支持与 DSL、MLC、SBL 板中的 MTA 端口、SRX 板、接入 DDN 的 E1 时隙作交叉连接。

(2)一块 H301SCS 提供 30 个 64 k 时隙(称为 SCS 的信道)，同时作 30 条 64 k 专线。

(3)SCS 支持的子速率通道速率有 2.4 kbit/s、4.8 kbit/s(顺相和隔相)、9.6 kbit/s、19.2 kbit/s(顺相和隔相)。

(4)只在 HV20A005I 的 2000 年 4 月以后版本中支持 H301SCS 板。

2. 实现方式

如图 6-31 所示，SCS 插在用户板槽位上，各 SRX、MTA 板及 DTM 板送来的按 X.50 协议复用的 64 k 时隙经过网片交叉连接到 SCS 上，由后者根据主机配置对各个时隙上的各个子速率通道的 8 bit 包封进行互换。

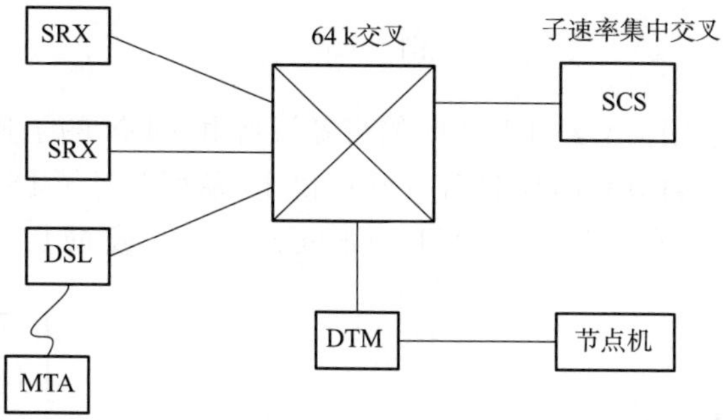

图　6-31

单板与用户框内一条 HW 相连，按 X.50 协议最大可提供 28 个时隙共 560 个包封之间的任意交叉功能，实现子速率的集中交叉，交叉只限于在同速率之间进行，对各子速率的相位属性无严格要求。

同一速率之间的交叉可在顺相和隔相之间进行。子速率的类型为 2.4 kbit/s、4.8 kbit/s、9.6 kbit/s、19.2 kbit/s，单板根据单板号、槽位号固定占用框中的一条 HW，一旦占用后不能切换。单板可在 HW 上的 TS0 到 TS29 上占用时隙，对于未使用的时隙单板没有任何影响，可以任意分配给其他单板使用。

3. 相关单板 H301SCS 板

H301SCS 板也可实现子速率的灵活接入，在接入网中提供子速率集中交叉功能。H301SCS 与普通用户板槽位兼容。

H301SCS 板通过 ESSI 串口与用户框内一条 HW 相连，按 X.50 协议最大可提供 28 个时隙共 560 个包封之间的任意交叉功能，实现子速率的集中交叉。

子速率通道的交叉限于同速率之间的交叉，对各子速率的相位属性无严格要求，同一速率之间的交叉可在顺相和隔相之间进行。可交叉的子速率类型为 2.4 kbit/s、4.8 kbit/s、9.6 kbit/s、19.2 kbit/s，H301SCS 板可以在用户框的两条 HW 之间切换工作 HW。H301SCS 板自身不占用的时隙，可以被分配给用户框内其他电路板使用。

H301SCS 板仅用于系统内部的 DSP 处理，无外部对用户的出线。

4. 常见组网方式

H301SCS 与其他提供子速率业务的单板配套使用，用以节约设备投资和带宽资源。主要的组网方式有以下 4 种：

(1)DDN 汇接方式 SRX(或 MTA)＋SCS＋DE1(图 6-32)

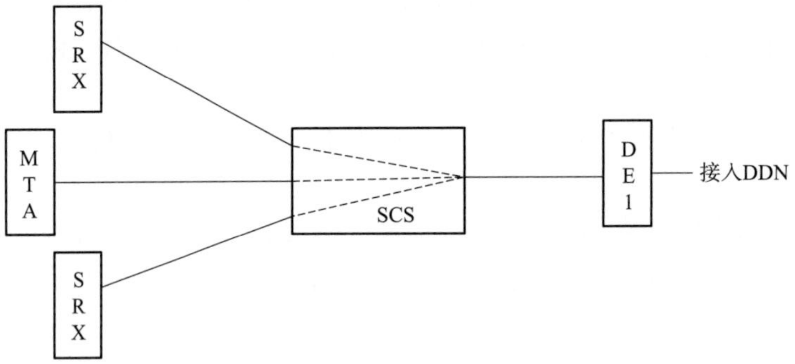

图 6-32

这种组网方式一般使用于节约 DDN 侧的带宽资源和 DDN 的子速率端口资源。它将不同子速率端口上的子速率通道复用与 DE1 一个时隙上，从而节省了 DDN 侧带宽。

(2)子速率端口间的互连　SRX(或 MTA)＋SCS＋SRX(或 MTA)(图 6-33)

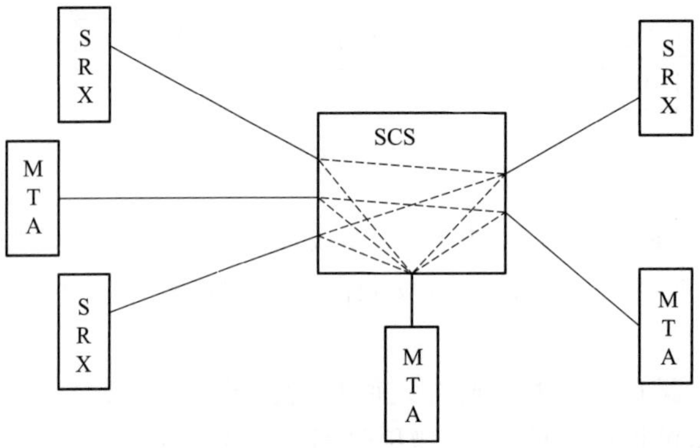

图 6-33

这种组网方式在子速率通道连接网络非线型或星型时，用于节约系统的子速率设备投资和节省带宽资源。在这种组网方式下，一个 SRX 端口上的 5 个子速率通道连向多个子速率端口。

(3)混合组网方式

这种组网方式应用较为广泛，综合有上述两种组网方式的优点。

(4)多块 SCS 板联合交叉的组网方式

若同一网络中有大量子速率业务应用，可以用两块或两块以上的 SCS 联合交叉的方法实现。

七、U 口透传业务

(一)业务概述

U 口透传业务是利用接入网的 CB03DSL 数字用户板，可提供透明 8 路 ISDN BRA(2B＋

D)数字 U 口,将 OLT 端 DSL 半永久连接到 ONU 的 DSL 板上,通过背靠背的方式提供透明的 U 接口通道。相对于 2B1Q 接口来说,网络端 DSL 工作于 MNT 方式;相对于用户接口来说,DSL 的数据端口可工作于 DCE/DTE 方式。DSL 工作于 MLT 方式。

通过 U 接口的透传应用,DSL 板可以延伸节点机的 U 口的传输距离。可有效地解决 U 接口的覆盖范围问题,提高了节点机 U 接口的覆盖范围。例如新桥 3600 节点机和 DTU2701 之间采用 U 接口,就可提高 U 接口透传的方式,解决节点机和 DTU 之间的距离限制问题。

另外,U 口透传除了采用 MNT/MLT 半永久方式延伸距离,还可以采用延伸的数据接入。例如从数据网出 V. 35,那么用户终端距离网络远,用两个 MLT 端口做半永久连接,外接两个 NTU,分别接用户的路由器和数据网。类似于华为 SRX 解决距离问题采用 MODEM 传输一样,保证 V35 接口无限延伸。

CB03DSL 板具备远端供电功能。该板与模拟用户板槽位兼容。

(二)实现方式

近端 ONU 中 DSL 半永久连接到远端 ONU 的 DSL 板上,通过背靠背的方式提供透明的 U 接口通道。CB03DSL 板每板含 8 个用户端口,提供标准的 U 透明传输接入方式。

注意:一块电路板上 8 个 U 口可配置成不同的工作方式:可以实现 U 口透传,带 U 口终端设备(如 TA-128 或 MTA 等)。在此处提供 U 口透明传输接入方式,要求采用成对的 DSL 板。实现方式框图如图 6-34 所示。

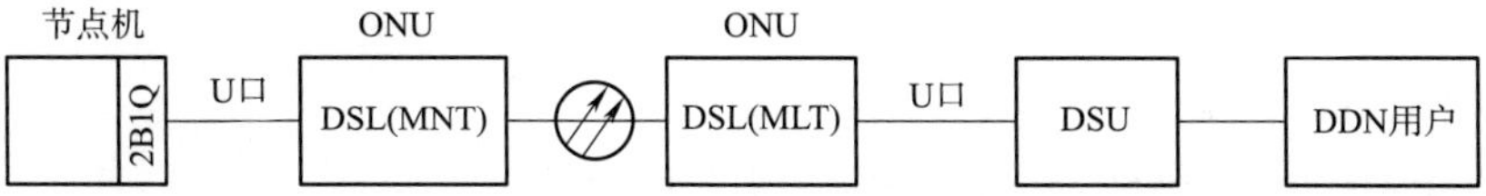

图　6-34

案例 4　铁路数据网业务接入方式和组网浅析

一、铁路业务通过数据网承载的优势

通过数据网来承载业务,具有以下优势:

1. 防止环路和减小环路对网络的影响范围,路由器属于三层 IP 设备,可以对不同的子网进行隔离,所以也可以对不同子网引起的环路进行隔离,使不同子网之间不受影响;交换机也可以通过 VLAN 对业务进行划分,不同的业务划分到不同的 VLAN,可以使不同的业务在二层进行隔离。

2. 带宽的复用,数据网的每条链路可以用来承载多种业务,各业务之间可以根据自身的业务流量进行实时的带宽利用,不需要为每种业务固定地分配带宽,使带宽的利用率大大提高。

3. 不同业务的完全隔离、地址空间的重复利用;数据网可以采用 BGP/MPLS VPN 三层 VPN 技术来实现业务的完全隔离,不同的业务类型通过划分不同的 VPN 实例,来实现不同业务的隔离,保证了不同的业务之间不能互访。由于不同的 VPN 的地址空间完全独立,可以使用重叠的地址空间,解决了本地地址冲突的问题。

4. 良好的 QoS 机制；QoS 可以对网络进行流量监管、流量限速、拥塞管理、拥塞控制，当网络过载或拥塞时，QoS 能确保重要业务量不受延迟或丢弃，同时保证网络的高效运行。

二、在铁路专网中 IP 数据网承载业务应用

目前铁路数据网承载的业务主要分为：GPRS 业务、接口监测业务、会议电视业务、视频监控业务、动力环境监控业务、旅客服务业务。各个业务之间采用不同的 MPLS VPN 实例来进行隔离且对每种业务做 QoS 保证，对重要的业务提供优先处理和带宽保障。

以上业务在数据网接入层承载分为两种方式：

1. 业务网关应用到数据网接入层路由器；

2. 业务网关应用到相关业务交换机，相关业务交换机同路由器互联采用三层 IP 互联。

三、数据网承载的业务接入方式

1. 业务网关应用到数据网接入层路由器

各个业务终端所配置的网关 IP 地址为路由器接口 IP 地址，中间的业务交换机采用二层透传，用来透明传输业务数据，采用的交换机可以不需要很高的性能，但是对路由器的性能要求需要很高，具体组网如图 6-35 所示。

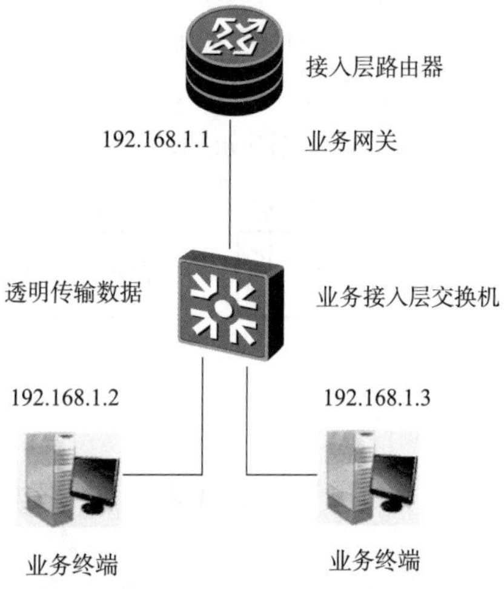

图 6-35

组网优势分析：

(1)节省 IP 地址，目前整个铁路数据专网的 IP 地址已经非常紧缺，路由器与交换机不需要三层互联，可以减少 IP 地址的使用；且路由器的业务网关采用业务终端网段地址，IP 地址的掩码采用更小的位数。例如：/24 位，比采用三层互联/30 位的地址更有效；/30 位的网段可以分为 4 个地址，但是主机的可用地址占 2 个，网络和广播地址各占用一个，地址利用率为 50%，存在严重的地址浪费；

(2)简化了交换机的数据配置，减少了交换机错误配置，在排查故障方面也更方便。

组网劣势分析：

(1)日常维护过程中，数据网的维护、业务模块的维护属于不同的部门，对于网络出现故障需要不同的部门配合操作检查；

(2)业务模块的组网比较单一，受限于数据网。例如：旅服业务一般的组网方式为两个业务交换机，采用 VRRP 协议，使网络有了更好的冗余。如果采用此方式组网，对旅服业务的组网规划存在限制。

2. 业务网关应用到相关业务交换机

各个业务终端所配置 IP 地址的网关为业务交换机的三层 IP 地址，交换机启用三层功能，交换机与接入路由器之间也采用三层互联，对交换机的性能要求比较高，且必须为三层交换机，具体组网如图 6-36 所示。

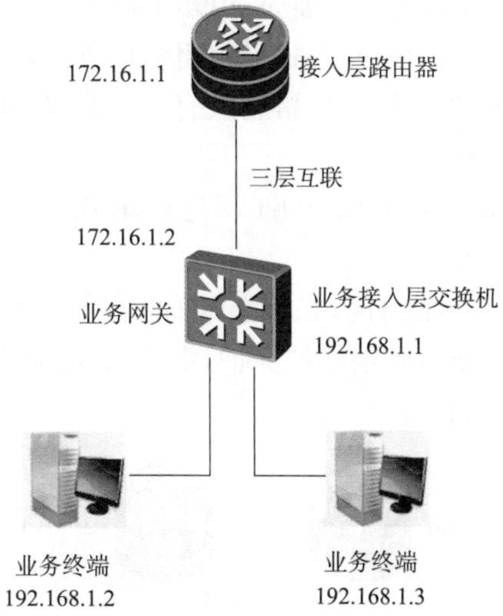

图　6-36

组网方式的优劣与第一种方式正好相反,劣势为:IP 地址浪费,设备性能要求高,配置相对复杂,增加了故障点;优势为:方便不同管理模块管理,对于不同的业务也可以采用灵活组网来保证业务的冗余。

四、数据网接入、汇聚、核心组网方式

1. 方式一组网如图 6-37 所示。

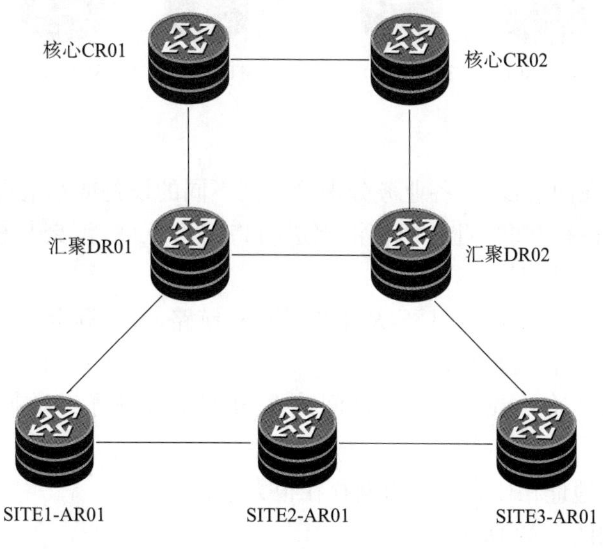

图　6-37

接入层各站点采用单台设备进行互联,各车站通过链组成闭合环,在两个汇聚设备上进行闭合,汇聚与核心之间采用口字型互联,其组网方式优劣势分析如下:

(1)接入层采用单台设备,存在单点故障。数据网一般的保护方式分为单板保护、链路保护、节点保护，铁路目前采用的接入设备主要是 NE40E，NE40E 在主控板、接口板、交换网、风扇、电源都有很好的冗余设计。因为组网方式采用闭合环方式，在每台设备上存在两个方向的链路，所以链路保护也不存在问题。目前各站点只有 1 台设备，如果整台设备故障，那么会导致此站点下的所有接入业务故障。

(2)目前铁路中数据网互联一般采用 SDH 层进行承载，然后在两端进行闭合组网，能较好地与承载层 SDH 组网相融合。

(3)汇聚、核心设备采用口字型组网，在设备层面使用了更高性能的 NE80E 或 NE40E-X16，从设备、链路、组网方式都能做到很好的保护，汇聚、核心两个层次不存在单点故障。

2. 方式二组网如图 6-38 所示。

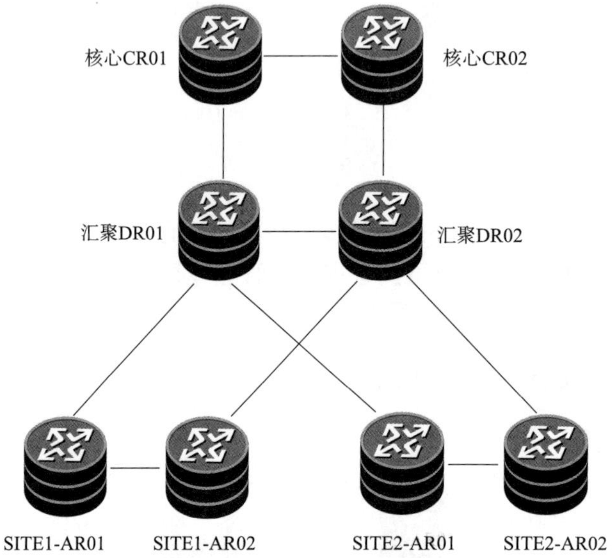

图 6-38

接入层各站点存在两台设备，各业务分别接入到不同的设备或双上行接入到不同的设备，每个站点的两台设备进行互联，且与两台汇聚进行口字型互联，汇聚与核心层采用口字型互联，组网方式优劣势分析如下：

(1)接入层采用两台设备进行组网，从单板、设备、链路、节点等全方面做到了保护，可靠性非常高，各个站点之间不存在影响；

(2)此种方式需要在各个站点与汇聚之间建立 SDH 通道来承载数据网，需要占用过多的 SDH 层时隙；

(3)链路数量、IP 地址相比方式一组网存在很大浪费。

3. 方式三组网如图 6-39 所示。

接入层各站点存在两台设备，各业务分别接入到不同的设备或双上行接入到不同的设备，所有接入设备通过链型互联最终在汇聚层终结形成闭合环，汇聚与核心采用口字型互联，组网方式优劣势分析如下：

(1)接入层采用两台设备进行组网，从单板、设备、链路、节点等全方面做到了保护，可靠性非常高，但站点相互之间仍然存在影响，中间站点受两个互联方向站点的影响，两个互联站点

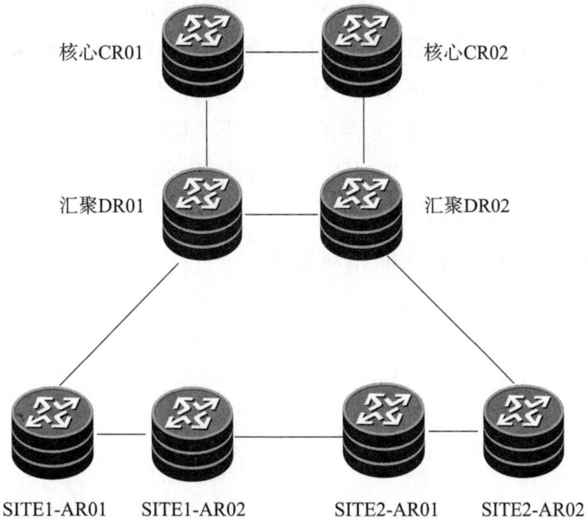

图 6-39

如果都存在问题,那么中间站点就会中断,可靠性没有方式二高。

(2)此种方式能很好地适应在 SDH 上进行承载,与 SDH 组网相统一。

整体组网分析从合理性、可靠性等方面,方式二组网综合性最好。

五、局间核心层跨域 VPN 方式

目前跨 AS 自治域实现 MPLS/BGP VPN 的解决方案主要有三种:背靠背的 VRF 到 VRF(Option A)、MP-EBGP(Option B)、RR 间部署多跳的 MP-EBGP(Option C)。

1. 方式一:Option A

Option A 是 ASBR 设备互相将对方作为自己的 CE 设备。ASBR 设备作为 PE 设备,要维护 VPN-IPv4 路由,并且在 ASBR 之间的接口上静态为其对接 VPN 建立 VRF 子接口,在每个子接口中以 IP 而非 MPLS 标签方式转发,目前部分铁路局之间互联采用此种方式。

优点:实现方式简单。

缺点:在对接 VPN 数量大的情况下,ASBR 之间的每对 VRF 连接(每个 VPN)都需要一个逻辑接口。在跨域 VPN 数量较大情况下,对 ASBR 设备的维护工作量要求都是很高的,不能实现端到端的标签交换,标签不连续,扩展性很差。

2. 方式二:Option B

Option B 是目前最通用的跨域 VPN 对接的方式,ASBR 之间通过 MP-EBGP 邻居交换跨域的 VPN-IPv4 路由,不需要在 ASBR 之间的接口上建立跨域的 VPN 所对应的 VRF 接口,部分铁路局之间互联采用此种方式。

优点:部署简单、可扩展。Option B 相比 Option A 有很好的扩展性,每个 AS 内部不需要知道另一个 AS 内部的结构,只要保证 ASBR 间可达即可。可以做到端到端的标签交换。

缺点:所有业务都需要 ASBR 来处理,导致其处理压力过大。

3. 方式三:Option C

Option C 方式要求在每个 AS 内部设置针对交换跨域 VPN-IPv4 路由的路由反射器,为

了增加冗余性，可设置多台 VPN-RR。在 AS 内部 PE 设备向 VPN-RR 宣告跨域 VPN-IPv4 路由信息，而每个 AS 的 VPN-RR 之间建立多跳 MP-EBGP 会话，来交换这些跨域 VPN-IPv4 路由信息，ASBR 之间不需要再维护 VPN-IPv4 路由信息。ASBR 之间需要建立 MP-EBGP 会话，交换宣告 VPN-IPv4 路由的 PE 设备的 LOOPBACK 地址以及对应的 MPLS 标签。

优点：不需要在 ASBR 上维护 VPN-IPv4 路由信息，将 VPN-IPv4 路由信息的处理压力从 ASBR 上分散到 VPN-RR 设备上，扩展性好。

缺点：部署复杂，可控性和安全性都相对较差。